從指南山

到湯匙湖

從指南山到湯遜湖：中國的知識、思想與宗教研究

From Zhinan Mount to Tangxun Lake: Reflections on Chinese Knowledge, Thought and Religion

劉芝慶　著

by Liu Zhi Qing

如蝶振翼

——《文史新視界叢刊》總序一

近年赴中國大陸學術界闖蕩的臺灣文科博士日益增多，這當中主要包括兩類人才。一類是在臺灣學界本就聲名卓著、學術影響鉅大的資深學者，他們被大陸名校高薪禮聘去任教，繼續傳揚他們的學術。另一類則是剛拿到博士文憑，企盼進入學術職場，大展長才，無奈生不逢時，在高校發展面臨瓶頸，人力資源飽和的情況下，雖學得一身的文武藝，卻不知貨與何家、貨向何處！他們多數只能當個流浪教授，奔波各校兼課，猶如衢州撞府的江湖詩人；有的則委身屈就研究助理，以此謀食糊口，跡近沈淪下僚的風塵俗吏。然而年復一年，何時了得？於心志之消磨，術業之荒廢，莫此為甚！劉芝慶與邱偉雲不甘於此，於是毅然遠走大陸，分別在湖北經濟學院和山東大學闖出他們的藍海坦途。如劉、邱二君者，尚所在多有，似有逐漸蔚為風潮的趨勢，日益引發文教界的關注。

然而無論資深或新進學者西進大陸任教，他們的選擇與際遇，整體說來雖是臺灣學術界的損失，但這種學術人才的流動，卻很難用一般經濟或商業的法則來衡量得失。因為其所牽動的不僅是人才的輸入輸出、知識產值的出超入超、學術板塊的挪移轉動，更重要的意義是藉由人才的移動，所帶來學術思想的刺激與影響。晚清名儒王闓運應邀至四川尊經書院講學，帶動蜀學興起，因而有所謂「湘學入蜀」的佳話。至於一九四九年後大陸遷臺學者，對戰後臺灣學術的形塑，其影響之深遠鉅大，今日仍在持續作用。當然用此二例比方現今學人赴

大陸學界發展，或有誇大之嫌。然而學術的刺激與影響固然肇因於知識觀念的傳播，但這一切不就常發生於因人才的移動而展開的學者間之互動的基礎上？由此產生的學術創新和知識研發，以及伴隨而來在文化社會等現實層面上的實質效益，更是難以預期和估算的。

劉芝慶和邱偉雲去大陸任教後，接觸了許多同輩的年輕世代學者，這些學人大體上就屬於剛取得博士資格，擔任博士後或講師；或者早幾年畢業，已升上副教授的這個群體。以實際的年齡來說，大約是在三十五歲至四十五歲之間的青壯世代學人。此輩學人皆是在這十來年間成長茁壯起來的，這正是中國大陸經濟起飛，國力日益壯大，因而有能力投入大量科研經費的黃金年代。他們有幸在這相對優越的環境下深造，自然對他們學問的養成，帶來許多正面助益。因而無論是視野的開闊、資料的使用、方法的講求、論題的選取，甚至整體的研究水平，都到了令人不敢不正視的地步。但受限於資歷與其他種種現實因素，他們的學術成果的能見度，畢竟還是不如資深有名望的學者，這使得學界，特別是臺灣學界，對他們的論著相對陌生。於其而言，固然是遺憾；而就整體人文學界來說，無法全面去正視和有效地利用這些新世代的研究成果，這對學術的持續前進發展，更是造成不利的影響。

因而當劉芝慶和邱偉雲跟我提及，是否有可能在臺灣系統地出版這輩學人的著作，我深感這是刻不容緩且意義重大之舉。於是便將此構想和萬卷樓圖書公司的梁錦興總經理與張晏瑞副總編輯商議，獲得他們的大力支持，更決定將範圍擴大至臺灣、香港與澳門，計畫編輯一套包含兩岸四地人文領域青壯輩學者的系列叢書，幾經研議，最後正式定名為《文史新視界叢刊》。關於叢刊的名稱、收書範圍、標準等問題，劉、邱二人所撰的〈總序二〉已有交代，讀者可以參看，茲不重覆。但關於叢刊得名之由，此處可再稍做補充。

　　其實在劉、邱二君的原始構想中，是取用「新世界」之名的，我將其改為同音的「新視界」。二者雖不具備聲義同源的語言學關係，但還是可以尋覓出某種意義上的關聯。蓋因視界就是看待世界的方式，用某種視界來觀看，就會看到與此視界相應或符合此視界的景物。採用不同以往的觀看方式，往往就能看到前人看不到的嶄新世界。從這個意義來說，所謂新視界即新世界也，有新視界才能看到新世界，而新世界之發現亦常賴新視界之觀看。王國維曾說：「凡一代有一代之文學。」若將其所說的時代改為世代，將文學擴大為學術，則亦可說凡一世代皆有一世代之學術。雖不必然是後起的新世代之學術優或劣於之前的世代，但其不同則是極為明顯的。其中的關鍵，就在於彼此觀看視域的差異。因而青壯輩人文學者用新的方法和視域來研究，必然也能得到新的成果和觀點，由此而開拓新的學術世界，這是可以期待的。

　　綜上所述，本叢刊策畫編輯的主要目的有二：第一，是展現青壯世代人文學術研究的新風貌和新動能；第二，則是匯集兩岸四地青壯學者的最新研究成果，從中達到相互觀摹、借鑑的效果。最終的目標，還是希冀能對學術的發展與走向，提供正向積極的助力。本叢刊之出版，在當代學術演進的洪流中，或許只不過如蝴蝶之翼般輕薄，微不足道。但哪怕是一隻輕盈小巧的蝴蝶，在偶然一瞬間搧動其薄翅輕翼，都有可能捲動起意想不到的風潮。期待本叢刊能扮演蝴蝶之翼的功能，藉由拍翅振翼之舉，或能鼓動思潮的生發與知識的創新，從而發揮學術上的蝴蝶效益。

西元二〇一七年九月十二日
車行健謹識於國立政治大學

總序二

　　《文史新視界叢刊》，正式全名為《文史新視界：兩岸四地青壯學者叢刊》。本叢刊全名中的「文史」為領域之殊，「兩岸四地」為地域之分，「青壯學者」為年齡之別，叢書名中之所以出現這些分類名目，並非要進行「區辨」，而是立意於「跨越」。本叢刊希望能集合青壯輩學友們的研究，不執於領域、地域、年齡之疆界，採取多元容受的視野，進而能聚合開啟出文史哲研究的新視界。

　　為求能兼容不同的聲音，本叢刊在編委群部分特別酌量邀請了不同領域、地區的學者擔任，主要以兩岸四地青壯年學者來主其事、行其議。以符合學術規範與品質為最高原則，徵求兩岸四地稿件，並委由萬卷樓圖書公司出版。系列叢書不採傳統分類，形式上可為專著，亦可為論文集；內容上，或人物評傳，或史事分析，或義理探究，可文、可史、可哲、可跨學科。當然，世界極大，然一切僅與自己有關，文史哲領域門類甚多，流派亦各有不同。故研究者關注於此而非彼，自然是伴隨著才性、環境、師承等等因素。叢刊精擇秀異之作，綜攝萬法之流，即冀盼能令四海學友皆能於叢刊之中尋獲同道知音，或是觸發新思，或是進行對話，若能達此效用，則不負本叢刊成立之宗旨與關懷。

　　至於出版原則，基本上是以「青壯學者」為主，大約是在三十五歲至四十五歲之間。此間學者，正值盛年，走過三十而立，來到四十不惑，人人各具獨特學術觀點與師承學脈，也是最具創發力之時刻。

　　若能為青壯學者們提供一個自由與公正的場域，著書立說，抒發學術胸臆，作為他們「立」與「不惑」之礎石，成為諸位學友之舞台，當是本叢刊最殷切之期盼。而叢書出版要求無他，僅以學術品質為斷，杜絕一切門戶與階級之見，摒棄人情與功利之考量，學術水準與規範，乃重中之重的唯一標準。

　　而本叢刊取名為「新視界」，自有展望未來、開啟視野之義，然吾輩亦深知，學術日新月異，「異」遠比「新」多。其實，在前人研究之上，或重開論述，或另闢新說，就這層意義來講，「異」與「新」的差別著實不大。類似的題目，不同的說法，這種「異」，無疑需要吸收前人研究成果。然領域的開創，典範的轉移，這種「新」，又何嘗不需眾多的學術積累呢？以故《文史新視界叢刊》的目標，便是希望著重發掘及積累這些「異」與「新」的觀點，藉由更多元豐厚的新視界，朝向更為開闊無垠的新世界前進。最末，在數位時代下，吾輩皆已身處速度社會中，過去百年方有一變者，如今卻是瞬息萬變。在此之際，今日之新極可能即為明日之舊，以故唯有不斷追新，效法「天行健，君子以自強不息」之精神，方不為速度社會所淘汰。當然，除了追新之外，亦要維護優良傳統，如此方能溫故知新、繼往開來。而本叢刊正自我期許能成為我們這一時代文史哲學界經典傳承之轉軸，將這一代青壯學者的創新之說承上啟下的傳衍流布，冀能令現在與未來的同道學友知我此代之思潮，即為「新視界叢刊」成立之終極關懷所在。

劉芝慶、邱偉雲序

金序

　　記得與芝慶博士相識，是二〇一六年八月在臺灣大學舉行的一次學術研討會上。那時，我應黃俊傑教授的特約邀請，在臺大人文社會高等研究院做訪問學者。

　　光陰荏苒，與芝慶交往都兩年多了。得知，他博士畢業於臺灣政治大學中文所，碩士畢業於臺大歷史所，學士畢業於輔仁大學歷史系。二〇一五年九月來到大陸，就職於湖北經濟學院中文系。

　　兩個月前，芝慶約我為他的第二部論文專集《從指南山到湯遜湖：中國的知識、思想與宗教研究》作序，併發來專集電子文檔。當我利用工作之餘的時間，斷斷續續地讀完專集十三篇論文和附錄兩篇論文之後，深感芝慶學術視野之寬廣、學術觀照之豐盈：從重探古代董仲舒的春秋學、蘇軾的格物之學、葉適的事功之學、李贄的生死之學、袁小修的生死之惑，到丈雪心佛之學、袁枚經論之說和廖平人生世界，再探近現代的胡適、聞一多、梁漱溟，等等……彷彿一幕幕中國傳統文化的學術畫卷，經典人物、經典事件、經典著作向我們迎面而來，應接不暇：修身齊家，經世致用，格物致知。中國傳統文化向來是文、史、哲相融相通。芝慶致力於中國傳統文化與文化傳承的研究，其學術旨趣決定其學術研究浸潤其間。「詳人所略，略人所詳」，曲徑探幽，顯露出文、史、哲融通的學術才華。

　　我一直認為，年輕學者興趣廣泛、博覽群書、勤奮好思非常重要。博，是做學問的基礎。見多才會識廣。在博通的基礎之上，逐步

確立專攻的研究方向。若能如此，在做學問的道路上可能會左右逢源，獲得海納百川之奇效。正如著名歷史文化大家錢賓四先生所言：「於博通的智識上，再就自己才性所近作專門之進修；你須先求為一通人，再求成為一專家。」（《新亞遺鐸・新亞學規》）隨著歲月的流逝和閱歷的豐富，專心致志，鍥而不捨，博專融合，才有可能成為學術之通才。

這本學術專集的主題雖然是分散的，但是，我隱隱約約地感覺一種內在的脈絡與情致，或者說一種情緒蘊涵其中，即：飄零－傷逝－探求。芝慶說，他的愛好不多，除了閱讀，就是寫作。我覺得還應該加上一條：豪情飲酒。他的學術志向是：文學是其職業，歷史是其志業，哲學是其專業。遠大的理想與抱負，必將會成就他一番大有作為的學術事業。是為序。

金誠

二〇一九年一月十八日，於武漢理工大學水運湖

邱序

　　與芝慶兄相識多年，同在臺北木柵指南山麓下求學，同在湖北武漢湯遜湖畔工作，指南山與湯遜湖對我們來說不僅是兩處名勝，而是生命發展軌跡中重要的定錨點，前者是最高學歷的完成之處，後者是教研人生的開端，因此本書以「從指南山到湯遜湖」作為標題，代表的是一段生命歷程中的轉折記憶，在這段時光流轉中，雖在時空上產生了巨大變化，但不變的是芝慶兄不論身處何時何地，問學求道之心始終如一，不論指南山麓或湯遜湖畔，都可見芝慶兄切切問道，思索天人之際的身影，本書就是他在兩地流轉之際的問道作品集結。雖此書為兄多篇論文集結，但仍可見本書展現出芝慶兄問道的一貫主軸，亦即「學以經世，文以載道」的終極關懷。

　　在本書〈王道、經學與身體——重探董仲舒的春秋學〉中，探究了董仲舒如何以言政論道的軌跡，即如何透過「感官感受」文字去進行「政治教化」行動；而在〈觀物之極，遊物之表——蘇軾的格物之學〉中，則不同於過去學人多關注理學家的格物致知思想，別開生面的從文學家角度出發，鉤跡出格物致知在文學層次中的蹤跡，藉此描全了格物致知作為一個時代思想趨向的整全性，並以蘇東坡為例，指出「格物致知」與「博物」思想間的關係，樹立了有別於主敬之理學格物的另一條主誠之博物格物的思想脈絡，發前人所未發，從中顯豁出蘇軾文以載道的性情；在〈「真迂闊」的儒者——葉適的事功之學〉中則是從「迂闊」一詞重新標定葉適經世思想，揭示葉氏提出

「必彌綸以通世變」主張後，未免因一己私欲而人各一義，所以更提出「必兢省以禦物欲」主張補之，認為孔孟學說不計眼前的「迂闊」是「真迂闊」，與短視近利者批評的「迂闊」不同，折射出葉氏的思想經世情懷；在〈文人論經——袁枚經說抉隱〉中則別開生面，從一般認為是文學家袁枚的經學思想談起，指出袁枚以文人自豪，並反對過去視文人為小道的主張，重提文以載道的傳統，締結了「文」與「經世」思想之間的緊密關係；〈經學、進化與身體——廖平的未來世界〉則從廖平思想出發，有別前人從經學切入，指出廖平如何在「身體」這一向度上，追求所謂的進化以及進入烏托邦的方法，從文中可見廖平思想言說實真切的對應著現實世界，雖其論述理想化，但皆有其現實的經世關懷；在〈白話文學與文學革命——重探胡適《白話文學史》〉中明確指出胡適《白話文學史》一書與其「文學革命」主張間的關係，亦即胡適主張文學應與社會相關，所以從傳統尋跡出一條白話文學史的發展脈絡，在胡適眼裡所謂白話文學是指與社會相關的文學作品，因此在胡適這樣的白話文學史觀下，文言與白話的對立，就從語體的語言文字對立轉為是否應創作與有益社會的文學的對立，藉此與和社會脫節的文學史論區隔開來。正因芝慶經世情懷，可以肯定他更為贊成胡適的白話文學史觀，一種貼近社會的經世文學。

由上可見，芝慶兄之研究關注焦點較為著重「學以經世，文以載道」，然而雖關注於此，但卻未失於彼，亦即芝慶兄雖重經世載道，但也同樣認為文學有獨立於社會的美感與價值，從〈人文化成的文學圖像——當「文心」遇上「雕龍」〉一文中可見其「道術合一」的主張。此文一貫詳人所略，略人所詳，從劉勰《文心雕龍》中的「文心」與「雕龍」間關係進行討論，指出劉勰此書創作語境與目的是為對治當時僅重文學辭章而忽略文學的社會性目的的現象，而《文心雕龍》一書就是為要重新連結辭章文學與人文世界的關係而作，芝慶兄

從《文心雕龍》一書中鉤跡與強調「文心」與「雕龍」間的連結，有別於過去前人或從創作論，或從文術論，將《文心雕龍》研究切割為二的現象，從上文即體現出芝慶雖關懷學術之用，但亦不偏廢文學純然美學價值的「道術合一」的主張。

而本書除了經世載道的關懷外，另一個重點即是隱然呈現出芝慶兄對求學問道的認識，不僅只關注學術研究的「知識」層面，而關懷的是如何成為「思想」並再現於人的生命旅途之中，因此本書另一個特點，即是展現出深刻對於生命歷程的深層探問。如〈李贄的生死之學〉一文揭示李贄的「怕死」是在直面活著時不斷的人生困境中，諸如老病貧窮、權力結構、人事困擾等逆境而生，李氏最終找到了解答人生集苦連連的答案，亦即真常唯心如來藏思想，就此而言，如來藏真心不僅是佛教理論中的一種知識，而是能對治李贄生命困境的思想與智慧，故才有從「傷生」到「死而不怕」的思想發展脈絡。又如〈僕隱隱有深怖——袁小修的生死困惑〉一文則從袁小修的生命史出發，芝慶意圖透過再現小修在生命諸般轉折中的領悟，讓讀者也得以反照自身，從中獲得生命啟示，閱讀此文具有藉閱讀以自我療癒之功效。再如〈重探丈雪「即心即佛」之說〉一文以丈雪通醉此一明末清初臨濟宗代表人物為研究對象，考察其「即心即佛」的思想中的「心」與「佛」乃是詭譎的合諧，故其提「非心非佛」中的「心」具有二義：一為不住不染的妙明真心，二為隨緣開權之心，丈雪的目的是為了對治狂禪玩弄光景，又想保有公案機鋒，而芝慶兄的目的，即是透過丈雪對「心」的闡釋，告訴讀者應也要在面對紅塵中隨緣不染，如此便能應對人生中的諸般順境與逆境而不改其樂，以上文章即體現出芝慶兄本書的第二個關懷。

從「指南山」到「湯遜湖」的生命轉移，讓芝慶兄看見諸多前所未見的光景，面對這些光景，或有人認為好，或有人認為壞，或有人

認為樂，或有人認為苦，然情景雖一，但直面諸般情景者卻有不同的
情懷，面對著不同光景，芝慶兄始終能秉持不住不染的真心去面對，
猶如陶淵明〈神釋〉所言「縱浪大化中，不喜亦不懼。應盡便須盡，
無復獨多慮」，配合本書的珠玉之文，當能體現出芝慶兄的生命情懷。

綜上，芝慶兄求學問道有其一貫關懷，雖問道對象上下橫亙千
年，時空多變，議題多端，但卻都得以用經世思想加以連貫，芝慶兄
關注的不是思想家的思想結構與演變，而是思想家如何透過自我言說
去應用於自我生命修身與改善大千世界，芝慶兄的這一貫關懷正是他
尚友古人，以載道自我期許的表現。因此經世思想當為芝慶兄一貫主
軸關懷，從其前一本書《經世與安身》開始乃至於到本書，每篇文章
中都可看到芝慶兄經世熱情與對生命的探問與覺悟，他認為學問不僅
止於書齋與文本，而是與個人生命、社會國家乃至於世界人類相互連
結，應有其個人與普世關懷，正是在此脈絡下，芝慶兄以中國各朝歷
代的思想家為經，以經世思想為緯，串起了一縷經世與生命之脈，照
出歷代前人求學問道、修身治己的內聖與外王情懷，這實再現出芝慶
兄欲以學術解決個人乃至世界問題的祈響，非常高興能看見本書的出
版，期待芝慶兄此書能讓讀者們照見自身生命，開出智慧宏光，願讀
者皆能有所收穫，是為序。

邱偉雲

二〇一九年一月序於濟南

自序

　　《從指南山到湯遜湖：中國的知識、思想與宗教研究》，是我在萬卷樓的第二本書，也是二〇一五年九月到中國大陸任教之後，陸續出版的論文集之一。「指南山到湯遜湖」，以小的角度來講，前者是讀博士班的地方，即政治大學，後者是目前任教的所在，就是湖北經濟學院，是生命的履歷；從大的方面來說，則是從海峽兩岸的地點移動，由此至彼，則是時代的美麗與哀愁。從指南山到湯遜湖，或大或小，從個人心緒到社會環境，或左或右，或高或低，甚至是政治的紛擾，可談的實在太多了。

　　二〇一六年一月，我剛到中國大陸任教的第一個寒假假期，想著能否為研究生們做點事，於是就在朋友的咖啡館裡，自己辦了一場任教經驗的分享座談，由任教於廈門大學的張惟捷兄，還有我主講。空間不大，卻坐好坐滿，人數之多，反應熱烈，頗出意外。後來車行健老師與《國文天地》，藉此規劃了一期專輯，名為「楚材晉用——臺灣文科博士『登陸』甘苦談」，又另找了幾位臺灣博士，各寫一篇感想，刊於《國文天地》第三十二卷第二期。二〇一七年的暑假，由臺灣中文學會與萬卷樓圖書公司出面，玉成其事，我們又辦了類似的座談會，這次分享的範圍更大，與會的朋友更多，四川大學、山東大學、南方學院、嘉庚學院等等，都有臺師的親身體驗。同樣也在《國文天地》規劃了專輯，而作者群頗有變動，任教學校更多元，彼此經驗的差異也更多，我們後來都寫成文章，刊登在第三八八期，名為

「走的人多了，便成了路：臺灣博士前進大陸高教經驗談」。

從二〇一六到二〇一七年，從寒假到暑假，再到現在，多年過去了，求職情況當然不會變好。開缺名額愈來愈少，應徵人數愈來愈多，選人過程愈來愈離奇。而我在此待滿數年，漸熟各種人情義理、學術門道、正路捷徑，幾年的親身經歷，海闊水深，所見所聞，前景寬廣跟怪異情況，亦常與書中義理彼此驗證，相孚相發，成長頗多，收穫極大，套句線上遊戲常講的話，就是：「經驗值大幅增加，快速升級」，不同的是，我從臺幣玩家變成人民幣戰士。

不過，這種觀念始終存在：到日本、美國等地任教，是爭光，到大陸任教，是被拋棄的學術移工，當然這種想法也漸漸開始有動搖的現象。但爭光也罷，移工也好，人走過，就真的成了路，我們確實也正在出走，在這樣的路上，喜怒哀樂愛惡欲，面臨種種壓力與考核。但是，哪裡沒有壓力呢？哪裡沒有考核呢？今時今日，這種地方恐怕只在烏托邦了。而法華隨心轉，自然處處逢源，更何況，大道多歧，人生實難，崎嶇而經丘。正道如此，歪路更是讓人徘徊，稍有不慎，走上岔道，曲學阿世，想出鋒頭，卻讓師友蒙羞。新加坡電影《奔跑吧孩子》，故事結尾，窮困的兄妹終於得到了雙鞋子，這時鏡頭拉遠，在前方等待他們的，不是康莊大道，依舊是泥水與泥土滲雜的山路。也許多數人都是這樣，畢了業，拿到證書，正準備求職，或是已找到工作，真正的挑戰才開始呢。

其實，不管到哪裡工作，希望故鄉更好，眷戀著土地，回憶著成長之處，總是人情之常。在文學研究上，有所謂的「原鄉意識」。並不僅是客觀的位置，如某處某地之類，也不是單純地描寫某個空間，如老舍的《胡同往事》。而是說「故鄉」意味著作家理想價值的源頭，原鄉書寫則成為生活理念的依歸，莊子遊於無何有之鄉、陶潛的桃花源記，或可相比。但原鄉終究是要有一個具體的懸念與執著，在成長的

土地上，行駛其中，路旁風景就像回憶一樣，不斷倒退，從現在到過去，一幕幕的人生，一場場的曾經。故鄉還是故鄉，走過的世界不管多遼闊，未來的事業不論多輝煌，心中的思念，還是相同的地方。

不過，或許隨著時間，具體漸漸成了抽象，肩上的行囊，化成了惆悵，此情此景，模模糊糊，或許只待成追憶。這種思念、這樣的依戀，終究不能只是土地與地名，更多時候，則是一種盼望，或許是更大的舞臺，更好的發展。原來，此心安處是吾鄉，紅塵醉，微醺的歲月，既是永恆的追求，也是不斷推土石上山的薛西佛斯。

二〇一八年十月十五日
於湯遜湖旁

目次

王道、經學與身體
──重探董仲舒的春秋學

一　前言

　　以經為政，解釋經典中的典章制度，古為今用，一向是中國傳統學術的重要環節。在古人的認知裡，經典並非束之高閣的圖書館書籍，而是斟酌損益，因應人情之後，舊瓶裝新酒，可以因應於時代，切合於社會的。《春秋》一書更是明天人相與、通陰陽五行，是治國的大經大法，董仲舒自己便說：「《春秋》大一統者，天地之常經，古今之通誼也。」[1]根據陳蘇鎮的研究，他就認為在士大夫與儒生的推動下，《春秋》是漢代立法與推行政制的主要經典之一，極為重要。[2]

　　董仲舒身屬其中，也不例外。而董仲舒的解經學，在《春秋繁露》有更完整的說明。《春秋繁露》最早見於《隋書‧經籍志》，在此之前，並無董仲舒撰《春秋繁露》的記載，故歷代不乏質疑非董氏著作的聲音，經過學者考證，現在大致可以作這樣的判斷：《春秋繁

1　〔漢〕班固撰，〔唐〕顏師古注：《漢書》（臺北市：宏業出版社，1996年），頁2523。西漢公羊學，特別強調大一統，並主張崇讓觀，顯然與西漢從分封功臣，到分封諸王的歷史有關。武帝時期，諸侯王多有驕恣，武帝胞兄膠西王，便是其中之一，所以特地命董仲舒為膠西相，此所以有《春秋繁露》其中〈對膠西王越大夫不得為仁〉之作。可見張端穗：《西漢公羊學研究》（臺北市：文津出版社，2005年），頁12。

2　陳蘇鎮：《漢代政治與《春秋》學》（北京市：中國廣播電視出版社，2001年）。較早期的研究，可見劉德漢：《從漢書五行志看春秋對兩漢政教的影響》（臺北市：華正書局，1979年），第四章。

露》全篇不一定就是董仲舒親自著作，但即使是由後世弟子或後人編著，仍可代表董仲舒的思想。[3]當然，董仲舒基本上是以公羊學解讀《春秋》，《史記》〈儒林列傳〉：「唯董仲舒名為明於春秋，其傳公羊氏也。」就董仲舒看來，經學是他理解世界，改變世界的資源，他以公羊學的角度，在學術與政治交涉中，在理想與現實的衝突裡，擘劃政策，企圖開物成務，以經學論政，以經學改制更化。但是，從經學世界到國家社會，董仲舒究竟是怎麼言政論道的？這是本文首先要討論的問題。

更進一步來看，其實經學更是董仲舒的生活世界，此處的生活世界，倒也非指生活起居、人倫日用之類，而是他到底怎麼感受世界，將其轉化成對經學的理解與投入，建構了他的經學觀點？這種感受，當然有學術傳統的傳承，也有著個人的特色。其中最重要的發揮之一，就是感官，感官來自於身體，若依余舜德之說，身體與外部空間的互動感受，種類繁多，諸如冷、熱、亮、暗、香、臭、乾淨、噁心、刺痛、骯髒……不一而足，都是我們的身體的感受與外在環境的

---

3 最早提出質疑的是宋人程大昌，稍晚的黃震也提出類似看法，他們大多認為《通典》、《太平御覽》等書都有轉引文字，但查今本《春秋繁露》卻皆無記載，而且此書文意淺薄，不似董仲舒所為，加上有些篇幅混雜難分，因此斷定非董仲舒著作。對此疑案，近人徐復觀先生已有考證，他認為這些質疑最多只能說明此書有殘缺，但並非偽書，而且文辭並不膚淺，總之，《春秋繁露》固然可能是由後人整理而成，但仍可代表董仲舒的思想。近人戴君仁亦提出董仲舒不講五行的觀點，他認為《漢書》〈董仲舒傳〉只講陰陽，未言五行，將《漢書》與《春秋繁露》比照，當然應該是以《漢書》為主，徐復觀不認同這樣的觀點，他認為《天人三策》的中心內容是刑德之說，以刑德配合陰陽，這也正是《春秋繁露》的講法，因此董仲舒沒有在《天人三策》中講五行的必要，鄧紅在此基礎上繼續推衍，他認為《天人三策》確實有類似五行的說法。除此之外，日本學者如慶松光雄、田中麻紗已、近藤則之等人也對《春秋繁露》的一些篇章（特別是有關五行的篇章）提出質疑，但這些說法已有學者駁之。可參徐復觀：《兩漢思想史》（上海市：華東師範大學，2001年），卷2，頁192-194。鄧紅：《董仲舒思想研究》（臺北市：文津出版社，2008年），頁192-195、頁264-276。

「焦點」，可稱之為「身體感」，[4]屬於身體的經驗。舉凡日常生活中的許多觀念，都可以從身體經驗中找到源頭，如潔淨、莊嚴、神聖、正式等等。身體感更可以引申出聯類關係，例如從黑暗感覺到恐怖，從明亮與某些色彩中感受到華麗，類似認知科學強調的觀念與文化分類系統，意謂當人們接受龐雜的身體經驗與感受時，往往會將資訊分類放入秩序中（put into order），然後加以解讀並作出反應。[5]若依此說，董仲舒有非常多的語句，討論了類似的問題，這些論述，並非單純地將身體做比喻而已，而是真的使用了許多具體的感受，豐富了他的論述內容。但是，這些感受，到底怎麼轉化成他的政治論述，以及他對於更化的觀點？學界對此，雖已有些專論，[6]但對於將身體與公

4　自笛卡兒以來身心二元論的結構，經歷康德（Kant）與黑格爾（Hegel）純粹意識或是精神哲學的發展，特別是在黑爾格之後，在二元結構中處於受輕視一方的身體漸為人所重，不管是尼采、叔本華（Schopenhauer）或是柏格森（Henri Bergson）都對身體作了不同程度的表述，這種身心的二元模式，到了梅洛龐蒂手上，則因其強調身體意向性與身體主體，漸漸克服這種二元對立。就梅洛龐蒂看來，身體不止是物質肉身的身體，更是人存有的根基，也唯有透過身體，才能開展出充滿價值生命的生活世界。就此點來說，梅洛龐蒂建立了真正意義的身體現象學。自此而後，在身體議題的推衍與開展之下，又發展出身體與權力、身體與美學、身體與語言、身體與性別、身體與文化批判等相關論述。這種對於知識、權力、性別與身體網絡關係的研究，風潮始終不衰。

正是因為這樣的原因，當許多學者開始探討中國學術思想中的「身體觀」或是「身體感」的時候，他們必須自問：中國身體觀是否存在？若無，原因為何？若有，其與西方又有何不同？這種反思，一方面是對西方學術的回應，另方面，也是藉由這樣的問題意識再度清理自身。而作為中西文化比較視野下的議題，也有許多學者試圖做出回答，諸如楊儒賓、黃俊傑、蔡璧名、林素娟等等。其實，在他們的論述裡，「身體觀」或是「身體感」又有不同，是有自覺地使用這名詞。學者們對此的定義與差異，可參劉芝慶：〈儒學身體觀的新視野〉，收於郭齊勇主編：《當代新儒家與當代中國和世界》（貴陽市：孔學堂書局，2017年9月），頁83-95。

5　余舜德：〈物與身體感的歷史：一個研究取向的探索〉，《思與言》第44卷第1期，頁23-24。

6　王中江、李存山主編的《中國儒學》第十輯，便收有王志楣：〈從身體觀詮釋董仲舒之天人感應〉、彭國翔：〈修身與治國：董仲舒身心修煉的功夫論〉。

羊學、感官感受與政治教化，如何結合，如何轉換，討論似乎也還不太多。本文的出發點，即是企圖拾遺補缺，重新思考董仲舒的許多論點；也希望能從經學的角度，省思近來流行的身體的議題。[7]

二　經術而通治道

　　武帝即位之後，曾下了一份詔書，以求賢良方正直言極諫之士，之後在元光元年又詔賢良察策。在兩次詔問之中，最著名的回應就是董仲舒的《天人三策》。故董仲舒論治道，以《天人三策》與《春秋繁露》最為重要，都跟他的立場有關，也源自於他的經學，特別是對《春秋》的理解。[8]

　　前已言之，董仲舒所學所傳者，為公羊學。公羊學本為解經學的一種，公羊學者多認為《春秋》基本上是一部擁有龐大寓意的經典，雖然不是全部文字段落都可以含有密碼，但是許多寄託喻意，言此事而意在彼，表面是說某史事，但卻是藉由論述史實而展露微言意旨，說古改制。換句話說，將《春秋》視為一個完整的寄託系統，表面是講齊桓晉文與魯國諸公之事，其實都只是象徵而已，另有其他蘊含所在，此即孔子之微言。例如《春秋公羊傳》開頭第一句：「元年，春，王正月，元年者何？君之始年也」，徐彥的解釋是：「若《左傳》之義，不問天子諸侯，皆得稱元年。若《公羊》之義，唯天子乃得稱元年，諸侯不得稱元年。使魯隱公，諸侯也，而得稱元年者《春秋》託王於

7　關於「身體觀」或是「身體感」的定義，以及如何放到中國學術思想中解讀，學界討論頗多。當然，因應主題，本文並不處理這些問題，只是藉由這些論述的啟發，來探討董仲舒的經學世界，並非專門探討董仲舒的身體觀或身體感。

8　〔漢〕司馬遷撰，〔日〕瀧川龜太郎注：《史記會注考證》（臺北市：萬卷樓圖書公司，1993年），頁1292。

魯，以隱公為受命之王，故得稱元年矣」、「不言公，言君之始年者，王者諸侯皆稱君，所以通其義於王者，惟王者然後改元立號，《左傳》託新王受命於魯，故因以錄即位，明王者當繼天奉元，養成萬物。」隱公為受命之王，而明王繼天奉元，養成萬物，故以元年稱之。[9]

　　何休、徐彥是後世人，生當董仲舒之後，但以公羊學的解經的大脈絡是不變的。董仲舒亦是依此大原則講《春秋》，所以他解「元年，春，王正月」，認為元就是一，代表政治上的君王，因此他就以君王修身是治國基礎來解釋：[10]

> 臣謹案《春秋》謂一元之意，一者萬物之所從始也，元者辭之所謂大也。謂一為元者，視大始而欲正本也。《春秋》深探其本，而反自貴者始。故為人君者，正心以正朝廷，正朝廷以正百官，正百官以正萬民，正萬民以正四方。

為人君者，正心以正朝廷，而董仲舒以孔子作《春秋》的內容，表述王者應為之事，言王者之義。他用此法解經，亦是藉此說明他的政治觀點，正為公羊學通論。康有為看到了這層道理，在《春秋董氏學》說：[11]

> 「緣魯以言王義」，孔子之意，專明王者之義。不過言託於魯以立文字。……。自偽《左》出，後人乃以事說經，於是周、魯、隱、桓、定、哀、邾、滕皆用考據求之。癡人說夢，轉增

9　〔漢〕何休解詁，〔唐〕徐疏：《春秋公羊注疏》，頁6。
10　〔漢〕班固撰，〔唐〕顏師古注：《漢書》（臺北市：宏業出版社，1996年），頁2503。
11　康有為：《春秋董氏學》，收於姜義華等編：《康有為全集》（上海市：上海古籍出版社，1987年），冊3，頁670。

疑惑，知有事而不知有義，於是孔子之微言沒，而《春秋》不可通矣。尚賴有董子之說，得已明之，……。

……《公羊》傳《春秋》託王於魯，何（芝慶按：指何休）注頻發此意。人或疑之，不知董子亦大發之。

以今觀之，康有為解析孔子微言大義的結論，固然不符合史實，也是為了表達他在現實政治上的需要。但他站在公羊學的立場，辨章學術，考鏡源流，他不止看到了何休的公羊解經學，更認為早在董仲舒時代已有闡發。正如皮錫瑞所言，公羊學解《春秋》，這種寓意解經法一向為中國學術思想史的傳統，[12]只是康有為更擴大了這樣的說法，延及於三代或是其他經書而已。[13]另外要說明的是，說董仲舒與何休、乃至康有為相同，是指他們都認為《春秋》是部擁有豐富寓意系統的經書，需以某些特定方法解釋，他們都是站在公羊學的立場解經，並非指他們對於經文的解釋都是一樣的、毫無差異的。例如董仲舒言「遠外近內」就與何休的解釋不同，內外，在《公羊傳》裡本指魯國與他國之分，其後推衍至夷夏之別，諸夏為內，夷狄為外，[14]是一種相對性的指稱。董仲舒基本上是用「緣魯以言王義」的原則，以「天子」的角度來看魯與他國、以「中國」的角度來看諸夏夷狄的內外之別，用意是要藉此說明「魯無鄙疆」，對遠夷應該要「內而不

---

12 〔清〕皮錫瑞：〈論董子之學最醇，微言大義存於董子之書不必驚為非常異議〉，收於氏著：〈春秋〉《經學通論》（北京市：中華書局，2003年），頁4-6。

13 劉芝慶：〈論康有為與廖平二人學術思想的關係——從《廣藝舟雙楫》談起〉，收於氏著：《經世與安身：中國近世思想史論衡》（臺北市：萬卷樓圖書公司，2017年）。

14 楊濟襄：《董仲舒春秋學義法思想研究》（臺北市：臺灣師範大學國文研究所博士論文，2001年），頁439。

外」；[15]何休則否，他以三世說直接對應內外之分：「所傳聞之世」是見治於衰亂之中，所以是對應「內其國而外諸夏」。「所聞之世」是見治升平，對應「內諸夏而外夷狄」。「所見之世」，著治大平，夷狄進至爵，所以是「天下遠近大小若一」，[16]此正可見董仲舒與何休解經內容差異。除此之外，又或是公羊家雖同以「科」、「旨」解經，但董仲舒的六科十指也與何休徐彥所謂的三科九旨有異有同，不可一概而論，關於董何說法的比較，後面續會解釋，此處暫不詳說。對於這種現象，阮芝生曾言：「自董仲舒何休以下，皆說公羊之學，而各亦不能盡同。」[17]觀察極為正確，董何二人雖然站在公羊解經學的立場，內容亦有差異，不會完全相同。更進一步來講，雖說公羊學家多把《春秋》的託寓意符，視為解經的關鍵，但不代表他們都認為這些史實全部都是假的，都是孔子偽託，極有可能是解經者自己的歷史性解讀，[18]而這些解讀在學術史中早已自成脈絡，變成了另一種歷史事實，公羊學者間，彼此論史事的差異，以及他們各自的「歷史性」立場，頗值得注意。這方面的研究，因與本文主旨無關，難以詳論，更具體細緻的研究，當另以專文探討。

當然，如前所言，董仲舒以公羊學解經，不會只有經學上的意義。又或者是說，將經學落實到具體世界中，正是理解世界，進而改變世界的關鍵。這也是董仲舒以公羊學解釋《春秋》的重要立場，他說：[19]

---

15 楊濟襄：《董仲舒春秋學義法思想研究》（臺北市：臺灣師範大學國文研究所博士論文，2001年），頁473-476。

16 〔漢〕何休解詁，〔唐〕徐疏：《春秋公羊注疏》，頁26。

17 阮芝生：《從公羊學論春秋的性質》（臺北市：臺灣大學文學院，1969年），頁10。

18 所謂的「歷史性」解讀，根據黃俊傑的看法，是指解讀者因身處時代的歷史情境與歷史記憶，以及其思想系統所致，都會影響解讀者以自己的「歷史性」進入文本的思想世界。黃俊傑：《東亞儒學史的新視野》（臺北市：臺灣大學出版中心，2006年），頁46-48。

19 〔清〕蘇輿：《春秋繁露義證》（北京市：中華書局，2002年），頁17、157。

> 今所謂新王必改制者，非改其道，非變其理，受命於天，易姓
> 更王，非繼前王而王也，若一因前制，修故業，而無有所改，
> 是與繼前王而王者無以別。（〈楚莊王〉）

> 有非力之所能致而自至者，西狩獲麟，受命之符是也，然後託
> 乎春秋正不正之間，而明改制之義……。（〈符瑞〉）

改制，即是更化，董仲舒認為經過漢初因循而治的政局之後，到了武帝，時移世易，是該有所變化的時候了：「為政而不行，甚者必變而更化之，乃可理也。……；當更化而不更化，雖有大賢不能善治也。」[20]可是改制並非變道，亦非變理，只是受命於天，而時世代換，所以救世的方法也不同而已。《天人三策》的第二策：「夏上忠，殷上敬，周上文」、「今漢繼大亂之後，若宜少損周之文致，用夏之忠者」，[21]夏尚忠，周尚文，尚忠即是以質樸無華為重。董仲舒此說即是以質救文，文不必濫，而質亦不可少，若以文意來看，漢繼大亂以後，應少損周之文，而是以質為主，因此忠與質涵義接近。文質俱備基本上仍是董仲舒的理想，只是三代質文輪替，以至於偏重各有不同。

三代質文的問題，仍可再論。《春秋繁露》〈三代改制質文〉又說：「一商一夏，一質一文，商質者主天，夏文者主地」，[22]〈十指〉也說：「承周文而反之質」，[23]則夏又主文，如果代入第二策的說法，以夏救漢承周文之弊，若夏主文，如此則是以文救文，則矛盾不可通。

20　〔漢〕班固撰，〔唐〕顏師古注：《漢書》（臺北市：宏業出版社，1996年），頁2505。

21　〔漢〕班固撰，〔唐〕顏師古注：《漢書》（臺北市：宏業出版社，1996年），頁2518-2519。

22　〔清〕蘇輿：《春秋繁露義證》（北京市：中華書局，2002年），頁205。

23　〔清〕蘇輿：《春秋繁露義證》（北京市：中華書局，2002年），頁146。

徐復觀也發現了這個問題，他認為董仲舒自己也明白以文質交替的說法，過於機械、勉強，於是在《天人三策》的第二策將夏改成尚忠，以避開文質與朝代更替對應的矛盾衝突，[24]此說可再商榷，因為我們無法肯定《天人三策》的第二策是否成於《春秋繁露》之後？本傳也只說他「仲舒所著，皆明經術之意，及上疏條教，凡百二十三篇。而說春秋事得失，〈聞舉〉、〈玉杯〉……，復數十篇，十餘萬言，皆傳於後世」，[25]根本未言時間。況且《天人三策》的時間點也有兩種說法，《漢書》〈武帝紀〉載元光元年下詔賢良策問，「於是董仲舒、公孫弘等出焉」，[26]是以元光元年為《天人三策》之年，但《漢書》〈董仲舒傳〉卻又說：「武帝即位，舉賢良文學之士前後百數，而仲舒以賢良對策焉」，[27]未言是何年所詔，而《漢書》〈武帝紀〉建元元年同樣亦載：「詔……諸侯相舉賢良方正直言極諫之事」，[28]因此建元元年與元光元年各有詔求賢良，兩者不可混為一談，只是不知董仲舒本傳所載「武帝即位」是指建元元年又或是元光元年？若依《漢書》紀、傳參證，則「武帝即位」只是泛指武帝登皇帝位而已，所以《漢書》〈武帝紀〉才記元光元年為董仲舒上《天人三策》。但反過來看，既言即位，或是指建元元年方是，《資治通鑑》顯然認同這一點，是以將《天人三策》繫於建元元年，[29]錢穆〈兩漢博士家法考〉據此考訂通鑑所言正確。但此說顯又與《漢書》〈武帝紀〉「於是董仲舒……出

24　徐復觀：《兩漢思想史》（上海市：華東師範大學，2001年），卷2，頁215-217。

25　〔漢〕班固撰，〔唐〕顏師古注：《漢書》（臺北市：宏業出版社，1996年），頁2525-2526。

26　〔漢〕班固撰，〔唐〕顏師古注：《漢書》（臺北市：宏業出版社，1996年），頁161。

27　〔漢〕班固撰，〔唐〕顏師古注：《漢書》（臺北市：宏業出版社，1996年），頁2495。

28　〔漢〕班固撰，〔唐〕顏師古注：《漢書》（臺北市：宏業出版社，1996年），頁155-156。

29　〔宋〕司馬光：《資治通鑑》（臺北市：宏業出版社，1993年），頁549-556。

焉」不合，另外錢穆又指出建元六年高園便殿火災，董仲舒居家推說
其意，卻遭主父偃上奏而下獄，錢穆認為此事若在對策之前，則董仲
舒其時名尚未顯，主父偃又何必妒之？因此建元元年才是合理的說
法，可是錢穆的基本預設是董仲舒因《天人三策》而名聲大顯，[30]但
董仲舒在景帝時已為博士，「學士皆師尊之」，其名聲未必不顯，主父
偃之妒亦可能是指此，因此不能就此認定《天人三策》是建元元年所
上。況且荀悅《後漢紀》則是同於《漢書》〈武帝紀〉，都記於元光元
年。[31]此外，岳慶平與蘇誠鑒的說法又有不同，蘇誠鑒創元朔五年之
說，岳慶平提出異議，他認為董仲舒《天人三策》應該是元光元年，
但也不否認建元元年，董仲舒也有對策，只是未獲任用。[32]上述這些
判斷，仍難有定論，但不論是以誰為準，在《春秋繁露》著作年日不
明的情況下，亦無法判斷兩者先後。所以到底是否如徐復觀所言，是
董仲舒改字避免矛盾，實亦難說。但其實如果就更化與改制，所產生
的風俗教化之效果，質文本來都該看重，這是具體的施政問題，而非
朝代文質特性，相關論述詳下節。

公羊學者認為受命改制，則以《春秋》所載最為詳細，所以解鎖
《春秋》，破譯改制的密鑰，就成為重點。因此而有三科九旨之說，
據徐彥的疏解，三科九旨有兩種說法：[33]

問曰：「《春秋說》云：『《春秋》設三科九旨』，其義如何？」

---

30 錢穆：〈兩漢博士家法考〉，收於氏著：《兩漢經學今古文評議》（北京市：商務出版
   社，2001年），頁195-196。

31 〔東漢〕荀悅，〔晉〕袁宏：《兩漢紀》（北京市：中華書局，2005年），上冊，頁
   173。

32 岳慶平：〈董仲舒對策年代辨〉，《北京大學學報》（哲學社會科學版）1986年第3期。
   蘇誠鑒：〈董仲舒對策擬在元朔五年議〉，《中國史研究》1984年第3期。

33 〔漢〕何休解詁，〔唐〕徐疏：《春秋公羊注疏》，頁5。

答曰：「何氏之意，以為三科九旨正是一物，若總言之，謂之三科，科者，段也；若析而言之，謂之九旨，旨，意也。言三個科段之內，有此九種之意」。

依徐彥的解釋，何休所謂的三科、九旨，兩者是一致的，正是一物，但有大小總析的差異。接下來徐彥又引何休《文謚例》，解釋三科九旨的內涵：「新周故宋，以《春秋》當新王」為一科三旨；「所見異辭，所聞異辭，所傳聞異辭」；此為二科六旨，「內其國而外諸夏，內諸夏而外夷狄」是三科九旨。[34]但何休同時又引宋氏說，提出三科九旨的另外一種解釋：[35]

三科者，一曰張三世，二曰存三統，三曰異外內，是三科也。九旨者，一曰時，二曰月，三月日，四曰王，五曰天王，六曰天子，七曰譏，八曰貶，九曰絕。

就兩種解釋來看，何休與宋氏三科九旨的說法並不相同，其中「新周故宋，以《春秋》當新王」、「所見異辭，所聞異辭，所傳聞異辭」、「內其國而外諸夏，內諸夏而外夷狄」或可分別對應「存三統」、「張三世」、「異外內」。[36]但基本上何休是將三科九旨視為一物，故曰：「何氏之意，以為三科九旨正是一物」，宋氏卻是各有所論，並不等同看待。至於時代更早於兩人的董仲舒，則未使用「三科九旨」的說法，他解釋莊公二十七年「杞柏來朝」：[37]

---

34 〔漢〕何休解詁，〔唐〕徐疏：《春秋公羊注疏》，頁5。

35 〔漢〕何休解詁，〔唐〕徐疏：《春秋公羊注疏》，頁5。

36 楊濟襄：《董仲舒春秋學義法思想研究》（臺北市：臺灣師範大學國文研究所博士論文，2001年），頁319。

37 〔清〕蘇輿：《春秋繁露義證》（北京市：中華書局，2002年），頁197-200。

> 杞何以稱伯？《春秋》上絀夏，下存周，以《春秋》當新王。
> 春秋當新王者奈何？曰：王者之法必正號，絀王謂之帝，封其
> 後以小國，使奉祀之……故同時稱帝者五，稱王者三，所以昭
> 五端，通三統也。……《春秋》作新王之事，變周之制，當正
> 黑統，而殷周為王者之後，絀夏，改號禹謂之帝，錄其後以小
> 國，故曰：絀夏、存周、以《春秋》當新王。不以杞侯，弗同
> 王者之後也。（〈三代改制質文〉）

董仲舒此處以「絀夏、存周，以《春秋》當新王」為說。由上述可
知，何休、徐彥說法則與董仲舒類同，何休稱為一科三旨。絀夏，何
休解莊公二十七年「杞柏來朝」亦言：「杞，夏後，不稱公者，《春
秋》黜杞，新周而故宋，以《春秋》當新王。黜而不稱侯者，方以貶
杞伯為黜」[38]，僖公二十三年冬十一月：「杞子卒。」何休的解釋是
「始見稱伯，卒獨稱子者，微弱，為徐、莒所脅，不能死位。《春
秋》伯、子、男一也，辭無所貶。貶稱子者，《春秋》黜杞不明，故
以其一等貶之，明本非伯，乃公也。」[39]徐、莒威脅杞一事，可見
《公羊傳》僖公十四年春。何休此處是說《春秋》伯、子、男是同一
的，所以稱伯未能為尊，稱子亦未能為貶，而杞國國君本來是公，但
《春秋》黜杞，理當降稱侯，但杞滅而又不能死位，所以又再降一
等，於是貶為子，而前所言「杞伯來朝」，稱杞君為伯，則是追貶的
緣故。董仲舒又說：「故春秋應天作新王之事，時正黑統，王魯，尚
黑，絀夏、親周、故宋」[40]，而《春秋》黜杞，是為了新周而故宋，
因為孔子既以《春秋》當新王，則前兩代殷、周當退居為前王。殷舊

---

38 〔漢〕何休解詁，〔唐〕徐疏：《春秋公羊注疏》，頁177。

39 〔漢〕何休解詁，〔唐〕徐疏：《春秋公羊注疏》，頁247。

40 〔清〕蘇興：《春秋繁露義證》（北京市：中華書局，2002年），頁187-189。

有，所以是「故宋」；周新有，故曰「新周」，[41]而杞是夏之後，但被絀，此即董仲舒「王魯」（以春秋當新王）之意，也就是何休所謂「新周、故宋、王魯」，有時又稱為「新周、故宋、以春秋當新王」的一科三旨。

但是三科九旨畢竟是後世公羊家言。在董仲舒的理論中，他是以六科十指來解經的：[42]

> 《春秋》，大義之所本耶！六者之科，六者之恉[43]之謂也，然後援天端，布流物，而貫通其理，則事變散其辭矣。故志得失之所從生，而後差貴賤之所始矣。論罪源深淺定法誅，然後絕屬之分別矣。立義定尊卑之序，而後君臣之職明矣。載天下之賢方，表謙義之所在，則見復正焉耳。幽隱不相踰，而近之則密矣，而後萬變之應無窮者，故可施其用於人，而不悖其倫矣。（〈正貫〉）

鍾肇鵬釋六旨（六科）即六種種類，分別是：天端、流物、得失、法誅、尊卑、謙義，其分法頗有可議。若以得失為一類，那貴賤是否可為一類？謙義可為一類，幽隱又為何不能成一類？而「援天端，布流物，而貫通其理」明指《春秋》義法，故董仲舒又曰「則事變散其辭矣」，但鍾肇鵬卻分為天端、流物兩類，不知何所據？細讀此段文字，可知董仲舒之意，六旨（六科）並非要把《春秋》大義分為六

---

41 錢穆：《兩漢經學今古文評議》（北京市：商務出版社，2001年），頁271-272。

42 〔清〕蘇輿：《春秋繁露義證》（北京市：中華書局，2002年），頁143。

43 鍾肇鵬校「恉」為「指」。鍾肇鵬，《春秋繁露校釋》（校補本）（石家莊市：河北人民出版社，2005年），頁305。

類，而是指出《春秋》義法的彰顯目的與效用，[44]所以才就得失貴
賤、法誅罪源深淺，又或是君臣尊卑之道而論，用意在於說明「幽隱
不相踰，而近之則密矣，而後萬變之應無窮者，故可施其用於人，而
不悖其倫矣」的《春秋》改制說。

對董仲舒而言，「六科」是針對目的與作用而論，「十指」則就是
指原則與種類：[45]

> 《春秋》二百四十二年之文，天下之大，事變之博，無不有
> 也。雖然，大略之要，有十指。十指者，事之所繫也，王化之
> 所由得流也。舉事變，見有重焉，一指也；見事變之所至者，
> 一指也；因其所以至者而治之，一指也；強幹弱枝，大本小
> 末，一指也；別嫌疑，異同類，一指也；論賢才之義，別所長
> 之能，一指也；親近來遠，同民所欲，一指也；承周文而反之
> 質，一指也；木生火，火為夏，天之端，一指也；切刺譏之所
> 罰，考變異之所加，天之端，一指也。（〈十指〉）

董仲舒認為《春秋》二百四十二年所涉之事極為廣博，但大致有十點
要義，此即「十指」。董仲舒以十指之論，對《春秋》義法發凡起
例，而《春秋》又隱涵王者改制之說，因此十指不但是事之所繫、屬
辭比事，但同時也是王化所流，所以十指除了是解譯《春秋》的方
法，更重要的是要以此明《春秋》大義。董仲舒接下來又以十指的效
用來講：「舉事變，見有重焉，則百姓安矣；見事變之所至者，則得
失審矣；因其所以至而治之，則事之本正矣；強幹弱枝，大本小末，

---

44 楊濟襄：《董仲舒春秋學義法思想研究》（臺北市：臺灣師範大學國文研究所博士論
文，2001年），頁314。

45 〔清〕蘇興：《春秋繁露義證》（北京市：中華書局，2002年），頁144-145。

則君臣之分明矣；別嫌疑，異同類，則是非著矣；論賢才之義，別所長之能，則百官序矣；承周文而反之質，則化所務立矣；親近來遠，同民所欲，則仁恩達矣；木生火，火為夏，則陰陽四時之理相受而次矣；切刺譏之所罰，考變異之所加，則天所欲為行矣。」[46]安百姓、審得失、序百官、論賢才、達仁恩……等等，則都是就王道政治、治國教化而發。

董仲舒曾言：「天不變，道亦不變」，可是改制算不算是變道呢？當然不能算，因為「王者有改制之名，無變道之實」[47]，就董仲舒看來，改制更化並非變道而行、更非改變天命。相反地，正是一種「無為」，所以他引孔子的話：「無為而治者，其舜虖！」以證明所謂的「無為」，就是「改正朔，易服色，以順天命而已；其餘盡循堯道，何更為哉！」[48]順天命，循堯道，以《春秋》立法，以公羊學解經，明白了這點，才能了解《春秋繁露》屢言無為的脈絡所在。[49]

三　經學而通天人

董仲舒談更化、述無為、論六科十指、講絀夏親周故宋，自然是要從經學談到政治，以經學來改變世界。他也深知，雖從理論上說明，對具體事務或有陳略，但成與不成，仍需要改制者上行下效，風行草偃，徹底實踐。所以公羊學者針對「元年，春，王正月」，不厭其煩地解釋，或說唯天子乃得稱元年，《春秋》託王於魯，或講一為

46　〔清〕蘇輿：《春秋繁露義證》（北京市：中華書局，2002年），頁145-147。

47　〔漢〕班固撰，〔唐〕顏師古注：《漢書》（臺北市：宏業出版社，1996年），頁2518。

48　〔漢〕班固撰，〔唐〕顏師古注：《漢書》（臺北市：宏業出版社，1996年），頁2518。

49　此外，以《春秋》決獄，董仲舒也多有論述，並以《春秋》重質推演出以「春秋決獄」、「原心定罪」等等的觀點。可見張端穗：〈董仲舒思想中三統說的內涵、緣起及意義〉，《東海中文學報》第16期（2004年7月），頁97-102。

元者，緣魯以言王意，都是因為這層道理。董仲舒認為元為萬物之根基，而君王是元，君王又是人間之主，也是人道的開始，因此王的一舉一動無不牽引著人間秩序——是元氣和順？或是賊氣充斥？治與亂，此皆有賴於君王：「《春秋》何貴乎元而言之？元者，始也，言本正也；道，王道也；王者，人之始也。王正，則元氣和順，風雨時，景星見，黃龍下；王不正，則上變天，賊氣並見。」[50]若要國家安樂，必有賴於君王本身得正，這就是修身。修身立道，就是法天而行，就是更化改制。董仲舒在《天人三策》與《春秋繁露》裡不斷反覆論述這樣的說法：「聖人法天而立道」[51]、「道大原出於天，天不變，道亦不變」、[52]「以天之端，正王之政」、[53]「循天之道以養其身，謂之道也」、[54]「聖人副天之所行以為政」。[55]而天「分為陰陽，判為四時，列為五行」，[56]因此王者應循天道，法陰陽五行。董仲舒即是以天道與人道互通而論，天與人氣物相感、同類相動，天有陰陽，人也有陰陽，兩者互為交感聯繫。因此天地之陰氣生，人之陰氣亦生，反之亦然。[57]然後陰陽又與刑德相配，陽為德，陰為刑，[58]陽主陰副，因此是德先刑後，刑是德的輔助。而在四季與陰陽方面，則是

---

50 〔清〕蘇輿：《春秋繁露義證》（北京市：中華書局，2002年），頁100-101。

51 〔漢〕班固撰，〔唐〕顏師古注：《漢書》（臺北市：宏業出版社，1996年），頁2515。

52 〔漢〕班固撰，〔唐〕顏師古注：《漢書》（臺北市：宏業出版社，1996年），頁2519。

53 〔清〕蘇輿：《春秋繁露義證》（北京市：中華書局，2002年），頁155。

54 〔清〕蘇輿：《春秋繁露義證》（北京市：中華書局，2002年），頁444。

55 〔清〕蘇輿：《春秋繁露義證》（北京市：中華書局，2002年），頁353。

56 〔清〕蘇輿：《春秋繁露義證》（北京市：中華書局，2002年），頁362。

57 「天有陰陽，人亦有陰陽，天地之陰氣起，而人之陰氣應之而起，人之陰氣起，天地之陰氣亦宜應之而起，其道一也。」〔清〕蘇輿：《春秋繁露義證》（北京市：中華書局，2002年），頁360。

58 「天道之大者在陰陽。陽為德，陰為刑，刑主殺而德主生。」〔漢〕班固撰，〔唐〕顏師古注：《漢書》（臺北市：宏業出版社，1996年），頁2502。

春夏陽多陰少，秋冬陽少陰多，[59]但這又不止天象變化而已，而是與人的情志息息相關：「喜怒之禍，哀樂之義，不獨在人，亦在於天；而春夏之陽，秋冬之陰，不獨在天，亦在於人」。[60]人情與四時相應，同時四季又與五行相對，並以春主生、夏主長、季夏主養，秋主收、冬主藏的模式運行，[61]木代表春，火代表夏，土代表季夏，金代表秋，水代表冬：[62]

> 是故木居東方而主春氣，火居南方而主夏氣，金居西方而主秋氣，水，居北方而主冬氣。（〈五行之義〉）

> 木者春，生之性……。火者夏，成長……。土者夏中，成熟百種……。金者秋，殺氣之始也……。水者冬，藏至陰也……。（〈五行順逆〉）

王者循天道，修身而行，都不是簡單地比附而已。仲舒認為在這個世界裡，人與天是息息相關的，聯類共感，氣化相應，學者或稱為「聯繫性思維方式」，[63]或以「引譬連類」為主，[64]又或是講成「同源同構互感」，[65]其意大多類似。但這種聯繫引譬，互感聯類，很多都是由身體觸發的。這種觸發，正是人有感於外在環境變化的深切感受，人要

---

59 〔清〕蘇輿：《春秋繁露義證》（北京市：中華書局，2002年），頁339。
60 〔清〕蘇輿：《春秋繁露義證》（北京市：中華書局，2002年），頁335。
61 〔清〕蘇輿：《春秋繁露義證》（北京市：中華書局，2002年），頁315。
62 〔清〕蘇輿：《春秋繁露義證》（北京市：中華書局，2002年），頁322、頁371-377。
63 黃俊傑：《東亞儒學史的新視野》（臺北市：臺灣大學出版中心，2006年），頁314。
64 鄭毓瑜：〈身體時氣感與漢魏抒情詩——漢魏文學與楚辭、月令的關係〉，《漢學研究》第22卷第2期（2004年12月），頁5-13。
65 葛兆光：《道教與中國文化》（上海市：上海人民出版社，1987年），頁42。

理解外在環境，才可能因應外在環境，做出比較好的選擇與政策，董仲舒的「法天」，即是指此。如果就柏拉圖看來，天人關係，可以說是一種「模仿」，他主張人類應當效法天體的運動，天上的秩序正好就是人間城邦最好的模型，因此要和諧，避免衝突，法自然四時，弗雷德（Drothea Freda）感到難以理解，說如果這是比喻，或許還可，但如果真的要效法，究竟該怎麼做，才不至淪為空談？人到底要學習天上的什麼東西？又該怎麼學習？他的回答是：「因為他的目的也許不僅僅是要將宇宙秩序投射到地球上或是按照天體秩序塑造人類了靈魂，而是想要永恆的靈魂與永恆的身體之間設計出一種理想的關係，並且展示人類在這一方面所能學習的東西。」[66]

這個解答，如果就董仲舒的講法來看，就是修身。董仲舒在〈為人者天〉認為人固然本之於天，但在天與人之間還有「性」的存在。人的生命是天，而人的欲求卻是情，性則是人先天的本性與後天的學習，「性」可以是「生之謂性」、也可以是「性者，質也」，但人性不會全是善的，因此不能只在善中去找性的本質：[67]

> 今世闇於性，言之者不同，胡不試反性之名？性之名，非生與？如其生之自然之資，謂之性。性者，質也，詰性之質於善之名，能中之與？既不能中矣，而尚謂之質善，何哉？性之名不得離質，離質如毛，則非性已，不可不察也。（〈深察名號〉）

---

66 〔德〕多羅西婭・弗雷德著，劉佳琪譯：《柏拉圖的《蒂邁歐》：宇宙論、理性與政治》（北京市：北京大學出版社，2014年），頁99。
   值得注意的是，陳昭瑛從神話思維與原始分類的角度，來分析董仲舒天人思想，並與荀子做比較，有很深入的討論。可見陳昭瑛：《荀子的美學》（臺北市：臺灣大學出版中心，2016年），頁318-329。
67 〔清〕蘇輿：《春秋繁露義證》（北京市：中華書局，2002年），頁291-292。

此處董仲舒用了一個比喻，他以禾苗比喻性，米比善，米出禾中，善亦是由性出，但禾苗不等稻米，一如性不等於善。因為性就不會只是善或惡，而是有貪有仁、是善惡混雜的：「人之誠，有貪有仁。仁貪之氣，兩在於身」。[68]人性善惡參雜，正如君王有好惡喜怒，若是要順著善的方向走，應該要憑藉教化、依靠理性的力量。人性如此，皇帝君王亦如是，所以人應要在內心中禁制眾惡：[69]

> 柙眾惡於內，弗使得發於外者，心也，故心之為名，柙也。人之受氣，茍無惡者，心何柙哉？……。身之名取諸天，天兩，有陰陽之施，身亦兩，有貪、仁之性；天有陰陽禁，身有情欲柙，與天道一也。(〈深察名號〉)

「人之受氣，茍無惡者，心何柙哉」，說明了氣有善有惡。所以修身首在於修心，心有禁制（柙）眾惡的作用，同時心也是氣的主宰：「故君子道至，氣則華而上。凡氣從心，心，氣之君也，何為而氣不隨也」，蘇輿注此句：「心動而氣隨之。」[70]心能制氣，亦能制惡，心有時又稱為意，意生神，神又生氣，而養生又重在愛氣，[71]因此心可謂修身根源。但心的作用則有賴於後天的培養學習，這種學習教化，則是仁義禮樂之說，董仲舒認為畢竟人不能單憑自然之性而成為善，就好像禾不能是米，必有待雨水滋潤才能收成。人也是如此，董仲舒在《天人三策》的第三策所說：「質樸之謂性，性非教化不成；人欲

---

68 〔清〕蘇輿：《春秋繁露義證》（北京市：中華書局，2002年），頁294。

69 〔清〕蘇輿：《春秋繁露義證》（北京市：中華書局，2002年），頁293-296。

70 〔清〕蘇輿：《春秋繁露義證》（北京市：中華書局，2002年），頁448。

71 「故養生之大者，乃在愛氣。氣從神而成，神從意而出。心之所之謂意，意勞者神擾，神擾者氣少，氣少者難久矣。」〔清〕蘇輿：《春秋繁露義證》（北京市：中華書局，2002年），頁452。

之謂情，情非度制不節」，[72]即是此意。人性如此，身處政治權力的君
王更應該要明白這個道理，何況人又分數級，其中聖人與王者又是天
地精之尤精者，因此更應該以修身為本，作為天人（民）之間的中介
角色，然後上通於天，下化萬民[73]：「是故王者上謹於承天意，以順命
也；下務明教化民，以成性也；正法度之宜，別上下之序，以防欲
也。脩此三者，而大本舉矣。」這個道理，《春秋繁露》說得更明
白：[74]

> 古之造文者，三畫而連其中，謂之王。三畫者，天地與人也，
> 而連其中者，通其道也，取天地與人之中以為貫而參通之，非
> 王者孰能當是？是故王者惟天之施，施其時而成之，法其命而
> 循之諸人，法其數而以起事，治其道而以出法，治其志而歸之
> 於仁。（〈王道通三〉）

董仲舒探究名學、以字解釋，〈深察名號〉一開頭就說：「治天下之
端，在審辨大；辨大之端，在深察名號」，[75]深察名號，一方面是循名
責實的正名，因為事順於名，名號不正則事必反逆，其中「王」就是
最重要的名號。就上引文來看，「王」，三橫而上下相連，象徵王權貫
通天地人，所以君王不但是法天，還要觀地、看人，因為君王是最有
資格融合三道的人，君王可以說是整個政治秩序的重心、也是最關鍵
的人物。但君王也有限制，不可以任憑己意，就像天有春秋冬夏，君
王也有好惡喜怒，反之亦然：「喜怒之禍，哀樂之義，不獨在人，亦

---

72 〔漢〕班固撰，〔唐〕顏師古注：《漢書》（臺北市：宏業出版社，1996年），頁2515。
73 〔漢〕班固撰，〔唐〕顏師古注：《漢書》（臺北市：宏業出版社，1996年），頁2515。
74 〔清〕蘇輿：《春秋繁露義證》（北京市：中華書局，2002年），頁328-329。
75 〔清〕蘇輿：《春秋繁露義證》（北京市：中華書局，2002年），頁284。

在於天；而春夏之陽，秋冬之陰，不獨在天，亦在於人。」[76]在氣化感通的宇宙間，人與天地是同源同構的，身體與外在，相依相存，人的感知即是天地的感知。[77]這就造成了君王是否稱職的問題，因為君王的好惡喜怒跟天的春秋冬夏一樣，是無法避免的、是天生如此的：「然而主之好惡喜怒，乃天之春夏秋冬也，其具暖清寒暑而以變化成功也」[78]，所以重點不在於該不該有好惡喜怒，而是要怎麼運用才合理，合不合理則取決於是否順天而行。就天來講，奉養萬物則是好的出發點；就君王來說，妥善治理天下萬民，就是好的出發點。換言之，天若按照正常次序運行，以奉養萬物為重，則春秋冬夏四時運行，於是天下萬物自然生長，君王也是如此，若君王如果不顧天下萬民安樂，而是任憑本身好惡喜怒行事，就是不義，不義則容易發生變亂：「當暑而寒，當寒而暑，必為惡歲矣。人主當喜而怒，當怒而喜，必為亂世矣。」反之，若君王尊道而行、修身為正，則天運當正常運轉：「是故人主之大守，在於謹藏而禁內，使好惡喜怒必當義乃出，若暖清寒暑之意當其時乃發也」[79]。除此之外，董仲舒還將人體賦形與宇宙週期的年、季、月相應，把施政與天數，相互配合，形成一套無所不包的世界體系，這都表現在〈人副天數〉〈通國身〉〈官制象天〉……等等的篇章裡。[80]

這種說法，頗類似於上述柏拉圖「模仿」。但是講修身，除了有

76　〔清〕蘇輿：《春秋繁露義證》（北京市：中華書局，2002年），頁335。

77　鄭毓瑜：〈身體時氣感與漢魏抒情詩——漢魏文學與楚辭、月令的關係〉，《漢學研究》第22卷第2期（2004年12月），頁28。

78　〔清〕蘇輿：《春秋繁露義證》（北京市：中華書局，2002年），頁330。

79　〔清〕蘇輿：《春秋繁露義證》（北京市：中華書局，2002年），頁333。

80　董仲舒也將五行參雜其中，關於五行的問題，因應主題，本文並未詳論。董仲舒論五行，可見鄧紅：《董仲舒思想研究》（臺北市：文津出版社，2008年），頁186-187。

內在的精神修養之外，更重要的是對待身體的態度。董仲舒就以服飾再現宇宙世界的方式，來談天人關係：[81]

> 天地之生萬物也以養人，故其可適者以養身體，其可威者以為容服，禮之所為同也。劍之在左，青龍之象也。刀之在右，白虎之象也。韍之在前，朱鳥之象也。冠之在首，玄武之象也。四者，人之盛飾也。夫能通古今，別然不然，乃能服此也。……。是以君子所服為上矣，故望之儼然者，亦已至矣，豈可不察乎！（〈服制像〉）

可適者以養身體，其可威者以為容服，林素娟將其作法稱為「象徵」，用意在說明統治者的基礎在於天，也表達出倫理義涵，因為董仲舒以象徵武德的玄武居首，將統治者武力高度象徵化，以此消弭武力衝突，強調文德為上，武威為下，此說甚是。[82]不過，除此之外，這個談法，透露出的不但是教化的意義，更有神聖的層面，這也是論公羊學派者，較為人所忽視的面向，上個世紀初，「神聖經驗」（numinous）一詞，在宗教學領域中廣泛討論，Rudolf Otto 把神聖經驗視為普遍，是一種「全然它者」，又不同於倫理與道德的領域。但其實神聖並非宗教學獨有，與其說是宗教的現象，不如說神聖包括了宗教感受，更可以說是一種轉化。[83]此處所謂的神聖感，即類於此，在董仲舒的理論

---

81 〔清〕蘇輿：《春秋繁露義證》（北京市：中華書局，2002年），頁151-154。

82 董仲舒的講法，自非孤明先發，從中國早期的許多論述中，都已得見端倪。可參林素娟：《美好的與醜惡的文化論述——先秦兩漢觀人、論相中的禮儀、性別與身體觀》（臺北市：臺灣學生書局，2011年），第一章、第二章。

83 王鏡玲、蔡怡佳：〈神聖與身體交遇：從靈動的身體感反思宗教學「神聖」的理論〉，收於余順德編：《身體感的轉向》（臺北市：臺灣大學出版中心，2015年），頁166-167。

中，既有宗教性的冥契，更多的是倫理與道德的經驗，難以分論。董
仲舒藉由服飾，區隔了俗與聖，製造一種特殊性，而這個特殊性，當
然是由身體所引發的：粲粲衣服，表章儀飾，在政治社會的脈絡中，
構成了一種二元的文化認知：聖／俗、善治／災害、秩序／混亂、安
全／危險……等，而可威者可適者，君子所服，脫離混濁塵土，卻又
以神聖之姿，重新來到世界，化民成俗，形塑了世界的秩序，充滿著
人文的意義，這種神聖感受，他稱之為「禮」。禮有名有實，既是形
式也包括內容，所以要循名責實，「人生別言禮義，名號之由人事起
也。不順天道，謂之不義，察天人之分，觀道命之異，可以知禮之說
矣。」[84]知禮，往往就是天子施政，教育萬民而人文化成的重要關鍵。
而董仲舒在天人三策時，就說過行教化而美習俗的問題：

> 臣聞命者天之令也，性者生之質也，情者人之欲也。或夭或
> 壽，或仁或鄙，陶冶而成之，不能粹美，有治亂之所生，故不
> 齊也。……古之王者明於此，是故南面而治天下，莫不以教化
> 為大務。立大學以教於國，設庠序以化於邑，漸民以仁，摩民
> 以誼，節民以禮，故其刑罰甚輕而禁不犯者，教化行而習俗美
> 也。……

他認為漢繼秦後，法出姦生，令下詐起，所以他主張要改制、更化，
「更化則可善治，善治則災害日去」，更化的原則與方法，自然是他
的春秋公羊學。但是教化與習俗，所牽涉到的典章制度，諸如董仲舒
所說的服制、官制、度制、爵國、祭祀、禮法、名號等等，有合適與
不合適，有恰當與不恰當，有實用與不實用，並非鐵板一塊，不可一

---

84 〔清〕蘇輿：《春秋繁露義證》（北京市：中華書局，2002年），頁472。

概而論。因此就有文質的問題與特性，需要斟酌損益，因時應勢，文太過，救之以質，質過甚，需要文來修飾，因此文質不是一個兩端的問題，非此則彼，而是動態的平衡，兩者相會，互得其中。因此說董仲舒以文質與朝代更替相對應，都只是大方向性的權宜說法而已，重點根本應該是在放具體的制度裡，所以他在〈三代改制質文〉，才以公羊學的角度，詳細地解釋了「元年，春，王正月」的意思，王者既受命而王，則應改制作科（制作條規），所以要改正朔、易服色、制禮作樂。首先要在十二種顏色當選取一種作為正色，然後以黑統、白統、赤統根據寅、醜、子的逆序循環搭配，黑統以建寅月為正月（一月），其中輿服昏冠刑樂都有相應的制度：「斗建寅，天統氣始通化物，物見萌達，其色黑，故朝正服黑，首服藻黑，正路輿質黑，馬黑，大節綏幘尚黑，旗黑，大寶玉黑，郊牲黑，犧牲角卵，冠於阼，昏禮逆於庭，喪禮殯於東階之上，祭牲黑牡，薦尚肝，樂器黑質，法不刑有懷任新產……」[85]，「斗」即是北斗星，北斗七星第五至第七顆為斗柄，四季月分即是根據斗柄所指的位置來劃分。黑統尚黑，因此朝見服、帽子、路輿、符節、印授、旗子、樂器等等，都是以黑色為主；白統則以建丑月為正月（十二月），亦有相應制度：「其色白，故朝正服白，首服藻白，正路輿質白，馬白，大節綏幘尚白，旗白，大寶玉白，郊牲白，犧牲角繭，冠於堂，昏禮逆於堂，喪事殯於楹柱之間，祭牲白牡，薦尚肺，樂器白質，法不刑有身懷任……」；赤統則是以建子月（十一月）為正月，「其色赤，故朝正服赤，首服藻赤，正路輿質赤，馬赤，大節綏幘尚赤，旗赤，大寶玉赤，郊牲騂，犧牲角栗，冠于房，昏禮逆於戶，喪禮殯於西階之上，祭牲騂牡，薦尚心，樂器赤質，法不刑有身，重懷藏以養微，是月不殺，聽朔廢刑發

---

85 〔清〕蘇輿：《春秋繁露義證》（北京市：中華書局，2002年），頁191-192。

德……。」[86]文質互補，相輔相成，缺一不可。何者為主、何種為重，未可拘泥，在〈三代改制質文〉，看似談質文，其實並未強硬歸類，而是把質文融入在更化改制的具體措施之中，調節疏導，不走極端，故其服飾昏禮喜喪樂器飲食房舍，各有等差，亦有其制，這就是禮。禮不同於世俗，區隔了日常，以聖入俗，使得禮充滿了特殊的神聖感，構成了社會體系與政治意義，於是改制作科，化民成俗，就更符合他對於更化的需求。

　　更進一步來看，有了這種神聖經驗，修身，才可能深刻體會宇宙的和諧與秩序，這種感受，契入了萬物造化的真善美，也表現在具體的典章制度之中。董仲舒作〈山川頌〉，從外在環境中，上下古今，感物之情，格物致知，直觀人生諸多面向，山則「巃嵸〔山嵒〕崔，摧㟂嶕巍」，水則「源泉混混，晝夜不竭」，[87]體悟人的生死、時間、空間等永恆的大問題，再以勇者、不疑者、有德者、知命者等等德行精神，自修自勵。在此，感知並非全來於山水，也非思想家純粹的哲思，而是身體與外在持續互動的成果，促成了一種精神體驗。這種神聖感的經驗，藉由身體感官的中介，往往可以給人類特殊情境的啟示，調適上遂，同氣相感，聯類不絕。人之身心，處四時變化，以類通，以氣感，則可以知災異之變與推陰陽錯行，這也正是〈為人者天〉所謂：「人之形體，化天數而成；人之血氣，化天志而仁；人之德行，化天理而義。人之好惡，化天之暖清；人之喜怒，化天之寒暑；人之受命，化天之四時。」[88]人效天道，從「模仿」到「聯繫性」，從「同源同構」到「引譬聯類」，都在說明這種神聖、秩序、和諧的天人感受，董仲舒不斷強調的王者法天循天，若能由此神聖感受

---

86 〔清〕蘇輿：《春秋繁露義證》（北京市：中華書局，2002年），頁194-195。

87 〔清〕蘇輿：《春秋繁露義證》（北京市：中華書局，2002年），頁423-424。

88 〔清〕蘇輿：《春秋繁露義證》（北京市：中華書局，2002年），頁318。

切入，則固然是由身體感受出發，發皇而之，呈現在政治社會，表現在文物典章，也就是解經之後，破譯出來的更化內容，體國經野，設官分職，建立規範，說禮論義、立學校、舉賢士、改服色、易正朔、執贄品、行郊祀……，由上而下，自然可成就習俗之美，即是所謂的教化，也是天人三策所說的：「是以陰陽調而風雨時，群生和而萬民殖，五穀孰而草木茂，天地之間被潤澤而大豐美，四海之內聞盛德而皆徠臣，諸福之物，可致之祥，莫不畢至，而王道終矣。」[89]政教散布，移風易世，以聖轉俗，啟文明，開國運，教化行而習俗美，有節，有度，有制，有教，有序，有美，有質，有文，王道政治方成，這也是董仲舒的真正的理想，皆源自於他的經學世界，所以他主張要重視《春秋》。《春秋》之所以成為君王治國的方針，就是因為上探天端，奉行天道：「《春秋》之道，奉天而法古。是故雖有巧手，弗循規矩，不能正方員。雖有察耳，不吹六律，不能定五音。雖有知心，不覽先王，不能平天下。亦天下之規矩六律已。故聖者法天，賢者法聖，此其大數也。得大數而治，失大數而亂，此治亂之分也。」

四　結論

儒者修身經世，一向為先秦儒家通義，自孔子強調君子「脩己以敬」、「脩己以安人」、「脩己以安百姓」[90]以來，修己自然為儒者成德的必要條件，卻不止於此而已，因為許多人同時也重視「修身」的目的與效用，正如上引《論語》，文中孔子接著指出修身的更深一層意義：

89　〔清〕蘇輿：《春秋繁露義證》（北京市：中華書局，2002年），頁14。
90　全文為：「子路問君子。子曰：『脩己以敬。』曰：『如斯而已乎？』曰：『脩己以安人。』曰：『如斯而已乎？』曰：『脩己以安百姓。脩己以安百姓，堯舜其猶病諸！』」〔宋〕朱熹：《四書章句集注》（北京市：中華書局，2003年），頁159。

原來「修己」始能「安人」、「安百姓」。「人」是與「己」相對,而「百姓」則是「人」的聚集稱謂,從己到人再到百姓,可見修身非僅於自身而已,更必須建立在社會政治之中,以重建秩序為己任,這就指出了修身與經世的關係。當然修身的對象非止是儒者而已,由於為政者處於政治中心,因此更有修身必要,所以孔子才特別舉堯、舜為證。

可是,修齊治平,修身可以治國,這種近乎常識性的通義,如果只是泛談,則先秦諸子固然如此,宋明理者何嘗不是如此?更擴大來講,東亞儒者又豈能置身於外?當許多儒者都可以套進這個模式之後,這個命題似乎已毋庸再論,因為翻來覆去,似乎都是修身治國的陳腔濫調而已。可是,當古人預設了修身治國的理論,當他們有了經世的懷抱之後,值得我們再深思的是,修身究竟該如何治國?內心的修養,要怎麼表現在經世行為上?

董仲舒的理論,主要的針對對象是君王。他以公羊學解《春秋》,《春秋》寓涵了王者改制之道,因此破解聖經,就成了他所發現之秘,但是解經法,事實上又是為世立法,必有賴君者實踐。他將修身治國的原則性帶入其中,修身立道,就是法天而行,具有參化天地的神聖感體驗,表現在對禮的各種實踐中,「禮者,繼天地,體陰陽,而慎主客」。[91]形式即是內容,法天尊天,一循天道,就包括了改制更化。畢竟,漢承秦制,到了不得不改的時候了,但此又非革命,而是無為,因為就他看來,順天體天,其實就是天人合一的展現,這是符合他的公羊學主旨的,正如他說六科十指,都是解釋天所欲行,所以天不變,道亦不變,改制不但不是變道,還是符合天理之道的,

---

91 〔清〕蘇輿:《春秋繁露義證》(北京市:中華書局,2002年),頁275。

「故王者有改制之名，無變道之實。」[92]

公羊學釋《春秋》，從解釋世界到改變世界，以經學通治道，通天人，施行教化，化民成俗，此為董仲舒論政大體，疏略陳說如上，還請專家同行不吝指正。

---

92 先秦諸子多談無為，但語境脈絡與政治效果都有不同，高柏園論之甚詳。其實，除了政治之外，更可以指本文所謂的神聖感，但儒道法表現與內涵，各有其異，饒富學術與當代意義。本文未及論述，俟諸它日，當以專文詳論。高柏園之說，可見其：〈就無為而治，論儒道法三家治道之異同〉，收於東海大學文學院編：《第一屆中國思想史研討會論文集──先秦儒法道思想之交融及其影響》（臺中市：國成書局。1989年），頁25-26。

觀物之極，遊物之表
——蘇軾的格物之學

一　前言

　　一般來說，宋代理學家重視格物致知，將其作為成賢成聖的工夫方法。論者多將其上溯《大學》，而理學家在回歸傳統儒學的同時，又加進許多新的意涵，調適而上遂，冀能藉此優入聖域，求道知命。其中又以北宋程頤顯豁此意最多，其後楊時、朱熹、王陽明等續有發揮。格物致知，至此已成學界研究理學的重要課題。但要指出的是，程頤等人談格物致知，固然可追源先秦儒學，也不能忽視當時文人也多談格物致知，其中最為知名者為蘇軾，此亦可見當時與傳統的「博物」之風。

　　以博物來格物致知，是蘇軾的主張，這種說法自然不會得到理學家的贊同，卻也無礙蘇軾對格物致知的理解與實踐。本文的研究，即在指出「格物致知」並非理學家的專利，格物致知之所以成為理學家的重要標誌，事實上是後世爭奪話語權的結果。田浩就曾指出，呂祖謙與朱熹是南宋知識社群的重要標誌人物，但後世所重者，卻是朱熹，而非呂祖謙，究其原因，很大的因素是朱熹與他的追隨者，掌握了話語權，突顯了自身一脈，且有意無意地淡化了他人。[1]同樣的道理，在後世，談起宋代學術的「格物致知」，多數人都將眼光放到理

1　〔美〕田浩（Hoyt Tillman）：《旁觀朱子學：略論宋代與現代的經濟、教育、文化、哲學》（上海市：華東師範大學出版社，2011年），頁39。

學身上，因為從程頤到朱熹，建構了格物致知學說的知識譜系，彷彿變成這些人的專屬主題，探究其因，很大的關鍵恐怕仍在理學家自身有意識地建構。曾有人問朱子，二蘇之學得於佛老，故其說多走作，朱熹就此批評了一番，論點更是以格物為據：「看來只是不會仔細讀書。它見佛家之說直截簡易，驚動人耳目，所以都被引去。聖賢之書，非細心研究不足以見之。某數日來，因間思聖人所以說箇『格物』字，工夫盡在這裡。今人都是無這工夫，所以見識皆低。然格物亦多般，有只格得一兩分而休者，有格得三四分而休者，有格得四五分、五六分者。格到五六分者已為難得。今人原不曾格物，所以見識極卑，都被他引將去。」[2]換句話說，今天不是不會格物，但只能格個一二三四分，見解淺劣，因為他們不懂，缺乏工夫。

值得注意的是，中國傳統學術中的博物傳統，其實也構成了格物致知的另一種可能，用蘇軾等文人自己的話來講，博物格物，也是能夠見道的，可是此道非彼道，不是理學家所謂的「道」或「道統」，畢竟兩造對格物的看法，仍有許多不同。諸如程頤等理學家所反對，是這種博物傳統下的格物之道，他們之所以說「作文害道」、「作詩害道」，亦可由此層次來理解。反過來說，蘇軾等文人自然也不會贊成程頤等理學家的格物，認為此法非但不能明物，只是徒亂人意，不解世情，空談一場而已。

二　蘇軾重博物的原因

擁有一顆敏感心靈的文人，或傷春悲秋，或哀時憤事，欣喜於離章合句，愉悅於技藝事類，感物體悟，物我之情生於筆端，是下筆如

2　〔宋〕黎靖德編：王星賢點校：《朱子語類》（北京市：中華書局，2007年），頁3111。

有神，停於停所當止，亦筆鋒常帶感情，難以自休。生命實感，觸處可見，只是，文人所感之物，又是什麼？這得從中國傳統博物之學說起，先秦博物傳統已非常豐富，《詩經》多識鳥獸蟲木之名、騷賦的體物瀏亮，就連孔子說志於道，也要遊於藝，「藝」的本義是種植，本來就講物的，也可稱禮樂射御書數等六藝，君子之學的宏闊與豐富，由此可見，後來引申為技藝、藝術，更是一種博物之學。而樊遲請問孔子耕耘種菜，孔子說自己不如老農老圃，並非不看重這些事，因為他自己就是少也賤，多能鄙事的，只是總必須要志合於道，心懷天下才好，若是斤斤計較於此等事，不免流於孔子說的「小人」了。其他像是《呂氏春秋》十二紀、八覽、六訓，煌煌萬語，備言天地萬物。到了漢代以後，寫美人、說仙境、述帝都、觀氣象、哀時命、諷時事，緣情感物，描繪對象已極廣泛。六朝山水、宮體、農學、本草學、地理志，博物類著作諸如陸機《毛詩草木鳥獸蟲魚疏》、張華《博物志》、郭義恭《廣志》、郭璞《爾雅注》等等，為數繁多，而這些觀物、體物、感物之經驗與資料，更是替文人學者增加無數養分，同時也折射出當時對世界的理解方式，所以郭璞強調《爾雅》的重要，正是以博物的層次來講的：「所以通詁訓之指歸，敘詩人之興詠，揔絕代之離詞，辯同實而殊號者也。誠九流之津涉，六藝之鈐鍵，學覽者之潭奧，揔翰者之華苑也，若乃可以博物不惑，多識於鳥獸草木之名者，莫近於《爾雅》。」[3]博物的傳統，淵源流長，班班可考。

　　蘇軾論學述文，自是也在這個傳統裡，其實也不獨他為然，《文心雕龍》早就說過了：「詩人感物，聯類不窮。流連萬象之際，沈吟視聽之區；寫氣圖貌，既隨物以宛轉；屬采附聲，亦與心而徘徊。」[4]

3　〔晉〕郭璞：〈爾雅序〉，收於〔晉〕郭璞注，〔宋〕邢昺疏：《爾雅注疏》（北京市：
　　北京大學出版社，1999年，《十三經注疏疏》（標點本）），卷1，頁2-4。
4　楊明照校注拾遺：《文心雕龍校注》（北京市：中華書局，2005年），頁566。

自稱六一居士的歐陽脩，又號醉翁，集藏書、金石、琴、棋、酒於一身，他對這個傳統便深有體會，著有《洛陽牡丹記》、《集古錄》等書，已可謂博雅。他也指出，光是博物還不夠，更要進而體物感物才好，〈秋聲賦〉：「嗟乎！草木無情，有時飄零。人為動物，惟物之靈。百憂感其心，萬事勞其形。有動於中，必搖其精。」[5]物色之變，有動於中，心亦搖焉，已可謂盡格物之能事了。除歐陽脩之外，范仲淹、丁謂、張詠、王禹偁、田錫、余靖、王周、徐昭度、王安石、周邦彥等諸多人皆有大量詠物的作品，所詠之物，蓮、蟬、柳、珠、蝶、衣、蚊、齒、葉、茶、梨、虱、馬、顏色、啄木鳥，或是野塘漫水，又或耕人扶耒……，洋洋灑灑，皆可吟誦相感。

其中蘇軾之博學深思，體物格物之功，亦不亞於前輩學人，再加上他才氣縱橫，性格瀟灑，天資燦然，文章曲折變化之妙，恍若天成，正如他在〈答謝民師推官書〉所說：「大略如行雲流水，初無定質，但常行於所當行，常止於所不可不止，文理自然，姿態橫生。……。求物之妙，如繫風捕影，能使是物了然於心者，蓋千萬人而不一遇也。而況能使了然於口與手者乎？是之謂辭達。辭至於能達，則文不可勝用矣。」[6]灑脫神妙，不拘常理之文，自然是因為見物觀物能了然於心，又能宣之於筆口，而這個「求物之妙」，就是蘇軾格物精神之所在。

求物之妙，亦可見於蘇軾談文與可畫竹：[7]

5　〔宋〕歐陽脩著，洪本健校箋：《歐陽脩詩文集校箋》（上海市：上海古籍出版社，2009年），上冊，頁478。

6　〔宋〕蘇軾：〈答謝民師推官書〉，孔凡禮點校：《蘇軾文集》（北京市：中華書局，1986年），卷49，頁1418。

7　〔宋〕蘇軾：〈文與可畫篔簹谷偃竹記〉，孔凡禮點校：《蘇軾文集》（北京市：中華書局，1986年），卷11，頁365。

竹之始生，一寸之萌耳，而節葉具焉。自蜩腹蛇蚹以至於劍拔
十尋者，生而有之也。今畫者乃節節而為之，葉葉而累之，豈
復有竹乎！故畫竹必先得成竹於胸中，執筆熟視，乃見其所欲
畫者，急起從之，振筆直遂，以追其所見，如兔起鶻落，少縱
則逝矣。與可之教予如此。予不能然也，而心識其所以然。夫
既心識其所以然而不能然者，內外不一，心手不相應，不學之
過也。故凡有見於中而操之不熟者，平居自視了然，而臨事忽
焉喪之，豈獨竹乎！

文與可畫竹，首先在於格物，故所謂畫竹，並非一節節的畫、一葉葉
的描，而是須有成竹在胸，從整體到部分，先明所欲之景物，然後振
筆直起，兔起鶻落，把握感物奇妙的靈光顯現。文與可格物畫竹，很
容易讓人想起後世王陽明觀竹格物，前者格物有功，故能成畫；後者
卻大病數天，卻也因此漸漸走上自己的「哲學之道」，作法結果雖有
不同，但同樣就格物著手。而蘇軾認為畫竹如此，他事他物又何嘗不
是如此？重點是要有平日熟視的鍛鍊，了然於心，臨事遇物之際，方
能盡情揮灑，若過度自信，平日卻操之未熟，則不免苟且喪心。他又
以《易》噬嗑卦為說，震下離上，䷔，噬是齧，嗑是合，噬嗑就是咀
嚼、就是咬合，所以《彖傳》才說：「頤中有物，曰噬嗑」，都是頤口
之象。他以咀嚼咬合之義來解釋君臣之道，證明「物不可以苟合」，
因為苟合於物，則不免君臣相陵，父子相怨，夫婦相離，朋友相侮，
這是非常嚴重的事。[8]

正因為物不可苟合，所以蘇軾特重體物格物之功，他以此自省，
亦由此觀人。上引文與可畫竹，已是一例。他又曾引用皮日休對宋廣

8　〔宋〕蘇軾：〈物不可苟合論〉，孔凡禮點校：《蘇軾文集》（北京市：中華書局，1986
　　年），卷2，頁42。

平〈梅花賦〉的評論，說其為人鐵石心腸，作品卻又清麗豔發，頗得南朝徐庾體之秘，蘇軾就批評這是「凡托於椎陋以眩世者，又豈足信哉！」[9]可見其苟合於物之惡；他為黃道輔《品茶要錄》作跋，也說：「物有畛而理無方，窮天下之辯，不足以盡一物之理。達者寓物以發其辯，則一物之變，可以盡南山之竹。學者觀物之極，而遊於物之表，則何求而不得？故輪扁行年七十而老於斲輪、庖丁自技而進乎道，由此其選也。」[10]文中所謂的寓物、物理、窮辯、觀物等等，顯然都是在講蘇軾對格物的重視：「凡物皆有可觀」，所以他在書信中稱讚龐安常「博極群書，又善窮物理」，[11]也是出於這個原因。又例如蘇軾批評黃筌畫雀，認為畫中頸足皆展是錯的，故曰：「觀物不審者，雖畫師且不能，況其大者乎？君子是以務學而好問也。」在蘇軾看來，一個好的作者，要有密察物情物理的工夫，若缺乏格物的能力，其人作文作品往往不佳。

當然，事物繁多，難以一一遍識，所以要勤學好問，「公識此物否？」他就曾問李公擇：「近有潮州人寄一物，其上雲扶劣膏，不言所用。狀如羊脂而頗堅，盛竹筒中，公識此物否？味其名，必佳物也。若識之，當詳以示，可分去，或為問習南海物者。」[12]體物而致知，述說其形，欲識其物，可見蘇軾之好學深思。正如他強調詩人要有寫物之功：「詩人有寫物之功。『桑之未落，其葉沃若。』」他木殆不

9　〔宋〕蘇軾：〈牡丹記敘〉，孔凡禮點校：《蘇軾文集》（北京市：中華書局，1986年），卷10，頁329。

10　〔宋〕蘇軾：〈書黃道輔品茶要錄後〉，孔凡禮點校：《蘇軾文集》（北京市：中華書局，1986年），卷66，頁2067。

11　〔宋〕蘇軾：〈與龐安常〉，孔凡禮點校：《蘇軾文集》（北京市：中華書局，1986年），卷53，頁1587。

12　〔宋〕蘇軾：〈與李公擇〉，孔凡禮點校：《蘇軾文集》（北京市：中華書局，1986年），卷51，頁1500-1501。

可以當此。林逋〈梅花〉詩云：『疏影橫斜水清淺，暗香浮動月黃昏。』絕非桃、李詩。皮日休〈白蓮〉詩曰：『無情有恨何人見，月曉風清欲墮時。』絕非紅蓮詩。此乃寫物之功」。[13]白蓮不可以為紅蓮，梅花不可為桃李，吾人為詩論文，都要明白仔細觀物、發研物理才好。因此寫物之功，是絕對不能苟合、苟且於物的。[14]

從上述實例可證，蘇軾是非常重視博物體物的。故先有格物的工夫，然後發而為文，一向是蘇軾的主張：「……而山川之秀美，風俗之樸陋，賢人君子之遺跡，與凡耳目之所接者，雜然有觸於中，而發於詠歎。」[15]舊題蘇軾《物類相感志》、《格物粗談》等書，雖未必真為蘇軾所作，可是既題為蘇軾，想來也不是瞎人騎馬，胡亂比附，誤找作者。蘇軾與格物等說產生聯繫，從蘇軾自己的言論來看，實是有以致之，亦可見當時人如何理解他們的關係。

三　一種格物，各自表述

好問力學，重視博物，固然是好事，可是感物體物，心神搖蕩，亦容易炫於物象，惑於物理，溺辭而傷亂。人生識字憂患始，識字之所以為憂為患，自然也是因為語文符號指涉了萬事萬物的緣故。人生識字後，就很難對外在無動於衷，所以蘇軾不止是要博物，更是要格物的，「物」對於蘇軾等文人來說，並非只是客觀實存的對象，而是

---

13 〔宋〕蘇軾：〈評詩人寫物〉，孔凡禮點校：《蘇軾文集》（北京市：中華書局，1986年），卷68，頁2143。

14 蘇軾在觀物寫物的過程中，也會思考造物的問題。在他的眼中，造物諸相，多元而豐盈，有時受命運擺弄，矛盾不可解；有時卻又贈與世人江山風月，一同遊戲。造物的神妙，在於並無一個既定牢不可破的構造。可參山本和義著，張劍譯：《蘇軾論考》（北京市：中國社會科學出版社，2013年），頁60-76。

15 劉乃昌選注：《蘇軾選集》（濟南市：齊魯書社，2005年），頁222。

要體貼物情，深入物理，或巧構形似，聯類其物；或繪事圖色，文辭盡情。換言之，物是要致知的，但是當創作對象事物蠱然兀立於心，受其牽引，不免心神激蕩，目眩神迷，過度執著與迷戀在世間的各種物色對象，深陷其間，如入泥淖，不能自拔，更難以見道，程頤批評這些文人「作文害道」「作詩害道」，也是因為這個緣故。

程頤怎麼批評這種現象呢？他正本溯源，從《大學》著手，刻意凸出格物致知的道德意涵，但也不廢認知義，所以格物便具有道德精神的修養，以及學習的持續積累。「格物致知」這個命題，再經朱熹與王陽明等人的擴大解釋之後，成為宋明理學重要的觀念，廣為後人重視。而就程頤看來，格物最重要的關鍵之一是「敬」：「涵養須用敬，進學則在致知」。[16]正如陳來所言，二程皆極為重視敬，彼此卻又有差異，程顥強調敬與誠，也指出敬的一個限度，不該過度恭敬而忽略了內心的愉樂與自在；程頤則是以嚴毅莊重與主一無適來講敬，除內心之敬外，還包括了外在行為舉止。因此相較其兄，他自己便是一個嚴肅不苟的人，例如他曾訓斥過小皇帝趙煦在春天不可攀枝摘葉[17]；晚年有人問他：「先生謹於禮四五十年，應甚勞苦。」[18]程頤不以為然，答曰不苦，但這個問題也透露出程頤給人的形象，確是剛毅嚴整。所以程頤以內外之道論敬，在內，思慮專一，去邪克私，養善止惡，除棄雜念：「大凡人心，不可二用，用於一事，則他事更不能入者，事為之主也。事為之主，尚無思慮紛擾之患，若主於敬，又焉有此患乎？所謂敬者，主一之謂敬。所謂一者，無適之謂一。且欲涵泳主一之義，一則無二三矣。」[19]在外，正衣冠，動容貌，尊瞻視：「儼然正

---

16 王孝魚點校：《二程集》（北京市：中華書局，1981年），頁188。
17 黃宗羲等編：《宋元學案》（臺北市：河洛圖書公司，1975年），頁49。
18 王孝魚點校：《二程集》（北京市：中華書局，1981年），頁8。
19 王孝魚點校：《二程集》（北京市：中華書局，1981年），頁169。

其衣冠，尊其瞻視，其中自有箇敬處。雖曰無狀，敬自可見。」[20]

　　正因為敬能專心致志，所以敬能生靜。單講靜，不免流於佛釋，但由敬來講，靜便成了可貴的品質，程頤見人靜坐，稱其善學，即是此意。程頤說：[21]

> 問：「敬還用意否？」曰：「其始安得不用意？若能不用意，卻是都無事了。」又問：「敬莫是靜否？」曰：「纔說靜，便入於釋氏之說也。不用靜字，只用敬字。纔說著靜字，便是忘也。……」

諸事先主敬，去除雜慮私意，動聽言視，不受外物外相所惑所誘，自然自靜。以敬靜來格物窮理，「格猶窮也，物猶理也，猶曰窮其理而已也。窮其理，然後足以致之，不窮則不能致也。格物者適道之始，欲思格物，則固已近道矣。」[22]而萬事萬物中皆有其理，「眼前無非是物，物物皆有理。如火之所以熱，水之所以寒，至於君臣父子閒皆是理。」[23]而窮理之法，或讀書閱卷，或論古今人事，或人倫日用灑掃應對間，大千世界，條條大道皆可通。當然格物並非一味外求，最重要的還是要察己自省。故觀物與察己，都是必須而不可廢的。

　　由此可見，程頤由「敬」、「靜」來論格物致知，既能窮遍物理，亦能立身嚴整。不像他所認為的，文人博物格物，受於物色，心迷目馳，如《老子》所說五色、五音、五味令人目盲、耳聾、口爽、心發狂之類，所以他才反對蘇軾諸文人的作文作詩。畢竟，程頤等理學家

---

20 王孝魚點校：《二程集》（北京市：中華書局，1981年），頁185。
21 王孝魚點校：《二程集》（北京市：中華書局，1981年），頁189。
22 王孝魚點校：《二程集》（北京市：中華書局，1981年），頁316。
23 王孝魚點校：《二程集》（北京市：中華書局，1981年），頁247。

也擅此藝，只是自認從正路入手，層次高度皆有不同。就以程頤來講，作詩作文，盡有涉獵，並不是完全不作詩作文，但因主敬自靜，格物窮理，詩文自然醇真純粹，充滿人文厚度之美；文人則不然，放肆輕浮，馳於外物，任性使情，修養不端，以至於玩物喪志：[24]

> 問：「作文害道者否？」曰：「害也。凡為文，不專意則不工，若專意，則志局於此，又安能與天地同其大也？書曰：『玩物喪志』，為文亦玩，物也。呂與叔有詩云：『學如元凱方成癖，文似相如始類俳；獨立孔門，無一事，只輸顏氏得心齋。』此詩甚好。古之學者，惟務養情性，其他，則不學。今為文者，專務章句，悅人耳目。既務悅人，非俳優而何？」

認為今人為文，專務章句，注重辭采，悅人耳目，故其人其文，不過俳優之類，作文如此，作詩亦如是。程頤就說自己不常作詩，偶一有作，也是為了提點醒悟之用：「既學時，須是用功，方合詩人格。既用功，甚妨事。古人詩云『吟成五箇字，用破一生心』；又謂『可惜一生心，用在五字上』。此言甚當。……王子真曾寄藥來，某無以答他，某素不作詩，亦非是禁止不作，但不欲為此閑言語。且如今言能詩無如杜甫，如云『穿花蛺蝶深深見，點水蜻蜓款款飛』，如此閑言語，道出做甚？某所以不常作詩。今寄謝王子真詩云：『至誠通化藥通神，遠寄衰翁濟病身。我亦有丹君信否？用時還解壽斯民。』子真所學，只是獨善，雖至誠潔行，然大抵只是為長生久視之術，止濟一身，因有是句。」[25]作詩要勞心費神，於道無補，故程頤素不作詩，但言必有中，作詩是為了覺民經世，如引中贈詩給王子真，即是此舉。

---

24 王孝魚點校：《二程集》（北京市：中華書局，1981年），頁239。
25 王孝魚點校：《二程集》（北京市：中華書局，1981年），頁239。

　　程頤批評之嚴厲，雖非無的放矢，但也絕對不會得到蘇軾等文人的同意。也恰恰是這個「敬」，正是蘇軾所反對的，更正確來講，蘇軾並不討厭「敬」，他不滿的是程頤過度的看重，流於偏執，所以當程頤門人朱光庭（字公掞）為御史，其行端笏正立，班列肅然，嚴毅不可犯，蘇軾便說：「何時打破這敬字？」[26]也因如此，當程頤在經筵，多用古禮，蘇軾才會說他為不近人情，每加玩侮。司馬光卒時，程頤反對百官慶禮後前往弔喪，蘇軾便說這是：「鏖糟陂裡叔孫通也。」[27]對人對事，過於嚴肅，不近人情，缺乏變通與同理心，正是蘇軾不滿程頤等理學家的地方。

　　理學家如此古板，瀟灑欠缺，幽默不足，所格之物，所窮之理，又能如何講理？能讓人心服？故程頤批評文人玩物喪志，蘇軾當然不會服氣，玩物喪志自然是可議的，但重點在於蘇軾自認並非如此，蘇軾曾作有《寶繪堂記》，指出：「君子可以寓意於物，而不可以留意於物」，寓意於物與留意於物不同，寓意者，隨心所欲而不逾矩，能役物而非受役於物；留意於物則不同，是偏執耽情，流湎忘反，沉溺而無法自拔：「雖微物足以為樂，雖尤物不足以為病。留意於物，雖微物足以為病，雖尤物不足以為樂。」《老子》雖說五色、音味令人目盲等等，但只是指過度浸淫，事實上連聖人亦不廢此聲色味：「然聖人未嘗廢此四者，亦聊以寓意焉耳。劉備之雄才也，而好結氂。嵇康之達也，而好鍛煉。阮孚之放也，而好蠟屐。此豈有聲色臭味也哉，而樂之終身不厭。」[28]終身不厭，自為佳話，當然也有反面例子，留意於物結果亡身害家者，如鍾繇、王僧虔、桓玄、王涯之流，愛之適

26　王孝魚點校：《二程集》（北京市：中華書局，1981年），頁414。

27　王孝魚點校：《二程集》（北京市：中華書局，1981年），頁416。

28　〔宋〕蘇軾：〈寶繪堂記〉，孔凡禮點校：《蘇軾文集》（北京市：中華書局，1986年），卷11，頁356。

足以害之，此乃留意於物之禍。

　　既然如此，蘇軾與程頤不同，他不以「敬」為格物致知的下手處，又該以何理呢？他的答案是：「誠」。他從《中庸》著手：「古之所謂中庸者，盡萬物之理而不過，故亦曰皇極。夫極，盡也。後之所謂中庸者，循循焉為眾人之所能為，斯以為中庸矣，此孔子、孟子之所謂鄉原也。」[29]中庸之道，並非人家做什麼，就跟著做什麼，跟風追風之舉，只是鄉愿罷了。中庸應該是盡萬物之理，亦曰皇極。[30]可是盡理窮理也不是容易之事，重點在於無私，也就是誠。蘇軾回顧自己的學思歷程，說：「軾不佞，自為學至今，十有五年。以為凡學之難者，難於無私。無私之難者，難於通萬物之理。故不通乎萬物之理，雖欲無私，不可得也。己好則好之，己惡則惡之，以是自信則惑也。是故幽居默處而觀萬物之變，盡其自然之理，而斷之於中。」[31]為學之難，在於無私，無私之難，又在於通理盡理。畢竟過於自信，不免以主觀好惡，強為之辭，合理化自己的偏見，故觀萬物之變，盡自然之理，斷之於中，便成為極重要的的態度與能力，正也可見為學之不易、無私之可貴。所以前引〈寶繪堂記〉，裡頭說到寓意於物之所以能樂之終身不厭，其緣故便在於此，樂者，人情之樂，以人情之樂寓意於物，方能格物致知，合情合理，〈中庸論〉便說：「夫誠者，何也？樂之之謂也。樂之則自信，故曰誠。夫明者，何也？知之之謂

---

29 〔宋〕蘇軾：〈策略四〉，孔凡禮點校：《蘇軾文集》（北京市：中華書局，1986年），卷8，頁236。

30 宋代論皇極者極多，有政治上的意義，也有學術上的爭論，當然也有經世實踐的差異。可見劉芝慶：《經世與安身：中國近世思想史論衡》（臺北市：萬卷樓圖書公司，2017年），頁57-67。

31 〔宋〕蘇軾：〈上曾丞相書〉，孔凡禮點校：《蘇軾文集》（北京市：中華書局，1986年），卷48，頁1379。

也。知之則達，故曰明。」[32]「君子之欲誠也，莫若以明。夫聖人之道，自本而觀之，則皆出於人情。不循其本，而逆觀之於其末，則以為聖人有所勉強力行，而非人情之所樂者，夫如是，則雖欲誠之，其道無由。故曰『莫若以明』。使吾心曉然，知其當然，而求其樂。」[33] 聖人之道，出於人情之樂，若能明此事理物理，便可謂致知，知之則達，這才是真正的格物致知法。循此而行，也就不會像程頤等人一樣，不通世務，不明人情，強人所難，甚至自信自以為是。

可是若只知人情之樂，而不能斷之以中，恐怕也會淪於「留意於物」的窘境：「夫君子雖能樂之，而不知中庸，則其道必窮」，[34] 所以才要斷之以中，這也是蘇軾格物論的重要關鍵，這個路數，與程頤以靜主靜，顯然頗有不同。更何況程頤是以未發來談中，未發時便須涵養，持敬以靜，如此能才確保已發之知的正確與醇厚，並非邪意魔道，所以「中」是情感未發的狀態。[35] 這與蘇軾以誠與無私，然後通萬物之理，以此來講中，是有很大的差距的。

四 格物之異同

格物致知，本為《大學》八德目，在宋明理學之後，格物致知已成為其重要工夫法門，理學家多著墨在此，冀能深入儒學門庭，優入

---

32 〔宋〕蘇軾：〈中庸論上〉，孔凡禮點校：《蘇軾文集》（北京市：中華書局，1986年），卷2，頁60。

33 〔宋〕蘇軾：〈中庸論中〉，孔凡禮點校：《蘇軾文集》（北京市：中華書局，1986年），卷2，頁61。

34 〔宋〕蘇軾：〈中庸論下〉，孔凡禮點校：《蘇軾文集》（北京市：中華書局，1986年），卷2，頁63。

35 楊儒賓：〈論「觀喜怒哀樂未發前氣象」〉，《中國文哲研究通訊》第15卷第3期（2005年9月），頁46-48。

聖域。但是格物，又或是博物、觀物等等，並非程頤等理學家所獨享，在當時許多文人學士亦多強調，蘇軾便是其中一，而且還是知名度與深度皆具的論述者。他談格物，與程頤多有不同，兩人也都不同意對方的見解，齟齬磨擦甚多。

有趣的是，雖然他們看待格物窮理的方法與工夫，頗有差異，但他們對所格的對象類型、所窮之理終究要回歸己身，以及從內外合一的角度看待格物致知等等，這些大方向卻又意外地合轍，符合度頗高。[36]可是這種相同掩蓋不了彼此的批評，故二人論學，並不相契，時有爭鋒相對。[37]我們後代知人論世，對此差異與相合，原由何在，或許也是極富趣味，值得再多作探索的人性與思想性的議題。

學界論蘇、程之交者，多從性格、人際、地位、生平、思想等淵源著手。本文則是以「格物」的角度，也涉獵了上述的一些角度，重在詳人所略，略人所詳，指出蘇軾重博物格物，亦不遜於眾所熟知的程頤。在當時，格物之道，或許存在著眾說紛紜、眾聲喧嘩的事實，而當我們將「格物致知」多歸於宋明理學的同時，蘇軾所言：「學者觀物之極，而遊於物之表，則何求而不得」，由此線索，循此而往，也可開始思考從另一種層面切入的可能性。

---

36 關於二人之同，可見龔鵬程：《有知識的文學課》（北京市：中華書局，2015年）。

37 關於程頤與蘇軾交惡始末的問題，王水照已論之甚詳，可見王水照：《蘇軾論稿》（臺北市：萬卷樓圖書公司，1994年）。

「真迂闊」的儒者
——葉適的事功之學

一 前言

　　葉適（1150-1223），字正則，南宋永嘉人，永嘉之學在南宋頗有名聲，全祖望就指出：「乾、淳（按：乾道和淳熙，南宋孝宗朝年號）諸老既歿，學術之會，總為朱、陸二派，而水心斷斷其間，遂稱鼎足」，[1]這位與朱陸之學，並稱並立的葉適（與其門人），在《宋史》〈儒林傳〉說他「雅以經濟自負」，而體國經野，用世濟民，本為儒家通義，其實也為朱、陸二人所認同。只是思想的分歧，朱陸之爭，固已多論，就連葉適自己對朱陸的評價，亦有褒貶，雖為鼎足，卻有差異，故世人多以事功之學（或事功學派）稱之。

　　現當代學者對葉適之學，頗多論述，錢穆說陳亮、葉適雖皆與朱熹爭論，但陳亮是爭態度，葉適則重在思想，直從正統宋學義理立場與之分辨；[2]蕭公權以「兩宋功利思想」為題，認為葉適重實用言功利，最大貢獻，不在重伸民本古義於專制之世，而是對政治機構作精密切實之討論；[3]牟宗三則多有批判，指出葉適不滿曾子、子思、孟

1　〔明〕黃宗羲原著，〔清〕全祖望修訂：《宋元學案》（臺北市：華世出版社，1987年），頁1735。

2　錢穆：《宋明理學概述》（臺北市：蘭臺出版社，2001年），頁157-164。

3　蕭公權：《中國政治思想史》（臺北市：聯經出版事業公司，1982年），上，頁497-502。

子、《易傳》等理學家所據之「性理」，另開講學大旨，成為「皇極一元論」，只因葉適無道德踐履之事功，無洞明之心胸，見到理學家「廢而隱」便昏頭眼花，頻謂不通，蓋因其以「性命」為渺茫冥惑之事也。[4]這些說法，自有異同，[5]但大體皆贊成葉適重視禮樂，講求事功，故對朱陸等理學的觀察，認為他們易流於虛浮空洞，不切實際，於是言多激切，往復辯難，極欲矯正。值得注意的是，如果說朱陸等理學（或道學）家，[6]雖然思想內涵不同，但皆有經世濟民之志，對儒學修齊治平、修己治身而開物成務，亦多有認同與實踐，葉適也不例外，仍歸屬於此傳統理想中。[7]從這個角度來看，葉適的許多觀

4　牟宗三：《心體與性體（一）》（臺北市：正中書局，1968年），第一部第五章。

5　祝平次就指出，學界對葉適的理解，大致上聚焦於四個焦點，一、葉適生平；二、事功學派的代表；三、強調反道學的傾向；四、對其思想的討論與批評。祝平次：〈從「治足以為經」到「統紀之學」──論葉適對儒家經典的看法〉，《中央研究院歷史語言研究所集刊》第76本第1分（2005年3月），頁118。
　　除上述諸人之外，當代學者對葉適亦多有專書期刊討論，如周夢江、曾春海、楊儒賓、何俊、杜保瑞、張義德、蔣偉勝、王寧、張雨樂、Winston Wan Lo、岡元司等人，亦多有研究，為免文繁，只在論述時隨文注出。

6　余英時曾引葉適等人的言論，指出在淳熙十年以前，所謂「道學」大致指張栻、朱熹一派，與《宋史》〈道學傳〉用法相去不遠。王準執政時，陳賈奏「禁偽學」，反而促使了士人的團結，形成了理學集團與官僚集團的分化，「道學」的指涉範圍於是擴大。當然兩種集團的的區分，學界尚存爭議。只是就歷史事實上來看，「理學」與「道學」仍有差異，但以學術思想史來講，當今學界主要著重在理學家的思想結構與內涵，乃至其與社會氛圍文化之關係等等，並未強硬分判朱陸等人於理學、道學之門戶宗主。可見余英時：《朱熹的歷史世界：宋代士大夫政治文化的研究》（北京市：生活・讀書・新知三聯書店，2004年），下，頁627-631。葛兆光：《思想史研究課堂講錄續編》（北京市：生活・讀書・新知三聯書店，2012年），頁82-91。

7　以這樣的觀點出發，若不流於通論與泛談，內外通貫地講，修齊治平，內聖而外王，乃是許多儒者的基本心態，可是如何講得通貫，修養工夫到底要怎麼通於外在世務，學理思想怎麼呈現在具體事情，個人的內心意念與經世關懷又該如何連接得當？在這種追問之下，上述儒者基本心態與學說通義，便有了分殊的可能，儒者同談經世，談法各異，不至於千篇一律，過於膚淺與常識化。循此而觀，這個看似較為陳舊的老題目，或許就有了舊瓶裝新酒的可能，而儒者以修齊治平的立場，懷抱

點，其實都與朱陸等人相應，頗多符合，但也在這個傳統中，出現了許多分歧，突顯了各家思想的特性，葉適之所以批評理學，原因在此；反過來說，他之所以認同理學，其因也在此。簡言之，葉適並非反對理學家的性命之學，也不是要捨棄理學家用力極深、盡其所能的精微言論，其實他對於理學家對儒學之真誠、對世事之關注、救世之熱情，都是極為敬佩的，只是性命之學究竟該如何理解？這些言論又該如放在具體事務之中？修齊到底如何治平，克己又該如何復禮？理學家對此往往過度自信，將兩者作太多「迂闊」（迂遠而闊於事情）的聯想結合，結果就是放言高論、不切實際，因此不管是朱熹的「支離事業」，還是陸九淵的「易簡工夫」，就葉適看來，都不免有偏有缺。當然，這些批評，是否符合實情，仍大有討論餘地，可是葉適以自己的思考方式，提出「竸省以御物欲」與「彌綸以通事變」的主張，回歸到儒家修身經世的理想中，即事達義，即器明道，來建構他的事功之學。

　　本文的論述，即是以此出發，先由葉適對具體事務的觀點談起，追問：他是以何種角度，分析時政並提出解決方法？再由外而內，從「如何治國」到「如何修身」，進入他的修養層面，分析他到底怎麼看待修身，最後內外交相成，修己以盡物，葉適稱為「真迂闊」。相較於有些人把儒者視為過度理想性、不切實際，葉適則是反過來，將「迂闊」這個詞彙，重新賦予正面的評價，以此自命，並呈現他的事

經世濟民的盼望，經世的內涵，自然也與其政經環境、生命歷程、交遊狀況有關，這種角度，或許就能展現其獨特性。本人依此角度，已完成數篇論文與碩士論文，分別是：劉芝慶，〈心學經世陸象山〉、〈陳亮經學述義〉、〈文章要有本領——方東樹論漢宋之爭〉、〈理禮雙彰——鄭齊門的經世之學〉、〈歸寂如何經世——聶豹論良知〉，以上皆收入氏著：《經世與安身：中國近世思想史論衡》（臺北市：萬卷樓圖書公司，2017年），頁111-128。劉芝慶：《修身與治國——從先秦諸子到西漢前期身體政治論的嬗變》（臺北市：花木蘭文化事業公司，2014年）。

功之學。故本文擬在眾多累積研究成果之上，善加援引，將重點放在葉適自己的思考言論，而非專注於葉適與朱陸等人的比較，冀能稍助學界對葉適之研究，加深對他的理解。

二　彌綸以通事變的事功之學

葉適對國政事務的關注，遍及許多方面，在《水心文集》、《水心別集》，[8]可見他對設官分職、財政民生、國防方針、教育政策等諸多分析，即便是他五十九歲開始撰述的《習學記言序目》[9]裡，他也多以「事功」角度，評論儒家經典、歷代正史、兵書韜略等書目。就國防來說，葉適希望進行兵制改革，指出四類兵種，分別是邊兵、宿衛兵、大將屯兵、州郡屯兵因採募兵制，支出巨大，但這四種兵種又非驍勇善戰，功能亦不彰，[10]而國家財政被兵制拖垮，士兵卻又沒有穩定經濟收入，因為錢糧早就被層層關卡剝削，貪贓枉法。就以屯兵為例，葉適指出：「敢問四大兵者，知其為今日之深患乎？使知其為深患，豈有積五十年之久而不求所以處此者？」[11]當年張浚、呂祉、秦檜等人，識見不明，昧於時勢，張浚收劉光世兵權，卻馭制無策；呂祉調解王德與酈瓊無方，結果被殺，導致淮西兵變；秦檜慮不及遠，急於求和，更屬下策，這些情況，導致軍隊統御無方，缺乏士氣與戰力。不止如此，秦檜更以南方財力養此四兵，軍多財少，加上高層貪

8　二書今盡收於北京中華書出版的《葉適集》（北京市：中華書局，1961年初版，2010年重印）三冊。

9　周夢江：《葉適年譜》（杭州市：浙江古籍出版社，2006年），頁131。

10　〔宋〕葉適：〈兵總論一〉《水心別集》，《葉適集》（北京市：中華書局，1961年初版，2010年重印），頁779-780。

11　〔宋〕葉適：〈四屯駐大兵〉《水心別集》，《葉適集》（北京市：中華書局，1961年初版，2010年重印），頁783。

汗，經濟困窘，秦檜依然安於其位，老疾而死，繼任者依循苟且，亦欠缺知時明勢的眼光，冗兵耗財，更是難以解決：「故朝廷以四大兵為命而困民財，四都副統制因之而侵刻兵食，內臣貴倖因之而握制將權，蠹弊相乘，無甚於此。」[12]屯兵如此，宿衛兵亦然，同樣也是冗兵問題嚴重。

兵員過剩，積習已久，自然牽涉到許多既得利益者，故阻撓不斷，可是改革之難，恐怕仍在於當權者缺乏識見，不能看清現實情勢：「而議者猶曰：『恃兵之固，制兵之善，可因而不可改，可增而不可損』，……」「問其外禦，則曰：『請和不暇』；問其內備，則曰：『倉卒可慮』，統制、統領、總管路鈐將兵之官，充滿天下，坐糜厚祿，而兵未嘗有一日之用。」[13]缺乏看透世事的眼界，既無遠濾亦無深謀，只能照章行事，素餐尸位，守舊保守；既不能令，又不受命，所以改革也就遙遙無期。

除兵制外，葉適進而討論到國家體制的問題，對於中央與地方、郡縣與封建，主張保持平衡，不偏一邊，他說唐虞三代行封建，秦漢魏晉隋唐行郡縣，可是封建也好、郡縣也罷，貴在因時制宜，所以能適應不同時代的不同狀況，更可以依體制之精神，創建相應的律令禮樂，這就是他所謂的「法度」：「夫以封建為天下者，唐、虞、三代也；以郡縣為天下者，秦、漢、魏、晉、隋、唐也。法度立於其間，所以維持上下之勢也。唐、虞、三代，必能不害其為封建而後王道行；秦、漢、魏、晉、隋、唐，必能不害其為郡縣而後伯政舉。」「故制禮作樂，文書政朔，律度量衡，正名分，別嫌疑，尊賢舉能，

12　〔宋〕葉適：〈四屯駐大兵〉《水心別集》，《葉適集》（北京市：中華書局，1961年初版，2010年重印），頁784。

13　〔宋〕葉適：〈兵總論二〉《水心別集》，《葉適集》（北京市：中華書局，1961年初版，2010年重印），頁782。

厚民美俗，唐、虞、三代之法度也。……。秉威明權，薄書期會，課
計功效，核虛實，驗勤惰，令行禁止，役省刑清，秦、漢、魏、晉、
隋、唐之所謂法度也。」[14]封建與郡縣，孰優孰劣，自來論辯不絕，
殊不知政體之立，往往需有相應之法度，所以才能為立國宏規，維持
上下之勢。畢竟重點不在專行何者，在於能否看清當下的政治現實，
參酌古義，就可不廢江河萬古流，成為一代通典，葉適又稱為「紀
綱」。

　　紀綱與法度實為一事，只是法度為細，紀綱為大，例如自堯舜以
來，外有岳、牧，內有九官，諸侯雖國異家殊，卻都盡忠中央，此為
三代之紀綱。秦雖破壞封建而為郡縣，不旋踵而敗，此為秦代紀綱之
失。[15]漢代有鑑於此，故採封建、郡縣之精神，「邊各自備，內郡專刑
賞」、「極其所治，無不可者有進而授官無退而掣肘」，[16]兩漢之治堪稱
為盛，也是由於兩漢紀綱得正的緣故。此後三國迄於隋唐，直至唐末
藩鎮坐大，其間多能參用分權，可見國家紀綱不該過度集權，故郡縣

14　〔宋〕葉適：〈法度總論二〉《水心別集》，《葉適集》（北京市：中華書局，1961年初
　　版，2010年重印），頁787。

15　另外，葉適也認為紀綱之失，是因為人主恣意妄為，專權太甚，導致下不堪命，官
　　逼民反，所以才說這是「雖然，秦之紀綱則誠失也，然而以強為失而不以弱失，以
　　大為失而不以小失，夫強大之勢易為也。秦特不知為而已，亦未可以深罪秦也。」
　　秦代君王過於蠻橫集權，葉適卻說這是問題，卻不是大問題，而一般學者多以認為
　　葉適對君主權力（特別是宋代）高度集中，多有批判，兩相比照，是否矛盾？其實
　　葉適所批評君主過於獨斷，是因為缺乏了誠心正意的工夫，修身不足，所以才恣意
　　妄為，濫權獨裁，其實秦始皇也好、宋代帝王也罷，只要能修身為己，屏除私欲，
　　以公心行，自然就能免除「威柄最為不分」、「一朝之患，皆上所獨當」的困境，進
　　而妥善分權，觀世變而設立最適恰的國家制度，此中原由，詳見下節。引文見
　　〔宋〕葉適：〈紀綱一〉《水心別集》，《葉適集》（北京市：中華書局，1961年初
　　版，2010年重印），頁811。

16　〔宋〕葉適：〈紀綱一〉《水心別集》，《葉適集》（北京市：中華書局，1961年初版，
　　2010年重印），頁811-812。

亦需封建，集權亦應分權。[17]時至今日，分畫無法，寄任不專，當年秦檜又認為國權不可外分，兵柄不可授人，只好和親於金，於是「廢誅諸將，竄逐名士，使兵一歸於御前，督府結局，收還便宜，使州郡復承平之常制」，[18]秦檜洋洋得意，矜其攻伐，自以為功比趙普，卻不知南宋偏安，已失祖宗之地大半，不思進取，只圖安靜於江左，實在大謬。而自孝宗登基以來，任用張浚守江、淮，虞允文、王炎為四川宣撫史，駐防漢中，可稱得人，由此可見，分權於臣下，不過度集權於中央，是必須的。葉適話鋒一轉，認為分權固好，但必須得人，這就得要識時因勢，因為不明其地，便不可任其人，不任其人，則不可要其功，反之亦然，可見知人善任的重要。[19]

葉適關心民瘼，希望朝廷朝廷竭力撫循；關注國家，更願國勢由衰轉強。他論及的具體世務，當然不止於兵制、政體與財政而已。[20]以上所舉，雖為犖犖大端，卻也不是他關注的全部問題，其他諸如學校科舉、薦舉詮選、茶鹽折帛、吏胥監司等等，葉適皆有陳說，因本文並非專門研討葉適的時政設施，故不及詳論，但由上葉適諸多言論可見，他在實踐經世，發掘並解決問題時，抱持的最大宗旨，也是他認為永嘉之學的最大特徵之一，即是「彌綸而通世變」。例如葉適對北伐的意見，並非執於和戰；對於立國宏規，也不能執以為是，這當

17　蕭公權：《中國政治思想史》（臺北市：聯經出版事業公司，1982年），上，頁501。

18　〔宋〕葉適：〈紀綱四〉《水心別集》，《葉適集》（北京市：中華書局，1961年初版，2010年重印），頁817。

19　〔宋〕葉適：〈紀綱四〉《水心別集》，《葉適集》（北京市：中華書局，1961年初版，2010年重印），頁817。

20　葉適的財政改革方案，其實也存在許多問題，例如岡元司就指出，葉適反對橫征暴斂，主張減少賦稅，用意固然良善，卻仍忽略了南宋財政「滲漏」的現象。可見〔日〕岡元司：〈葉適の宋代財政観と財政改革案〉，《史學研究》第197期（1992年），頁45-53。

然不是說葉適主張調和論或採中立之道，而是他始終著重的現況，正視當前實情。

這個道理，其來有自：[21]

> 薛士隆（芝慶按：薛季宣）憤發昭曠，獨究體統，興王遠大之制，叔末寡陋之術，不隨毀譽，必摭故實，如有用我，療復之方安在！至陳君舉（芝慶按：陳傅良）尤號精密，民病某政，國厭某法，銖稱鎰數，各到根穴，而後知古人之治可措於今人之治矣。故永嘉之學，必彌綸，以通世變者，薛經其始而陳緯其終也。[22]

學界追溯永嘉事功學派的興起，可從北宋王開祖起始，後經九學士傳播，其中以傳洛學、關學入永嘉，並產生重大影響者為周行己，私淑弟子鄭伯熊則是承先啟後的人物，又有薛季宣、陳傅良等人，到了葉適，更形成全祖望所說，與朱陸二派「遂稱鼎足」。[23]葉適在文中追述薛季宣、陳傅良，鄭伯英（鄭伯熊之弟）曾感嘆當世道喪文弊，以致問學事功，歧而為二，不是「學不適用，用者無學」，所學難以實踐用世，用世者又缺乏學問積蘊，不然就是「為己為人，在在乖錯」，薛季宣則不然，學問事功兼具，做人與作人未分：「公之探討，專用律身。推而放之，於以及人。縱論今古，袞袞忘疲。旁及制度，援筆

---

21 〔宋〕葉適：〈溫州新修學記〉《水心文集》，《葉適集》（北京市：中華書局，1961年初版，2010年重印），頁178。

22 周夢江曾指出〈溫州新修學記〉的重要性，只是他是從思想流派出發，分析文獻。本文則另闢方向，希望藉此理解葉適的事功之學到底如何與文章中的兩大觀點結合。周夢江：《葉適與永嘉學派》（杭州市：浙江古籍出版社，1992年），頁26。

23 何俊：《事與心：浙學的精神維度》（北京市：北京大學出版社，2013年），頁3-17。

而圖……治官訓農，理財練兵。厥有成算，亶其可行。」[24]俱見學問事功多為時人看重，可惜四十歲便已身故。陳傅良師從薛季宣，歷任孝、光、寧三朝，仕途未遂，際遇崎嶇，壯志難以完全施展，即便如此，仍不減其經世之志。全祖望就說陳傅良得之於師，後出轉精，青出於藍，更為平實篤厚。[25]陳傅良的學友樓鑰也說薛季宣考訂千載，井田、王制、司馬法、八陣圖等等，名物度數，實是求是，考證精密，可見諸實用，陳傅良隨其從遊甚久，造詣自深，所以更能研精經史，貫通百氏，而又關懷天下事，以斯文為己任：「綜理當世之務，考覈舊聞，於治道可以興滯補敝，復古至道，條盡本末粲如也。」[26]葉適對薛、陳二人，極為推崇，所以才說「故永嘉之學，必彌綸以通世變者，薛經其始而陳緯其終矣。」——「彌綸以通世變」也成了葉適論治的最重要宗旨。

可是，「彌綸以通世變」，究竟是什麼意思？就字面上來看，就是明於時勢，因事制宜，《水心別集》裡有〈治勢〉三篇，開頭就說：「欲治天下而不見其勢，天下不可治已」，即是指此。[27]他在談具體政經時，往往也著重在這個觀點，大力發揮，如前述談兵制，就說「美名不必慕，是各度其時之所能行者，可以言智矣；實患不能制，是又不知其時之所當變，此不可以言智也。」[28]談財政，也說數千年後學

---

24 〈祭薛季宣文〉，《薛季宣集》，附錄一。

25 「永嘉諸子，皆在艮齋師友之間，其學從之出，而又各有不同。止齋最稱醇恪，觀其所得，似較艮齋更平實，占得地步也。」〔明〕黃宗羲原著，〔清〕全祖望修訂：《宋元學案》（臺北市：華世出版社，1987年），頁1710。

26 〈陳公神道碑〉，《攻媿集》，卷95。

27 〔宋〕葉適：〈治勢上〉《水心別集》，《葉適集》（北京市：中華書局，1961年初版，2010年重印），頁637。

28 〔宋〕葉適：〈兵總論一〉《水心別集》，《葉適集》（北京市：中華書局，1961年初版，2010年重印），頁780。

周公之法，世異時殊，明知不可行而行者，實不足以理財；[29]他之所以批評昔日趙鼎、張浚用兵未詳，重外而不重內，屢屢兵敗，落入求和派口實，基本上即是認為他們看不清時勢、不通世變所致，[30]趙鼎、張浚如此，韓侂胄的北伐亦如是。

可是，通世變，辨時勢，本來就是用世者注重的道理，葉適所言，亦不出範圍之外，又有何值得大書特書？問題就在於，各有皆有各人的看法，每個人也都可以說自己出於時勢之考量、因應之世變規劃，於是言人人殊，一人一義，十人十義，百人則有百義，而人數滋眾，紛絮不休，國家只會更亂。所以葉適指出「必彌綸以通世變」之外，才會又在同篇文章（〈溫州新修學記〉）裡講「必兢省以御物欲」。「必」者，代表葉適對事功之學的信心，也代表了兩者的重要性，關於後者為下節主題，此不贅述；前者，在通世變之前，葉適則加上了「彌綸」，彌綸，包羅周遍、顧及整全之意，葉適要彌綸什麼呢？這也是葉適刻意強調薛季宣、陳傅良的原因，就是參酌古史，古為今用，既要知今，也要知古，更應該明白古代政制之勢，古今相較，才能明白哪些古法可用、古人精神為何、哪些可以調整、哪些根本不該考慮。薛、陳二人的學問特性如此，葉適也不例外，他之所以稱讚陳傅良「銖稱鎰數，各到根穴，而後知古人之治可措於今人之治矣」，即應由此理解。所以他論政制，便從封建、郡縣談起，強調從三代到隋唐之變，時勢使然；講用兵，就以三國六朝為例，面對北方的侵逼，古人如何因應，其世變又為何；說田制，看出封建與井田的關係，所以他才認為當今欲抑兼併，當以正經界為首務，而不是執著

---

29 〔宋〕葉適：〈財計上〉《水心別集》，《葉適集》（北京市：中華書局，1961年初版，2010年重印），頁659。

30 〔宋〕葉適：〈終論五〉《水心別集》，《葉適集》（北京市：中華書局，1961年初版，2010年重印），頁825-827。

在井田該如何恢復；談士風士學，則自孔孟以來，更是代有升降，文有損益，不可強同，卻也不能完全忽略其時代精神，後世儒者講求致用，則應學習孔孟「真迂闊」的精神……，其餘諸如紀綱法度等等，更是要深切研讀古代古事，對應到今日，才不會走偏，才不會妄為復古，或以今非古。葉適曾對孝宗、寧宗陳述當前言論，說秦檜、湯之退等小人之論，自不足取，即便是士大夫之言，亦多有誤：[31]

> ……雖然，此猶小人之論耳。至若為奇謀秘畫者，則止於乘機待時；忠義決策者，則止於親征遷都；深沉慮遠者，則止於固本自治；高談者遠述性命，而以功業為可略；精論者妄推天意，而以夷夏為無辨。小人之論如彼，君之論如此。陛下欲詢眾謀，則流言成市，互為廢興，若斷以獨志，事難輕發。

忠義決策者、奇謀密畫者……等等，用意不能說不善，但不能觀古，又不能識今，對世變治勢多有不明，畢竟天下大事複雜萬端，若有耽誤，救世反而害世，於國無益，更容易有弊。所以切莫以為通世變是容易之事，畢竟讀了一些書，自以為談論策略，擘畫指點，自己說說尚可，如何深入古今事理，各到根穴，然後融古為用，見諸實用，才是極難。葉適談國體政經等具體事物，皆是由此而來，所以他才認為自己是：「誠先明治國之意，則臣今所論，特其目耳。源流汗漫，變故萬端，非兼考古今，不能盡其理；非並知難易，不能通其變；非獨悟良策，不能操其決；非豫覩成效，不能待其久也。」[32]可見治世之

---

31 〔宋〕葉適：〈上殿劄子〉《水心別集》，《葉適集》（北京市：中華書局，1961年初版，2010年重印），頁832。

32 〔宋〕葉適：〈應詔條奏六事〉《水心別集》，《葉適集》（北京市：中華書局，1961年初版，2010年重印），頁842-843。

難，亦可見葉適對「彌綸以通世變」的理解，並非單純觀時察勢而已，而是強調洞悉歷史發展與時勢走向，導引至更完善的境地，以為人文化成、國治民安。「彌綸以通世變」便在於人能否因應並駕馭世局，發現潛能，往正面航行，便是成敗關鍵，他在〈治勢〉中說堯、舜、禹、湯、文、武、漢高祖、東漢光武帝，唐太宗等人，功德有厚有薄，治效有深有淺，但都能治理天下，亦稱明君，都是「此其人皆能以一身為天下之勢」的緣故，所以才能「則天下之事惟其所為而莫或制其後。」[33]

但是，通古今世變，明瞭時勢，知古知今的前提，仍必須保有一顆清明之心，審時度勢，才不會因為一己私欲，又或是誤判情況，錯路行事。這就是葉適事功之學的另一個重點：「兢省以御物欲」。但這點上，他與朱、陸等人也產生了許多分歧。

三　「兢省以御物欲」而經世致用

葉適在〈溫州新修學記〉說：[34]

> 昔周恭叔（芝慶按：周行己）首聞程（芝慶按：程頤）、呂（芝慶按：呂大臨）氏微言，始放新經，黜舊疏，挈其儔倫，退而自求，視千載之已絕，儼然如醉忽醒，夢方覺也。頗益衰歇，而鄭景望（芝慶按：鄭伯熊）出，明見天理，神暢氣怡，篤信

---

33 〔宋〕葉適：〈治勢上〉《水心別集》，《葉適集》（北京市：中華書局，1961年初版，2010年重印），頁637。這也是葉適重視「勢」的原因，葉適論勢，可見黃俊傑：《儒家思想與中國歷史思維》（臺北市：臺灣大學出版中心，2014年），頁40-41。

34 〔宋〕葉適：〈溫州新修學記〉《水心文集》，《葉適集》（北京市：中華書局，1961年初版，2010年重印），頁178。

　　固守，言與行應，而後知今人之心可即於古人之心矣。故永嘉
　　之學，必兢省以御物欲者，周作於前而鄭承於後也。

前已提及鄭伯熊師淑周行己，周行己曾學於呂大臨，呂大臨兄弟為張
載門生，傳關學，後又師從程頤，為程門弟子。周行己學於二者，對
永嘉學派的建立與傳承，有極大影響，所以黃百家才說：「伊洛之
學，東南之士，龜山、定父之外，惟許景衡、周行己親見伊川，得其
傳以歸。景衡之後不振，行己以躬行之學，得鄭伯熊為之弟子，其後
葉適繼興，經術文章，質有其文，其徒甚盛」。全祖望也說：「世知永
嘉諸子之傳洛學，不知其兼傳關學。」[35] 也因為周行己早年遊太學，
適逢王安石新學最盛之時，他並未追尋風潮，跟著熱門學術行情走，
或是循著正確政治路線倒貼，而且後來又隨呂大臨與程頤學習經義，
自然也對新學更缺乏好感。可是在元豐九學士（周行己即在其中）
後，永嘉之學衰歇，南宋以來，新學沒落，洛學正盛，復道之契機，
則在道南與湖湘學派的努力，[36] 如果就葉適自己的追述來看，在南宋
紹興、淳熙之間，其間經歷秦檜當政，嚴禁洛學，但鄭伯熊、薛季
宣、呂祖謙、朱熹等人，「位雖屈，其道伸矣；身雖沒，其言立矣。
好惡同，出處偕，進退用捨，必能一其志者也。表直木於四達之逵，
後生之所望而從也。」[37] 其中鄭伯熊不畏世風，依舊提倡洛學。而鄭
伯熊與薛季宣等永嘉學人列名其中，正如何俊所言，在南宋道學運動
中永嘉學者可能是處於中心圈內的，[38] 所以全祖望才說：「故紹興末，

35　〔明〕黃宗羲原著，〔清〕全祖望修訂：《宋元學案》（臺北市：華世出版社，1987
　　年），頁1130、頁1132。

36　何俊：《南宋儒學建構》（上海市：上海人民出版社，2013），第二章。

37　〔宋〕葉適：〈著作正字二劉公墓誌銘〉《水心文集》，《葉適集》（北京市：中華書
　　局，1961年初版，2010年重印），頁306。

38　何俊：《事與心：浙學的精神維度》（北京市：北京大學出版社，2013年），頁19。

伊洛之學幾息，九先生之緒言將衰歇。吳湛然、沈元簡，其晨星也。
先生兄弟（芝慶按：指鄭伯熊、鄭伯英）並起，推性命微眇，酌今古
要會，師友警策，惟以統紀不接為懼，首雕程氏書於閩中，由是永嘉
之學宗鄭氏」。[39]鄭伯雄其人為學，時人已有相關論述，多指出其形象
為「學問醇正，見於履踐」、「於今為道德之望」，[40]朱熹也對他甚為推
重，說他死前數月，雖已臥病：「啟手足時，清明安定，執禮不懈如
常日，是足以驗其平生學力果能踐斯言者，……。夫呂公之行高矣，
其可師者不止此；鄭侯亦無不學，顧豈舍其大，而規規於其細如此
哉！誠以理無巨細，精粗之間大者既立，則雖毫髮之間亦不欲其少有
遺恨，以病夫道體之全也。」[41]可見其修身工夫的嚴謹。

　　從周行己到鄭伯熊，傳程子性命之學，或推性命微眇，或執禮不
懈如常，可見葉適早有自知，發現到兩位先生的特點，正在於內在層
面的道德問題，所以文中才說「永嘉之學，必兢省以御物欲者，周作
於前而鄭承於後也。」顯然正是葉適關注所在——可是，葉適既也談
道德，關注性命，去除物欲，又為何反對朱、陸等派的說法？又或者
是說，對朱陸等人，強調修身，立身持物，葉適想必是不會反對，甚
至是極為敬佩的，那麼葉適到底是怎麼想的？他批評朱陸的，又是什

當然這也可能是葉適自我的正統建構。不過鄭伯熊與薛季宣頗受時人推重，名氣亦
大，故葉適所言，亦有其理。況且在南宋道學運動的發展中，學界多歸功於所謂
「東南三賢」，即朱熹、張栻、呂祖謙，中後期則歸之以朱學、陸學、浙學。其實
除了東南三賢之外，亦有「乾淳諸老」，指陳人物較前者更為廣泛，葉適所言之人
物，即可列明其中。可見何俊：《南宋儒學建構》（上海市：上海人民出版社，2013
年），頁106-123。

39 〔明〕黃宗羲原著，〔清〕全祖望修訂：《宋元學案》（臺北市：華世出版社，1987
年），頁1153。

40 此為周必大與陳亮語，見周夢江：《葉適與永嘉學派》（杭州市：浙江古籍出版社，
1992年）。

41 〈跋鄭景望書呂正獻公四事〉，《朱子全書》，冊24，頁3854。

麼地方？其實就葉適看來，他們的問題就在於過精過微，把原本自自然然、人倫日用的修身工夫講得太虛玄奧妙（他認為這是曾子、孟子所導致的，詳下）。其實葉適也跟朱、陸一樣，認為在儒學傳統中，「修己」絕對是最首要、最關鍵的，與「安人（或安百姓）」鼎足而立，缺一不可。先秦儒學，自孔子強調君子「脩己以敬」、「脩己以安人」、「脩己以安百姓」[42]以來，修己自然為儒者成德的必要條件，卻不止於此而已，因為許多人同時也重視「修身」的目的與效用，正如《論語》文中孔子接著指出修身的更深一層意義：原來「修己」始能「安人」、「安百姓」。「人」是與「己」相對，而「百姓」則是「人」的聚集稱謂，從己到人再到百姓，可見修身非僅於自身而已，更必須建立在社會政治之中，以重建秩序為己任，這就指出了修身與經世的關係。當然修身的對象非止是儒者而已，由於為政者處於政治中心，因此更有修身必要，所以孔子才特別舉堯、舜為證。[43]正如賴錫三所言，在理想層面上，一個士、君子應該將自身的存在意義，透過公共化、公開化的實踐，把內在道德的情懷落實到公共的氛圍與境地，以促進道德理想的實現，這種以自身意義公共化的理想性格，修身為己，經世濟民，一向是許多儒者堅持的原則。[44]

葉適自然也重視修身的環節，才說：「兢省以御物欲」，「兢省」就是忧惕敬畏、小心翼翼、戰戰兢兢，切己地反省，才能冷靜清醒，

---

42 全文為：「子路問君子。子曰：『脩己以敬。』曰：『如斯而已乎？』曰：『脩己以安人。』曰：『如斯而已乎？』曰：『脩己以安百姓。脩己以安百姓，堯舜其猶病諸！』」〔宋〕朱熹：《四書章句集注》（北京市：中華書局，2003年），頁159。

43 余英時：《史學與傳統》（臺北市：聯經出版事業公司，1988年），頁84-85。亦可參張灝：《時代的探索》（臺北市：中央研究院、聯經出版事業公司，2004年），頁165-166。

44 賴錫三：《道家型知識分子論──《莊子》的權力批判與文化更新》（臺北市：臺灣大學出版中心，2013年），頁2-3。

才能抵擋誘惑，就像鄭伯熊所說：「愛人不親反其仁，治人不治反其智，禮人不答反其敬。行有不得者，皆反求諸己，此帝王之家法也。自反而仁矣，自反而智且敬矣，而人未邃吾聽焉，不邃責夫人也。曰：『是吾仁智且敬有所未盡，而姑勉焉爾。』此帝王之心術也。」[45]鄭伯熊雜引《孟子》，說明反求諸己，與其責人不如內省，因孟子是針對統治者，所以鄭伯熊才順著孟子的話，認為這是帝王家法與心術。而從葉適看來，放在當前政治社會上，若要彌綸而通世變，何止是家法與心術而已？為政者最需關注的最大根本，即在於此，他以堯舜周公等人的統治為例：「蓋舜、禹克艱，伊尹一德，周公無逸，聖賢常道，怵惕敬畏，……」[46]可是見賢思齊易，見不賢而內自省，或許也不太難，可是自我檢討，真誠地面對自己的各種欲望，是非常不容易的，為政者治世之艱難之勞苦，正在於此。因為人心本就充斥著各種得失利害，我們總以為心地清明是正常的，殊不知各種聲色犬馬愛憎惡嫌，同樣也存在心中：「嗟夫！人常求所以悅是心者，未嘗知所以病是心者，方將與利害得喪欲惡角力並行，且竭立奉之以不暇焉。」[47]所以毋自欺是重要的，故葉適作有〈毋自欺室銘〉，[48]聞善之意而疑己不明，有為高之心而畏己不能，只知求合流俗卻不能殉道，

---

45 〔宋〕鄭伯熊：《敷文書說》（臺北市：藝文印書館，1967年），附錄，頁1-2。

46 〔宋〕葉適：《習學記言序目》（北京市：中華書局，1997年），頁198。葉適此言是批評孟子將君格君心之非。其實葉適並非反對孟子格心工夫，只是認為孟子說得太簡單（但後世朱、陸等人又說得太難）。
  至於孟子，當然也非如葉適所言，只以格心為重，認為君王只要心向仁義便足。可見杜保瑞：〈葉水心事功進路的儒學建構之批判〉，《鵝湖學誌》第37期（2006年12月），頁58-59。

47 〔宋〕葉適：〈太府少卿福建運判直寶謨閣李公墓誌銘〉《水心文集》，《葉適集》（北京市：中華書局，1961年初版，2010年重印），頁365。

48 〔宋〕葉適：《水心文集·毋自欺室銘》，《葉適集》（北京市：中華書局，1961年初版，2010年重印），頁528-529。

都是自欺，自欺欺人，自然也不能冷靜清明地看待人我世事，所以葉適才要講克己復禮：[49]

> 按孔子告顏子：「一日克己復禮，天下歸仁焉」，蓋己不必是，人不必非，克己以盡物可也。若動容貌而遠暴慢，正顏色而近信，出辭氣而遠鄙俗，則專以己為是，以人為非，而克與未克，歸與未歸，皆不可知，但以己形物而已。

以己為是，以人為非，即便是舉止適當、臉色平和、用辭不俗，依舊未能克己復禮，只是以己形物而已；反之，己不必是，人不必非，才是克己以盡物。故君子通物，而非被物役心，聖賢便是如此：「聖賢之所為過乎人者，不恃其力之足以致物，而憂其心之未能通物。」[50]就葉適看來，禮是通達人情事理的，與外在人事的互動，克己之心才有具體的呈現，才不會落空。程頤說敬是禮，葉適批評敬只限於內心，顯然不夠，應該要反過來，禮通於敬才對，人只有在禮的架構中，才能成完整的人，成就自己也理解他人，才能體會並把握住道。[51]

可是道不可見，散在事物，所以才要即事以達義。當然道在物中，欲也在物中，所以保持清明之心與自省能力，是很重要的。惟有如此，才可能禁物欲、通事變，從復性命之際到窮事物之理，上窺三代古意，以己心見古人之心，並用之天下。他說：[52]

49 〔宋〕葉適：《習學記言序目》（北京市：中華書局，1997年），頁188。

50 〔宋〕葉適：〈傅說〉《水心別集》，《葉適集》（北京市：中華書局，1961年初版，2010年重印），頁734。

51 楊儒賓：〈葉適與荻生徂徠〉，收於張寶三、楊儒賓編：《日本漢學研究初探》（臺北市：臺灣大學出版中心，2004年），頁123。

52 〔宋〕葉適：〈總述〉《水心別集》，《葉適集》（北京市：中華書局，1961年初版，2010年重印），頁727。

是故今世之學，以心起之，推而至於窮事物之理，反而至於復
性命之際，然後因孔氏之經以求唐、虞、三代之道，無不得其
所同然者，而皇極、《中庸》、《大學》之意始可以復見而無疑。
嗚呼！發之而使明，操之而使存，擴之而使衰，養之而使全，
久之而使化，是心之用，何以異於唐、虞、三代之聖人哉！

不料今人誤讀經典，一味在性命上求，至精至微，至細至密，以為可
上求唐、虞、三代之道，真是盲目又可笑。可是世人雖談性命，葉適
因此就不談了嗎？葉適並非不談性命之學，他就說堯、舜、禹、皋
陶、湯、伊尹等聖王聖賢，「於道德性命之交，君臣民庶均有之
矣！」[53]因此，性命之學與事功之學，是同樣重要的。又或者可以這
麼講，兩者根本是同一事的兩面，相輔相成，缺少哪樣，都是為學為
政之撼，都可能流於迂闊。所以他才上下古今，指出許多當政者心有
所蔽，道德感不足，便不夠誠心，不是過於獨斷、猜忌，缺乏信任與
溝通；不然就是聽信小人，自為蒙蔽。所以他說自秦漢以後，執權當
位者常有一種操切裁制的心態，就連諸葛亮也不能免。[54]他有〈君
德〉一文，意在提醒當政者：「所謂人主之實德者，何也？豈不以其
容受掩覆，大度不疑，有以深結其臣民之心歟？夫猜忌不信，持法必
行，陰見天下之過，而戾戾焉有疾其臣民之心，使之脅息目語而不敢
肆者。則夫容受掩覆，大度不疑，曠然而與天下為一，是宜以可以服
天下也。」[55]要有度量，開闊的心胸，能容受不合己意的事，方能管

---

53 〔宋〕葉適：《習學記言序目》（北京市：中華書局，1997年），頁737。

54 〔宋〕葉適：《習學記言序目》（北京市：中華書局，1997年），頁450-451。

55 〔宋〕葉適：〈君德二〉《水心別集》，《葉適集》（北京市：中華書局，1961年初版，
　　2010年重印），頁635。

理好天下，才不會「立法定制於重滯繁擾之中」。[56]

　　但是問題仍在於，誠心人人會說，高談闊論者或許也可以講得很漂亮，堂而皇之，美侖美奂，而且古人之學也大，其守卻愈微，所以談性命道德，「未有超然遺物而獨立者。」[57]今之則不然，許多儒者都在誠心正意上大用工夫，結果差之毫釐，謬之千里：[58]

> 於是意誠而非其意，心正而非其心，以是而施之於天下國家也，幾何其不以毫釐而謬尺尋也！

況且歷代當權者也會粉飾其說，誠心往往流於套語，誠者非誠，意者非意，心自然不正，施政自然有差池。他提醒人們不要誤信二程的說法，格物窮理，卻忽略了意誠與正心的問題，他認為二程的問題，就出在這裡：「程氏言：『格物者，窮理也』。……若窮盡物理，矩矱不逾，天下國家之道已自無復遺蘊，安得意未誠、心未正、知未至者而先能之？……疑程氏之言亦非也。若以為未能窮理而求窮理，則未正之心，未誠之意，未至之知，安能求之？又非也。」[59]將格物說成是窮理是不對的，意未誠、心未正、知未至，如何能格物窮理？但是，若因此刻意避談物，自以為誠心就自以為是，意誠而非其意，心正而非其心，當然也不行，所以要自省、去除私欲：「人之所甚患者，以其自為物而遠於物。夫物之於我，幾若是之相去也，是故古之君子，

---

56 〔宋〕葉適：〈廂禁軍弓手土兵〉《水心別集》，《葉適集》（北京市：中華書局，1961年初版，2010年重印），頁786。

57 〔宋〕葉適：〈大學〉《水心別集》，《葉適集》（北京市：中華書局，1961年初版，2010年重印），頁730。

58 〔宋〕葉適：〈大學〉《水心別集》，《葉適集》（北京市：中華書局，1961年初版，2010年重印），頁731。

59 〔宋〕葉適：《習學記言序目》（北京市：中華書局，1997年），頁322。

以物用而不以己用；喜為物喜，怒為物怒，哀為物哀，樂為物樂。其發為中，其既發為和，一息而物不至，則喜怒哀樂幾若是而不自用也。自用則傷物，傷物則己病矣⋯⋯。」[60]喜怒哀樂，當然不是受於外在情境，導致情感放縱之意，而是藉由心清虛明，才能冷靜、且較為客觀地感物知物，避免私心自用，自用則傷物。自覺競省到物欲所在，逐去自私，才有可能做到「則夫容受掩覆，大度不疑，曠然於天下為一，是宜以可以服天下也」，他之所要求君王要修身，要有君德、實德：「臣聞欲明大義，當求公心」，[61]其因在此。在上節中，我們看到他批評張浚、呂祉、秦檜等人的兵略政策、他認為冗兵冗員等沉疴難起等等，都是因為當政者物欲私心太重，以致識見不明，難以有效解決，甚至提出錯誤的方案。所以正本清源，競省以御物欲，以求公心，就成了他呼籲的重點。從這個角度來看，葉適所謂的公與私、實（君）德與物欲，是完全對立的，沒有太多彈性與調合的空間。

葉適之所以對朱、陸等派，頗有微詞，正是在修身的角度上，指出：「時諸儒以觀心空寂名學，徒默視危拱，不能有論詰，猥曰：『道已存矣』。」[62]雖未明指朱、陸二人，但其實也是他在早年與朱熹書信交流時，曾對朱熹提出過的批評與指責。[63]正如楊儒賓所言，他不能理解北宋周、張、二程等理學家，既反佛老，為何又要在佛老擅常的

---

60 〔宋〕葉適：〈大學〉《水心別集》，《葉適集》（北京市：中華書局，1961年初版，2010年重印），頁731。

61 〔宋〕葉適：〈奏劄〉《水心文集》，《葉適集》（北京市：中華書局，1961年初版，2010年重印），頁617。

62 〔宋〕葉適：〈宋廄父墓誌銘〉《水心文集》，《葉適集》（北京市：中華書局，1961年初版，2010年重印），頁490。

63 關於葉適的批評，可見何俊：《事與心：浙學的精神維度》（北京市：北京大學出版社，2013年），頁3-17。

心性之學上，作極精極微的辨析？這種爭辯，到底對儒學傳統的回歸，有何幫助？[64]對此情況，葉適推斷是曾子、子思、孟子思想有偏所致，導致理學家上溯先秦儒學時，都戴了有色眼鏡，只見心、性、理、氣，不見其他。[65]首先，他認為孔子之學，並非曾子所獨傳，即便曾子能傳孔子，也只是其中一個面向罷了。例如曾子說孔子「吾道一以貫之」，殊不知孔子之意，正是他跟顏淵所講克己復禮，即秉除私欲，己不必是，人不必非，克己以盡物以復禮，不料曾子以忠恕解之，反而變得玄奧明，導致「克與未克，歸與未歸，皆不可知，但以己形物而已」，故對大道多所遺略。[66]而且（相傳）曾子所著《大學》，導致後學將焦點放在正心誠意，忽略了治國平天下，況且格物致知與誠意正心根本難分，刻意區別，未免滯礙。[67]

至於《中庸》，更是近世言性命之總會，《中庸》道理自然玄遠，也不乏深刻處，但如果與《尚書》對照，會發現《中庸》有很多問題，例如《中庸》「天命之謂性，率性之謂道」等句，他以《尚書》「惟皇上帝絳衷於下民」互勘，認為言降衷可以，言天命就不行，因為萬物與人同生天地之間，同謂之命，講降衷的話，只又人獨得之；講降命，因為萬物亦有命，為何只有人可以率性？物就不行？其他諸

---

64 楊儒賓：〈葉適與荻生徂徠〉，收於張寶三、楊儒賓編：《日本漢學研究初探》（臺北市：臺灣大學出版中心，2004年），頁121。

65 葉適所言，自然未必有理，許多學者也有專文批判（如牟宗三、杜保瑞等人），不過本文重在理解葉適到底怎麼想，希望藉此可以更加深對他的理解，關於學界對葉適批判的辯駁，可見杜保瑞：〈葉水心事功進路的儒學建構之批判〉，《鵝湖學誌》第37期（2006年12月），頁58-59。

66 〔宋〕葉適：《習學記言序目》（北京市：中華書局，1997年），頁188-189。

67 「古之聖人，其致知之道有至於高遠而不可測者，而世遂以為神矣。而不知其格之者至，則物之所以赴之者速且果，是固當然也。夫如是，則意不其誠而誠，心不期正而正，而天下國家尚何足為焉！」〔宋〕葉適：〈大學〉《水心別集》，《葉適集》（北京市：中華書局，1961年初版，2010年重印），頁731。

如以「率性之謂道」與「若有恆性」（《尚書》）、「修道之謂教」與「克綏厥猷惟後」（《尚書》）的比較，以後者反駁前者，咬文嚼字，近乎鬥口；[68] 又說中庸到底是庸德庸行，還是時不待中？中庸究竟是可用還是不可用？是一還是二？而後人皆以己意私解，雖服膺拳拳，不敢或忘，可惜仍是「以義理為空言之患。」[69]

到了孟子，他說孟子確有識見，對後世影響甚大，只是影響是好壞都有的。孟子與滕文公論治，是書中最精彩處，可惜已無它書可互見，但是孟子以護翼孔子之學為己任，雖千萬人吾往矣，當可與孔子並列，無遜孔孟並提。[70] 倒是孟子言井田，或有當時背景，時移世易，不料後者對此齟齬不休，徒講經界井地，不知何益於今？[71] 再者，孟子所言也有不盡不實，他以豪傑自命，不為權貴所屈，說大人，則藐之，其實他既非韋布藜藿之微，也無不求顯達之志，自謂四十而不動心，又說守約以養浩然之氣，都是有經濟背景作支撐，理想主義往往建立在經濟主義之上，不然又如何從容進退，始終生死，堅守善道，繼、堯舜而有餘？[72] 可惜「近世之學，以動心、養氣為聖賢之難事，孟子之極功，詰論往反，析理精粗，有白首終老而不定者，何敢言四十乎！至其出處得喪，倒行挫施，固無以庶幾古人之一二矣」，[73] 真是畫虎不成反類犬了。

正因如此，他批評為學得自孟子的陸象山與其兄陸九齡[74]：「余記

68　〔宋〕葉適：《習學記言序目》（北京市：中華書局，1997年），頁107。

69　〔宋〕葉適：《習學記言序目》（北京市：中華書局，1997年），頁112。

70　〔宋〕葉適：〈士學上〉《水心別集》，《葉適集》（北京市：中華書局，1961年初版，2010年重印），頁674。

71　〔宋〕葉適：《習學記言序目》（北京市：中華書局，1997年），頁201。

72　〔宋〕葉適：《習學記言序目》（北京市：中華書局，1997年），頁198。

73　〔宋〕葉適：《習學記言序目》（北京市：中華書局，1997年），頁198-199。

74　陸象山的學生詹阜民，曾問：「先生之學亦有所受乎？」答曰：「因讀《孟子》而自

陸氏兄弟從朱、呂氏於鵝湖寺，爭此甚切。其詩云：「墟墓生哀宗廟欽，斯人千古最明心（按：陸象山原句為「不磨心」）」「大抵有基方作室，未聞無址可成岑。」（芝慶按：此句為陸九齡所寫）噫！徇末以病本，而自謂知本，不明乎德而欲議德，誤後生深矣！」[75]陸象山批評朱子支離，主張「學苟知本，六經皆我注腳」，[76]葉適卻反過來批評他自謂知本，實徇末以病本，本欲求本，卻離本愈遠，葉適所言，是否確切，當可再論。[77]另外，朱熹有道統之說，以顏子、曾子傳孔子之道，曾子之後又有子思、孟子，其間佛老大盛，道統不彰，斯文隱沒，直至二程出世，才又接續統緒，傳承流衍。道統中的曾子與子思，當然是相應《四書》中的《大學》與《中庸》，故又有四子之說。[78]葉適既反對當時理學家過度探求義理，認為他們剖析辨微，末流所及，往往玄虛空浮，所以他在〈寶謨閣待制知隆興府徐公墓誌

得之。」象山所學，固然有許多《孟子》以外的思想，不過大體而言，象山受《孟子》啟發甚多，自也是事實。〔宋〕陸九淵：《陸九淵集》（北京市：中華書局，2008年），頁471。

75 〔宋〕葉適：《習學記言序目》（北京市：中華書局，1997年），頁99。

76 〔宋〕陸九淵：《陸九淵集》（北京市：中華書局，2008年），頁395。

77 葉適對陸九淵的批評，夾雜許多偏見，其實陸象山雖講本心，亦不廢經世，雖尊德性，更不廢事功，陸象山其人其學，固然強調先立其本心，但此心此理，須在涉事求學中磨練成長，培元本心，立其大者，得其位謀其政，明於世務，察於人倫，自然會有事業事功，前者為體，後者為用，雖有體用之分，兩者必定是一致，不可分離的。關於陸象山的經世思想，可見劉芝慶：〈心學經世陸象山〉，《經世與安身：中國近世思想史論衡》（臺北市：萬卷樓圖書公司，2017年）。

78 據余英時的說法，宋以後所流行的道統論是由朱熹提出，在黃幹手上完成。余英時：《朱熹的歷史世界：宋代士大夫政治文化的研究》（北京市：生活‧讀書‧新知三聯書店，2004年），上，頁15-17。另，陳逢源也指出，《四書》次第的安排，一是進學次第的安排，如《大學》、《論語》、《孟子》、《中庸》，這是從立規模到盡精微的學習進程；另一則是按戴道統之傳，以《大學》、《論語》、《中庸》、《孟子》的方式，暗示宋儒繼之而起的歷史地位。陳逢源：《朱熹與四書章句集注》（臺北市：里仁書局，2006年），頁137-186。

銘〉裡，就批評「天下雖爭為性命之學，然而滯痼於語言，播流於偏末，多茫昧影響而已。」[79]至於朱熹推尊《四書》，提出道統，葉適則企圖拆磚搬牆，對曾子、子思、孟子，皆有批評，自然是希望瓦解道統的聖域根據。另一方面，他雖認為朱熹等人，用功深刻，為學沉潛，頗為精粹，可惜學源有缺，學問規模難免不足，但說到底，他還是很敬佩這些前輩的，他就曾追述朱熹：[80]

> 今夫箋傳衰歇，而士之聰明亦益以放恣，夷夏同指，科舉冒沒，淺識而深守，正說而偽受，交背於一室之內，而不以是心為殘賊無幾矣。余每見朱公極辨於毫釐之微，尤激切而殷勤，未嘗不為之歎息也。夫學莫熟於好，道莫成於樂，顏、曾、孟子所以潛其心也；行莫如誠，止莫如善，《大學》、《中庸》所以致其義也。夷佛，疾疢也；科舉，癢痾也：公所甚懼也。

《大學》、《中庸》、《孟子》，葉適雖多有批評，自然不是要完全推翻，廢書不觀，經典本身或許有偏，但朱熹極辨於毫釐之微，為挽士風，常多激切，自己也用功甚勤，闡發精義甚多，功勞自然不可磨滅。何況朱熹不論是立身處事，還是對社會風氣的關注（如批評科舉與夷佛等等），亦為他所推重，當年林栗因為私怨彈劾朱熹，他就站出來為朱熹說話：「大臣畏林（按：林栗）之強，莫敢深論。太常博士葉適獨上封事辯之，大略以為：『考栗之辭，始末參驗，無一實者，……。蓋自昔小人殘害善良，率有指名，或以為好名，或以為立

---

79 〔宋〕葉適：《水心文集‧寶謨閣待制知隆興府徐公墓誌銘》，《葉適集》（北京市：中華書局，1961年初版，2010年重印），頁405。

80 〔宋〕葉適：《水心文集‧同安縣學朱先生祠堂記》，《葉適集》（北京市：中華書局，1961年初版，2010年重印），頁167。

異，或以為植黨。近忽創為道學之目，鄭丙唱之，陳賈和之，居要路者密相付授，見士大夫有稍務潔修，麤能操守，輒以道學之名歸之，殆如喫菜事魔景跡犯敗之類。⋯⋯第恐自此遊辭無實，讒口橫生，善良受禍，無所不有！伏願陛下正紀綱之所在，絕欺罔於既形，摧抑暴橫以扶善類，奮發剛斷以慰公言，國家之本，孰大於此。」[81]希望孝宗明辨是非，心靜水清，不要受到讒言迷惑，誣害善良才好。

最後，本文要再指出的，葉適從「兢省以御物欲」講起，再到「彌綸而通世變」，由內而外，基本上就是傳統儒家修身治國的路子。[82]他在〈溫州新修學記〉結尾處，講得再明白不過了：[83]

> 夫學不自身始而曰推之天下，可乎？雖曰推之天下而不足以反其身，可乎？然則妄想融會者零落而不存，外為馳騖者麤鄙而

---

81 〔宋〕李心傳：《建炎以來朝野雜記（乙集）》（北京市：中華書局，2006年），頁618。

82 這也正是葉適從永嘉之學中，凝練出的兩個重要概念，何俊也發現到這點，指出：「然而，充滿戲劇性的是，浙學的精神維度似乎從一開始就呈現出巨大的分裂，因為其指向分別是外在的活動與內在的精神：事與心。葉適在《溫州新修學記》中對此表述得非常清楚，他追述永嘉之學的由來，將其精神關懷並列地概括為兩個反向的維度，即內向的「必兢省以御物欲」與外向的「必彌綸以通世變」。但是，葉適在作出這樣的梳理時，顯然沒有因為永嘉之學具有這樣反向的精神維度而表現出絲毫的緊張，恰恰相反，他的闡述顯得他完全視其為應然。這意味著，心與事反向的精神維度，其分裂只是表面的。在浙學的思想世界中，心與事的精神維度的反向性實質上存在著內在的統一性，其表面的反向恰為之打開了極大的思想空間，構成了必要的思想張力。心與事的反向訴求沒有構成精神的分裂，相反，彼此恰成為對方存在與生長的前提與動力。」洵為卓見，本文要再指出，兩者究竟如何結合？他以這樣的內外統一性，又如何看待朱陸等理學家？本文的出發點，即是希望釐清這些問題，只是並非比較式的研究，故著重點在於葉適，而非葉、朱、陸等差異。何俊：《事與心：浙學的精神維度》（北京市：北京大學出版社，2013年），頁2。

83 〔宋〕葉適：〈溫州新修學記〉《水心文集》，《葉適集》（北京市：中華書局，1961年初版，2010年重印），頁179。

　　不近矣。雖然，未至於聖人，未有不滯於所先得而以偏受為患者。孔子進參與賜示之道，皆曰「吾一以貫之」，豈非無本末之辨，而欲舍合門人同異之趨哉！今觀曾子最後之傳，終以籩豆有司之事為可略，是則唯而不悟者自若也；子貢平日之愧，終以性與天道為不可得而聞，是則疑而未達者猶在也。且道無貴而苟欲忽其所賤，學無淺而方自病其不能深乎！

如前所言，葉適指出為曾子誤解「一以貫之」，重內而不重外，不合於「復己克禮」；葉適也認為子貢說：「夫子之文章，可得而聞也。夫子之言性與天道，不可得而聞也」，更是不要人鎮日高談性命，滯痼於語言，因此只看某方偏於某方，都不是孔子之道，真正的儒家必定是內外相合的，所以他才大力呼籲：「唐、虞、三代之制，內外無不合，故心不勞而道自存，推之父子而合，推之君臣而合，推之兄弟、朋友、夫婦而合，上合天明，下合地性。今之為道者，務出內以治外也⋯⋯，則道何以成？⋯⋯則何以為行道之功？」[84]可見內外相交相成，並不是輕鬆容易的事，用他自己的話說，就是「競競於道德之意而矗矗於事物之實」[85]，那麼又該如何屏除私欲，以公心行政？仍要回到儒家修身的路子上，這也是葉適不贊成朱、陸等理學家的地方，這些人的修身方法，工夫或許篤實，為人亦稱沉穩，用在他們自己身上或可稱善法，但一人通未必他人可通，數人通更未必人人可通，皆因其說過於複雜曲折，以致玄奧難解，更不容易施行具體政策上，或許其說或善，其情可憫，但上通天地，下通性命，與天地萬物合流，

---

84 〔宋〕葉適：〈總述〉《水心別集》，《葉適集》（北京市：中華書局，1961年初版，2010年重印），頁727。

85 〔宋〕葉適：〈故寶謨閣待制知平江府趙公墓銘〉《水心文集》，《葉適集》（北京市：中華書局，1961年初版，2010年重印），頁452。

與上下宇宙和諧，徒具宏大之氣勢，仍不免迂遠，難以深入並解決世事。所以還是要回到孔子身上，學習他的「真迂闊」，葉適指出三代崇義以養利，隆禮以致力，有迂闊之實，而未有紆闊之名，直至周衰，險詐攘奪，四夷交侵，日以益甚，所以有孔子出：[86]

> 當是之時，孔子以匹夫之賤，起而憂之，其規營謀慮，無一身之智而，有天下之義，無一時之利而為萬世之利。衛靈公問陣，對曰：「俎豆」；，齊景公問政，對曰：「君臣父子」；或者疑兵食不可去，則曰：「自古皆，有死。」其問答議論，凡皆若此，無一可施用於當世者，……。當世之，時，莫能測其意，相與共笑侮之，甚者出力而困阨之，欲致之死地，雖其門人弟子，亦有以為迂者。

孔子如此，孟子又如何呢？葉適說孟子翻來覆去，就是講仁義，只是孟子翼讚孔子，明知天下不可為而為之，精神實在可佩，可與孔子並列，稱為「迂闊之最大」：「而後世所以有迂闊之論者，自孔、孟始也。」[87]看是難用，無補於世，弔詭卻在於：殊不知後世君臣之道復立，禮義忠信之教復興，永存於今世，承傳無窮，豈不正是孔孟之功！當別人因物欲，只重視眼前小益小害，該攻何國、該徵何稅、該徵何兵、如何稱霸天下、爭地奪城、與民爭利時，孔孟早已走得更遠，講禮樂、說仁義、論士風、去兵足食、興學愛民：「所謂迂闊者，言利則必曰與民，言刑則必曰措刑，言兵則必約寢兵，言當世則

---

86 〔宋〕葉適：〈士學上〉《水心別集》，《葉適集》（北京市：中華書局，1961年初版，2010年重印），頁674。
87 〔宋〕葉適：〈士學上〉《水心別集》，《葉適集》（北京市：中華書局，1961年初版，2010年重印），頁674。

必曰唐、虞、三代，而薄書、獄訟不如禮樂，臺、省、府、寺不如學校，其措於事，誠若漫然而不足效者」，反之，「雖然，疑其迂者自為行必疾，議其闊者自為塗必隘，左侵右逼，將無地以自容而不知也」、「君臣下上為目前便利之計，月不圖歲，朝不計夕，自以為是，而後來者無所則仰也」，[88]兩相對照，究竟哪個才是長遠久安之計？哪個才是真正為民為國呢？所以他用反話來說：「儒者以迂闊見非於是，所從來遠矣！」[89]孔孟所提出的，是長治久安之策、是安邦治國的大宗旨，只是君王們重視的只有當下成效、立即的成果，所以對孔孟等儒者，覺得不切實際，以為「迂闊」。殊不知孔孟並非不懂這個道理，只是他們認為這些短期作法，都是揚湯止沸、添薪救火，於世無補。可以這麼說，葉適推崇「真迂闊」，就在於他們才是「彌綸以通世變」的真正實踐者。而推源溯始，仍在於這些人有著「兢省以御物欲」的道德情操。因此，就葉適看來，「迂闊」是短視近利者的批評，但真誠的儒者、真正的儒者，彌綸通變，兢省御欲，往往都是眼光宏遠、看清時勢的「真迂闊」。

　　當然，並不是說現實不重要的，上節早已言之，葉適是最考量現實狀況的，只是他強調不能只看眼前，更必須規劃未來，這就要有通達的眼光。也只有為政者看清弊病所在，以實德實政，因時制宜，才不會誤認本末，葉適認為神宗與王安石之失，就在於不懂這些道理：「不知改弱勢為強勢，而欲因弱勢以為強勢也。」[90]因此，通達時勢的政策，「彌綸以通事變」的事功之學，除了參酌古今，廣納建言之

88　〔宋〕葉適：〈士學上〉《水心別集》，《葉適集》（北京市：中華書局，1961年初版，2010年重印），頁674、頁675。

89　〔宋〕葉適：〈士學上〉《水心別集》，《葉適集》（北京市：中華書局，1961年初版，2010年重印），頁675。

90　〔宋〕葉適：〈紀綱三〉《水心別集》，《葉適集》（北京市：中華書局，1961年初版，2010年重印），頁815。

外，都必須建立在一個絕對的基礎上，就是必須為公，不能是以私己私欲出發——「兢省以御物欲」，所以他在文章最後才說：[91]

> 故臣之所甚患者，上以迂闊誚其下，而下亦苟諱其迂闊之名，自貶而求容於世，其小者學通世務，則錢穀、刑獄不足以深知而徒以紛亂，其大者取三代不可復行者，勉強牽合，以為可以酌古而御今，二者皆足以敗事。而臣以為必得真迂闊而用之，天下其庶幾乎！

為苟合上意，只看到錢穀、刑獄等具體政策，卻不能深察後頭的施政精神與目的；又或是只以復古為說，取三代之法，卻不能推古今之變，勉強牽合，終究只能敗事。故兢省以御物欲，彌縫以通事變，相輔相成，如鳥之雙翼，車之兩輪，缺一不可。葉適便是一個自命「真迂闊」的儒者。

四　結論

當今學者論葉適，多從制度面著手，以別於朱陸的心性之學。楊儒賓就說葉適的性命之學，是建立在制度文化上的倫理學語彙；何俊也說葉適否定朱熹所排定的聖人系譜，是為了正當地以事功來解釋義理。這些說法，持之有故，言之成理，點出葉適重視事功、強調外王的學問特性。本文則是要從另個方面指出：葉適並非專講制度，他也常有談正心的時候，保持虛明反省之心，訴諸道德主體的踐履，方有之後的應物接物可說，「毋自欺」本身就其倫理學上的意義，不必完

---

91 〔宋〕葉適：〈士學上〉《水心別集》，《葉適集》（北京市：中華書局，1961年初版，2010年重印），頁675。

全排除，不一定都是為了事功制度層面才有的講法，這也是他在〈溫州新修學記〉裡特地點出「故永嘉之學，必兢省以御物欲者，周作於前而鄭承於後也」[92]等說的原因。如前所言，推性命微眇，或執禮不懈如常，周行己鄭伯熊本身就以立身持謹、修身嚴密聞名於世，葉適既有自覺地承襲前人，當然對修身工夫有深切的認同與理解。更進一步來看，儒家強調修身治國，修己安人，本就是儒學通義，葉適自然也在這個傳統之中，就他看來，修身可以為君子，可以尊德性，當然更可以經世治國，所以倫理道德合於名物度數，義理事物相通貫，內外交相成，自然也是葉適應有的主張。只是他更擔憂若人人講誠心，各說有理，又該如何判定孰優孰劣、誰是誰非？此時「兢省以御物欲」的功能便充份展現，有了兢省、毋自欺的工夫，才能不受物欲，才能不被物役，才能冷靜看清天下事物，就如葉適所理解的《大學》之物：喜為物喜，怒為怒物，觀物而瞭然於心，方可經世致用，彌綸而通世變。

有趣的是，內外相成，不可或離，也正是朱、陸一向秉持的觀點，終身不渝。換言之，修己安人以治百姓，修身治國，為學經世，自然都是他們的共識，[93]只是因為對「修身」的作法不同，自然也影響了「治國」的種種看法，葉、朱、陸之所以各有立場，也是可以藉此理解的角度之一。

只是，就像陸象山說的：「儒者雖至於無聲、無臭、無方、無體，皆主於經世」，[94]不過多數儒者終究未有充分用世的機會，雖有經

---

92 〔宋〕葉適：〈溫州新修學記〉《水心文集》，《葉適集》（北京市：中華書局，1961年初版，2010年重印），頁178。

93 關於朱陸二人的經世理想，可見余英時：《朱熹的歷史世界：宋代士大夫政治文化的研究》，上冊，〈自序二〉，頁13-15。劉芝慶：〈心學經世陸象山〉，《經世與安身：中國近世思想史論衡》（臺北市：萬卷樓圖書公司，2017年）。

94 〔宋〕陸九淵：《陸九淵集》（北京市：中華書局，2008年），頁17。

世之志，仍無太多經世之實政。那麼，葉適自己又如何呢？他在見孝宗、寧宗陳述時事前，已撰有文稿，數年後重讀，葉適似有所憾，年紀已老，世事似乎仍沉淪難解，而良友漸隨千劫盡，本身所學，卻又難以真正用世，他的感慨，情溢乎辭：[95]

> 慶元己未，始得異疾，六年不自分生死，筆墨之道廢。嘉泰甲子，若稍蘇而未愈也，取而讀之，恍然不啻如隔世事。嗟乎！余既沈痼且老，不勝先人之喪，懼即殞滅，而此書雖與一世之論絕異。然其上考前世興壞之變，接乎今日利害之實，未嘗特立意見，創為新說也。惜其粗有益於治道，因稍此次而系以二疏於後。他日以授宷、宓焉。[96]

隱窮顯達，恐怕都不是朱、陸、葉在乎的；經世致用，得君行道，一向是儒者的關懷所在，也是他們努力的目標。或許是才命常相妨，有經世之才，不一定有經世的際遇；有經世的機會，又未必有經世的才能，更何況無才自命為有才，無能自許為有能者，世間豈會少了？難登大雅之堂，卻又一朝登臺；有心上臺，夙夜強學以待問，懷忠信以待舉者，卻是苦無機會，「建策須為萬世慮，孤忠亦有一身全」，[97]不得志於世，卻深遠影響後世，得失之間，實在難說。只是綜觀這些儒者，齎志而沒，或許就連他們自己，也是不無身世寂寞之感的。

---

95 此文為〈外稿自跋〉，今附於〈應詔條奏六事〉之後，〔宋〕葉適：《水心別集》，《葉適集》（北京市：中華書局，1961年初版，2010年重印），頁843-844。

96 二疏即〈上殿劄子〉與〈應詔條奏六事〉；宷、宓即葉適之子：葉宷與葉宓。見周夢江：《葉適年譜》（杭州市：浙江古籍出版社，2006年），頁116。

97 〔宋〕葉適：〈安撫待制侍郎徐公輓詞二首〉《水心文集》，《葉適集》（北京市：中華書局，1961年初版，2010年重印），頁452。

經典與證道
——朱陸讀書法

一　前言

　　朱陸異同，是中國學術思想史上的重要問題之一。朱陸兩人，性格、經歷、思維方式、哲學思想，既有相似之處，也存有許多差異。後世學者多將陸象山視為心學的代言人，陸象山講「心即理」，立其本心，故先立其大，宗「尊德性」，與朱熹講心統性情，中和新舊說，看重「道問學」，明顯不同。鵝湖之會後，朱陸之爭，「千古不可合之同異，亦千古不可無之同異也」[1]，影響極為深遠。其中牟宗三以判教的立場，指出儒家思想的主軸是「天道性命相貫通」，以此觀之，朱熹格物致知的工夫固然細密，卻與道德之關聯難以深入，即便可合，又過於曲折複雜，於是真實的道德踐履便不能充沛，在心地萌蘖致察而操存的部分，朱熹對此種逆覺體證工夫就顯得不真切；相較之下，象山的本心之所在，預設了心即理的可能，學者以心體認，盡心知天，十字打開，調適而上遂，自可通貫天道性命，上溯孔孟，優入聖域。[2]牟先生的看法，極具創見，說理力度強，論述亦深刻，他的價值判斷，當然也引起許多人的反對，正反意見皆有。[3]可是這樣

1　此為章學誠語。〔清〕章學誠：《文史通義》（北京市：中華書局，2004年），頁262。
2　牟宗三：《從陸象山到劉蕺山》（臺北市：臺灣學生書局，1993年），第二章：〈象山與朱熹之爭辯〉。
3　反對的意見，可見楊儒賓：〈戰後臺灣的朱子學〉，《漢學研究通訊》第19卷第4期（2000年11月），頁572-580。

的朱陸異同，往往是就兩者的哲學觀點來看，學者的關注點也多聚焦於此，除此之外，其實兩人經世立場也有差別，象山曾任荊門軍，歷事經驗豐富，對朱熹在浙東地區的施政，既有認同，也有批判。反過來講，朱熹也就「皇極」的角度，評論象山在荊門以講義代蘸的方法，這樣的言論，毋寧也可視為是另種形式的「朱陸異同」。[4]

本文的研究，並非要全面比較朱陸，而是想就「讀書」這個角度，探討朱陸思想的特色。關於朱子對於讀書的態度，相關研究頗多，更有所謂「朱子讀書法」的稱呼，錢穆在《朱子新學案》裡，便曾用大量篇幅討論；胡適則認為朱子讀書法，充滿各種的懷疑精神，這種懷疑精神，對於學術的推進與探索，是極有幫助的。相較之下，陸象山討論讀書，較少有人關注，其實講究「先立乎其大」「六經注我，我注六經」的象山，對於讀書也有一套自己的看法，並非主張不讀書。他對於讀書的重視，相較朱子，並不遜色。更重要的是，朱陸認為讀書都是求道得道的重要工夫進程。只是，二人皆重讀書，所讀之書，所讀之法，是否不同？原因為何？這樣的差異，又具體顯現在哪些行為之中？本文的研究，即是探索這些問題。

二　書不可不讀，卻最難讀

基本上，朱子教人為學，必教人讀書，讀書是格物窮理的重要項目。讀書，首在虛心，從書中文字明白曉會，然後要專一，虛心誠意，循序漸進。而讀書作為一種日用工夫，可以變化氣質，反覆體驗。[5]就朱子看來，要做到孔子所說的毋必、毋意、毋固、毋我，有

4　相關的論述，可見劉芝慶：〈心學經世陸象山〉，收於氏著：《經世與安身：中國近世思想史論衡》（臺北市：萬卷樓圖書公司，2017年）。

5　錢穆：《朱子新學案》（北京市：九州出版社，2011年），冊3。

了這些能力，讀書才不會讀出一堆偏見與成見，愈讀愈怪，愈來愈自以為是，方可能就書觀書，還聖賢本來一個真面目：

> 某所以讀書自覺得利者，只是不先立論。[6]

> 讀書須是虛心，方得。他聖人說一字是一字，自家只平著心去秤停他，都不使得一毫杜撰，只順他去。……今人大抵偪塞滿胸，有許多伎倆，如何便得他虛？
> 亦大是難。[7]

但是，也非先完成修養工夫，才能讀書，而是讀書就是涵養，涵養就是讀書，兩者為一事。正如王雪卿所提到，朱子的讀書之道，扣緊其工夫論述。這種讀書法，並非一般知識意義下的認知活動，讀書所體悟的理，是就自家性命來講的。讀書是為了安身立命，而安頓身心，又不能不靠讀書，因此讀書所引發的「認識」與「修養」，並非二分，而是相輔相成，缺一不可，這也是朱子所謂「須是存心與讀書為一事」。[8]只是時人多把讀書視為功名利祿之事，讀書只為稻粱謀，與自家生命無關，又或是讀書不切，生命體悟太淺，為人淺而不識物情，又或是原則太多，閱歷太少，以至於說起來頭頭是道，做起事來一蹋糊塗，讀書愈多，愈成奇葩，離正常人愈遠。這些狀況，都是因為讀書無法切合於生命，生命感受難以結合讀書經歷所致，所以讀書都是為了安身與經世，立志做聖賢，因此朱子才說讀書是第二義，

6　〔宋〕黎靖德編：《朱子語類》（北京市：中華書局，2007年），頁2616。

7　〔宋〕黎靖德編：《朱子語類》（北京市：中華書局，2007年），頁2623。

8　王雪卿：〈讀書如何成為一種工夫——朱子讀書法的工夫論研究〉，收於氏著：《靜坐、讀書與身體/理學工夫論研究》（臺北市：萬卷樓圖書公司，2015年）。

「且如為學，決定要做聖賢，這是第一義，便漸漸有進步處。」[9]這是就先後次第來講的，可是主次順序固然有分，但就經驗層面來講，讀書與成長，卻又密不可離，不存在第一第二，因為讀書是為了知道更多，探索更多，更能理解這個世界，故從已知到未知，正可由讀書中來，所以朱子才說：「學問，就自家身己上切要處理會方是，那讀書底已是第二義。自家身上道理都具，不曾外面添得來。然聖人教人，須要讀這書時，蓋為自家雖有這道理，須是經歷過，方得。聖人說底，是他曾經歷過來」「讀書已是第二義。蓋人生道理合下完具，所以要讀書者，蓋是未曾經歷見許多，聖人是經歷見得許多，所以寫在冊上與人看。而今讀書，只是要見得許多道理。及理會得了，又皆是自家合下元有底，不是外面旋添得來。」[10]

正因為要下功夫苦讀，精讀、細讀、耐著性子讀，「讀書，須痛下工夫，須要細看。」又不可偏執主觀，所以讀書就不是一頁一頁的翻來翻去而已。讀書，基本就是面對自我生命問題的大挑戰，在讀書的過程中，以己心映證古人之心，要不斷直視自身的種種困苦哀愁，剝落塵埃，掃除習氣，光明乃現：「則為有讀書一事，尚可以為懾服身心之助，……如此積累，做得三五年工夫，庶幾心意見馴，根本粗立，而有可據之地」[11]「人常讀書，庶可以管懾此心，此之常存」。[12]

讀書既然如此重要，所以讀書要多、要廣、要博學。一般多以為朱子不要人讀書貪多，其實未必如此，畢竟這是就囫圇吞棗、炫耀才學來講的，「讀書貪多，最是大病，下梢都理會不得。」[13]「向時有一

9　〔宋〕黎靖德編：《朱子語類》（北京市：中華書局，2007年），頁282。
10　〔宋〕黎靖德編：《朱子語類》（北京市：中華書局，2007年），頁161。
11　〔清〕王懋撰：〈朱子論學初要語〉，《朱子年譜》（北京市：中華書局，1998年），頁466。
12　〔宋〕黎靖德編：《朱子語類》（北京市：中華書局，2007年），頁176。
13　〔宋〕黎靖德編：《朱子語類》（北京市：中華書局，2007年），頁2614。

戴學者，貪多務得，要讀周禮、諸史、本朝典故，一向盡要理會得許多沒緊要底工夫，少刻身己都自恁地顛顛倒倒沒頓放處。」[14]所以才會讀書愈多，離道愈遠，修養與讀書斷為兩橛。事實上朱子自己就是一個博覽群書的人，幾乎無書不讀，著作又多，為學又刻苦：「某是自十六七時下工夫讀書，彼時四旁皆無津涯，只自恁地硬著力去做。至今日雖不足道，但當時也是喫了多少辛苦，讀了書。」[15]

　　但是，從博覽到精讀，也是一個循序漸進的過程，先掌握主要書目義理，漸次擴大，然後由博返約，這種約／博／約的讀法，才是正路。一味地博取，或只讀某幾本書，都是為學有缺：「近日學者多喜從約，而不於博求之。不知不求於博，何以考驗其約！……又有專於博上求之，而不反其約，今日考一制度，明日又考一制度，空於用處作工夫，其病又甚於約而不博者。要之，均是無益。」[16]朱子反省過往，就說明了這個道理：「某舊時亦要無所不學，禪、道、文章、楚辭、詩、兵法，事事要學，出入時無數文字，事事有兩冊。一日忽思之曰：「且慢，我只一箇渾身，如何兼得許多！」自此逐時去了。大凡人知箇用心處，自無緣及得外事。」

　　因此，朱子讀書，正如胡適所言：「為學要如金字塔，要能廣大要能高。」只是前引文也提到，人生有限，如何兼得許多？所以朱子認為不必每本精讀熟讀，但對於重要經典，如《四書》等等[17]，則必

14　〔宋〕黎靖德編：《朱子語類》（北京市：中華書局，2007年），頁190。

15　〔宋〕黎靖德編：《朱子語類》（北京市：中華書局，2007年），頁2612。

16　〔宋〕黎靖德編：《朱子語類》（北京市：中華書局，2007年），頁188。

17　關於《四書》次第，並非鐵板一塊，根據陳逢源的研究，就進學次第來講，分別是《大學》、《論語》、《孟子》、《中庸》，但就道統之傳，則是《大學》、《論語》、《中庸》、《孟子》，故朱子設計《四書》次第，一方面是思索其中學習進程，一方面也是道統的設計，兩者不同面向，都代表朱子建構四書義理的努力。可見陳逢源：〈道統與進程：論朱熹四書之編次〉，收於氏著：《朱熹與四書章句集注》（臺北市：里仁書局，2006年）。

須咀嚼涵泳，句句細看。但讀書順序也該注意，不可混淆，也不可隨意亂讀：

> 為學須是先立大本。其初甚約，中間一節甚廣大，到末梢又約。……故必先觀《論》、《孟》、《大學》、《中庸》，以考聖賢之意；讀史，以考存亡治亂之跡；讀諸子百家，以見其駁雜之病。其節目自有次序，不可踰越。[18]

正如陳立勝所指出的，朱子讀書次第，既是讀何書次第，也是如何讀次第。[19]而且朱子對於「經」的態度，不同於「史」、「子」。因為在朱子的想法中，「經」具有「聖典」、「聖書」的性質，只要後人認真讀經書，體貼聖人之意，從「文字間求之」，便會發現聖人之言「句句皆是」。[20]

朱子如此看重讀書，陸象山又是如何呢？

象山曾說：「人精神在外，至死也勞攘，須收拾作主宰。收得精神在內時，當惻隱即惻隱，當羞惡即羞惡。」[21]收拾主宰，收得精神在內，其實也就是象山講的「先立乎其大」，象山曾自道：「近有議吾者云：『除了先立乎其大者一句，全無伎倆。』吾聞之曰：『誠然』。」類似「先立乎其大」的說法，或可上承孟子「先立乎其大

---

18 〔宋〕黎靖德編：《朱子語類》（北京市：中華書局，2007年），頁188。

19 陳立勝：《「身體」與「詮釋」：宋明儒學論集》（臺北市：臺灣大學出版中心，2011年），頁209-216。另，朱子也強調出聲誦讀、微吟的重要性。見同書。

20 彭國翔：《儒家傳統的詮釋與思辨——從先秦儒學、宋明理學到現代新儒學》（武漢市：武漢大學出版社，2012年），頁91-93、102。對待經史的差異，也是朱子與陳亮論王霸之辨時，一個很大的分歧點。可見劉芝慶：〈陳亮經學述義〉，《經世與安身：中國近世思想史論衡》（臺北市：萬卷樓圖書公司，2017年）。

21 〔宋〕陸九淵：《陸九淵集》（北京市：中華書局，2008年），頁454。

者,則其小者弗能奪也」。看似出於孟子,倒是陸象山推而廣之,不斷強化這個命題,所謂「先立乎其大」的大者,其實就是要人發明本心。就象山看來,君子的成德工夫,乃至於身心活潑,挺立道德主體的基礎,或鳶飛魚躍而物各付物,或宇宙即吾心,吾心極宇宙,即人處於擾動喧躁中,人之主體若能在「不安之感」中,感受及此,當下發覺這種不安之感,不再順著物欲滾動翻騰、伊於胡底,象山所謂「人心有病」[22],即是指此。若能停止不安之感的縱肆,以漸存漸養的生命態度,漸至充大,這種不安之感往往會自而突顯,不再順著物欲流雜而滾動,成為干擾人生的狀態。故自持其自己而突顯,如象山所說「收得精神在內時,當惻隱即惻隱,當羞惡即羞惡」,這些人性的內在發微與道德的展現,皆有賴於心的覺醒。象山說這就是打疊田地淨潔,修身者奮發自立,才能從俗世欲望的價值中超拔出來,擺脫人欲與物欲的糾纏牽葛[23],非能如此,就是多讀書亦無用。

　　反過來說,太多的人,讀書只是為了作官考試,並不是真的將讀書是為一種生命的學問──就象山看來,這種讀書,既無法先立其大,也不可能真正經世濟民,與其如此,是人誤書,而非書誤人,還不如不讀。象山所反對的讀書,多是指此,並非是象山不重視讀書。象山就說自己非常用功,勤奮刻苦:「某從來勤理會,長兄每四更一點起時,只見某在看書,或檢書,或默坐。常說與子姪,以為勤,他人莫及。」[24]不只是自己努力讀書,還要弟子也跟著多讀書:「人謂某

22　「人心有病,須是剝落,剝落得一番,即一番清明;後隨起來,又剝落,又清明,須是剝落得淨盡方是。」〔宋〕陸九淵:《陸九淵集》(北京市:中華書局,2008年),頁458。

23　「學者須是打疊田地淨潔,然後令他發奮植立。若田地不淨潔,則奮發植立不得。……,然田地不淨潔,亦讀書不得。若讀書,則是假寇兵,資盜糧。」〔宋〕陸九淵:《陸九淵集》(北京市:中華書局,2008年),頁463。

24　〔宋〕陸九淵:《陸九淵集》(北京市:中華書局,2008年),頁292。

不教人讀書，如敏求前日來問某下手處，某教他讀〈旅獒〉、〈太甲〉、〈告子〉『牛山之木以下』，何嘗不讀書來？只是比他人讀得別些子。」[25]可見象山讀書之多，用力之勤，並不遜於當時學者。

當然，打疊田地潔淨，光在人情事變上做是不夠的，還要多讀書，特別是讀聖賢書才好。象山雖說以尊德性為宗旨，其實亦不廢道問學，只是他強調與其泛觀博覽，不如精讀，「觀古人之書，泛然而不得其實，則如弗觀而已矣。」[26]〈贈二趙〉：[27]

> 書契既造，文字日多；六經既作，傳注日繁，其勢然也。苟得其實，本末始終，較然甚明；知所先後，則是非邪正知所擇矣。雖多且繁，非以為病，衹以為益。不得其實而蔽於其末，則非以為益，衹以為病。

六經既作，為了解釋經文，甚至是為了解釋注解經文的解釋，於是傳注日繁，也是不得已的事。可是若能得其實，則傳注雖多且繁，也會得益，所以象山才主張先理會經文，然後精讀古注：[28]

> 或問讀六經當先看何人解注？先生云：「須先精看古注，如讀《左傳》，則杜預注不可不精看。大概先須理會文義分明，則讀之，其理自明白。然古注惟趙岐解《孟子》，文義多略。

讀六經，須得其實，要先理會文義，再精讀古注，則古注與經文相互

---

25 〔宋〕陸九淵：《陸九淵集》（北京市：中華書局，2008年），頁464。
26 〔宋〕陸九淵：《陸九淵集》（北京市：中華書局，2008年），頁292。
27 〔宋〕陸九淵：《陸九淵集》（北京市：中華書局，2008年），頁245。
28 〔宋〕陸九淵：《陸九淵集》（北京市：中華書局，2008年），頁408-409。

映證，才有可能進入古文的義理語境。他批評舉世之弊是：「今之學者讀書，只是解字，更不求血脈。且如情、性、心、才，都只是一般物事，言偶不同耳」，[29]今世學者讀書，只是解字，只是為了某種目的（如科舉），這種讀書態度，與身心無關，所得自然只能是枝葉。因為就象山看來，經典並非只是文字排列組合而已，而是承載了先王制度與先王立政之心，所以面對經典的態度，既是面對古往今來之人事典章，也是面對曾經的生命。而古人的文脈血脈，與個人生活生命同感而共享，這才是讀經典的正確心態。而強調細心、精讀，其實也是象山注重「規矩」的表現。象山雖以心學聞名，其實也不廢法度規範，他對於規矩的重視，可能更甚於他人。例如後輩與他通信，他就非常不能接受寫錯字、用錯成語、格式不對等等：「老夫平時最檢點後生言辭書尺文字，要令入規矩。」[30]

象山的讀書法，認為讀書是充實個人生命的涵養，讀書也是為了知古人之心，古人之心與自己之心，相融相知。他又說：「學者須是有志讀書，只理會文義，便是無志」，[31]就因為先立其大，發揚本心，定好學問志向與規模，而是不以功利的心態讀書，則道問學皆可為尊德性，聞見之知亦能為德性之知：「大抵讀書，訓詁既通之後，但平心讀之，不必強加揣量，則無非浸灌、培益、鞭策、磨礪之功。或有未通曉處，姑缺之無害。且以其明白昭晰者日夕涵泳，則自然日充日明，後日本源深厚，則向來未曉者將亦有渙然冰釋者矣。」[32]訓詁是為了通書中句字，可是書中有許多尚待通曉的細極道理，也有許多文本間的縫隙缺漏，不易覺察，此時我們反而要慢放腳步，平心讀之，

---

29 〔宋〕陸九淵：《陸九淵集》（北京市：中華書局，2008年），頁444。

30 〔宋〕陸九淵：《陸九淵集》（北京市：中華書局，2008年），頁187。注重「規矩」，這點對理解陸象山，至為重要，可惜學界目前於此，尚未留意。

31 〔宋〕陸九淵：《陸九淵集》（北京市：中華書局，2008年），頁432。

32 〔宋〕陸九淵：《陸九淵集》（北京市：中華書局，2008年），頁92。

不要急著立下解釋，而是有疑則闕，持續進德修業，待日後本源深厚，再重新閱讀與理解：「某嘗令後生讀書時，且精讀文義分明、事節易曉者，優游諷詠，使之浹洽，與日用相協，非但空言虛說，則向來疑惑處，自當煥然冰釋矣。縱有未解，固當候之，不可強探力索，久當自通。所通必真實，與私識揣度者天淵不足以論（喻）其遠也」。[33]

由此得見，象山講六經注我，並非是不顧經典本身的意涵，也不是只以尊德性而忽視道問學。剛好相反的，就是因為象山非常注重經典本身，所以才要人細細讀書，精讀古注，為了就是不想落入隨意解經，曲解古人的地步，「後生看經書，須著看注疏及先儒解釋，不然，執己見議論，恐入自是之域，便輕視古人。」[34]因此在象山的修養工夫中，道問學仍然占有很重要的地位。[35]

三　讀書何能體證？

從上節討論可知，朱陸二人皆重讀書，他們二人都認為，讀書對

---

33 〔宋〕陸九淵：《陸九淵集》（北京市：中華書局，2008年），頁143。

34 〔宋〕陸九淵：《陸九淵集》（北京市：中華書局，2008年），頁431。

35 關於六經注我等句，其實象山的意思是，包括《論語》在內的許多經典，文意未必有頭有尾，許多當時特定的語境與針對的對象，未必明確形諸文字，後人不易明白，像是「知及之，仁不能守之」、「學而時習之」之類，所及、所守、所時習者，是指何事？非學有本領，學不知本，實未易讀。若不能平心靜氣，日夕涵泳，則不免胡亂解人，強加揣量，對己對人都無益。而惟有讀得通透，學有本領，慢慢來，比較快，才有可能明白古人的真義、與古人對話。對明白昭晰者日夕涵泳；對未通曉處，姑且缺之，惟有當生活歷練愈接近經典的可能高度與境界，讀書也才能真的豐富我們的心靈。讀書畢竟不是一朝一夕之事，而是日夕精讀，持續浸灌、培益、鞭策、磨礪之功，不必也不能躐等，這也是象山強調「學苟知本，六經皆我注腳」的原因。詳可見劉芝慶：〈心學經世陸象山〉，《經世與安身：中國近世思想史論衡》（臺北市：萬卷樓圖書公司，2017年）。

於成德成聖，實為必要之階梯。要跳過讀書，而優入聖域，調適而上遂，是難以想像的事。對於讀書，他們也都主張讀書應該要虛心、平心靜氣，不可成見在胸，讀書其實是為了完滿生命厚度，故讀書不光是識字讀句而已，更包括了存在實感，充滿了人文道德的意涵。而且重要的聖賢經典與相關注解，也都主張應該要精讀，要從上下文脈絡，細細咀嚼文義。只是相較於象山，朱子讀書更主張多讀、廣讀，象山則非，類似朱子這種約／博／約的提法，象山亦少述及。但我們也不能說朱子比象山更博學，事實上從象山全集來看，經史子集文史星曆，象山也都有論及。象山之學，亦屬博學型態，這也是古代學者的通性。但朱子以博學自視，為世所知，象山顯然意不在此：「君子雖多聞博識，不以此自負」³⁶。因此他自己與朱子的比較，就不是在「道問學」上，一爭長短，反而是說朱子太過博學，流弊所及，竟成支離事業，朱子則認為象山不教人讀書，只摸索悟處，教壞後生，不去讀書，故易簡工夫，實未必久大。──其實象山自己何嘗不博學？朱子「約／博／約」的讀書法，「為學須先立大本」，乃朱子原話，這又何嘗不類似象山的用意？

　　不管如何，書中所載的聖賢之道，都是他們認為應該要去體會，親行自證。正如楊儒賓所言，朱子對於經書的重視，充滿了宗教神聖感，可以說是一種「聖顯」（hierophany）。只要立定大志，克己復禮，調適和上遂，人人皆可為堯舜，而儒家經典正是一個可讓學者由「俗」向「聖」的媒介，藉由讀書，修身養性，知言養氣，與聖人之道相遇相合，因此閱讀經典往往是非常重要，且具有神聖意義的大事。³⁷而經典間也應該有先後順序之分，不可躐等。因此在儒學歷史

36　〔宋〕陸九淵：《陸九淵集》（北京市：中華書局，2008年），頁452。

37　朱子也常利用宗教性的儀式，藉由神聖感的氛圍，諸如率領學生祝頌道統，來說明
　　與道者接遇的重要與意義。可見〔美〕田浩（Hoyt Tillman）：《旁觀朱子學──略論

上，經書次第有典範的轉移歷程，楊儒賓的歸納是──從《五經》到《新五經》：[38]

> 首先，它呈現出以《中庸》、《易經》為主的階段（北宋時期的周、張、邵）；其次，再輪到以《大學》為主的階段（以程、朱為代表的學問）；接著，再輪到以《論語》、《孟子》為主的階段（以陸、王為代表的心學之學問）。

> 從《五經》到《新五經》的發展，我們可以看出儒家思想的連續性與轉化處。

> 就連續性而言，《五經》與《新五經》皆表現了人文化成的理想主義精神，人文世界的倫理與文化精神是儒家精神環繞回轉的北極星；就轉化處而言，從《五經》到《新五經》可說是從文化之書到性命之書的轉折，《新五經》賦予《五經》超越的向度，此超越的向度也是奧秘主體的向度。

朱子對於經典，態度如此。而其學得自孟子最多的象山，[39]情況也類似。象山自幼即有大略，意欲澄清天下，自是事實，也跟他的個性與成長經歷頗有關係。十六歲時，讀三國六朝史，見五胡亂華，又聞靖康間事，於是剪去指爪，學攻騎馬，[40]又說：「世儒恥及薄書，獨不思

宋代與現代的經濟、教育、文化、哲學》（上海市：華東師範大學出版社，2011年），頁452。

38 楊儒賓：《從《五經》到《新五經》》（臺北市：臺灣大學出版中心，2013年），頁12。

39 他的學生詹阜民曾問他：「先生之學亦有所受乎？」象山答曰：「因讀《孟子》而自得之。」〔宋〕陸九淵：《陸九淵集》（北京市：中華書局，2008年），頁471。

40 〔宋〕陸九淵：《陸九淵集》（北京市：中華書局，2008年），頁484。

伯禹作貢成賦，周公制國用，孔子會計當，洪範八政首食貨，孟子言
王政亦先制民產、正經界，果皆可恥乎？」[41]直至晚年，編朱熹奏立
社倉事，上殿輪對五札，而讀究武略，恢復之志仍在，並訪求智勇之
士，與之商確，對武事利病、天下形勢、地形要害等，更有一番自己
的見解，[42]五十三歲就任荊門軍，在職期間，修城牆，興郡學，改革
吏風，革稅務之弊，與民吏講學，[43]以講義代蘸，其所作所為，正符
合了他自己在程文中所說的愛民之心、仁心仁政。是以後人幫他編
《年譜》，也標明「而先生之道德事功，則表年以繫之於後」，[44]象山
之道德與事功，同樣受人看重。因此他與朱子一樣，本非書齋學者而
已。而象山的道德事功，閱讀儒家經典也是極為重要的一環，他批評
科舉取士，雖然是為國舉才，但士子卻只從功名利祿的方式來應付考
試，失去了聖賢著書的本意，也忽略了經典中的大義，讀書只是為了
前途與錢途罷了：[45]

> 科舉取士久矣，名儒巨公皆由此出。今為士者固不能免此。然
> 場屋之得失，顧其技與有司好惡如何耳，非所以為君子小人之
> 辨也。而今世以此相尚，使泪沒於此而不能自拔，則終日從事
> 者，雖曰聖賢之書，而要其志之所鄉，則有與聖賢背而馳者矣。

聖賢之書，有道存焉。若不能體會經典之意與聖賢之道，則讀書無
用，甚至自誤誤人。儒家經典，乃入道之鑰，可是道究竟如何存在於

---

41 〔宋〕陸九淵：《陸九淵集》（北京市：中華書局，2008年），頁70。

42 〔宋〕陸九淵：《陸九淵集》（北京市：中華書局，2008年），頁496。

43 這些政績，徐復觀皆有簡述，可見徐復觀：〈象山學述〉，收於氏著：《中國思想史論
集》，頁70-71。

44 〔宋〕陸九淵：《陸九淵集》（北京市：中華書局，2008年），頁480。

45 陸象山著：《陸九淵集》（北京市：中華書局，2008年），頁276。

經書之中呢？我們如果借用海德格（Martin Heidegger）的說法，在朱陸等儒者看來，儒家經典，其實就是「辭命」，乃是「性命意義的存有」。這種表章成言（logos），具有啟示的力量，可以在宇宙世界中，道出存有的真實面貌，醒悟自己，並與整體世界響應。因此，讀書變成了一種存有的實感，可感發讀者心性甦醒，感發天地萬物，於是從自己到整個外在世界，活潑潑的，洋溢著生機與完滿。[46]但是古來書籍何其多，就像陸象山所說：「書契既造，文字日多」，並非每本書都有這樣的功能，文章奧府，唯有讀聖賢書，才能引發上述效用，也只有讀聖賢書，並且按照某些方法與步驟，才能在存有論的活動下，性靈鎔匠，知行合一。這也是朱子與象山，教導弟子讀書與讀書法的重要性——雖然朱陸二人，並不同意、或許也不夠理解彼此的作法與觀點。

這種存有論的閱讀活動，以己心相遇古人之心，體天命，與道合，用朱子的話來講，就是「文從道出」，文是道的自然流出，道的啟示，是文的自然開顯，既非刻意造作，也不是溺於辭章，炫才逞氣所來：

> 才卿問：「韓文〈李漢序〉頭一句甚好。」曰：「公道好，某看來有病。」陳曰：「文章，貫道之器」，且如六經是文，其中所道皆是這道理，如何有病？」曰：「不然。這文皆是從道中流出，豈有文反能貫道之理！文是文，道是道，文只如喫飯時下飯耳，若以文貫道，卻是把本為末。以末為本，可乎？[47]

---

46 海德格的觀點，其實頗受賀德林（F. Hölderlin）的影響。關於海德格「原始語言」與賀德林「詩的經驗」，可見蔣年豐：《與西洋哲學對話》（臺北市：桂冠出版社，2005年），頁147-161。

47 〔宋〕黎靖德編：《朱子語類》（北京市：中華書局，2007年），頁3305。

　　文者，貫道之器，六經之文，皆是道理。朱子反對這樣的說法，因為這樣一來，文與道不分，是以本為末，畢竟文道相較，道才是第一義，文是道的自然流出，當然是第二義。前引文朱子說讀書是第二義，亦可由此解讀。

　　朱子的講法，其實為了避免世人過注重詞采，顧此而失彼，美其名文道合一，卻往往將心力放在文，目眩神迷，心亦搖焉，過度注重文章結構編排、文字琢磨鍛鍊等技術，吟安一個字，捻斷數莖鬚，使心偏執，奔馳競技，反而容易造成內心流蕩不安，作文本為求道，著作愈多，反而離道愈遠。理學家諸如程頤朱子等人，總是說「作文害道」「作詩妨道」，也是這樣的原因。[48]

　　朱子如此，象山亦如是，象山說：「心都起了，不知如何在求道。德成而上，藝成而下，行成而先，事成而後，今人之性命只在事藝末上。」[49]論藝談事，本該以德成行先為主，不料今人卻以末為本，上下顛倒。事藝如此，文道又何嘗不是？更不必說以文為道，以為多讀書便可見道，結果自以為掌握宇宙真理，高高在上，既不能令，又不受命，陸象山認為這些人氣焰太高，不可理喻，「今人略有些氣焰者，多只是附物，原非自立也」，這樣讀書，還不如不讀，於是乾脆說：「若某則不識一個字，亦須堂堂正正地做個人。」[50]所以要先掌握本，有本就有末，文章自然流露而出，自可見道：「讀書作文，亦是吾人事。但讀書本不為作文，作文其末也。有其本必有其末，未有聞本盛而末不茂者。」[51]有其本必有其末，本盛則末必茂，兩者關係次序，不可混淆，顧此失彼。

---

48 作文作詩害道的問題，也反映在程頤與蘇軾對於格物致知的見解上。詳可見劉芝慶：〈觀物之極，遊物之表——蘇軾的格物之學〉，收入本書。

49 〔宋〕陸九淵：《陸九淵集》（北京市：中華書局，2008年），頁452。

50 〔宋〕陸九淵：《陸九淵集》（北京市：中華書局，2008年），頁446-447。

51 〔宋〕陸九淵：《陸九淵集》（北京市：中華書局，2008年），頁58。

　　由此可見，讀書／讀聖賢書／讀次第順序的聖賢書，是體證悟道的關鍵之一。可是，一人一義，十人十義，百人百義，橫看成嶺側成峰，未必人人體認與認知都相同，對經書名詞字句的解釋，既有不同，則體悟之道，也反映在具體行為的差異上。試以朱陸對「皇極」的解釋，便可得見。在宋代思想史，特別是南宋，「皇極」極受各家學者重視，言人人殊，各有見解。陸象山在荊門，上元不設醮，道教上元節舉辦齋、醮儀式，或解厄求運，或為民祈福，象山以宣講《洪範》代替醮事。象山集中收有〈荊門軍上元設廳皇極講義〉一文，即是宣講講義。文中象山以通過對《洪範》「五皇極，皇建其有福，斂時五福，用敷錫厥庶民，于汝極，錫汝保極」的解釋，仍以發明本心的立場，又多加福禍感應之說，強調其心正，則事善，雖不曾識字，亦自有讀書之功；反之，惡人讀書‧適以濟惡‧其心不正，其事不善，雖多讀書，亦增罪惡。他又說心不正，富貴無用；心正，患難之人亦有福德，何況心正則會多行善事，積善之家必有餘慶，所以皇極基本上是心學的延伸：「皇極之建，彝倫之敘，反是則非，終古不易。是極是彝，根乎人心，而塞乎天地。」[52]此外，象山將「皇極」之「極」解釋為「中」，故天子建用皇極以臨天下，循此而下，官員都應以以民眾為對象，以聖天子皇極之天命，「郡守縣令，承流宣化，即是承宣此福，為聖天子以錫爾庶民也。」[53]

　　朱熹在聽聞象山講義皇極之後，頗感不安。其實早在象山宣講前，朱熹已作有〈皇極辨〉一文，[54]明確反對以「極」為「中」的觀

---

52 〔宋〕陸九淵：《陸九淵集》（北京市：中華書局，2008年），頁269。

53 〔宋〕陸九淵：〈荊門軍上元設廳皇極講義〉，《陸九淵集》（北京市：中華書局，2008年），頁284。

54 傳本朱熹文集的〈皇極辨〉，並非淳熙十六年的初本，而是後來朱熹刪改的改本，不過兩者只有文句的不同，基本思路並無二致，可參陳來，〈「一破千古之惑」——

點，朱熹認為「皇」是指君主，極不是中，而是標準的意思。皇極是君主修身正身之後，方能為天下的標準，故皇極不是指皇權的偉大聖明，而是對皇權所作的限制。[55]後來在給象山友人胡大時（季隨）的信中說：「荊門《皇極說》曾見之否？試更熟讀《洪範》此一條，詳解釋其文義，看是如此否？」[56]顯然極不同意象山的見解。

朱陸二人從聖賢之書的閱讀中，對文義有不同的解釋，而這個解釋，又源於他們對修身的立場，以至於對具體施政的經世政策，也出現了分歧。[57]

四 結論

本文以讀書的角度切入，探討朱陸二人對讀書的態度與方法，朱子博學，世所眾知，但讀書顯然必須要在博覽與專精之間，有著平衡，不落一邊；象山也非不重視讀書，對於讀書，甚至對於聖賢書，都有著一套自己的方法與心得。不管如何，他們都認為，讀書是證道的重要關鍵，更嚴格地說，讀聖賢書是可以悟道的，但必須講究順序次第，儒家經典之間，並非平行，而是如階梯般，要一步步走上去，最終通貫天人性命，優入聖域的。

當然，本文並非指朱陸讀書法，是一樣的。朱陸二人的差異，學

朱子對《洪範》皇極說的解釋〉，《北京大學學報》（哲學社會科學版）2013年第2期，頁11。

55 陳來，〈「一破千古之惑」──朱子對《洪範》皇極說的解釋〉，《北京大學學報》（哲學社會科學版）2013年第2期，頁7

56 〔宋〕朱熹：〈答胡季隨十二〉，〔宋〕朱熹著、陳俊民校訂：《朱子文集》，頁2521-2522。

57 關於朱陸對「皇極」的解釋，如何影響了他們修身與經世的觀點，可見劉芝慶：〈心學經世陸象山〉，《經世與安身：中國近世思想史論衡》（臺北市：萬卷樓圖書公司，2017年）。

界已有充分討論，本文不擬重複，但要指出的是：朱陸同樣立志成聖
成賢，對儒家經典，都有著神聖感的敬意與崇高。他們的讀書之道，
差異固然明顯，正如《象山年譜》所記：[58]

> 鵝湖之會，論及教人，元晦之意，欲令人泛觀博覽，而後歸之
> 約；二陸之意，欲先發明人知本心而後使之博覽。朱以陸之教
> 人為太簡，陸以朱之教人為支離；此頗不合。

其實，就像前文所分析的，朱子論讀書，本來也要人「為學須是先立
大本」，朱子的「大本」當然不會同於象山的「發明本心」，但也不是
一味讀書而已；而朱子以格物致知的態度來讀書，欲令人泛觀博覽，
象山當然也不是束書不觀，他的博學，未必遜於朱子。畢竟二人的爭
論，本來就不是在完全真空、純理性、毫無情緒的情況下進行的，綜
觀當時與陸續的討論，除了哲學立場上的差異之外，更可能出現了意
氣、情緒、激動、憤怒與愉悅，以至於發出對方為學可能的流弊，諸
如「支離」、「太簡」之類的批評，這種批評，雙方顯然都不同意，說
象山太簡，象山自己就讀書甚多，也要弟子仔細讀書，他當然不會同
意這個指責；說朱子支離，朱子與學生同道，涵養用敬，進學致知，
朱子教人，先後以致知為先；輕重當以力行為重，[59]當然也會不認可
「支離」的標籤。而儒學發展上，到底象山之學易入禪，還是朱學造
成繁瑣空洞的虛文，這些流弊，到底是朱陸本人的問題，又或是後世
學者還有社會氛圍的問題，仍未可知，大有討論空間。

其實就像余英時所說，朱陸都是同為「尊德行」的大原則之下，

---

58 〔宋〕陸九淵：《陸九淵集》（北京市：中華書局，2008年），頁490。

59 〔宋〕黎靖德編：《朱子語類》（北京市：中華書局，2007年），頁148。

對待「道問學」的程度有差異。[60]黃宗羲與黃百家說得好：「（朱陸）二先生同植綱常，同扶名教，同宗孔孟，即使意見終於不合，亦不過仁者見仁，智者見智……」：「二先生之立教不同，然如詔入室者，雖東西異戶，及至室中，則一也。」[61]朱陸之異，固然明顯可知，深具意義。但朱陸之同，同樣也是饒富趣味的課題，而朱陸異同在不同時代的各種風貌，或許也是儒學史上，值得我們多注意的現象。本文初為發凡，並非要全盤檢討朱陸異同，而是藉由讀書的角度，試觀二人的思維方法與為學態度，尚祈方家不吝指正。

60　余英時：〈從宋明儒學的發展論清代思想史──宋明儒學中智識主義的傳統〉〈清代思想史的一個新解釋〉，收於氏著：《歷史與思想》（臺北市：聯經出版事業公司，1976年）。

61　〔宋〕黃宗羲撰，全祖望補修：《宋元學案》（臺北市：華世出版社，1987年），頁1881。

李贄的生死之學

一　受人注目的李贄生死之學

　　李贄學問博雜，著作多種，在他的文字中，不但有儒釋道法等思想痕跡，亦可見到他對於史著小說戲曲的評點觀察。這麼一位生命豐富且寫作能量充沛的作家與思考者，學界關心的其中一個方向，是李贄究竟有無一以貫之、並且持續注意的議題？這個議題，在他的生命占有什麼樣的地位？又以哪家哪派的思想資源為主？外部環境的變化，是否促使他產生那些想法？擴而大之，當時的人，又怎麼看待李贄與他關心的問題？

　　綜觀目前的研究，學界已有多種角度切入李贄的思想世界，諸如佛學、儒學、人性論、社會關懷等，成果頗多。眾多學者也已指出：生死，其實正是李贄關懷的核心焦點。根據這些研究，他們大多認為李贄早年讀書求仕，並未太注意生死的問題，隨著讀書漸多，涉世漸深，再加上親人逝世、宦途不順[1]，導致他從四十歲以後，開始思考所謂的「生死」。對於這種轉變，江燦騰就認為李贄的思想和作為，反映了他尋求解脫死亡恐怖的掙扎過程；[2]劉季倫也點明在中國思想

1　江燦騰就說：「以思想的發展而言，李氏四十歲以後的變遷，可謂波瀾壯闊。」故李贄學佛與探究生死，皆由是而展開。江燦騰：〈李卓吾的生平與佛教思想〉，《明清民國佛教思想史論》（北京市：中國社會科學出版社，1996年），頁195。

2　江燦騰：〈李卓吾的生平與佛教思想〉，《明清民國佛教思想史論》（北京市：中國社會科學出版社，1996年），頁190。

史中，雖早有死後世界的說法，但以之作為思想基礎，並以脫生死、到彼岸為一貫關懷，李卓吾此種「死後世界觀」，正是其獨樹一幟的特色。[3] 林其賢也有類似的看法，他分析李贄因死生心切而入道，其修持以怕死為根本，又以淨土唸佛為歸宗，生死大事可以說是李贄四十歲以後最關心的問題，拋官職、棄家人、入空門，皆源於此，是以李贄認為三教聖人皆同，正都是為了要解決生死大事。[4] 在上述諸人之外，袁光儀看法略有不同。如前所言，學界多認為李贄的「怕死」，是因為對死亡有很深的焦慮與緊張，但袁光儀指出，李贄雖然屢言怕死，卻也常說自己不怕死，兩相對照，看似矛盾，只是究其原因，李贄說不怕死，是因為生不可欲，死不必傷，難堪的卻是人生的種種磨難病痛，故怕死只是一個說法，他真正怕的是塵世苦海難逃。[5]

由此可知，大多數對於李贄生死之學的研究，與其說是生死，毋寧是將重心放在「死」——李贄怎麼看待死亡？面對死亡的焦慮，又該如何自處？此處的「自處」，並不只是他怎麼看待死後世界而已，還包含在死亡的焦慮之上，他又怎麼面臨「死亡」？所謂的死後世界，對他又造成何種影響？這些觀點，其實都是立基在「死亡」的思考上引發而出。[6] 相較於這些觀點，袁光儀的分析角度或有不同，她指出了李贄怕死的另一層意涵，確為卓見。但是本文看法略有差異，

3 劉季倫：《李卓吾》（臺北市：東大圖書公司，1999年），頁31。

4 林其賢：《李卓吾的佛學與世變》（臺北市：文津出版社，1992年），頁213-222、頁238。

5 袁光儀：《李卓吾新論》（臺北市：臺北大學出版社，2008年），頁25-26。

6 〔明〕李贄：〈答馬歷山〉《續焚書》，張建業主編：《李贄文集》（北京市：社會科學文獻出版社，2000年），卷1，頁1。其他有關李贄生死觀的思想史研究，在一些碩博士論的文獻回顧中皆可見之，可參黃繼立：《「身體」與「工夫」：明代儒學身體觀類型研究》（臺北市：臺灣大學中國文學所博士論文，2010年），頁325-353。鄭淑娟：《李卓吾儒學思想研究》（臺中市：逢甲大學中國文學研究所碩士論文，2003年），頁100-120。

畢竟李贄或言怕死、不怕死，其意向都一致——他都是在「傷生」，一方面是自傷，茫茫四顧，若慨若嘆；一方面也是傷世，嘆世道，哀人事。但換個角度想，生命的不諧，痛疾悲苦，亡失憂聚，都是在思考活著的意義——「活著」，該何去何從，又該何以自解，才是他最關心的事，因此怕死固然是一種說法，不怕死其實也只是一種說法。而這些說法，都指出他在探究「活著」，理解了活著，才有了由生到死的可能，也才有穿透生死以至於原無生死的領悟。

　　這篇論文的出發點，即是在目前的研究基礎之上，更進一步指出，李贄的生死之學，固然有部分是源自於他對於死亡的焦慮感，但除此之外，李贄也認為生死之憂是來自於生命存在的實感，人世的困境更是加深了這種感受。親友死別，是促始李贄探究生死的起因之一，但這種思考並不是耽溺於「死亡」究秘，而是為了要更理解「活著」。所以問題應該反過來看，當我們說李贄因死亡的焦慮而關心生死，不如說因現世的「活著」才讓李贄對生死問題持續探究。對李贄而言，生的重要性，是遠大於死的，也因為他重生，所以他進入儒釋道，所以他談解脫、談求仙、談自家性命，是故李贄論生死之學，其實就是在談該如何「活著」，不只是談怎麼面對死亡而已。更有甚者，也惟有當生無可戀、已無生存理由的時候，李贄才可以坦然面對死亡，做到了他所謂的「死而不怕」，這也表現在他最後的自殺場景之中。我的研究進路，即是以上述思考為基礎，先論證「傷生」為何是李贄念茲在茲的問題，李贄究竟為何這麼關心這個問題？再者，李贄博覽群書，廣讀三教，在儒釋道的義理上，他又怎麼援用思想資源來處理自身生命的疑惑？李贄最後的自殺，是否可用此角度來理解？關於這些問題，都有值得梳理的必要，本文即是希望可以嘗試回答這些疑問。

　　在文獻方面，由北京社會科學文獻出版社出版，張建業主編的

《李贄文集》，已收羅了李贄十六種著作，堪稱完善，為研究者帶來
許多方便。但本文主要著眼在李贄四十歲以後的思想轉變，也就是他
對生死之學的關注，以及生死之學帶給他怎麼樣的影響，所以並不泛
徵資料，而是將重點聚焦在相關文獻上，即《焚書》、《續焚書》、《老
子解》、《因果錄》、《九正易因》等，其中又以《焚書》、《續焚書》最
廣為學者引用。《焚書》、《續焚書》是李贄的詩文集，前者刻於萬曆
十八年（1590），為李贄六十四歲之時；[7]後者成於萬曆四十六年
（1618）[8]，李贄已死，是由其門人搜集出版。二書皆收錄了他的書
信、雜論、詩歌等等，限於主題，本文無法一一探究，因此將針對與
生死有關的文獻，像是書信如〈與周友山〉、〈答京友書〉、〈與周貴
卿〉、〈與耿克念〉等；雜述如〈觀音問十七條〉、〈禮誦藥師告文〉、
〈傷逝〉、〈三教歸儒說〉等；自傳如〈自贊〉、〈卓吾論略〉、袁中道
〈李溫陵傳〉作引用分析。本文也將分析學界較少討論的道教部分，
如〈道教鈔小引〉、《老子解》，作為討論李贄與道教關係的佐證。《老
子解》是萬曆十一年（1583），李贄五十七歲時的作品，[9]取用此書，
主要是關注其中對於「身」的解釋。值得注意的是，《因果錄》與
《九正易因》兩種文獻，在關於李贄生死之學的討論中，幾乎少被學
者提起。事實上就思想史的脈絡來看，這兩部書，尤其是《九正易
因》，是李贄最後生命階段的思想代表，其中是否有論及生死的說
法，頗值得留心。《因果錄》約是李贄在龍湖落髮時成書，可能是在
萬曆十六年（1588）左右，[10]書中多論因果報應，有趣的是李贄談因

7　林其賢：《李卓吾事蹟繫年》（臺北市：文津出版社，1988年），頁85。

8　林其賢：《李卓吾事蹟繫年》（臺北市：文津出版社，1988年），頁287。

9　林其賢：《李卓吾事蹟繫年》（臺北市：文津出版社，1988年），頁50。

10　「余自在秣陵時與焦弱侯同梓感應篇，後隱於龍湖精舍，復輯因果錄。」參見林其
　　賢：《李卓吾事蹟繫年》（臺北市：文津出版社，1988年），頁267、頁308。

果，卻是牽連著儒家感應之說而來，其中更涉及了生死觀；《九正易因》是《易因》的改正本，據李贄自述，《易因》完稿後，讀輒不愜，多所改正，於是而有修改成書的《九正易因》。「九正」之名，實乃「夫樂必九奏而後備，丹必九轉而後成，《易》必九正而後定。宜仍舊名《易因》，而加『九正』二字，即得矣！」[11]書成以後，即因事入獄，後更死於獄中。在本文的第四節中，本文將使用這兩部書來嘗試替李贄之死作解釋。

二　「勿傷逝，願傷生」──生死之學的基調

李贄七十四歲時編著《陽明先生年譜》，回憶接觸陽明學之因由：[12]

> 余自幼倔強難化，不信道，不信仙釋，故見道人則惡，見僧則惡，見道學先生則尤惡。……不幸年逼四十，為友人李逢陽、徐用檢所誘，告我龍溪先生語，示我陽明先生書，乃知得道真人不死，實與真佛、真仙同，雖倔強，不得不信之矣。

李逢陽（翰峯）雖非王門弟子，但思想傾向陽明學，徐用檢（魯源）則是錢緒山的弟子，[13]二人引領李贄進入陽明學與陽明後學，改變李贄對三教的態度。值得注意的是，李贄認為「乃知得道真人不死，實

---

11 〔明〕李贄：《九正易因》，張建業主編：《李贄文集》（北京市：社會科學文獻出版社，2000），卷7，頁89。

12 〔明〕李贄：〈陽明先生年譜後序〉，《王陽明全集》（上海市：上海古籍出版社，2006年），頁1604。

13 黃繼立：《「身體」與「工夫」：明代儒學身體觀類型研究》（臺北市：臺灣大學中國文學所博士論文，2010年），頁333。

與真佛、真仙同」，所謂的不死，意寓為何？李贄接著又指出李徐二人：[14]

> 即能委委曲曲以全活我一個既死之人，則亦真佛真仙等矣。……
> 要以見余今者果能讀先生之書，果能次先生之譜，皆徐李二先
> 生之力也。若知陽明先生不死，則龍溪先生不死，魯源翰峯二
> 先生之群公與余也皆不死矣。

此時王畿、李逢陽已死多年，因此他講的「不死」，當然不可能是長生不死。李贄另外又點出「全活我一個既死之人」，這句話就其生命歷程而言，顯然最為重要。李贄之「既死」，正如江燦騰所言，很可能與他早前的人生困境有關（喪親、窮困、事業不順），李贄二十九歲喪長子。三十四歲父親死去，又歷經倭亂，生活幾乎無法自存。三十八歲祖父、次男逝世，後又因貧困，導致二女三女病死。四十歲以後，與長官同僚相處不睦，自覺仕途已無望，而親人相繼離去，更讓他的心境產生極大變化，他也在此時開始深入接觸三教人物與思想。[15]但是這些惡運帶給他的衝擊，倒還不是該怎麼面對已逝的人物，而是他該怎麼處理自己的境況。也就是說，在未遇陽明儒者之前，他只能是「既死」，而在相遇之後，思想上的激發，讓他接觸所謂的「不死學問」，也使得他初入生死之學，漸窺生存的意義。《明儒學案》又記徐用檢講學，但李贄不願赴會，故手書《金剛經》以示李贄，並對他說：「此不死學問也，若亦不講乎？」李贄方始心服向學。徐用檢以

---

14 〔明〕李贄：〈陽明先生年譜後序〉，《王陽明全集》（上海市：上海古籍出版社，2006年），頁1604。

15 江燦騰：〈李卓吾的生平與佛教思想〉，《明清民國佛教思想史論》（北京市：中國社會科學出版社，1996年），頁190-199。

儒者的身分使用佛教經典吸引李贄，固然有儒佛會通的可能，也或許是為了以當時流行的議題來說服李贄。[16]但不管如何，「不死」確實成為李贄日後關心的問題，可是不死並不是真的可以永遠不死，只是救活了李贄，讓他不只是活在傷慟與痛苦中，而是開始思考生死，並且「乃知得道真人不死，實與真佛、真仙同，雖倔強，不得不信之矣」。只是從「既死」到「不死」，最重要的一個關鍵就是怎麼解釋自身生存的意義，畢竟活著是當下的事實，既然活著，又該以怎樣的態度面對人間塵世？又該如何面臨不可知的死亡？這些問題，顯然困擾著李贄，是以思考「活著」，其實就是李贄說的「探討自家性命下落」。[17]

但是，「全活我一個既死之人」，李贄就不再痛苦了嗎？剛好相反，他根本認為人生在世，無時不哀，塵俗充滿了種種痛苦，而世人沉淪其中，無法自拔：[18]

> 今年不死，明年不死，年年等死，等不出死，反等出禍。然禍來又不即來，等死又不即死，真令人嘆塵世苦海之難逃也。

苦海茫茫，在劫難逃，死亡既是人生的必然，今年不死，明年、後年

---

16 包括了李贄的交友圈在內，生死問題已是晚明士人普遍關心的議題。呂妙芬：〈儒釋交融的聖人觀：從晚明儒家聖人與菩薩形象相似處及對生死議題的關注說起〉，《中央研究院近代史研究所集刊》第32期（1999年），頁181-203。黃繼立：《「身體」與「工夫」：明代儒學身體觀類型研究》（臺北市：臺灣大學中國文學所博士論文，2010年），頁334-335。劉芝慶：《自適與修持：公安三袁的死生情切》（湖北市：湖北人民出版社，2017年）。

17 〔明〕李贄：〈答馬歷山〉《續焚書》，張建業主編：《李贄文集》（北京市：社會科學文獻出版社，2000年），卷1，頁1。

18 〔明〕李贄：〈與周友山〉《續焚書》，張建業主編：《李贄文集》（北京市：社會科學文獻出版社，2000年），卷1，頁10。

又或是來年必死。話雖如此，但年年等死，卻又等不出死，等待期間雖還未死，卻也往往生出禍來。究其原由，實乃人生苦海，避無可避，彷若生命是一場苦難，死亡卻如遺失的地址，失去了最終的指引，只留下徬徨的活著，與時間的哀傷。這種痛苦，其中重要的因素之一，則是出於自身形體，李贄在〈與周友山〉中，先引《老子》「吾有大患，為吾有身」，他認為古人以有身為患，所以才講解脫，出離解困，即是為了脫離有身而患的人生難題。反過來講，也因為有身是苦，所以不但老時是苦、少時是苦，病時是苦、無病亦是苦，死時是苦、未死時也是苦。苦，是無處不在的、是伴隨著身體而存的，而身體就是苦的根源，[19]他在《老子解》也屢次明言，例如他解釋「貴大患若身」一段：[20]

> 貴身如貴大患，知身之為患本也。
> 夫身，大患之本也。

《老子》所謂貴身之意，即是指修身，也唯有無身才能貴身。此處的「身」，固然可指身體，但也可以是指自我生命的「自身」。[21]但李贄對於「身」的用法，很多時候則是指身體，因為就他的經歷來看，身體之患，其實就是病痛，疾病纏身，往往比死還不如：[22]

19　〔明〕李贄：〈與周友山〉《續焚書》，張建業主編：《李贄文集》（北京市：社會科學文獻出版社，2000年），卷1，頁31。

20　〔明〕李贄：《老子解》，張建業主編：《李贄文集》（北京市：社會科學文獻出版社，2000年），卷7，頁6。

21　何澤恆：〈老子「寵辱若驚」章舊義新解〉，《先秦儒道舊義新知錄》（臺北市：大安出版社，2004年），頁392-394。

22　〔明〕李贄：〈答京友書〉《焚書》，張建業主編：《李贄文集》（北京市：社會科學文獻出版社，2000年），卷1，頁65。

> 弟今秋苦痢，一疾幾廢矣。乃知有身是苦，佛祖上仙所以孜孜
> 學道，雖百般富貴，至於上登轉輪聖王之位，終不足以易其一
> 盼者，以為此分段之身禍患甚大……。

有身是苦，患大甚焉。有時他實在受不了病痛的折磨，甚至向神佛禱
告，願脫離疾病，同時也表達自己的疑惑與不解，〈禮誦藥師告文〉：[23]

> 余兩年來，病苦甚多，通計人生大數，如我之年，已是死期。
> 既是死期，便與以死，乃為正理。如何不賜我死，反賜我病乎？

死是死不了，但病苦卻甚多，李贄反省自己若是可死之人，早就該
死，但此時卻又未死，其因何在？於是他進一步追問：「夫所之賜之
病苦者，謂其數未至死，尚欲留之在世，故假病以苦之，使之不得過
於自在快活也。」尚未至死，故不能死，而上天賜病厭之痛之，人生
苦難，由此可見。若然如此，李贄願向藥師琉璃光王佛（藥師佛）發
願，讀經拜懺道場，唸誦《藥師經》以求免病，共唸九次：「嗚呼！
誦經至九部，不可謂不多矣；大眾之殷勤，不可謂不虔矣。如是而不
應焉，未之有也。但可死，不可病。苦口叮嚀，至三再三，願佛聽
之！」[24]

但可死，不可病，這種痛苦，正是李贄「怕死」的原因之一，也

---

23 〔明〕李贄：〈禮誦藥師告文〉《焚書》，張建業主編：《李贄文集》（北京市：社會科學文獻出版社，2000年），卷1，頁139。

24 〔明〕李贄：〈禮誦藥師告文〉《焚書》，張建業主編：《李贄文集》（北京市：社會科學文獻出版社，2000年），卷1，頁140。值得一提的是，禮誦佛經似乎頗有效果，在唸誦過程，苦痛大減，唸完九遍之後，疾病甚至已痊癒。可見〔明〕李贄：〈禮誦藥師經畢告文〉《焚書》，張建業主編：《李贄文集》（北京市：社會科學文獻出版社，2000年），卷1，頁141。

是他「活著」的真實感受。況且不止是身體病痛而已，同時也還牽涉
到人生的苦痛本質。畢竟就李贄看來，人生在世，淪於塵緣，沉於羅
網，本來就是苦的，苦是根源，我們無所遁逃於其中：[25]

> 苦海有八，生其一也。即今上亦不得，下又不得，學亦不得，
> 不學亦不得，便可以見有生之苦矣。

「有生之苦矣」，既有生，苦亦隨之。人生實難，動輒得咎，束縛纏
身，進不得退亦不得，學與不學都不得，這就是生命的困境，這就是
活著的難處，循環無端，莫知所底。至於要脫離痛苦，就要超越生
死，恐怕只有聖人才做得到，李贄說這是因為聖人怕死，世人不怕死
之故：「總無死，何必怕死乎？然此不怕死總自十分怕死中來。世人
唯不怕死，故貪此血肉之身，卒至流浪生死而不歇；聖人唯萬分怕
死，故窮究生死之因，直證無生而後已。」[26]就李贄看來，世人不怕
死，並不是真的不畏懼，只是貪戀世間虛幻、執迷不悟，以至於流浪
生死而不歇。另一方面，就因為聖人怕死，所以才要窮究生死，一旦
通達了悟，便得獲大自在，而了解世間的種種執相，才是真的不怕
死，不怕死才可以「總無死」、「直證無生而後已」，若然已無生死，
自然也就不必再耽溺其中。所以在聖人眼中，是無生無死也無怕，故
曰：「無生則無死，無死則無怕，非有死而強說不怕也」。但是無生無
死只是一種境界上的陳述，有生有死卻是世間的必然，於是就在境界
義與世俗義之中，將此理想投射到具體的人生，即由「無生無死無

---

25 〔明〕李贄：〈觀音問十七條〉《焚書》，張建業主編：《李贄文集》（北京市：社會科
　學文獻出版社，2000年），卷1，頁158。

26 〔明〕李贄：〈觀音問十七條〉《焚書》，張建業主編：《李贄文集》（北京市：社會科
　學文獻出版社，2000年），卷1，頁160。

怕」轉為「可死不怕」，可以死而不怕死，這才是聖人由「怕死」體悟而來的道理：「怕死之大者，必朝聞而後可免於夕死之怕也，故曰：『朝聞道，夕死可矣。』曰『可』者，言可以死而不怕也。」[27]由此可知，所謂的怕死，並非恐懼死亡如此簡單，而是有感於人生的存在困境，偏執纏身，難以避免，為了要超脫這種搔擾，所以李贄才屢言三教聖人怕死、窮究生死之因。

當然，李贄性格的執拗、剛強，也是他感嘆世事艱難的原因之一，他很明白自己的個性，負氣忤俗、難與人合：「子性太窄，常自見過，亦時時見他人過」、[28]「所恨僕賦性太窄，發性太急，以致乖迕難堪」、[29]「某性偏急，其色矜高」，[30]既有自知之明，所以他才能不怕死。只是不同於前面所言的世人不怕死，又或是無生無死，李贄此處所謂的不怕死，又是另一種意思，是指對權力結構的反抗：[31]

> 若要我求庇於人，雖死不為也。……可以知我不畏死矣，可以知我之不怕人矣，可以知我之不靠勢矣。蓋人生總只有一個死，無兩個死也，但世人自迷耳。

27　〔明〕李贄：〈觀音問十七條〉《焚書》，張建業主編：《李贄文集》（北京市：社會科學文獻出版社，2000年），卷1，頁160。

28　〔明〕李贄：〈卓吾論略〉《焚書》，張建業主編：《李贄文集》（北京市：社會科學文獻出版社，2000年），卷1，頁80-81。

29　〔明〕李贄：〈與周貴卿〉《續焚書》，張建業主編：《李贄文集》（北京市：社會科學文獻出版社，2000年），卷1，頁30。

30　〔明〕李贄：〈自贊〉《焚書》，張建業主編：《李贄文集》（北京市：社會科學文獻出版社，2000年），卷1，頁121。

31　〔明〕李贄：〈與耿克念〉《續焚書》，頁18-19。袁中道亦有類似的觀察，他說：「公為人中燠外冷，豐骨稜稜。性甚卞急，好面折人過，士非參與其神契者不與言。強力任性，不強其意之所不欲。」〔明〕袁中道：〈李溫陵傳〉《珂雪齋集》（上海市：上海古籍出版社，2007年），頁720。

不求庇於人，不靠勢，也是一種「不怕死」。但是怕死也好，不怕死也罷；從境界上談也好，從社會結構著眼也罷，李贄關心的始終是生而不是死。不怕勢、不怕人，不代表不會因此自傷，畢竟人事的飄忽、環境的壓迫、疾病的折磨，走江湖，入宦途，歷生死，乖迕難堪，動輒得咎，[32]又或是落落寡歡，難與人合。這種生命的實感，促使他想的不是面臨死亡（傷逝），而是傷生：[33]

> 人莫不欲生，然卒不能使之久生；人莫不傷逝，然卒不能止之使勿逝。……故吾直謂死不必傷，唯有生乃可傷耳。勿傷逝，願傷生也！

「死不必傷，唯有生乃可傷耳」。用另一種說法來講，就是傷生比傷逝重要，因此該關心的就是「活著」的問題，所以李贄才企圖理解「生」的本質，而非探究「死」之奧秘。當然，李贄可能真有許多死亡的焦慮與壓迫感，像是親人死亡對他造成的衝擊，但更多時候，他其實偏向關注「活著」，對「生」的疑慮與擔憂，比「死」更多，所以他傷生重於傷逝，「勿傷逝，願傷生也！」只是活著固然是逐漸走

---

32 李贄對這種動輒得咎的情況別有感觸，他稱之為「被人管」，而且一出生就被人管，束縛於塵世的種種關係與規矩，他說：「緣我平生不愛屬人管。夫人生出世，此身便屬人管了。幼時不必言；從訓蒙師時又不必言；既長而入學，即屬師父與提學宗師管矣；入官，即為官管矣。棄官為家，即屬本府本縣公祖父母管矣。來而迎，去而送；出分金，擺酒席；出軸金，賀壽旦。一毫不謹，失其歡心，則禍患立至。其為管束，至入木埋下土未已也，管束得更故矣。」〔明〕李贄：〈豫約〈《焚書》，張建業主編：《李贄文集》（北京市：社會科學文獻出版社，2000年），卷1，頁173。

33 〔明〕李贄：〈傷逝〈《焚書》，張建業主編：《李贄文集》（北京市：社會科學文獻出版社，2000年），卷1，頁154。

向死亡，「生之必有死也」，[34]但對他而言，「活著」到底是什麼，「活
著」又該何去何從，是他首先要面對並且理解的議題，唯有解決前
者，自然就能更坦然面對後者。更何況後者是不必太憂慮的，因為時
間到了，人就會死，但在死亡來臨之前，方生未死，「生」才是無時
無刻都要面對的大問題。只是生是苦，塵世是苦，身體更是痛苦的聚
集處，若然如此，又該如何？李贄的解脫之道，是他認為苦不只是
苦，而是物極必反，正反兩面是相隨相成的，因為極樂從苦生，福亦
由禍中來，故曰：「知此極苦，故尋極樂」、[35]「若等禍者，……是吾
福也，……苦海又安知不是我老者極樂之處耶！」[36]極苦與極樂相輔
相依，福禍亦是相生相倚。更進一步來講，疾病之苦，眾人皆知，李
贄自己亦不能免，但他又強調世人只知病之苦，卻不知病之樂，反之
亦然：[37]

> 人知病之苦，不知樂之苦──樂者苦之因，樂極則苦生矣；人
> 知病之苦，不知病之樂──苦者樂之因，苦極則樂至矣。

苦樂相生，可謂輪迴，因苦得樂，則是因緣法，[38]苦樂如此，福禍亦

---

34 〔明〕李贄：〈傷逝〈《焚書》，張建業主編：《李贄文集》（北京市：社會科學文獻出
版社，2000年），卷1，頁154。

35 〔明〕李贄：〈與周友山〉《續焚書》，張建業主編：《李贄文集》（北京市：社會科學
文獻出版社，2000年），卷1，頁31。

36 〔明〕李贄：〈與周友山〉《續焚書》，張建業主編：《李贄文集》（北京市：社會科學
文獻出版社，2000年），卷1，頁10。

37 〔明〕李贄：〈復丘若泰〉《焚書》，張建業主編：《李贄文集》（北京市：社會科學文
獻出版社，2000年），卷1，頁9。

38 「苦樂相乘，是輪迴種；因苦得樂，則是因緣法。」〔明〕李贄：〈復丘若泰〉《焚
書》，張建業主編：《李贄文集》（北京市：社會科學文獻出版社，2000年），卷1，
頁9。

然，生死更是如此。因此為尋求解脫，故李贄廣參三教，[39]博覽群書，以求道的心態來思考他的生死之學。

三 「儒釋道之學，一也」──廣參三教以悟生死

生死解脫，有賴於求道，所以李贄便從三教中尋求解答。基本上李贄認為三教都有助於理解這個問題，且聖人最後都能得登大道，心無罣礙而了通生死，是以對他來說，三教聖人之所為聖，正因為他們都能豁然開覺，醒悟生死。

三教之同，例如李贄就說道教的重要性不亞於佛教：[40]

> 凡為釋子，但知佛教而不知道教。……老子《道德經》雖日置案頭，行則攜持入手夾，以便諷誦，若關尹子《文始真經》，與譚子《化書》，皆宜隨身者，何曾一毫與釋迦差異也？

不止如此，在〈三教歸儒說〉中，他更是明言：「儒、道、釋之學，一也，以其初皆期於聞道也。必聞道然後可以死，故曰：『朝聞道，夕死可矣。』非聞道則未可以死……唯志在聞道，故其視富貴若浮雲，棄天下如敝屣然也。」[41]就李贄看來，三教都是求道之學，也唯

---

39 已有研究指出，諸如《韓非子》等法家思想對李贄影響亦頗大，但此處並不涉及本文要處理的問題，畢竟李贄未從其中探究生死之學。關於李贄與法家思想的關係，可參張再林：《車過麻城再晤李贄》（北京市：中國社會科學出版社，2009年），頁94-107。

40 〔明〕李贄：〈道教鈔小引〉《續焚書》，張建業主編：《李贄文集》（北京市：社會科學文獻出版社，2000年），卷1，頁63。

41 〔明〕李贄：〈三教歸儒說〉《續焚書》，張建業主編：《李贄文集》（北京市：社會科學文獻出版社，2000年），卷1，頁72。

有得道才可以做到朝聞夕死。反之，若未聞道則不可以死，不可以死並非真的不能死，而是不能明白死亡的真諦，故又引《論語》「朝聞道，夕死可矣」為證，此處與上一節所引〈觀音問十七條〉類同。因此李贄講的「然後可以死」，其實是指「死而不怕」，這又與前一節所言的聖人皆怕死可互相呼應。為了要脫離生命之苦，所以三教才都講出世，出世是求道的必要條件，是故三教雖有不同，求出世則一：「……此儒、釋、道之所以異也，然其期於聞道以出世一也。蓋必出世，然後可以免富貴之苦也。」[42]聞道以出世，又或是免去富貴之苦，基本上要解決的都是當下存在的問題，是具體的生存境遇。由此可知，所謂的怕死、可以死等等，其實都是傷生，也就是「活著」的問題。要先明白「活著」的意義，妥善處理「活著」可能面對的危機，如此一來，才能「朝聞道，夕死可矣」，才能「聞道然後可以死」。

　　三教都志於求道，那麼李贄親之近之，以生命來感受學問的真切，他所感受的三教，即便面目各有不同，都可謂性命之學。至於所謂的「為學」，就是探究自身生死問題。更進一步來講，由自家性命出發，更能見得學問真血脈，因為學問與生命是不可分離的：[43]

> 凡為學皆為窮究自己生死根因，探討自家性命下落。……唯三教大聖人知之，故竭平生之力以窮之……。唯真實為己性命者默默知之，此三教聖人所以同為性命之所宗也，下此，皆非性命之學矣。

---

42 〔明〕李贄：〈三教歸儒說〉《續焚書》，張建業主編：《李贄文集》（北京市：社會科學文獻出版社，2000年），卷1，頁72。

43 〔明〕李贄：〈答馬歷山〉《續焚書》，張建業主編：《李贄文集》（北京市：社會科學文獻出版社，2000年），卷1，頁1。

「凡為學皆為窮究自己生死根因，探討自家性命下落」，這種學道深
切的心態與感受，促使李贄沉浸在生命的學問裡，佇思抒感。而回首
浮生蕭瑟，擬探將來欲往之塗，他時常縈記於心的就是學道求道：
「彼不學道早求解脫，不必言矣」、[44]「聞師又得了道，道豈時時可得
耶？然真正學者亦自然如此」、[45]「不知天下之最宜當真者唯有學道作
出世之人一事而已」。[46]但是，若然儒釋道面目各有不同，那麼李贄又
如何取資其間？三教的義理又給予李贄怎麼樣的思想資源，讓他得以
解脫生命的痛苦？既有其異，李贄為何又作〈三教歸儒說〉？所謂的
歸儒，又該作何解釋？

　　根據目前研究，學者普遍認為李贄為學雖博，但深刻影響其生命
之感受，還是以儒佛為主，[47]至於李贄論生死之學，更是如此，儒佛
在他的生命中確實留下了重要足跡，班班可考。畢竟李贄從陽明後學
得知不死學問開始，幾經體驗與苦思，後來又接觸了佛教，這就使得
他的思考內涵不限於儒學。更何況，所謂的儒學，甚至是陽明學，雖
然李贄自言是「全活我一個既死之人」，但真正讓他感觸甚大，深入

---

44 〔明〕李贄：〈與周友山〉《續焚書》，張建業主編：《李贄文集》（北京市：社會科學
　　文獻出版社，2000年），卷1，頁31。

45 〔明〕李贄：〈觀音問十七條〉《焚書》，張建業主編：《李贄文集》（北京市：社會科
　　學文獻出版社，2000年），卷1，頁158。

46 〔明〕李贄：〈與友人〉《續焚書》，張建業主編：《李贄文集》（北京市：社會科學文
　　獻出版社，2000年），卷1，頁37。

47 王煜：〈李卓吾揉雜儒道法佛四家思想〉，《明清思想家論集》（臺北市：聯經出版事
　　業公司，1981年），頁6-60。關於李贄與儒釋的關係，學界已有許多研究，可參江燦
　　騰：〈李卓吾的生平與佛教思想〉，《明清民國佛教思想史論》（北京市：中國社會科
　　學出版社，1996年），頁181-206。林其賢：《李卓吾的佛學與世變》（臺北市：文津
　　出版社，1992年），第六、七章。劉季倫：《李卓吾》（臺北市：東大圖書公司，
　　1999年），第二章。鄭淑娟：《李卓吾儒學思想研究》（臺中市：逢甲大學中國文學
　　研究所碩士論文，2003年），第二、三、四章。

生命苦痛實質的，還是佛學。他也從佛學中看到了世間緣起色相之理，所以他才大談清淨本原、談真空真心。而且就他看來，世間儒者大多表裡不一，亦非志於性命學問，再加上本身觀點並非聖門所能同意，所以他才自曰「異端」，他在給友人信中就坦承：「弟學佛人也，異端者流，聖門之所深闢。弟是以於孔氏之徒不敢輕易請教者，非一日矣，非恐其闢己也，謂其志不在於性命，恐其術業不同，未必能開我之眼，愈我之疾。」[48]就學而言，屬於異端，所以有隔；就行而言，則世俗儒者術業又與己不同，所以不取。只是在生命的最後階段，李贄作《九正易因》，看似回到了儒家經典、秉持儒說，但若以生死之學的角度來看，李贄之所以依然關注生死、之所以在《九正易因》談感應知止，其實還是與他之前接觸佛學義理有關，相關討論可見下節，此處不多贅述。

另外，道家，或是道教，都是李贄用來證明與儒釋同一的成員而已，雖非完全不重要，但相較於儒佛，其實並不深刻。話雖如此，李贄仍然認為接觸道家，又或是道教，是可以解決自家性命問題的。這在前面談到他解《老子》「貴大患若身」與〈道教鈔小引〉皆已可見。又例如李贄在《老子解》中解釋《老子》：「生之徒，十有三；死之徒，十有三……夫何故？以其無死地」一段，他就說天下有知生厚生之人，也有不知畏死與全不怕死之人，這些人不過僅得一偏，都只是知生而不知死，何況這些人也非真不畏死，所以真正得道者，是「無死地」之人。[49]無死地，就是上述所言的「死而不怕」，只是李贄用的是另外的講法（「死而不亡」）而已，故曰：「死而不亡，此聖人

---

48 〔明〕李贄：〈答李如真〉《焚書》，張建業主編：《李贄文集》（北京市：社會科學文獻出版社，2000年），卷1，頁246。

49 〔明〕李贄：《老子解》，張建業主編：《李贄文集》（北京市：社會科學文獻出版社，2000年），卷7，頁19-20。

所以朝聞而夕死也」，[50]聞道夕死，也是李贄一再重複的話。[51]

　　因此還是要從佛教上來看。但是，李贄講佛學，雖以如來藏的真常唯心為特色，像他說：「世間有一種不明自己心地者，以為吾之真心如太虛空，無相可得，祇緣色想交雜，昏擾不寧，是以不空耳。必盡空諸所有，然後完吾無相之初，是為空也，夫使空而可為，又安得謂之真空哉！」「豈知吾之色身洎外而山河，遍而大地，並所見之太虛空等，皆是吾妙明真心中一點物相耳。是皆心相自然，誰能空之耶？心相既總是真心中所現物，真心豈果在色身之內耶？夫諸相總是吾真心中一點物，即浮樞總是大海中一點泡也。使大海可以空卻一點泡，則真心可以空卻一點相矣，何自迷乎？」[52]所談者，就是以如來藏（妙明真心）能生萬法，卻又不住不染。畢竟萬物緣相而生，雖為空，但塵世又因緣而有，此即色相（李贄稱為「物相」「諸相」），故可稱為假有，是故色即是空，空即是色，兩者乃是不離不雜的關係。於是山河大地，又或是色身諸相，皆是妙明真心所現；倒過來講，真心既生萬物，則由萬物反推，皆可源於此妙明之心。話雖如此，只是諸相既為假有，所以又不可以心為太虛空，無相可得，而是必須維持離垢不染的狀態，因真心即已包含色相，能生萬物，又能空卻萬物，故李贄所言：「且真心既然包卻色身，洎一切山河虛空大地諸為有相

50　〔明〕李贄：《老子解》，張建業主編：《李贄文集》（北京市：社會科學文獻出版社，2000年），卷7，頁14。

51　必須說明的是，李贄對於三教的深入探究雖有不同，但仍然不偏廢某方。袁光儀就認為李贄主張三教合一，並非將三者融為一體，而是在承認各有差異的情況之下，廣參三教之道。只要能夠解答他對於生命的疑惑，能了生死者，他皆信而從之。袁光儀：《李卓吾新論》（臺北市：臺北大學出版社，2008年），頁95。

52　〔明〕李贄：〈解經文〉《焚書》，張建業主編：《李贄文集》（北京市：社會科學文獻出版社，2000年），卷1，頁126-127。

矣」[53]、「夫諸相總是吾真心中一點物，……則真心可以空卻一點相矣……」即是此意。[54]

「真心」，即是李贄所謂的「真空」、「本地風光」、「清淨本原」。真心顯於萬物，則清淨本原自然也顯於山河大地，「若無山河大地，不成清淨本原矣。若無山河大地，則清淨本原為頑空無用之物，為斷滅空不能生化之物，非萬物之母矣，可值半文錢乎？」「清淨本原，即所謂本地風光也。」[55]心生萬物，本地風光展於山河大地，這就是「生化」，是以萬物因緣相起，所以「空」才更顯得重要，李贄則稱為「真空」。不過值得注意的是，李贄卻又不全以「真常」為主，因為他有時連心都要質疑、都要破除，他這樣的講法是要避免世人執著於「空」，枉費精神，此時所謂的空，就不是之前所講的「真空」，而是指不明佛理者之空，即所謂的「太虛空」、「斷滅空」。在〈觀音問〉中，他先以「親（真）爺娘」（即是指「真心」）比喻在生死之中，既能脫離生死，又能生生而無生，「能生生而實無生，能死死而實無死」，彼此當不即不離；「假爺娘」則反之，流離回轉，激蕩迷失，循環不已。[56]但他又進一步講，所謂的親（真）爺娘，也都只是

---

53 〔明〕李贄：〈解經文〉《焚書》，張建業主編：《李贄文集》（北京市：社會科學文獻出版社，2000年），卷1，頁127。

54 李贄有時又將「如來藏」以「真空」稱之：「真空既能生萬法，則真空亦自能生罪福矣。」李贄，〈觀音問十七條〉《焚書》，張建業主編：《李贄文集》（北京市：社會科學文獻出版社，2000年），卷1，頁164。亦可參江燦騰：〈李卓吾的生平與佛教思想〉，《明清民國佛教思想史論》（北京市：中國社會科學出版社，1996年），頁209-218。林其賢：《李卓吾的佛學與世變》（臺北市：文津出版社，1992年），頁215-216。

55 〔明〕李贄：〈觀音問十七條〉《焚書》，張建業主編：《李贄文集》（北京市：社會科學文獻出版社，2000年），卷1，頁160-161。

56 〔明〕李贄：〈觀音問十七條〉《焚書》，張建業主編：《李贄文集》（北京市：社會科學文獻出版社，2000年），卷1，頁162-163。

方便說法而已，不應執著：[57]

> 「父母未生前」，則我身尚無有，我身既無有，則我心亦無
> 有，我心尚無有，如何又說有佛？苟有佛，即便有魔，即便有
> 生有死矣，又安得謂之父母未生前乎？然則所謂真爺娘者，亦
> 是假立名字耳，莫太認真也！

前已言之，心生萬物，萬物又是假緣而生，但心本身也是假說，亦不
可滯。這是藉由不斷地否定，層層撥遮，避免拗著於心，以破除執
障，「然則所謂真爺娘者，亦是假立名字耳，莫太認真也！」所以他
在〈心經題提綱〉才說：「乃知此真空妙智，是大神咒，是大明咒，
真實不虛也，然則空之難言也久矣。執色者泥色，說空者滯空，及至
兩無所依，則又一切撥無因果。」執色者與滯空者一樣，皆不可取，
所以才要空依兩邊，展轉相破。[58]再者，空之難言，正因世人不明空
之究理，以為空可去有，是以反而苦執於空，殊不知此舉與「有」一
樣，都是昧於偏執，當非李贄所取。這在李贄與明因的問答中便可見
之，李贄說：「棄有著空，即能頑空矣，即所謂斷滅空也，即今人所
共見太虛空是也。此太虛空不能生萬有。即不能生萬有，安得不謂之
斷滅空？安不得謂之頑空？……然則今人所共見之空，亦物也，與萬
物同矣，安足貴乎！……其實我之真空豈若是耶？」[59]世人所見之

---

57 〔明〕李贄：〈答明因〉《焚書》，張建業主編：《李贄文集》（北京市：社會科學文獻
　　出版社，2000年），卷1，頁163。

58 這種藉由否定再否定的悟道方法，事實上正是禪宗的一種。畢竟眾生悟法，根器不
　　同、遲疾亦異，禪師自然要隨機接引，有時為破除執障，不免以言行曲折或直指道
　　破，但又恐後人執著於此，故又再須以其他言行戳穿，展轉相破。可參巴壺天：
　　《藝海微瀾》（臺北市：廣文書局，1987年），頁45-96。

59 〔明〕李贄：〈答明因〉《焚書》，張建業主編：《李贄文集》（北京市：社會科學文獻
　　出版社，2000年），卷1，頁164。

空，當非李贄所謂的真空。真空，又或是真心、清淨本原等等，都是萬物之母，是化生山河大地的起始，是兩無所依，也是一切撥無因果的真空妙智。

　　李贄談這些，是為了什麼呢？仍在於他要解決自家生死的問題：「佛之心法，盡載之經，經中一字透不得，即是自家生死透不得……。」[60]更具體地講，他要了解的是人生苦海的真實感受──活著為什麼會這麼苦？「既以妄色妄想相交雜而為身，於是攀緣搖動之妄心日夕屯聚於身內，望塵奔逸之妄相日夕奔趣於身外，……如衝破逐浪，無有停止……」，[61]我觀我生，我以親行自證，但惑業無明，紅塵滾滾，淪入俗網中，妄色妄想交雜，此身雖在堪驚，又該如何自處？他說得很明白：「尋常亦會說得此身是苦，其實只是一句說話耳，非真真見得此身在陷阱坑坎之中，不能一朝居者也，試驗之自見。」[62]正因為親身體驗，所以他才要求道，明白生存的本質。更進一步來講，藉由對於佛學的理解，他所體驗的塵世之苦才有了著落：萬物諸相，世間皆苦，故此身常在陷阱坑坎之中，緣起相生。究其實理，一切都是真心（真空）所化，真心能生苦，自然就能滅苦，諸相如此，生死亦然。只是這還不夠，因為這麼說仍是有跡可循，依然有執：「放不下是生，放下是死；信不及是死，信得及是生；信不信，放下不放下，總屬生死。總屬生死，則總屬自也，非人能使之不信不放下，又信又放下也。」[63]放不下是生，放下是死，信得及是生，不

60　〔明〕李贄：〈觀音問十七條〉《焚書》，張建業主編：《李贄文集》（北京市：社會科學文獻出版社，2000年），卷1，頁157。

61　〔明〕李贄：〈解經文〉《焚書》，張建業主編：《李贄文集》（北京市：社會科學文獻出版社，2000年），卷1，頁127。

62　〔明〕李贄：〈觀音問十七條〉《焚書》，張建業主編：《李贄文集》（北京市：社會科學文獻出版社，2000年），卷1，頁158。

63　〔明〕李贄：〈觀音問十七條〉《焚書》，張建業主編：《李贄文集》（北京市：社會科學文獻出版社，2000年），卷1，頁159。

及是死，信與不信，及與不及，總歸生死，顯然仍有一間未達，因此李贄才要做到「原無生死」，用前面引文來講，就是「父母未生前」，父母未生前，又何來身？何來心？是故身是空，心亦是空，既然如此，又有何所執？至於生死亦可依此類推：[64]

> 故知原無生者，則雖千生總不妨也。何者？雖千生終不能生，此原無生也。⋯⋯。故知原無死者，則雖萬死總無礙也，何者？雖萬死終不能死，此原無死也。

原無生者，生亦不妨，亦不能生；原無死者，死亦無礙，終不能死。已無生死，所以既不怕生也不懼死。如此一來，伴隨著人身而來的世間之苦，皮之不存，毛將焉附？自然亦無須掛懷，不必再執，正如他在〈哭耿子庸〉所言：[65]

> 反照未生前，我心不動移。仰天一長嘯，茲事何太奇！
> 從此一聲雷，平地任所施。開口向人難，誰是心相知？

最後一句為感念知己，故不必論。而綜觀詩意，顯然，正如劉季倫所言，在「父母未生前」的標準之下，所有「父母已生後」的標準都是偏執的、片面的妄相，[66]能明白這點，自然就是「從此一聲雷，平地任所施」了。

---

64 〔明〕李贄：〈觀音問十七條〉《焚書》，張建業主編：《李贄文集》（北京市：社會科學文獻出版社，2000年），卷1，頁160。

65 〔明〕李贄：〈哭耿子庸〉《焚書》，張建業主編：《李贄文集》（北京市：社會科學文獻出版社，2000年），卷1，頁218。

66 劉季倫：《李卓吾》（臺北市：東大圖書公司，1999年），頁74-75。

　　相不可執，心亦不可執，更擴大來看，儒釋道三教之名亦不可執。因為三教也只是聖人為引導眾生，設道以教化，聖人以教法悟道救世，是權宜、是方便，是故後人不可執著於此。這在李贄給耿定向的書信中便可得知，他認為耿定向講道學、論修身、說工夫，看似宗師孔子，其實矛盾甚多，「又欲清，又欲任，又欲和」。更何況其病在多欲，執迷不悟，「既於聖人之所以繼往開來者，無日夜而不發揮，又於世人之所光前裕後者，無時刻而不繫念」[67]，且過於執著儒學，未能參照其他。李贄接著指出，不論是道也好、釋也罷，都重在求道，非止儒而已：[68]

　　　　夫所謂仙佛與儒，皆其名耳。孔子知人之好名，故以名教誘
　　　　之；大雄氏知人之怕死，故以死懼之；老氏知人之貪生，故以
　　　　長生引之。皆知不得已權立名色有化誘後人，非真實也。

李贄批評耿定向的觀點，固非允當。[69]但此處所言，卻透露了李贄博取三教的原因，原來所謂的三教，都不過是聖人權立名色以化誘的手段而已。況且，不論是知人好名／以名教誘之、知人怕死／以死懼之、知人貪生／以長生引之等等，都牽涉到怎麼面對自身生命的何去何從。就李贄看來，其實正是聖人為了要處理「活著」，尋求生命的著落，覓得生存的答案，因此學習三教，就是要了解這個問題。用他

67　〔明〕李贄：〈答耿司寇〉《焚書》，張建業主編：《李贄文集》（北京市：社會科學文
　　獻出版社，2000年），卷1，頁33。

68　〔明〕李贄：〈答耿司寇〉《焚書》，張建業主編：《李贄文集》（北京市：社會科學文
　　獻出版社，2000年），卷1，頁30。

69　李贄與耿定向，一向是辯難的論敵。關於二人的結識經過與思想差異，學界研究頗
　　多。可參許蘇民：《李贄評傳》（南京市：南京大學出版社，2006年），頁114-122；王
　　均江：《衝突與和諧——李贄思想研究》（武漢市：華中科技大學出版社，2007年），
　　頁35-40。

自己的話來講，即是「凡為學皆窮究自己生死根因，探討自家性命下落」。

　　前已言之，李贄論三教，雖以佛教最為深刻，對他生命處境的理解也最有幫助。但他為何又要寫〈三教歸儒說〉？他究竟是歸宗何家何教？關於這個問題，首先要說明的，在思想史的分析上，我們固然可說李贄的生死之學，是泛取三教博覽群書，也可以說是起於儒家、佛教等等。可是若就李贄行為的生活世界來看，他可以說是亦儒亦佛亦道，又或是非儒非佛非道，既不絕對，更不純粹。因此他既要當真儒者，也可以作剃頭和尚，更可以隨身攜帶如《化書》之類的道教書籍。因此，我們儘管可以分析他的思想傾向，大致歸為某派某類，但就現實行為層面來講，他更像是一個三教皆採，「儒釋道，一也」的求道者。

　　這樣的認知，對於分析〈三教歸儒說〉至為重要。因為李贄本篇所談者，重在行為層面著眼，畢竟〈三教歸儒說〉一開頭就說儒釋道之學，皆重出世，唯有出世才可避免人世窮達之苦。而要免求富貴之故，就不可執於塵世權位，堯、舜、孔子、顏淵，正是此中代表。但現今許多儒者，卻以講道學為取得功名富貴的手段：「陽為道學，陰為富貴，被服儒雅，行若狗彘然也。」[70]世儒既如此不堪，[71]那麼反觀自身，講道學，又不以貧賤孤獨為恥者，就只有李贄自己了。這是他刻意著眼於行為處世，針對沉淪塵世以取富貴的儒者，故有強烈的指涉性。[72]不同於這些假儒者，因此李贄才要作剃頭和尚，剃頭，即

---

70 〔明〕李贄：〈三教歸儒說〉《續焚書》，張建業主編：《李贄文集》（北京市：社會科學文獻出版社，2000年），卷1，頁72。

71 李贄批判道學言論甚多，諸如「然則六經、語、孟，乃道學之口實，假人之淵藪也」等等，都說明李贄對這些人的不滿。〔明〕李贄：〈童心說〉《焚書》，張建業主編：《李贄文集》（北京市：社會科學文獻出版社，2000年），卷1，頁93。

72 李贄也常批判此等人是「陽為道學，陰為富貴」，名為學道，實為求官，故真正可

是象徵割斷俗世的種種因緣關係，包括俗儒最看重的富貴權位，這才是求道者該做的事，所以他以孔子飯疏食、顏淵居陋巷為例，這都是李贄對自身生存境遇的說明。

因此，就處世而言，李贄認為自己才是真儒者，其餘都是虛偽的、造假的，真儒者就是要窮居人間，不為名利折腰。這種真儒者，與道釋兩家一樣，都是以出世為重，三教歸儒之意，即是在此。換言之，三教歸儒的儒，並不是指以儒攝釋、道的思想史解釋，而是說明李贄的處境情況，意謂有志於學道出世的三教人士，都必須做到像李贄這樣的真儒，既感人世之苦，又哀有身為患，所以他才傷生、所以他志於學道，求得自家性下落，這當非世間的假儒俗儒所能明瞭，假儒是不需傷生也不會傷生的，唯有李贄這樣的人才會。故此處的儒，並非嚴格思想史定義的「儒」，大多是指李贄的自況。因此他所謂「今之欲真實講道學以儒、道、釋出世之旨，免貴富之苦者，斷斷乎不可以不剃頭做和尚矣」，三教歸儒，卻又要做剃頭和尚，[73] 講道學卻又要以三教出世為宗，他在《初潭集》自序更說：「夫卓吾夫子之落髮也有故，故雖落髮為僧，而實儒也。」[74] 話雖如此，卻又詩云：「空潭之老醜，薙髮便為僧，願度恆沙眾，長明日月燈」、「為儒已半世，

談道學者，反而不是這些人。張再林也有類似的意思，他就指出：「也即李贄宣稱今天真正有資格去談論所謂『道學』的，並非是那些口不離道卻貪戀人生大富大貴的道學家們，而是惟有寄希望於那些看破世道並萬念俱灰的和尚之流。」張再林：《車過麻城再晤李贄》（北京市：中國社會科學出版社，2009年），頁67-68。

73 李贄剃渡的原因，除內文所言之外，亦與他不與人交、遠離塵世、甚至因天氣炎熱而尋求「身體淨化」的個性行為有關，這跟他出世的想法，是符合的。黃繼立：《「身體」與「工夫」：明代儒學身體觀類型研究》（臺北市：臺灣大學中國文學所博士論文，2010年），頁380-382。

74 〔明〕李贄：《初潭集》，張建業主編：《李贄文集》（北京市：社會科學文獻出版社，2000年），卷5，頁1。

食祿又多年，欲證無生忍，盡拋妻子緣」，[75]似僧實儒，為儒半世卻又欲證無生法忍。上述所言看似矛盾，但其實內有一貫脈絡可循，李贄〈三教歸儒說〉一文，正該以此理解。[76]

四 「七十老翁何所求」——李贄之死

在分析完李贄如何面對「傷生」之後，可知他對生死問題實已有自己的看法，怕死、又或是不怕死，對他而言都只是一種說法而已，他真正擔心害怕的是人世之苦，他真正嚮往的是「清淨本原」的「本地風光」。可是人世之苦，是緊緊纏繞自身，無處可躲的，所以他才要在尋求自解，要為這種「活著之苦」作妥善的處理。只是在他生命的最後階段，他竟又面臨了另外一種苦境，就是他被張問達參劾，最後以「亂道」罪名逮捕。張問達所持的理由，是李贄落髮、言論不軌、不守戒律，其中還包括可能是誇大或捏造的罪名，諸如狎妓同遊，白晝同浴，勾引士人妻女，入寺而宿等等。[77]這些罪名，不管是

---

75 〔明〕李贄：〈薙髮〉《焚書》，張建業主編：《李贄文集》（北京市：社會科學文獻出版社，2000年），卷1，頁220。

76 林海權推測〈三教歸儒說〉可能成於萬曆十六年（1588），李贄六十二歲時。他認為是因兩年前耿定向著《譯異編》，主張佛統於儒，引起李贄的批判，所以才有〈三教歸儒說〉之作，在沒有其他證據的支持下，單從這個說法恐怕很難證明其說為是（同樣也難證明其為非），是以本文並不採用。這也說明了李贄詩文繫年的困難，如林海權推測〈自贊〉同樣寫於此年，但也只說「可能寫於本年遭耿定向等人的誹謗攻擊。中有『動與物遷，口與心違』和『其人如此，鄉人皆惡之矣』之語」，因資料不足，大概也是很難證明對錯。但不管如何，〈三教歸儒說〉抨擊道學家，並且指出道學的流弊，則是林海權也同意的。林海權：《李贄年譜考略》（福州市：人民出版社，1992年），頁195-196、頁201、頁203。

77 黃繼立：《「身體」與「工夫」：明代儒學身體觀類型研究》（臺北市：臺灣大學中國文學所博士論文，2010年），頁388。許蘇民：《李贄評傳》（南京市：南京大學出版社，2006年），頁169-170。

真實的，又或是某部分有誣詆、荒謬不實的可能[78]，但李贄因此入獄卻是事實。此次事件，似乎又再次自證他所謂的塵世之苦，是躲也躲不掉的。根據袁中道的說法，李贄對入獄一事早有準備，甚至是已有死志：[79]

> 初，公（李贄）病。病中復定所作《易因》，其名曰《九正易因》。常曰：「我得《九正易因》成，死快矣！」《易因》成，病轉甚。至是逮者至邸舍……。公力疾起，行數步，大聲曰：「是為我也！為我取門片來！」遂臥其上……。

> 明日，大金吾實訊。侍者掖而入，臥於墀上。金吾曰：「若何以妄著書？」公曰：「罪人著書甚多，俱在，於聖教有益無損。」大金吾笑其崛強，獄竟無所實詞，大略止回籍耳。久之，旨不下，公於獄舍中作詩讀書自如。一日，呼侍者薙髮，侍者，遂持刀自割其喉，氣不絕者兩日。侍者問：「和尚痛否？」以指書其手曰：「不痛。」又問曰：「和尚何自割？」書曰：「七十老翁何所求？」遂絕。

袁中道所言，是否屬實，已難查證，但從這個記載我們可以得知幾點訊息：李贄此時已是既老且病，存有死意，還有就是李贄最後自殺的

---

[78] 不管是李贄自己或是他人的觀察，李贄都是有一個嚴重潔癖的人，不太近女色。袁中道說李贄有五不可學，其中一項就是「公不入季女之室，不登冶童之牀。而吾輩斷情欲，未絕嬖寵」。因此是否真如張問達所言，又或是張問達的指控究竟何所依憑？實難考證。〔明〕袁中道：〈李溫陵傳〉《珂雪齋集》（上海市：上海古籍出版社，2007年），頁725。

[79] 〔明〕袁中道：〈李溫陵傳〉《珂雪齋集》（上海市：上海古籍出版社，2007年），頁721-722。

死法。袁宗道說李贄已有死志，並非誣言，李贄在〈李卓吾先生遺言〉早就自訴甚明，他先說：「春來多病，急欲辭世，幸於此辭，落在好朋友之手，此最難事，此余最幸事，爾等不可不知重也。」[80]老且病，是以急欲辭世，但有幸還有遺書可作，還不算太壞，於是接下來李贄便談該如何處理後事，諸如選擇墓地、入坑程序、墓誌碑文該怎麼寫等等。

值得注意的，袁中道轉述李贄的說法：「我得《九正易因》成，快死矣！」「《易因》成，病轉甚。」在〈前言〉中，我們已提過《九正易因》與《易因》的成書原由。那麼，這本著作又反映了李贄怎麼樣的思想狀況？與他的生死之學是不是有關聯？答案是肯定的，李贄在《九正易因》中，先以〈咸卦〉說明感應之理，「天下之道，感應而已」。[81]感應，就卦辭來看，即是指二氣相感，又或是天地感萬物生，聖人感心而天下和平，是一種萬物相知互起的原理，李贄據此推衍，說：「山澤通氣，二氣感應以相與也」、「又孰知萬物之所以化生，天下之所以和平，皆此感應者為之乎！」[82]相感，其實也就是一種因果關係，李贄昔年曾與焦竑共同出版《感應篇》，後來落髮為僧時又成書《因果錄》，在他看來，感應因果，都是一樣的，名同而實不同：「釋氏因果之說，即儒者感應之說。」「昔以此序敘《感應篇》，夫感應因果，名殊理一，是故不妨重出也。」[83]他在《因果錄》

---

80 〔明〕李贄：〈李卓吾先生遺言〉《續焚書》，張建業主編：《李贄文集》（北京市：社會科學文獻出版社，2000年），卷1，頁96-97。

81 〔明〕李贄：《九正易因》，張建業主編：《李贄文集》（北京市：社會科學文獻出版社，2000年），卷7，頁169。

82 〔明〕李贄：《九正易因》，張建業主編：《李贄文集》（北京市：社會科學文獻出版社，2000年），卷7，頁170。

83 〔明〕李贄：《因果錄》，張建業主編：《李贄文集》（北京市：社會科學文獻出版社，2000年），卷7，頁263。

的序言中就說：[84]

> 天下之理，感應而已。感則必應，應復為感，儒者蓋極言之。

有感有應，兩者互生相起，正如李贄在《九正易因》所說：「嗚乎！感為真理，何待於言；感為真心，安能不動！天地如此，萬物如此。」[85]感應如此，因果亦如是，李贄認為因果就像種子與果實的關係，《因果錄》：「因者，種種也；果者，種穀種，得穀食也。」所以李贄才大談惡有惡報善有善報之理，現世陽報，如劉建德之妻、道士章齊一；善人果報，如孫泰、章太傅妻練氏等等，這些「報應」，有因有果，自然也是有感有應，如他記載楊思達為西陽郡守，派遣下屬看守農田，以防盜麥，果然抓到犯人，於是斷其手腕，下屬後來生了小孩，竟然一出生就無手，這就是因果，也是感應的一種表現。[86]至於因果感應最重要的部分，則是生死，「因果之大，莫大於生死」，[87]生死繫於因果者，在於任憑己意來掌握他物生死，所以李贄反對殺生，主張放生，「蓋眾生所重也，生命也。所以日夜惶惶然不止者，亦為其生耳。是故錄因果，而以殺生垂其後焉。」[88]是以李贄收錄了〈雲棲寺沙門袾宏放生文〉、〈普庵祖師戒殺文〉、〈真歇禪師戒殺

84　〔明〕李贄：《因果錄》，張建業主編：《李贄文集》（北京市：社會科學文獻出版社，2000年），卷7，頁263。

85　〔明〕李贄：《九正易因》，張建業主編：《李贄文集》（北京市：社會科學文獻出版社，2000年），卷7，頁170。

86　〔明〕李贄：《因果錄》，張建業主編：《李贄文集》（北京市：社會科學文獻出版社，2000年），卷7，頁292。

87　〔明〕李贄：《因果錄》，張建業主編：《李贄文集》（北京市：社會科學文獻出版社，2000年），卷7，頁297。

88　〔明〕李贄：《因果錄》，張建業主編：《李贄文集》（北京市：社會科學文獻出版社，2000年），卷7，頁297。

文〉、〈佛印禪師戒殺文〉，又記載動物放生殺生的果報之事。

　　既明果報感應之說，反觀《九正易因》，李贄之所以在〈咸卦〉中特地標出：「一篇大議論，學者宜細思」，[89]其中原由，固然是從正面的立場上，看出萬物生生不息，互相感通之理；反過來講，若存惡念做惡行，則依感應果報的原則，禍事也會隨著而來，「夫感應乃天下之常理，而悔害亦常在感應之中」。[90]因此最好的方法是秉持「自然之道」，所以他引王畿的話為證：「世之學者，執於途而不知其歸，溺於慮而不知其致，則為憧憧之感，而非自然之道矣。」憧憧之感，即是來往不定、搖擺不停，不曉感通真義，自然之道則反是。至於什麼又是自然之道呢？以李贄論生死之學的角度來看，他在《九正易因》舉〈艮卦〉為說，艮卦所重者，就是「止」，他說：「余謂止亦人所難，但能艮止，自未失正。或因止而遂能得所止，亦未可知。」可是止又非完全靜止，而是兼有趾與止二義，既是前進（趾），也是達到、安住（止），所以才要不偏於一方，動時該動，止時該止：「蓋吉凶悔吝，皆生於動，趾而遂止，不動何咎」，明白到「動」不是世間唯一正理，反而是必須視「止」而行：「世間未有好動不止者，而能止其所止也」，如此才能夠明白《大學》之所以標出「止於至善」的道理。[91]能知止，故無往而不自得，無處而不可止，「夫唯能止其所者，無往而非所也，無所而非止也」。止，就像是降伏其心，而不是心浮氣燥、發念妄動，他用〈艮卦〉六二：「艮其腓，不拯其隨，其

89　〔明〕李贄：《九正易因》，張建業主編：《李贄文集》（北京市：社會科學文獻出版
　　社，2000年），卷7，頁171。

90　〔明〕李贄：《九正易因》，張建業主編：《李贄文集》（北京市：社會科學文獻出版
　　社，2000年），卷7，頁170。

91　「《學》、《庸》慎獨之獨，虞廷惟微之微，所謂當止之至善是也。」〔明〕李贄：
　　《九正易因》，張建業主編：《李贄文集》（北京市：社會科學文獻出版社，2000
　　年），卷7，頁226。

心不快」為例，說「六二當腓之處，腓不自動，象二之止；腓不能不
隨足以動，象二之未得所止。夫腓本不欲動者也，及其隨足以動，而
又無由以拯之，此六二所以時時不快於心，而恨不能自降伏其心也
與！」[92]時時不快於心，即由此引申。更進一步來講，止，就是擺脫
人世聞見，陡落塵緣俗理，藉由「止」而解脫，若以第三節李贄論佛
學的講法，則是從萬物緣起山河大地中直探本來風光，回到清淨本原
的真心，所以李贄才說：「凡為學者，學問日博，則聞見日廣；聞見
日廣，則道理日積；道理日積，則寶惜日深。日積日深，日蔽日錮，
雖有豪傑，不能自解脫矣，曾不止學貴知止，止必有所。」[93]是以知
止而後能定，得其所止，止必有所。若明白這個道理，則可為厚終之
學，《大學》之道，即是此意，亦可知生死之說：[94]

> 至善之止也比知，所以定靜安慮，而為《大學》之道；艮之止
> 也以思，所以其道光明，而為厚終之學。厚終與「夕死可矣」
> 意同，〈繫辭上傳〉曰：「原始反終。」故知死生之說。

就李贄看來，厚終即是「夕死可矣」，他又明言此可知死生之說，這
種講法，又再回到了第二節「可死」、「死而不怕」的意涵，同時也是
李贄屢屢以朝聞夕死論證的觀點。畢竟就李贄論生死的角度來說，由
《大學》定靜安慮發展而來，「至善之止」，其道之所以光明，正因

---

92 〔明〕李贄：《九正易因》，張建業主編：《李贄文集》（北京市：社會科學文獻出版
　　社，2000年），卷7，頁226。

93 〔明〕李贄：《九正易因》，張建業主編：《李贄文集》（北京市：社會科學文獻出版
　　社，2000年），卷7，頁225。

94 〔明〕李贄：《九正易因》，張建業主編：《李贄文集》（北京市：社會科學文獻出版
　　社，2000年），卷7，頁226。

「艮之止」為厚終之學的緣故。[95]厚終，便是知死生，從生到死，原始反終；知止，是建立在明瞭「蓋吉凶悔吝，皆生於動」的意義上，明白了因為生存而衍生的種種世事狀況，吉凶悔吝，皆源於此，所以才要剝開層層聞見道理，尋求解脫。因而在感通因果的流衍之中，厚終知止，即是能「可死」、「死而不怕」。

由此可知，李贄生命的最後階段，他將精力灌注在《易》之中。從四十歲接觸陽明學，開始他對於生命之學的思考，其後學佛參道，轉了一圈，他又回到了儒家經典。在《九正易因》裡，不可避免與他之前論佛的思路有些類似，觀其原由，或許是儒佛在生命中留下深刻思想痕跡所致，是以此書雖然甚少引用佛道言論或是著作，但思維方式依舊頗有類似，但引不引用，其實也無太大關係，因為他考慮的始終只是他關注的問題而已。生死之學就是他自四十歲以後最關心的大問題，所以他並不排斥三教，反過來講，只要是有益於他對生死之學的深入了解，他都願意花時間花氣力去學習體悟。對他而言，三教，特別是儒佛，是他實踐生死之學最好的資源，所以他談道教、道家，也講真常唯心、講因果報應，甚至深入《易》理，說感應、論知止，都是在這樣的基礎上發揮。

在本節一開頭引到李贄的自殺，林其賢曾將其解釋為佛教式的生死階段類型，認為死亡只是另一階段生命的開始，生命是不斷生而死，死而生的歷程。[96]這樣的觀察頗有道理。但從另一個角度來講，我們也可以發現李贄不斷探索活著的本質，但當他發現活著就是不斷

---

95 李贄講止，難免會讓人聯想到佛教天臺「止觀」之說，但李贄此處由動靜著手，既有生生不息，亦有收拾內心之意，同時又兼攝震、艮二卦，「震、艮二卦，聖人道問學之事也」，最後再回到《大學》止於至善，顯然已非天臺講法。〔明〕李贄：《九正易因》，張建業主編：《李贄文集》（北京市：社會科學文獻出版社，2000年），卷7，頁225。

96 林其賢：《李卓吾的佛學與世變》（臺北市：文津出版社，1992年），頁98-100。

面臨人生困境的時候——老病貧窮、權力結構、人事困擾、與世乖违，乃至於流言蜚語等等，一次又一次，斬不斷理還亂。這種生，已可謂傷生的極致，若然如此，當他明白這個道理時，他就必須面對下一階段的考慮：死亡。這並不是因為死亡焦慮才開始思考死亡，而是當他了悟「生」，自然而然地就要面對「死」，用前述所言，即是「知止」。知止，即是知道原無生死，故能死而不怕；知止，即是原始反終，尋得自家性命下落。在感通因果的世界現象中，得明知止，所以他才真正可以死，就像他總是引《論語》〈里仁〉的話：「怕死之大者，必朝聞而後可免於夕死之怕也，故曰：『朝聞道，夕死可矣。』曰『可』者，言可以死而不怕也。」[97]怕死之大者，不是要長生不死，剛好相反，而是當他了悟其生，知生知死，才可以「朝聞道，夕死可矣」。既已聞道，尋得自家性命下落，所以重點才可能放在這個「可」字。也因為傷生而知生，所以才可以死——「可以死而不怕也。」這個觀點，也正如他在獄中所作〈繫中八絕〉的最後一首：[98]

> 志士不忘在溝壑，勇士不忘喪其元。
> 我今不死更何待，願早一命歸黃泉！

「我今不死更何待，願早一命歸黃泉」，李贄之死，至此已可能有了思想史上的解釋。[99]

97　〔明〕李贄：〈觀音問十七條〉《焚書》，張建業主編：《李贄文集》（北京市：社會科學文獻出版社，2000年），卷1，頁160。

98　〔明〕李贄：〈繫中八絕〉《續焚書》，張建業主編：《李贄文集》（北京市：社會科學文獻出版社，2000年），卷1，頁117。

99　要說明的是，自殺很可能是多種因素所造成的。自殺的原因很多，或許是事先計畫，也可能是臨時起意，牽涉緣故甚多，必然與偶然、生理與心理、外部環境與內心想法或兼有之。我們當然不可能起李贄於地下而問，是故本文的作法，主要是以歷史研究的角度，睽諸文獻，來為李贄的舉動找尋一條思想史的可能線索。

五　結論

　　本文的研究，即是奠基在李贄生死之學的眾多研究上，更進一步指出，李贄談生死，首重「傷生」。傷生，就是思考活著的意義、生存的真締，當死去的親友已不在，而我們未死時，「活著」，便成為李贄關心的問題。對於「活著」，這些塵世之苦，他確實有許多感觸，包括身體病痛、人事之不堪、社會結構與政治權力的迫害，都是他傷生的原因。除此之外，他的思考不止是針對自己，同時也還指向別人的「活著」，他批判某些人的信仰價值與意義，原來世間太多的虛偽不實、謊言造假，是他不能忍受的，有些人以儒者自命，卻溺於富貴，排斥他說，沉淪塵網而不自知，甚至還洋洋自得，既不能令又不受命。他之所以說自己是「真儒」，認為真正求道者應該像他一樣，這些都是他在「活著」、在「傷生」所面臨的現實處境。

　　最後，從思想史上的脈絡上，本文嘗試替李贄的自殺描繪出可能的脈絡。意即，李贄談生死，雖然最關懷的是「活著」，但不可避免地，活著最後仍是要通向死亡的，所以李贄要如何從「生」到「死」，要如何傷生而知生，然後可以死，就成了本文最注意的問題。事實上，在李贄探討「活著」的時候，他雖然感嘆病體之苦、與世不諧，但也漸漸發現了由生到死的可能，這在他以真常唯心的如來藏思想出發，探討山河大地萬物起滅中可見。萬物由心緣起，相生相續，幻成大千世界，生生不息。可是逆推回去，事物相依相續，其實都是從清淨本原中漸染漸生，真空生萬有，是以返歸本來風光，無住亦無染，就成了李贄擺脫塵世俗務，收攝馳蕩的思想痕跡。此外，也表現在他以《易》的「咸卦」、「艮卦」中探討感應、知止的說法裡。有因就有果，有感就有應，因果互生，感應相起，構成了一幕幕的人生戲碼，諸事叢脞，盤根錯節，悲歡離合，福報厄運，屢見不鮮。若

然如此，世事感應因果，此起彼和，人處其間，就要知「止」，不能一味地動而不靜，也不能受限於聞見道理，執於其間，無法解脫，是以知「止」才可謂厚終之學、才可謂「知死生之說」。這些都是李贄對於生死的思考說法，顯示了他怎麼解釋「生」，又怎麼面對「死」。

換言之，明白了生，才可以坦然地面對死，有生有死的更深一層境界，其實就是原無生死。畢竟就他看來，生與死都只是一種說法而已，未生之前，又何來生？已死之後，無知無覺，又何來死？所以生死問題，都是在「活著」的時候，才可能產生的困擾與困惑。但是當「活著」是一個事實，生跟死就顯得非常重要，因此李贄才努力探討生死之學，尋求自家生命下落。從這樣的角度出發，他企圖從三教裡找出答案，尋求生命意義的認同感，或反身觀照，理解生命，或冷眼觀世，看透人情，他看到了三教聖人都是「凡為學皆為窮究自己生死根因，探討自家性命下落。……唯三教大聖人知之，故竭平生之力以窮之……」。三教聖人既然都是生死學的大家，李贄於是從三教中求道，在感應因果的世界中，窮究生死之路。順著這樣說法，由生到死，既知生，也知死，生死之學，從「傷生」到「死而不怕」，便成了進入李贄思想的一條重要線索。

僕隱隱有深怖
——袁小修的生死困惑

一 貪生怕死——僕隱隱有深怖

　　袁中道（1570-1624），[1]字小修，號柴紫居士。幼時隨中郎一起讀書，與兩位兄長類似，小修自幼聰穎，年少已能為文，錢謙益說他：「十歲餘，著〈黃山〉、〈雪〉二賦，五千餘言。」[2]相較於伯修壽四十一歲、中郎壽四十歲，小修終年五十四（或五十六）歲，已是年歲最長。可是活得最久，代表著他的「死亡經驗」可能相對較多，此處「死亡經驗」，意指經歷他人死亡所產生的感受與衝擊。就小修而言，二位兄長以及父親，甚至親朋學友的離去，都加深了他對於死亡的恐懼與不安。其中兩兄的突然逝世，更讓他心驚，震撼的當然是兄

1　小修的卒年，至今仍有歧說。《明史》〈袁中道傳〉：「天啟四年進南京吏部郎中，卒於官」，天啟四年為一六二四年，清代編修《公安縣治》〈袁中道傳〉記載：「歲丙寅，端坐而逝，年五十七」，依次推歲，當死於天啟六年（1626）；錢謙益《列朝詩集小傳》則是說：「萬曆丙辰，始舉進士，授徽州府教授，選國子博士，乞南，得禮部儀制，歷官郎中，旋復乞休，以疾卒，年五十有四。」年五十四，則與《明史》記載相同，皆為天啟四年。可參周群：《袁宏道評傳》（南京市：南京大學出版社，2007年），頁263-264。〔明〕袁宏道：〈敘小修詩〉，《袁宏道集箋校》（上海市：上海古籍出版社，2008年），頁187。

2　〔清〕錢謙益：《列朝詩集小傳》（上海市：上海古籍出版社，2008年），頁568。中郎說〈黃山〉、〈雪〉二賦，雖不大佳，「然刻畫飣餖，傳以相如、太沖之法，視今之文士矜重以垂不朽者，無以異也。」由此可知，中郎是以「不拘格套，獨抒性靈」的定義來看二賦，以這個標準來說，或許不大佳，但就一般飣餖文士所重者，水準並無太大差異。

長的突然物故，帶給包括自己在內的全家人極大悲痛。萬曆二十八年（1600），伯修病逝於任所，此時中郎三十三歲，小修三十一歲。小修多有詩文記之，情溢乎辭，可見傷心之甚，其中〈入都迎伯修櫬，得詩十首，效白〉曾云：「痛死慰生淚暗垂，一身多病不堪支」、「老親淚盡惟流血，小弟心孤欲喪生」、「今生幸得為兄弟，萍水重逢又逐流」、「笑語衣冠渾在眼，如何令我叫亡兄」、「我眼半枯身半死，旁人猶作計偕猜」、「莫怪多情頻下淚，死生大海路茫茫」……，種種詩句，都說明了小修心情極度低落，對於兄長之死，難以接受也難以釋懷，以至於連外在景物都感到蕭索慘澹：「江上雪來雲片黑，河洲風重鴈行遲」、「長安北去三千里，多少青山涕淚中」、「浩歌臨水水為泣，和淚看山山更愁。瘦馬風嘶停古道，夜鳥鬼語集荒垢」、「難忘聽雨愛憐情，日暮含悽過古城。一片雪來和淚落，幾行鴈過喚愁生」，[3] 在小修看來，景物似乎隨著伯修的突然逝世，都變得不再明亮、溫暖，於是天上的雲朵彷彿整片黑漆，似乎水與山都跟著感到愁困，流下眼淚，自己更是浩歌臨水、淚眼看山，而鴈過鴈來，[4] 讓人們聽了，更是倍覺空虛，苦楚不堪……。

景物與心緒的慘絕暗澹，事實上與這段路程有絕對關係，小修有〈行路難〉一文，記載初聞伯修訃音，又奉父親之命，前往接櫬的經歷。行路難，固然有指旅途漫長艱辛之意，可是一詞雙關，當然也有人生突遭噩耗，措手不及，以至於茫然無助之感。伯修離逝消息傳

3　〔明〕袁中道：〈入都迎伯修櫬，得詩十首，效白〉，《珂雪齋集》（上海市：上海古籍出版社，2007年），頁118-121。

4　鴈（或「雁」）作為傳統文學上的「語碼」，有孤單、悲傷、寂寞的意思，不斷被文人複製引用，小修也引用了這種資源。可見葉嘉瑩：《南宋名家詞講錄》（天津市：天津古籍出版社，2005年），頁7、頁65。

來，初始「一家昏黑，不知所為」，[5] 兩、三日之後，得到黃輝來信，於是小修火速進都，準備接送棺柩返鄉。可是禍不單行，僕人在旅中生事，耽擱行程，途中遇一孝廉並行，不料孝廉奴僕又與人爭執，誤傷郵卒，旁人甚至誤會主凶是小修。幾番折騰，終於入都，小修已是心力交瘁，「望見都門，予腸如割」，後見伯修遺體，「至邸舍，隕絕。頃之，黃太史（芝慶按：即黃輝）至，相向而哭失聲。住此凡三月，俱在痛哭聲中度日，昏昏惘惘，不似在人間也。」[6] 昏昏惘惘，痛哭失聲，極為難受。後從潞河取道回家，不料當年水川乾涸，無舟可發，交涉許久，乃得兩舟，方行不過十餘里，已不能再走，舟人下水推移，慢慢駛進，一日僅里許，回家之路，仍舊遙遠。至天津時，夜半停舟，又遇火災，驚慌不已，好不容易平息，白日行駛間，又不小心與他舟相撞，撞沉官方運糧船。至交河，竟然找不到驛夫，舟人又與當地市民爭吵傷，市民追舟而至，發生械鬥，一位舟人慘死。某日間泊於野市，突有盜人而至，所幸並無大礙。舟至臨清，又遇稅吏索賄，「大輸金錢，乃得行」[7]，至辰河，水已見底，只好下船步行，此時「天劇暑，河揚塵，纜夫數十人，欲縱之則難前途，止之皆無食。」其間，行行復行行，官吏索賄之事不絕，舟人爭執之事常有。終至廣陵，得與中郎會合，不料到安慶、漢口等地，又遇狂風大水，幾乎淹沒船隻，「俄聞桅上作大聲，如倒狀。急觀之，則帆裂墮矣。」、「至武昌，予乃覓一舟，先從漢口歸囊，江水大發，牽路盡

5　〔明〕袁中道：〈行路難〉，《珂雪齋集》（上海市：上海古籍出版社，2007年），頁871。

6　〔明〕袁中道：〈行路難〉，《珂雪齋集》（上海市：上海古籍出版社，2007年），頁873。

7　〔明〕袁中道：〈行路難〉，《珂雪齋集》（上海市：上海古籍出版社，2007年），頁876。

沒，一僕幾溺焉。」[8]抵家後，「見大人於佚老堂，悲泣哽咽，相視不
能言。後十餘日，櫬舟始至。」途中所遇艱困，心情的悲痛慘絕，明
明早已慌忙意亂，偏偏又遇上許多麻煩，僕人與舟人的鬧事吵嚷、稅
吏的趁機索價、狂風大雨的突襲而至，多事之秋，心亂如麻，勉強打
起精神，又處處逢災，真可謂「行路難」。小修在〈告伯修文〉說
過：[9]

> 今弟以臘月初三日往迎靈柩。哭死悲存，剜心之愁萬種；踏雙
> 割雪，斷腸之路三千。途中願我兄保佑扶助，無逢災患。更願
> 示異夢靈跡，以堅信心。弟無任撫心痛哭，悲淚翹誠之至！

哭死悲存、剜心之愁、撫心痛哭、踏雙割雪、斷腸之路，這些辭語，
一再說明了小修痛苦的感受。祭文雖未標明寫作時間，若依據語氣文
脈推斷，應作於〈行路難〉之前，所以才要伯修在天之靈，保佑無逢
災患，當然事後證明剛好相反，遇到的麻煩事實在太多，行路之難，
莫此為甚。可是不管如何，只要沒有遇到極嚴重的阻礙，以至於無法
接棺；又或是只要能接得兄長遺體返鄉，一切困難，都不會是真正的
困難。

伯修死去，中郎返鄉經營柳浪，隱居六年後再度出仕。另一方
面，舅舅龔仲慶，好友江盈科、陶望齡等人也相繼過世，志同道合者
陸續凋零，更讓中郎與小修增添淒涼、寂寞與橫逆。不料伯修撒手人
寰的第一個十年，也就是萬曆三十八年（1610），中郎也因火疾病逝

---

8 〔明〕袁中道：〈行路難〉，《珂雪齋集》（上海市：上海古籍出版社，2007年），頁
   877。

9 〔明〕袁中道：〈告伯修文〉，《珂雪齋集》（上海市：上海古籍出版社，2007年），
   頁789。

於長沙，對小修而言，又再度遭逢重大變故，小修在《遊居柿錄》[10]中，詳細記載中郎從病發到病逝的過程，為了論述的方便，我們不妨參照歸納，敘述如下：當時中郎微動火，身體不適，多與小修論及養生事，[11]不料病情加劇，火病不退，服藥亦不見好轉，找來許多醫生，也診斷不出病況，中郎甚至嚴重到夜不能眠，大小便皆血，「大便下紫血塊。小便初如陳米泔水，後赤如血，如濃茶。」[12]小修受怕擔憂之情，見於言表，諸如「予私憂之甚」、「予臥不交睫」、「而人頗有笑予張皇者」之類的文字，[13]慌張意亂、著急惶恐，都說明了他當

---

10 《遊居柿錄》是小修在萬曆三十六年（1608）起筆寫下的日記，當時他再度落第，伯修去世多年，中郎又再度赴京任職，友朋或離或逝，頗感落寞，因此有遠遊打算，「靜居數月，忽思出遊，蓋予簣箐谷中，甚有幽致，亦可以閉門讀書。而其勢有不能久居者，家累逼迫，外緣應酬，熟客騷擾，了無一息之閒。以此欲遠遊。」所以命為《遊居柿錄》，正反映當時的心情，同時也有自勉自強之意。他說遠遊好處有三，首先，名山勝水，可以滌洗俗腸；再者，吳越間多精舍，可以安靜讀書；最後，或遇名師勝友，相討性命，比之自修，其功百倍。〔明〕袁中道：《遊居柿錄》，《珂雪齋集》（上海市：上海古籍出版社，2007年），頁1105。另外，黃雅雯便曾以《遊居柿錄》為探討核心，參照文集中之文章，並從實際生活的層面著手，探論小修的溪遊生活，從環境促使、人際聯繫、性命考量等方面論述，分析小修溪遊的原因。並又以小修的溪遊行程順序，討論其溪遊的行動模式，勾勒小修依循遊溪而開展都遊山、遊城、訪友論學等生活。可參黃雅雯：《袁中道溪遊生活研究——以《遊居柿錄》為例》（臺北市：淡江大學中國文學所碩士論文，2004年）。

11 中郎說：「四十以後，甘澹泊，屏聲色，便是長生消息。四十以後，謀置粉黛，求繁華，便是夭促消息。我親見前輩早夭人，個個以粉骷髏送死」、「近日禪學悟得些理路，多至放恣。現行無明，種種俱在，道力不勝業力，只是口頭三昧，臨終寧有得力處？四十以後，決宜料理養生事，起居飲食，皆有節度，乃為攝生之道。」甚至打算在清溪、紫蓋間隱居，結室以老，認為「生死事大，四十年以前作今生事，四十年以後作來生事可也。」〔明〕袁中道：《遊居柿錄》，《珂雪齋集》（上海市：上海古籍出版社，2007年），頁1207-1208。

12 〔明〕袁中道：《遊居柿錄》，《珂雪齋集》（上海市：上海古籍出版社，2007年），頁1210。

13 〔明〕袁中道：《遊居柿錄》，《珂雪齋集》（上海市：上海古籍出版社，2007年），頁1209、頁1210。

下的心情，是非常恐懼與不安的。數日後，中郎非但沒有痊癒，反而病重不起，回天乏術：[14]

> 予私自哭泣，安慰之，急呼李醫至，切脈曰：「脈脫矣！」予頓足仆地，醫曰：「勿驚，且試人參湯。」已進參，頃之氣喘，自云三分生，七分死矣。已復起便，自云：「我略睡睡。」此外絕無一語，遂坐脫去，予喚之不醒矣！痛哉，痛哉！一朝遂失仁兄，天崩地裂，以同死為樂，不願在人世也。予亦自絕於地，久之始甦，強起料理棺木……。

小修見中郎一覺不醒，知道他大限已至，已無生望，自己已是悲痛欲絕，當場昏倒。後雖強打精神料理後事，但老父聽聞中郎已死，白髮人送黑髮人，年邁老態，體更不支，其實就連小修自己快支持不住，都要病倒：「至沙頭哭中郎，遂得血疾，晨常吐血數日，脹滿不支。醫人誤投以乾薑、半夏，燥極，夜遂不交睫，狂亂甚」、「病燥火甚，惡飲食，作嘔又見血。夜不寐。」身體明已勞累不堪，內心難熬，身心俱憊，但又要避免老父為自己擔心，多重壓力之下，小修苦不堪言，他在給黃輝的信說道：「伯修去後，已自淒楚不忍言，所倚以為命者，一中郎耳。今又捨我而去，傷心次骨，一病幾至不起。弟不難相從於地下，奈老親在堂，不得已削涕強笑，冀少慰之。」[15]內外交相煎熬，焦灼痛苦，不捨之情，實在難以言說。畢竟小修自幼便與中郎共

---

14 〔明〕袁中道：《遊居柿錄》，《珂雪齋集》（上海市：上海古籍出版社，2007年），頁1210。

15 〔明〕袁中道：〈寄黃春坊平倩〉，《珂雪齋集》（上海市：上海古籍出版社，2007年），頁1010。

學，兄弟倆年紀接近，常相交遊，與中郎感情最久，也最深厚：[16]

> 弟薄命與中郎年相若，少即同學。長雖宦遊，南北相依，曾無
> 經年之別。一日不相見，則彼此懷想；纔得聚首，歡喜無窮；
> 忽爾分袂，神色黯黯。至於今年（芝慶按：即中郎死之年：萬
> 曆三十八年，1610）[17]尤甚，形影不離，暫別去，即令人呼
> 喚，不到不休。弟所以處困窮而不戚戚者，止以知己之兄在
> 耳。今復化去，弟復有何心在世中？腸與誰吐？疑義與誰析？
> 風月誰與共歡？山川誰與共賞？錦繡乾坤，化作凄涼世界，已
> 矣，已矣！恐弟亦不久於世也！

小修與中郎年歲相若，自幼感情極佳，自伯修死後，兩兄弟更是一路
扶持，「所倚以為命者，一中郎耳」。而小修科考始終不順，故曰「處
困窮」，關於小修場屋經歷，詳見下節。功名失意，幸好有中郎在旁
支持，名落孫山，小修雖難免灰心，仍不至於喪志。如今連中郎都死
了，自己又有何生可戀？風月再美，山川再麗，悟得的義理再多，也
無法與中郎分享，雖非如小修自言：「恐弟亦不久於世也！」（事實上
小修晚於中郎十幾年才逝世）但從這句話可見，中郎的逝去，幾乎讓
小修失去了生存的意義與生命的支柱，生者所感受的，盡是痛苦，讓
他悲嘆：「逝者已矣，生者之苦未艾也」！[18]

16　〔明〕袁中道：〈寄蘇雲浦〉，《珂雪齋集》（上海市：上海古籍出版社，2007年），
　　頁999。

17　〈寄蘇雲浦〉開頭便言：「傷哉，傷哉，中郎於九月初六日長逝矣！八月初，微有
　　火疾，時起時減。投補劑則發火，投清劑則傷胃，不藥則症日加，遂至大小便皆
　　血……」，故可推知信寫於萬曆三十八年（1610）。〔明〕袁中道：〈寄蘇雲浦〉，《珂
　　雪齋集》（上海市：上海古籍出版社，2007年），頁998-999。

18　〔明〕袁中道：〈寄蘇雲浦〉，《珂雪齋集》（上海市：上海古籍出版社，2007年），
　　頁999。

　　後事終有辦完的一天，憂傷卻馬不停蹄。一年多後，父親袁士瑜因喪子，悲痛病逝，小修說父親：「大人年已七十，初喪伯修，既喪吾兄。弟又溘先朝露，令老人何以為懷？弟是以勉強排遣，藥餌不效，則走之玉泉山中，看山聽泉，期日久日忘，以消此苦懷，庶疾病不發。凡一年餘，弟始有生望，而大人以哭子斷腸逝矣。痛哉，痛哉！」[19] 父親掛憂自己的身體，小修為安慰老父，特地到離家不遠的玉泉山，休息身心，沒想到父親卻悲痛過甚，先走一步，卒年七十。[20]

　　父親病逝的這一年，黃輝同樣謝世，黃輝是小修極為尊敬的同道學友，伯修死後，小修曾說「惟與平倩聚首四夕，無夕不譚，無譚不關性命，極可聽也，而語又多不勝書。書兩家交誼之神，與吾兩人分攜之情者，令千載而下，知吾輩生死道德之交，迥與俗情不同也。」[21] 中郎死後，小修更對黃輝說「今惟仁兄可依」，[22] 可是這個無夕不談，無談不關性命，惟兄可依的黃輝，卻也先於小修而去，「黃平倩仁兄亦以今年夏初不祿，弟聞之，其慘戚不啻伯修、中郎」，[23] 世事無常，人歲不永，小修感慨萬千：「自經別死離生後，始覺人生聚會難」，[24] 知己各分東西，聚會固然是難，可是友朋盡皆凋零，連聚會亦不可得，昔日之歡樂，此景只待成追憶：「……，不旬日間，遂有家大人

19 〔明〕袁中道：〈告中郎兄文〉，《珂雪齋集》（上海市：上海古籍出版社，2007年），頁795。

20 〔清〕周承弼等編修：《公安縣志》，頁748。

21 〔明〕袁中道：〈自柞林至西陵記〉，《珂雪齋集》（上海市：上海古籍出版社，2007年），頁544。

22 〔明〕袁中道：〈寄黃春坊平倩〉，《珂雪齋集》（上海市：上海古籍出版社，2007年），頁1010。

23 〔明〕袁中道：〈寄長孺〉，《珂雪齋集》（上海市：上海古籍出版社，2007年），頁1030。

24 〔明〕袁中道：〈峯寶路〉，《珂雪齋集》（上海市：上海古籍出版社，2007年），頁125。

之變，不肖五內崩折，功名之失得不足論，身世之淒涼大可悼也。乃六月中，又聞黃平倩先生之訃。不肖與兩先兄及陶、黃二先生，為兄弟中之朋友，為朋友中之兄弟，今皆先我而去，如何為懷！」[25]陶望齡與黃輝等人，小修既稱之為兄弟中之朋友、朋友中之兄弟，交情自非尋常，如果用伯修的話來講，就是共參性命的「怕死友」。這個文人群體，除了詩文唱和、相知相交之外，最大的特色之一，就是彼此為生死性命之學的同道。共參性命的道友難求，袁家三兄弟尋尋覓覓，正是要找尋同參友朋，《棗林雜俎》便記載：「公安袁小脩（中道）客長安，以學道未契，汲汲求友。」[26]其實，三兄弟尋友固勤，他人又何嘗不是？黃輝曾自述經歷：「予少時溺於文人習氣，欲以風雅命世，後漸有遊仙之興。自官於京師，得聞性命之學，然終旁皇於長生無生之間，而未有定也。丁酉入都，得遇君家兄弟，力為我拔去貪著濁命之根，始以輕泰之樂引我。既又得聞向上事，從知解稠林中出，如掃葉，如撥筍，今始坦然知歸。」[27]丁酉，即萬曆二十五年（1597），是時伯修三十八歲，為東宮侍講；中郎三十歲，剛辭去吳令，與陶望齡等人遊山玩水；小修二十八歲，應湖廣鄉師落第，正由武昌去真州。黃輝便是此時與他們結識，自後相交數十年，性命之學始終是他們關懷的重心。黃輝卒後，小修更在玉泉山築紫柴庵，祭祀伯修、中郎與黃輝。[28]

---

25 〔明〕袁中道：〈寄曹大參尊生〉，《珂雪齋集》（上海市：上海古籍出版社，2007年），頁1029。

26 〔明〕談遷：《棗林雜俎》（北京市：中華書局，2006年），頁581。

27 〔明〕袁中道：〈自柞林至西陵記〉，《珂雪齋集》（上海市：上海古籍出版社，2007年），頁543。

28 「堂中所祀者，上為維摩詰，左為武安，右為伯修、中郎。近得西川黃太史平倩之訃，予哭而祀之。」〔明〕袁中道：〈柴紫庵記〉，《珂雪齋集》（上海市：上海古籍出版社，2007年），頁653。

　　十數年間，小修痛失父兄與道友，特別是兩位兄長之死，小修是極為難受的。可是，小修傷慟固然是他們的離去，但畢竟人死不能復生，相對於死去的親友，始終活著的，仍舊是自己，「逝者已矣，生人之苦未艾也」、「夫逝者道力深重，生死久暫，夫復何慮。獨生者之苦，未易言耳。」[29]他對死者自多緬懷，卻對自己的生死感到驚心，在死去的人中，也往往聯想到自己：「而同學諸友，無一在者，感歲月之如駛，念壽命之不常，又不覺淚涔涔下也。」[30]歲月如駛，壽命不常，親友的死別，帶給小修的「死亡經驗」極為巨大，不禁讓他發出了這樣的心聲：「又弟兄壽命皆促，恐朝露溘至，做手腳不迭。」[31]「兄弟壽命短促，即致身青雲，亦復何用？不如趁此無病時，早辦資糧。」[32]「弟自家嚴捐棄之後，……。明年當往東南求友，不獨明眼悟道人，可為我輩宗師，即有志學道十分以生死為念者，便是弟輩之舟航也。」[33]從他人之死想到了自己，他人會死，自己終究也會死，隱隱有深怖，所以要以生死為念，早辦資糧。更何況父兄友朋接連死亡，噩耗連連，連小修自己也病倒了，這次的生病，讓小修更是警覺到生死問題的迫切。生死大事，逼人而來，竟教小修無處可躲：[34]

29　〔明〕袁中道：〈寄陶不退〉，《珂雪齋集》（上海市：上海古籍出版社，2007年），頁1001。

30　〔明〕袁中道：〈潘去華尚寶傳〉，《珂雪齋集》（上海市：上海古籍出版社，2007年），頁730。

31　〔明〕袁中道：〈答雲浦〉，《珂雪齋集》（上海市：上海古籍出版社，2007年），頁1004。

32　〔明〕袁中道：〈與長孺〉，《珂雪齋集》（上海市：上海古籍出版社，2007年），頁1007。

33　〔明〕袁中道：〈寄陶不退〉，《珂雪齋集》（上海市：上海古籍出版社，2007年），頁1031。

34　〔明〕袁中道：〈答秦中羅解元〉，《珂雪齋集》（上海市：上海古籍出版社，2007年），頁1053。〔明〕袁中道：〈後汍凫記〉，《珂雪齋集》（上海市：上海古籍出版社，2007年），頁666。

先兄逝後，弟無生人之樂，疾病相仍，幾於不起，至今春始平
復。……。弟已如孤鴈天末，哀雲唳雨。且老矣病矣，一生心
血，半為舉子業耗盡，已得痼疾，如百戰老將，滿身箭瘢刀
痕，遇風雨輒益其痛。僕少如健犢子，自經父兄之變，百感橫
集，體日羸瘦。今年始覺大有老態，或長夜不眠，耳中日夕如
轟雷，雙手酸痛，雙膝常畏寒，夜作楚尤甚。略有酒欲，即發
血疾。兩兄皆早世，僕隱隱有深怖。

「兩兄皆早世，僕隱隱有深怖」，可見小修的真正心情。除死別之
外，科考的失利、命運的折磨、疾病的痛楚，漸漸地消磨了小修的鬥
志，即便他日後仍赴京再考，終於考中進士，但經歷了這麼多的哀痛
與悲苦，身心早就傷痕累累，疲憊不堪：「人間奔波幾時休？」[35]、
「茫茫苦海無涯矣！」[36]、「人情世態，堪為痛哭。」[37]、「轉覺人生
行路難。」[38]就像百戰沙場的老將，滿身箭瘢刀痕，遇風雨輒益其
痛。身體的苦痛，失眠、耳鳴、雙手酸痛，雙膝畏寒、略有酒欲，即
發血疾……等等，讓他對於死亡的感受，更為深刻。當然，倒不是說
小修之前對生死漠不關心，他們三兄弟年輕時，便已共參性命之道，
小修自己也常有詩文記載此事，例如他在〈燕中別大兄〉便有詩記
之：「何以娛歲年，學道了生死。」[39]也害怕自己年紀尚輕，便已死

---

35 〔明〕袁中道：〈別洪生〉，《珂雪齋集》（上海市：上海古籍出版社，2007年），頁8。

36 〔明〕袁中道：〈白衣寺緣疏〉，《珂雪齋集》（上海市：上海古籍出版社，2007年），
　　頁809。

37 〔明〕袁中道：〈寄陶不退〉，《珂雪齋集》（上海市：上海古籍出版社，2007年），頁
　　1031。

38 〔明〕袁中道：〈放歌贈人〉，《珂雪齋集》（上海市：上海古籍出版社，2007年），頁
　　61。

39 〔明〕袁中道：〈燕中別大兄〉，《珂雪齋集》（上海市：上海古籍出版社，2007
　　年），頁55。

去：「只祈年壽勝周郎（芝慶按：即周瑜，周瑜死時為三十六歲）。」[40]
小修曾有〈紀夢〉詩，說明了他對於死亡的恐慌與懼憂，他認為死後
只剩黑暗，前途黯黯，不知何處；黑水洋洋，無筏可去。上既不見
天，下也不見地，四望無人，只有黑黑松樹，蕭蕭風聲而已。[41]這種
死亡焦慮，顯然困擾著他：「秋死春復生，人命不如草。草死有生
時，人死無還期。寂寞歸長夜，魂魄將安之。」[42]人命不如草，草會
再生，人卻不會復活，人死後，寂寞長夜，魂魄又將何去何從？小修
竟然從草的生長，聯想到自身的死亡，可見他對死亡的害怕憂愁。自
幼怕死，當然不是小修特殊的案例，其實不論古今中外，常常有這樣
的現象，為了加深論述的強度，我們不妨再參照他人的例子，雷蒙‧
穆迪（Raymond A. Moody）在《死後的世界》（*Life After Life*）中，
就曾採訪過這樣的案例：[43]

> 我小時候很怕死。我經常在夜裡醒來號啕大哭，發一頓脾氣。
> 我父母親會衝到房間來，問我怎麼回事。我跟他們說我不想
> 死，但是我知道有一天我會死，我問他們是否能夠讓我們不要
> 死。我母親會對我說：「我們也沒辦法，生命就是這麼一回事，
> 我們都必須面對它。」她說我們都得自己去面對，時候到了，
> 我們都會平安走過去的。我母親去世多年以後，我仍舊會跟我
> 太太談到死亡的問題。我還是很怕死。我不要那一天到來。

---

40 〔明〕袁中道：〈過赤壁其二〉，《珂雪齋集》（上海市：上海古籍出版社，2007年），
　　頁25。

41 〔明〕袁中道：〈紀夢〉，《珂雪齋集》（上海市：上海古籍出版社，2007年），頁38。

42 〔明〕袁中道：〈詠懷其五〉，《珂雪齋集》（上海市：上海古籍出版社，2007年），頁
　　65。

43 〔美〕雷蒙‧穆迪（Raymond A. Moody）著，林宏濤譯，《死後的世界》（臺北市：
　　商周出版，2012年），頁127。

故事還有後半段，自從主角經歷瀕死經驗之後，怕死的他，卻不再擔憂死亡，有時甚至會替亡者感到開心，因為死亡可以很美好，並不可怕，所以雷蒙・穆迪才在書中章節裡特地標明為「對死亡改觀」。[44]只是在此之前，主角顯非如此，當然許多人都怕死，卻非人人都有深刻的怕死感受，甚至也不一定會表現在行為言語上，可是文中的案例，主角年幼時會在半夜醒來大哭、發脾氣。原因在於，主角知道自己一定會死，卻並不想死，死是無處可躲，卻又時時想忽略躲開的必然存在，哭泣、發脾氣、憂心忡忡等等，正是由死亡所引起的焦慮。年長之後，社會化的程度加深，或許不會再有這些行為，但焦慮仍在：「我還是很怕死。我不要那一天到來。」主角因為怕死而展露的言行，顯然強於其他幾位人物（如父母、太太），對於這種「怕死」的心態，舒茲（A. Schuetz, 1899-1959）認為人知道自己一定會死，卻又懼怕死亡，「這種經驗，我們擬稱為基本焦慮（fundamental anxiety）。」舒茲的意思，不是說每個怕死的人皆有這種焦慮，但就某些人來講，人之所以得以創造、發明、克服障礙、制定並實現計畫，甚至想要支配他人、支配整個世界，都是從這種焦慮引發、延伸。[45]因此，舒茲認為成長變老是每個人都會經歷的事實，代表了人人都會死，不會永遠活著，這種意識於是促使某些人們去安排這種事務、進行各種規劃，可是在生命的起點與終點之間，時間與空間往往

---

44 「但是自從有了那個經驗之後（芝慶按：瀕死經驗），我再也不害怕死亡。那些感覺都不見了。我再也不為葬禮感到難過。我甚至有點替亡者開心，因為我知道他們經歷了什麼事情。」、「我相信，天主或許是因為我害怕死亡，才讓我有此經驗。當然，我父母親總會安慰我，但是他們無法像天主那樣給我啟示。現在我不再談論它，但是我心裡廓然明白，而且很知足。」〔美〕雷蒙・穆迪（Raymond A. Moody）著，林宏濤譯：《死後的世界》（臺北市：商周出版，2012年），頁127-128。

45 （奧地利）舒茲（Alfred Schuetz）著，盧嵐蘭譯：《舒茲論文集》（臺北市：桂冠出版社，1992），冊1，頁225。

成為人們實質行動的進行障礙，這些障礙是不可避免的，就像糖融於水中，女性懷胎生子一樣，都是必要的時間等待，這是時間的阻礙。現代科技雖然進展極快，可以縮短這些時間，但仍不能完全消去。因此時空的障礙，便是屬於現實世界存有學結構的重要部分，等待人們以面對基本焦慮的心態，去安排、計畫與克服各種阻力。[46]

由上可知，「我還是很怕死。我不要那一天到來」，當然也可以說是小修的心聲，例如小修說：「學問一事，弟輩所坐之病，只是不怕死。若怕死，則真參真悟真修，何愁不到懸崖撒手田地。惟不怕死，故半上不落，智不入微，道不勝習耳。」小修的「不怕死」，這裡有兩層意思，如前文所謂的害怕死亡，為其一；求道不得其法，愛之適足以害之，為其二。[47]另外也就像他說死後世界的孤獨、荒蕪、淒楚；就像他哀怨人命不能像草一樣，秋死春復生。怕死，便是小修的「基本焦慮」，而小修自幼有功名之志，意欲澄清天下，做一番事業，「少小讀詩書，志欲取青紫」[48]、「予少年雅負才氣，謂功名可唾取，易言天下事」，[49]當然有家族的期望，也有社會利益的考量，更可以說是小修的「生涯規劃」（Lebensplan）[50]，是他企圖在有限的生命

---

46 游淙祺：〈舒茲論處境與行動〉，《揭諦》第4期（2002年7月），頁212-213。

47 〔明〕袁中道：〈季楊侍御〉，《珂雪齋集》（上海市：上海古籍出版社，2007年），頁1085。

48 〔明〕袁中道：〈感懷詩五十八首（第三十四）〉，《珂雪齋集》（上海市：上海古籍出版社，2007年），頁200。

49 〔明〕袁中道：〈書王伊輔事〉，《珂雪齋集》（上海市：上海古籍出版社，2007年），頁877。小修年少時，曾見先人墓田裡的古剎，立志將來重新修葺，他後來追憶「予少有奇氣，每次此剎，輒自念我不久當富貴，或為國家邊陲上建少功業，盡以上方賜緡錢，及每歲祿入，修葺此地。」可見小修當時的志在四方的功名願望。〔明〕袁中道：〈重修義堂寺檀文事〉，《珂雪齋集》（上海市：上海古籍出版社，2007年），頁817。

50 正如本文所說，按照舒茲的說法，人自覺自己終究會死亡，這種意識促使他努力克服時空的問題，他去制定實現各種計畫，形成一種「動機關涉系統」（Motivations-

中，疾沒世而名不稱，想要做出大事的心理因素。只是隨著考試不順、親友死亡之故，感年壽不永，嘆世事無常，雖不是完全放棄科舉，卻漸漸改變了早年的規劃與安排。另一方面，小修度過了年少輕狂，中年以後，親友漸逝，讓他的焦慮又再轉進一層：因為怕死，所以貪生。此處「貪生」並非貶語，而是中義詞，就是希望自己不要那麼早死、那麼快死，正面來講，就是希望活得久一點、長命一些。反省過往種種，小修發現以前也不是沒有學道，只是參道未明、求道甚淺，甚至走錯了路，以至於中年以後，健康狀況不佳，「我學道十七八年，止今纔有幾分怕生死，纔知生死海中，頭出頭沒，出房入房，生老病死，一一要身受。奇痛極楚，轉盼即至，可畏可畏」、「我此時病新起，道心較急，看得極其親切，只恐後來忘卻，因書之於此。」[51]此處所謂「纔有幾分怕生死」，當然不是說小修現在才怕死，而是說相較於以往的空浮不踏實，至今方才了解性命之學的真諦，於是他開始轉變，以今日之我戰昨日之我。此時的小修，雖仍重視科舉，但已經不完全視為首務，「時空的障礙」已經從三年一次的會試，[52]變成遊山玩水所需的時間與空間。

二　以身試法——酒色不礙菩提

（一）小修的生命型態

在前一節裡，我們提到小修因兄喪，身體不支終於病倒，病體一

---

relevanz），這就是「生涯規劃」（Lebensplan）。可參游淙祺：〈舒茲論處境與行動〉，《揭諦》第4期（2002年7月），頁213。

51　〔明〕袁中道：《遊居柿錄》，《珂雪齋集》（上海市：上海古籍出版社，2007年），頁1163。

52　中郎死時，小修已經參加過會試三次，盡皆落榜。

直難復。生病固然與喪事有關，可是小修自己心知肚明，他的生命性格與生活態度，才是主因。呂坤曾說過：「少年大病，第一怕是氣高」，[53] 確是解語，因為氣高，容易看輕天下事；因為氣高，容易任情肆性，少年小修正是如此，性喜豪華、愛念光景、沉湎嬉戲等等，都可以說是他「氣高」的表現。在後來的人生歷程，小修雖也警覺到這點，屢有悔言，卻也積重難返，舊習難改，早已深深烙印在他的身心裡了。中郎說過小修性格與成長經歷：[54]

> （小修）既長，膽量愈廓，識見愈朗，的然以豪傑自命，而欲與一世之豪傑為友。其視妻子之相聚，如鹿豕之與群而不相屬也；其視鄉里小兒，如牛馬之尾行而不可與一日居也。

> 蓋弟既不得志於時，多感慨，又性喜豪華，不安貧窘；愛念光景，不受寂寞。百金到手，頃刻都盡，故嘗貧；而沈湎嬉戲，不知樽節，故嘗病；貧復不任貧，病復不任病，故多愁。愁極則吟，故嘗以貧病無聊之苦，發之於詩，每每若哭若罵，不勝其哀生失路之感。

與小修熟識的錢謙益，顯然也贊成中郎的看法，他說：「長而通輕俠，遊於酒人，以豪傑自命，視妻子如鹿豕之相聚，視鄉里小兒如牛馬之尾行，而不可與一日居也」，[55] 就是取自於中郎的觀察。就他們看來，小修年紀愈長，自信更深，膽量愈宏廓，識見愈宏朗，以豪俠豪

53　〔明〕呂坤：《呻吟語》（臺北市：志一出版社，1994年），頁121。

54　〔明〕袁宏道：〈敘小修詩〉，《袁宏道集箋校》（上海市：上海古籍出版社，2008年），頁187、188。

55　〔清〕錢謙益：《列朝詩集小傳》（上海市：上海古籍出版社，2008年），頁568。

傑自命，亦欲交同類為友。可是自信的另一面常常也是自傲，不屑與鄉里小兒並行，不與一般見識。膽量識見愈宏，更容易任情自恣，「我昔寓京華，佯狂溷酒徒」，[56]小修認為豪傑之豪與奇，剛好與庸人相反。庸人無毀無譽，小心謹慎，保持祿位，庇蔭子孫；豪傑則反是，不顧利害，挺任天下之事，也因如此，所以「豐稜氣燄未能渾融」，不免恃才任性，流入肆意縱情：「而豪傑之卓然者，人不賞其高才奇氣，而反摘其微病小瑕，以擠之庸俗人之下，此古今所浩嘆也。即如古今相天下者，無毀無譽，小心謹慎，保持祿位，庇蔭子孫，此皆庸人作用。若豪傑者，挺然任天下事，而一身之利害有所不問，即豐稜氣燄未能渾融，而要之不失為豪傑，如張江陵猶是天下豪傑，未可輕也。」[57]自居豪傑，於是容易放懷多欲。性喜奢華，不安貧困，偏偏又一擲千金，花錢如流水，百金到手，頃刻都盡；沉湎嬉戲，曾因此病，癒後仍舊，難以真心悔改。於是多愁，發之於詩，若哭若罵，荒煙漫草，哀生失路，彷若天地間只剩自己，千山萬水，踽踽獨行：「予意非為俠，胸中不可平。且須憑獨往，哪復問橫行。愁來無後日，淚盡是前程。不堪到歲暮，寒鳥叫江城」。[58]胸中既不可平，生命流轉於塵世，俯仰歌哭，放蕩性靈，既抒發自身才氣，淋漓酣暢，又不免自怨自哀自縛自傷，哀思愁苦，天涯羈旅，也只能孤懷落落，踽踽獨行，淚盡是前程。

其實就連小修自己，也曾為此生命型態，沾沾自喜，江盈科作有〈袁小修過吳門〉，詩曰：「少年詞賦滿天涯，偶泊金昌問酒家。笑倚

---

56 〔明〕袁中道：〈嘉祥懷龔惟學母舅〉，《珂雪齋集》（上海市：上海古籍出版社，2007年），頁56。

57 〔明〕袁中道：〈報伯修兄〉，《珂雪齋集》（上海市：上海古籍出版社，2007年），頁970。

58 〔明〕袁中道：〈有感〉，《珂雪齋集》（上海市：上海古籍出版社，2007年），頁9。

青樓調妓女，新裁立曲度琵琶」，[59]少年詞賦、酒家尋樂、青樓調笑、聲色俱全，可謂切中小修言行。[60]因為自適所以真，而有才氣者，才有「真」的本錢，正如小修自言：「予少年雅負才氣」，[61]就連袁家三兄弟都佩服的李贄，也相當欣賞小修性情，李贄就說小修的俠氣，其實就是「情」，有情之人，才有獨特個性，正為古今豪傑所共有：「（王）以明曰：『小修慷慨為人，卻有些俠氣。』叟曰：『是，只不是專為俠的。凡我輩人這一點情，古今高人，個個有之；若無此一點情，便是禽獸。……。小修這些俠氣，乃古今豪傑所同有的』。」[62]情之所鍾，正在我輩，我情與物情、事情相互糾纏，感物造端，才華輕擲於虛牝，若噫若嘆，憂生亦憂世。這類的人，我們常常會在他身上發現某些氣質，他懂圓融，他當然知道做人的道理，卻又不時透露尖銳，有時不免矛盾，難以自解，有時卻又自鳴得意，以為才情，用李贄的話來講，這就是俠氣，乃古今豪傑所共有的俠氣。

小修說：[63]

---

59 〔明〕江盈科：《江盈科集》（長沙市：嶽麓書社，2008年），頁87。

60 這種文人氣息，中郎、小修年少時，雖不以為非，他們的哥哥伯修也有類似的作風。但另方面，伯修對於才高卻又高風亮節，立身持謹的人，也是極為佩服的。例如伯修就對張雋（號廉源）極力稱讚：「且夫高才者，行或不飭，而先生又長者，不惟無貴介氣，且無文人氣，故可貴也。」〔明〕袁宗道：〈孝廉張廉源墓誌銘〉，《白蘇齋類集》（上海市：上海古籍出版社，1989年），頁142。「不惟無貴介氣，且無文人氣」，對於袁氏三兄弟來講，貴介氣與文人氣是難以除去，不但「無」是不可能，恐怕還是非常之多。

61 〔明〕袁中道：〈書王伊輔事〉，《珂雪齋集》（上海市：上海古籍出版社，2007年），頁877。

62 〔明〕袁中道編：《柞林紀譚》，收於李贄：《李贄文集》（北京市：社會科學文獻出版社，2000年），頁335。

63 〔明〕袁中道：〈贈崔二郎遠遊序〉，《珂雪齋集》（上海市：上海古籍出版社，2007年），頁444。

> 憶予與二郎二十四、五時，視錢如糞土。與酒人四五輩，市駿
> 馬數十蹄，校射城南平原，醉則渡江走沙市，臥胡姬罏旁，數
> 日不醒。寘酒長江，飛蓋出沒被中，歌聲滂湃。每一至酒市，
> 轟轟然若有數千百人之聲，去則市肆為之數日冷落。予是時易
> 言天下事，謂富貴可唾手致。嘗語二郎：「若無憂貧，即赤
> 貧，吾猶能為樓君卿之給呂公。」

年少時，視錢如糞土，與友朋飲酒作樂，或騎射城南，或醉渡沙市，
或臥胡姬罏旁。他人以為放浪形骸，但他們認為順情而行，就是自
適，就是性靈，就是本真。場屋不順，屢屢落第，更加深了小修的
「胸中不平之氣」。繁華綺語，冶遊奢靡，就成了他發洩自身心緒的
方式，前引中郎所說「蓋弟既不得志於時，多感慨，又性喜豪
華⋯⋯。」即是如此。

　　值得注意的是，小修說他與中郎二十四、五歲時（小修與中郎差
一至二歲），開始花天酒地，宣洩壓力，這跟他參加科舉考試有關。
小修科舉考試的過程，十六歲時中秀才，年少得意，不料之後卻屢試
屢敗。從萬曆十六年考到萬曆四十四年，從十九歲考到四十四歲
（1588-1616），三十餘年的科試生涯，相較於進士登第的伯修、中
郎、龔惟學（舅舅），小修的功名成績，實在黯淡甚多。

　　為方便閱讀，列表如下，因應本篇主題，列表只以小修考試歷程
為主：

時間	年紀	結果	備註
萬曆十六年 戊子（1588）	19	鄉試落選	中郎中舉人
萬曆十九年 辛卯（1591）	22	鄉試落選	中郎隔年（1592）中進士

時間	年紀	結果	備註
萬曆二十二年乙未（1594）	25	鄉試落選	
萬曆二十五年丁酉（1597）	28	鄉試落選	
萬曆二十八年庚子（1600）	31	鄉試落選	伯修卒
萬曆三十一年癸卯（1603）	34	鄉試中舉隔年準備參加會試	去年（1602）李贄卒
萬曆三十二年甲辰（1604）	35	會試不第	隔年（1605）江盈科卒
萬曆三十五年丁未（1607）	38	會試不第	
萬曆三十八年庚戌（1610）	41	會試不第	中郎卒
萬曆四十一年癸丑（1613）	44	去年（1612）父親死，守喪三年，無法參加會試	去年（1612）黃輝卒
萬曆四十四年甲辰（1616）	47	進士及第	

　　表中可知，小修的科舉生涯，鄉試考了六次，會試考了四次，共落榜八次，比起舅兄等人，確實是充滿挫折、乖舛。[64] 這樣的壓力，

---

64 小修與舅兄，特別是兩位兄長，情誼深厚，至相和洽，真摯感人，當然是無庸置疑的，但彼此都是自負之人，在相處過程裡，也會有意見不同，彼此競爭的情況。小修的話中，已透露出些許訊息：「昔先兄伯修、中郎，與弟至相和洽，然議論偶有不同，或盛氣相持不下，雖似有競心者，然頃之即蕭然冰釋矣。」是否真如小修所言，立刻能會釋懷，我們不必作太多推測。只是競心若存，盛氣又相持不下，如果再加上事業功名的成就，當然也會增添小修的一些壓力。〔明〕袁中道：〈寄君御〉，《珂雪齋集》（上海市：上海古籍出版社，2007年），頁1087。

時時纏繞著他，他早年的易言天下事、雅負才氣，自第二次失利（萬曆十九年，1591）之後，乃好任俠，出入酒家，「自辛卯（芝慶按：即1591年）後，連擯斥，乃好任俠。危冠綺服，騎駿馬，出入酒家，視錢如糞土。」[65]這與小修自己自述「憶予與二郎二十四、五時，視錢如糞土」符合，也是中郎所謂「（小修）既長，膽量愈廓，識見愈朗，的然以豪傑自命⋯⋯。」錢謙益所說「長而通輕俠，遊於酒人，以豪傑自命⋯⋯。」都是從這個階段開始的。

就因為科舉帶給他沉重的壓力，以至於科舉成了他人生的重大障礙，在過程中，他不斷產生質疑，為什麼還要考？這樣考下去？又有何意義？「庚戌春，試事既畢，形神俱憊，念汎汎一鳧，何所不適？而自苦如此？」[66]庚戌，萬曆三十八年（1610），會試第三次落榜，小修聽聞這次落榜，頗感不快，對中郎說利祿升沉之事，恐已抵定，今後只想隱居，不必再考，中郎只能無奈地說：「大人在堂，勢難遠遯故園，青溪紫蓋之間，當與汝誅卯而老焉。行矣，勿復自憊！」[67]

父親希望小修與舅兄一樣，都得取得功名，中郎安慰小修，還是希望他再接再厲，隱居之事，不妨暫緩。伯修死後，小修與中郎曾戒肉，父親聞之甚懼，對小修與中郎說：「汝兄已亡，尚須汝等取功名以大吾門。若但趨寂寞，我老何所望？且眼見持齋者俱安後入鬼錄，雖有定命，然以膏粱之人，一旦蔬食，脾與之不習，不能滋潤，因而致病，容或有之。俟老人百年後，任汝輩為之。」[68]二人不得已，只

---

65 〔明〕袁中道：〈書王伊輔事〉，《珂雪齋集》（上海市：上海古籍出版社，2007年），頁877。

66 〔明〕袁中道：〈南歸日記〉，《珂雪齋集》（上海市：上海古籍出版社，2007年），頁601。

67 〔明〕袁中道：〈南歸日記〉，《珂雪齋集》（上海市：上海古籍出版社，2007年），頁602。

68 〔明〕袁中道：《遊居柿錄》，《珂雪齋集》（上海市：上海古籍出版社，2007年），頁1319。

好開肉復食。中郎此時已中進士，老父所謂取功名，自然是針對小修講的。因此，兩兄成名在前，父親期望在後，逼得他只好繼續重考。以至於小修中晚年之後，即便父兄已逝，照理來講，來自於父親的實際壓力，應該減輕，甚或消失。可是就算人已死去，殷殷企盼，言猶在耳，科舉似乎已經變成了小修的「任務」，考試不再只是為了自己、家族榮耀，而成為一種自身為滿足死者遺憾的最好方式，小修在給他人的信中：「惟是努力取一第，以慰太保公在天之靈，是所望也」[69]，看似安慰別人，要對方以已逝長輩為念，小修自己又何嘗不是如此？於是在萬曆四十四年（1616），小修終於考中進士之後，多年的壓力終於得已釋放，「總之弟輩一中進士，了卻頭巾，便是天地間大快活人，升沉內外，總可置之不問。」[70]身心緊箍咒的解除，當然可稱為「天地間大快活人」，只是功名已得，父兄卻已不在，不免讓他感到滄桑難過：「不肖得一第，差了書債，然舊時相知相愛之兄弟友朋，無一存者，觸目頗增淒涼。」[71]數十年歲月匆匆而過，完成了父親的心願，達成了兄長的期望，可是人事已非，又如能何？恐怕只能觸目頗增淒涼，無可奈何了。

　　小修回首從前，曾經的年少輕狂，在這種心態下學道修持，了性命之學，如今看來，不免過於膚淺、薄弱，甚至感嘆自己走錯了路，折騰了自己的身心。也如前所言，父兄死後，自己又大病一場，他便開始反省過往之非通過科舉之後，內心再無此掛念，不須分心於時文，

---

69 〔明〕袁中道：〈答塞素業門人〉，《珂雪齋集》（上海市：上海古籍出版社，2007年），頁1081。

70 〔明〕袁中道：〈與錢受之〉，《珂雪齋集》（上海市：上海古籍出版社，2007年），頁1102。

71 〔明〕袁中道：〈與無念〉，《珂雪齋集》（上海市：上海古籍出版社，2007年），頁1081。

也不必為揣摩分數而寫作，終於可以踏實修道，真實參究性命：[72]

> 先儒云舉業是人生一厄，過了此關，正好理會性命。弟之卑卑
> 一第，誠不足喜，喜過此關，可以專精此一事耳。

> 生已了卻舉業之危，正好留心性命……。

> 總之弟輩一中進士，……。單單只是個生死事未了，實不能自
> 慊於懷，為可歎也。

「正好理會性命」，究竟是如何的理會法，這是小修中晚年以後的重
要思想，本文將在下節處理。值得注意的是，我們也曾提到，小修並
不是從父兄之喪，經過檢討才開始學道的。他自幼怕死，故在此之
前，他當然也有自己的參道方式。而且他又自承經歷一段好任俠、以
豪傑自命的日子，這段歲月並不短，與他開始反省到死去的時間相
比，兩者相差無多。這段人生歷程中，小修又如何理解性命生死，參
道又如何跟他的言行舉止、生活型態相結合？他後來深切反省的，顯
然就是針對這樣的性命理解而發，小修說：「但弟之病，實由少年譚
無忌憚之學問，縱酒迷花所致，年來血氣漸衰，有觸即發，兼之屢遭
失意，中外多杵之心境。」[73]原來他發現，當初所堅持、所認定、所
理解的性命生死，竟引起衰病連連，[74]都是由「無忌憚之學問，縱酒

---

72 〔明〕袁中道：〈答陶不退〉、〈寄吳觀我太史〉、〈與錢受之〉，《珂雪齋集》（上海
　市：上海古籍出版社，2007年），頁1070、1075、1102。

73 〔明〕袁中道：〈答王章甫〉，《珂雪齋集》（上海市：上海古籍出版社，2007年），
　頁1048。

74 就佛教徒看來，因為生病（包括心病、身體的病）有所覺悟，改正前非者，也是一
　種悟道的機緣，雲棲袾宏就曾以「病者眾生之良藥」為題，說：「世人以病為苦，

迷花所致」，無忌憚、縱酒迷花，非旦不能了生死，反會弄壞身體，導致速死，繞了一圈，此道原來難通——酒色不礙菩提。

（二）酒色不礙菩提

首先要說明的，「酒肉（色）不礙菩提」並非本文自鑄名詞，中國佛典中早已有之，在中國佛學史上，相關的說法，多有可尋，也可見於晚明時人對不重修行風氣的批評言論裡。小修雖未使用這樣的詞句，但小修類似的文句頗多，意涵多有雷同，為方便論述與理解，本文綜合歸納之後，便以「酒色不礙菩提」稱之。「酒色不礙菩提」，當然不單指具體酒肉色欲，更是指心態上的認知，就小修自己的話來講，就是「放逸」，意指不以情欲、欲望為非，還正視欲念，希望將「欲」合理化，肆情任性，縱心暢悅，「人生貴適意，胡乃自局促。歡娛極歡娛，聲色窮情欲。」[75]貴適意，極歡娛，窮情欲，此乃小修年輕時的自適之道，不止如此，他還認為自適得以了生死，放逸不礙修持。

先以酒來說，程頤曾說：「飲酒無妨，但不可過。惟酒無量，不及亂。聖人豈有作亂者事？但恐亂其氣血致疾，或言語錯顛，容貌傾倒，皆亂也。」[76]就連立身持謹的程頤，也認為喝酒並無大錯。最大的問題在於飲酒過量，失去自制，以至於言語錯顛、容貌傾倒，甚至弄壞身體，最後氣血致疾。就這段話來看，小修自己顯然就是明證，

而先德云：『病者，眾生之良藥。』夫藥與病，反奈何以病為藥？蓋有形之身不能無病，此理勢所必然，而無病之時，嬉怡放逸，誰覺之者？唯病苦逼身，始知四大非實，人命無常，則悔悟之一機，而修進之一助也……。」就頗為切中小修的情況。〔明〕雲棲袾宏：《竹窗隨筆》，頁65。

75 〔明〕袁中道：〈詠懷〉，《珂雪齋集》（上海市：上海古籍出版社，2007年），頁63-64。

76 〔宋〕程顥、程頤：《二程集》（北京市：中華書局，2004年），頁430。

中年以前，小修非常喜愛飲酒，酒既是友朋相聚，談笑風生時，必備的佳物飲品，同時也是傳達自身豪氣任俠的媒介物。[77]前文提及小修與四五酒人友，「醉則渡江走沙市，臥胡姬壚旁，數日不醒。」便是一例，在其他詩文中，也常可見小修喝酒的豪爽與氣勢：「譚宵徹曉寧辭倦，醉死重生不計場。」[78]談興正濃，可以徹夜；酒興高漲，醉了又醒，醒了又醉，可以不計次數。況且小修也坦承，許多縱欲之事，往往是酒後而起。飲酒過量已然傷身，縱欲好色，自不免損害身體。年少時身強力壯，或許還沒警覺，中年以後，氣力漸衰，體質漸弱，許多潛藏已久的疾病，奪然而出，病魔纏身，所以小修才是悔不當初：[79]

> 自念平生無一事不被酒誤，學道無成，讀書不多，名行不立，皆此物為之祟也。甚者乘興大飲後，兼之縱欲，因而發病，幾不保軀命。又念人生居家，閒而無事，乃復為酒席所苦。非赴人招，即己招客，為杯勺盤餐忙了一生。故痛以招客赴席為戒，落得此身閒靜，便有無窮好處。

學道無成，讀書不多，名行不立，都是飲酒之故。何況酒色一體，難離難分，日後小修雖為酒席所苦，但不過十數年前，自己便是最好此道的。可是小修雖喜飲酒，也不是逢酒必喝，而是品飲美酒，「我酒

---

77 關於明代酒與文士生活文化的關係，王春瑜論之甚詳，可見王春瑜：《明朝酒文化》（臺北市：東大圖書公司，1990年），第三章。

78 〔明〕袁中道：〈送丘長孺南還（其二）〉，《珂雪齋集》（上海市：上海古籍出版社，2007年），頁118。

79 〔明〕袁中道：〈答錢受之〉，《珂雪齋集》（上海市：上海古籍出版社，2007年），頁1025。

寧可千日止，不可一飲酒不美」，[80]相較於劣酒，寧可千日不喝。可是人情世故，百般面相，人人皆知小修有酒名，卻未必關心是何種酒何種名，就在杯觥交錯，你來我往之間，又如何能讓小修堅持非美酒不喝？於是某人勸酒，小修不得不飲；某人以此為禮，小修不能不回禮，他有一段極為具體的應對情況：「生平飲酒，不喜晝飲，一飲終日昏倦；夜飲亦不喜多，飲多則夢寢寐不安，次早神思不爽，甚則助發淫嗔。明知其為苦趣，然居人世，親友以此為禮，見予素有酒名，一席不飲，則主人訝之。不得已強為之飲，飲至漸多，則己先欲飲，又不待主人勸矣，俗所云『下坡酒』也。予不幸有此病。性既擇酒，而酒不堪飲者最多，然不容不飲，勉強吞嚥，有如服藥。未能逃世，既不容戒，易流之性，又復難節；面柔趣深，又復難辭。其實敗我之德，傷我之生，害我之學道者，萬萬必出於酒無疑也。」[81]晝酒則當日昏沉，夜飲則難以入眠，甚至引發淫嗔。酒席之間，主人勸酒，不好推卻，一旦喝酒，便有如走下坡路般，順勢而下，無待他人勸酒，自己早已一杯接著一杯。飲酒過量，不易節制；酒席之邀，也難以辭拒，故小修自悔喝酒害道傷身。不過我們仍必須要注意，這些話都是小修日後悔悟之言，在此之前，正如他自己所言，是多飲、是下坡酒、是自制不能，同時也是乘興大飲後，兼之縱欲的。

　　不止酒而已，小修也說他好色，還是男色女色皆不拒：「吾生平固無援琴之挑，桑中之恥。然遊冶之場，倡家桃李之蹊，或未得免。緣少年不得志於時，壯懷不堪牢落，故藉以消遣，援樂天樊素、子瞻榴花之例以自解。又以遠遊常離家室，情欲未斷，間一為之，迄今漸

80 〔明〕袁中道：〈人日中郎齋中戲作〉，《珂雪齋集》（上海市：上海古籍出版社，2007年），頁104。

81 〔明〕袁中道：《遊居柿錄》，《珂雪齋集》（上海市：上海古籍出版社，2007年），頁1143。

斷，自後當全已矣。終年數夕，有樂不久，染指而食，不如不食。傾
貲為之，偷淫兩犯，為損大矣。若夫分桃斷袖，極難排豁。自恨與沈
約同癖，皆由遠遊，偶染此習。吳越、江南，以為配偶，恬不知恥，
以今思之，真非復人理，尤當刻肉鏤肌者也。」[82] 援琴之挑，即司馬
相如與卓文君的故事；桑中之恥，即羅敷採桑之事，後成京劇《桑園
會》（秋胡與羅敷之事，又名《秋胡戲妻》）。小修雖無此情事，然少
年貪樂，遊冶之場，穿梭倡家青樓，自然所在多有。科舉不順，遠遊
離家，更是放縱淫欲，以至於身體日後大損。除此之外，小修尚有斷
袖之好，故曰「與沈約同癖」，沈約曾作有〈懺悔文〉，說：「愛始成
童，有心嗜欲」、「又追尋少年，血氣方壯，習累所纏，事難排豁。淇
水上官，誠無雲幾；分桃斷袖，亦足稱多。此實生死牢阱，未易洗
撥。」[83] 小修與沈約皆有此癖好，分桃斷袖，難以除去。當然小修並
非特例，在江南吳越地區，甚至有男男互為配偶者，如此恬不知恥。
好男色之風，流傳已久，在明清文人圈更是盛行，[84] 以小修自己來
說，雖還不至於離譜到與男為婚，可是情愛與性愛間的複雜糾纏，斷
袖之情，亦不能免。本身情欲又不易斬斷，就像寡居遺孀一樣，寂寞
難受，只好離群索居，不見可欲，使心不亂：「世間孀嫠，止以避人

---

82 〔明〕袁中道：〈心律〉，《珂雪齋集》（上海市：上海古籍出版社，2007年），頁954-
955。原書標點為：「然遊冶之場，倡家桃李之蹊，或未得免緣。少年不得志於時，
壯懷不堪牢落，……。」經黃明理老師提醒後，應為「……或未得免。緣少年不得
志於時」較妥，經改正如上，文責當由作者自負。

83 〔清〕嚴可均輯：《全宋文》（北京市：商務印書館，1999年），頁346。

84 男色由五代至宋，好此道者漸多，愈見頻密，宋元筆記諸如《癸辛雜識》、《萍州可
談》、《清異錄》，多有記載，明清之際，男寵男伴更是激增，不但文人好男色、官
吏好男色、商人好男色，就連儒生、一般民眾也頗有好此道者。蕭國亮：《中國娼
妓史》（北京市：團結出版社，2004年），頁226-230。明清文人中，袁枚頌揚情欲，
好男色，與眾多男性發生戀情，最受研究者注意。可參李孝悌：《戀戀紅塵：中國
的城市、欲望與生活》（臺北市：一方出版社，2002年），頁30-35。

恥笑之故，終身索居，忍此難忍」[85]，孀嫠即守寡之意，小修用此喻來說明自己的放情肆意，難以悔改，可見年少時縱情聲色之深。多年以後，人已至中年，每覺少年情事，不免覺得荒唐，「吾輩根性怯弱，常為聲色流轉，撫心思之，惟有內愧而已」[86]，何況身心早也不堪，於是小修雖痛悟前非，不時感到懺悔：「吾因少年縱酒色，致有血疾。每一發動，咽喉壅塞，脾胃漲滿，胃中如有積石，夜不得眠，見痰中血，五內驚悸，自嘆必死。及至疾愈，漸漸遺忘，縱情肆意，輒復如故。」可是時日一久，終難忘懷，於是故犯。聲色流轉，嗜情貪欲，早已刻肉鏤肌，深入骨髓。

若然如此，小修既不避酒色，甚至喜愛酒色；他同時又修道，與友朋討論性命之學，而且佛家強調五戒，要人清心止欲，遠離五光聲色。[87]小修卻剛好相反，兩相比照，豈非矛盾？其實就小修看來，兩者並不一定會妨礙，是可以並行兼得，小修曾記載族兄言行：[88]

> 族兄繼洲，名秩宗，業儒，不得志於場屋。中年學道家言，飲食起居，極其謹慎。後又學禪，有盲禪語之曰：「禪惟悟性而已，一切情欲，當恣為快樂，于此原無妨礙」，繼洲欣然從之，飲啖任情，且多不戒衽席。

---

85 〔明〕袁中道：〈心律〉，《珂雪齋集》（上海市：上海古籍出版社，2007年），頁955。

86 〔明〕袁中道：《遊居柿錄》，《珂雪齋集》（上海市：上海古籍出版社，2007年），頁1150-1151。

87 即佛教五戒：不殺生、不偷盜、不邪淫、不妄語、不飲酒。在家居士雖可娶妻，但也不能淫穢，小修自己就說：「居士法不斷正淫，然邪淫則有嚴戒，比於沙門之淫。沙門一破淫戒，不通懺悔；居士一破邪淫戒，亦不通懺悔。」〔明〕袁中道：〈心律〉，《珂雪齋集》（上海市：上海古籍出版社，2007年），頁955。不過，這些都是小修日後悔悟之語了，年少小修，自不當以此為戒。

88 〔明〕袁中道：〈書族兄事〉，《珂雪齋集》（上海市：上海古籍出版社，2007年），頁907。

族兄放恣肆情，日後當然不可能得道，最終還是搞壞了身體，久之成病，故嘆曰：「盲禪啟我以事事無礙之旨，未免恣意任督，本為放下，卻成放逸；知拘檢為非，不知流遁尤錯。」[89]小修所記，雖為他人，但就飲啖任情而言，小修自己又何遑多讓？正因為「一切情欲，當恣為快樂，於此原無妨礙」，小修早年詩酒風流，好色好酒，才有了正當性可說。他認為：「食色利名，入人膏肓，檢諸念起處，畢竟逃此四字不得。以輕食色利名為道者，非也。然未有達道之士而猶能忘情於食色利名者也。」[90]食色利名（欲），乃人之天性，不必刻意輕視，甚至不必以為斬斷才能入道。反過來講，就因為人欲是天性，欲望的自然抒發，才是最能符合人情天理。小修堅持：「不絕欲亦不縱欲，不去利亦不貪利，不逃名亦不貪名，人情內做出天理來。此理近道學腐套，然實是我輩安身立命處也。」[91]既不絕欲也不縱欲，既不去利也不貪利，既不逃名也不貪名，兩相持中，不偏一邊，在人情之內做出天理，不違世道，更不曲學順世。此境固然極佳，可是如果我們再追問下去，要如何做，才能順欲又不絕欲也不縱欲？要如何行，才能順名又不逃名也不貪名？彼此間標準何在？具體情況何求？兩相持中，又該如何持法？過與不及，恐怕都大有問題，何況這個「不偏一邊」的說法，是難以捉摸，亦非有既定規則可循的。更進一步來講，就因為小修不輕視欲望，不視為學道修命的阻礙，認為止欲也好、多欲也罷；貪名也好、逃名也罷，自己若能把持得定，則無處不可行，無處不可參，所以他才會以這樣的觀點，相勸友人：「淨業必

89 〔明〕袁中道：〈示學人〉，《珂雪齋集》（上海市：上海古籍出版社，2007年），頁1054。

90 〔明〕袁中道：〈寄同學〉，《珂雪齋集》（上海市：上海古籍出版社，2007年），頁976。

91 〔明〕袁中道：〈寄同學〉，《珂雪齋集》（上海市：上海古籍出版社，2007年），頁1048。

捨塵勞，塵勞又難卒捨。是以作官又欲棄官，歸家又欲棄家，而因緣已定，又欲棄而不能棄，即此身已無處站立矣」，欲棄，又捨不得，又難卒捨，如此拖拉不定，不如心念一轉，「與其捨塵勞求淨業，不若即塵勞為淨業。」[92]小修認為友人為官，清廉不貪，關心民事，調停得法，深憂預防，如此即為淨業。即塵勞為淨業，又有何難？由此可見，小修認為作為自覺的主體，只要人貴自知，自知則明，是可以隨處參求、探討天機，化解死生心切的，[93]正如他在〈殷生當歌集小序〉裡所說：「飲酒者有出於醉之外者，徵妓者有出於欲之外者也，謝安石、李太白輩，豈即同酒食店中沉湎惡客，與齷齪宅迷花樓之浪子等哉？云月是同，溪山各異，不可不辨也」，[94]同是飲酒，便有高下之分，對自己的控制，處置得當、調停得法者，當然是「飲酒者有出於醉之外者」，如謝安、李白等人便是，這些人當然不同於酒店裡大醉吵鬧的惡客。飲酒如此，召妓也如是，或許可以更擴大來講，任何欲望皆是如此。這種想法，固然立意甚佳，但是過度以己心為主，想進一步透過欲望的理解與省視，來了脫生死之道，反而更容易流於放縱、自恣，[95]小修酒色沉溺過度，還以為此乃文人瀟灑情狀，風流雅

---

92 〔明〕袁中道：〈答陳布政志寰〉，《珂雪齋集》（上海市：上海古籍出版社，2007年），頁974。

93 〔明〕袁中道：〈答陳布政志寰〉，《珂雪齋集》（上海市：上海古籍出版社，2007年），頁975。

94 〔明〕袁中道：〈殷生當歌集小序〉，《珂雪齋集》（上海市：上海古籍出版社，2007年），頁472-473。

95 類似的例子，王汎森認為晚明心學家，在社會強大的滲透力量中，得到一個新認識，就是人們應該思考如何在肯定私人欲望、利益的前提下，為道德建立一個新的基礎。只是過度重視「心跡」，也容易引起兩個問題：一是各執意見以為天理而紛爭不斷；二是行為上的權宜之計。前者自認動機正確就把自己的意見當作天理；後者則以動機來合理化行為的適切與否。王汎森雖指晚明心學家，也非針對生死問題，但就「心跡」的層面上來講，小修顯然與某些心學家雷同，都把「動機」過度抬高、看重，以至於容易行為出軌，容易自信而物、斷然而行。前引小修說自認豪

士，更以為與修道無礙，以為秉才肆性，本該如此，就是出於這樣的心態。後來他反躬自責，「予夢已醒」，[96] 認為四十歲以後，當尋清寂之樂，還說自己以前是「無忌憚之學問」，不斷否定自己曾經肯定的答案，所以才會出現這樣的言論：「弟近日見得，理則頓悟，事須漸除，是無方便中真方便。慚愧往時，一切行有，幾作魔王眷屬，以此暗暗持一箇不善戒，惟酒肉姑俟漸除耳。放逸與放下不同，放逸正為物轉，放下始能轉物。非骸髏裡情識盡乾，如何說得隨順世緣的語也。」[97] 細觀此言，誤以放逸為放下，幾作魔王眷屬，豈不正與小修說族兄一事類同？殊不知放逸與放下不同，放逸隨物而轉，縱情任性，放下則否，是轉物隨心，可是自己卻將兩者混淆了，「本為放下，卻成放逸；知拘檢為非，不知流遁尤錯」，既是族兄之語，其實也是小修之病。[98]

不過本文也必須指出，小修對欲望的想法並非無據，而是與當時人看重欲望、正視情欲有關，這也是證出「酒色不礙菩提」、以至於「放逸」的可能理路之一。屠隆就認為男女之欲出自天性，強加克制情欲，只是不當壓抑，反而不利人們的正常生活，其實孔子也說「吾未見好德如好色者也」，就連孔子亦不能免：「其辭亦痛切足悲哉！根之所在，難去若此，即聖人不能離欲，亦澹之而已。」[99] 不止如此，

傑，卻又不以多欲為非，也可以從這個脈絡來理解。王汎森：〈清初「禮治社會」思想的形成〉，收於氏著：《權力的毛細管作用：清代的思想、學術與心態》（臺北市：聯經出版事業公司，2013年），頁45-47。

96 〔明〕袁中道：〈殷生當歌集小序〉，《珂雪齋集》（上海市：上海古籍出版社，2007年），頁473。

97 〔明〕袁中道：〈張雲影〉，《珂雪齋集》（上海市：上海古籍出版社，2007年），頁990。

98 小修幾度提及「放逸」，又特意強調放逸與放下的重大不同，可見小修確是有深刻感觸的。本文所謂「酒色不礙菩提」，就修道心態而言，其實與「放逸」之說，並無二致。

99 〔明〕屠隆：〈與李觀察〉，《白瑜集》（臺北市：偉文圖書公司，1977年），頁512。

屠隆認為好名也跟好色一樣，都是根性所在，實乃正常人欲，難斷難
離。況且名也非壞事，他以韓康為例，韓康採藥賣於長安市中，口不
二價者三十餘年，後入霸陵山中，博士公車連徵不至。屠隆就說韓康
是逃名，但並非不修名，他的言行仍代表他是在乎名的，畢竟名跟情，
都是人類正常欲望的表現。[100]湯顯祖更說應以情治理天下，以情為
田，以禮為耡，以義為種，而在人情物理之內，就應該肯定人性欲望
的正當性。[101]廖肇亨也以「情禪不二」的幾度，指出馮夢龍有「情
教」說，尤侗則有「情禪」說，二說皆廣為時人所重，情教、情禪
者，都是認為情之一物，為巨大無窮的能量。[102]其餘諸如李贄、王思
任等人，眾人說法或各有不同，但就主情任情、重新認識人欲這方面
來講，並無太大差異。「世間萬物皆有所欲，其欲亦是天理人情」，[103]
這些說法，就正面意義來看，當然不是刻意提倡縱樂縱欲，而是說明
欲望的普遍性、自然性。[104]再藉由這樣的普遍性，來規範欲望，將欲

---

100 〔明〕屠隆：〈與李觀察〉，《白瑜集》（臺北市：偉文圖書公司，1977年），頁514。

101 左東嶺：〈陽明心學與湯顯祖的言情說〉，《文藝研究》（2000年5月），頁98-105。

102 廖肇亨：《中邊·詩禪·夢戲：明末清初佛教文化論述的呈現與開展》（臺北市：
允晨文化實業公司，2008年），頁424-426。

103 〔明〕呂坤：《呻吟語》（臺北市：志一出版社，1994年），頁266。

104 趙偉：《晚明狂禪思潮與文學思想研究》（成都市：巴蜀書社，2007年），頁309-
315。值得注意的是，中晚明情觀顯題化的推手之一，便是出自資本主義萌芽的相
關討論。黃萃瑜認為，「情」所以成為中晚明的文化焦點，不僅與文化內部的歷史
事實有關，也牽涉研究者所處的學術風尚。意即以馬克思（Karl Marx）的唯物史
觀，以及對性別、情欲等「近代（現代）」（modern）或「現代性」（modernity）課
題的關注，兩者遙相呼應的結果，促使明中期以降的情欲主軸，在研究者的眼
中，愈益浮現。於是，在眾多類似研究的「建構」下，中晚明以來，與「理」相
抗之「情」，便常常被視作市民意識、進步思想來解釋。更進一步來講，資本主義
萌芽的論述，雖然也挖掘了相當程度的史料，反映某些社會現象，卻也同時掩蓋
或渲染「情」本身的內涵，以致「尊情」或「主情」成為籠統的時代標誌。相較
於其他領域的研究，諸如中晚明地域經濟、城市風尚、士商關係、出版事業等研
究，益見突破，「情」的論述，似仍停留在表面印象之中，徒以社會變動為框架，

望導向正常適度的方向，成為「享樂」。[105]若依龔鵬程之說，晚明諸
如李贄、焦竑、楊復所等人，論欲其實就是論禮，是一種不離情欲而
證天理的法門，因為生命的私欲迷妄都不是外來的，只是生命本身表
現的狀態。畢竟人不能離欲而證理，所以才要克己復禮，克己並不是
滅掉情欲，重點在於自悟本心，回歸禮的狀態。因為人在本質上就是
禮的存有，禮見於一切視聽言動、坐行住臥間，就在人倫日用之中。
生命若常處於非禮的情況，則私欲自然蠢蠢欲動，成為「縱樂的困
惑」。[106]龔鵬程此說，對晚明重欲重情之說，開出一詮釋的新方向，
洵為卓見。[107]但我們也必須注意，自悟本心，以及欲望與天理的適度
與否、正當與否，兩者間的互動平衡等等，往往又取於自己的標準，
才氣天分愈高者，愈容易以己為是，走入過分而難以自知，如前引小
修所講，不絕欲亦不縱欲、不去利亦不貪利，諸如此類，雖然強調持
中，實際造成的結果卻是立場游移難定。於是欲望流衍更甚，再加上
某些社會風氣尚浮華、重享樂的趨勢，[108]就像張翰在《松窗夢語》所

不能真正深入其中內涵。況且戲曲、小說中飽含情欲的作品固然蔚為盛觀，然而
它們和所謂「左派王學」、詩文評述中的情感論等等，是否雷同？若只是片面取
證，以相同名詞處理不同問題，恐怕又只是在諸多說法上，繼續疊床架屋。黃莘
瑜：〈論中晚明情觀於社會經濟視野下的所見與侷限〉，《清華學報》新第38卷第2
期（2008年），頁175-207。為避免發生論述過於模糊、籠統，徒爭紛論，本文所謂
的情欲、欲望，意指欲望的普遍性、自然性這一層面，並不牽涉其他。

105 周志文就認為，享樂與縱樂不同。享樂基本上是以輕鬆的心態，欣賞人生世間百
態，享樂經驗是多元的，也是知性的，是鼓勵面對神秘、未經發現的趣味，是一種
嶄新的知識與經驗。周志文：〈散文的解放與生活的解脫——論晚明小品的自由精
神〉，收於氏著：《晚明學術與知識分子論叢》（臺北市：大安出版社，1999年），
頁229、234-235。

106 此處借用〔加〕卜正民（Timothy Brook）的著作中譯名：《縱樂的困惑：明代的商
業與文化》（北京市：生活・讀書・新知三聯書店，2004年）。

107 龔鵬程：《晚明思潮》（宜蘭市：佛光人文社會學院，2001年），頁9-11。

108 關於明代，特別是晚明經濟商業風氣的分析，學界研究已多，不外乎城鎮商業的

道：「人性以放蕩為快，世風日以侈靡為高。」[109]呂坤也說當時的社
會風氣，玩日愒時，袖手樂遊，奔逐世態：「士鮮衣美食，浮談怪
說，玩日愒時，而以農工為村鄙；女傅粉簪花，冶容學態，袖手樂
遊，而以勤儉為羞辱；官盛從豐供，繁文縟節，奔逐世態，而以教養
為迂腐。世道可為傷心矣！」[110]張岱甚至說他的族弟卓如以好色為
榮：「余族弟卓如，美鬚髯，有情癡，善笑，到鈔關必狎妓，向余噱
曰：『弟今日之樂，不減王公。』余曰：『何謂也？』曰：『王公大人
侍妾數百，到晚耽耽望幸，當御者不過一人。弟過鈔關，美人數百
人，目挑心招，視我如潘安，弟頤指氣使，任意揀擇，亦必得一當意
者呼而侍我。王公大人豈過我哉！』復大噱，余亦大噱。」[111]在多種
因素參雜，互相激蕩之下，既要學道了性命，又要宣洩欲求，彼此互
補、合理化的結果，就容易成為酒色不礙修道的說法。最好的例子，
就是李贄，鄒守益之子鄒善就說：[112]

> 李卓吾倡為異說，破除名行，楚人從者甚眾，風習為之一變。
> 劉元卿問於先生曰：「何近日從卓吾者之多也？」曰：「人心誰

興盛、商人資本額的增加，流動迅速、商人地位的提高、商業理念的重視、「賈
道」的出現等等，本文重在詳人所略，略人所詳，不再贅述。可參余英時：《中國
近世宗教倫理與商人精神》（臺北市：聯經出版事業公司，1987年），〈自序〉、下
篇。徐泓：〈明末社會風氣的變遷〉，「第五屆東洋學學術演講會」，《明末社會變化
與文化新傾向研討會論文》（漢城：漢城大學，1986年）。許敏：〈商業與社會變
遷〉，收於萬明編：《晚明社會變遷問題與研究》（北京市：商務出版社，2005
年），頁85-142。

109 〔明〕張翰：《松窗夢語》（北京市：中華書局，1997年），頁137。

110 〔明〕呂坤：《呻吟語》（臺北市：志一出版社，1994年），頁196。

111 〔明〕張岱：〈二十四橋風月〉，《陶庵夢憶／西湖夢尋》（臺北市：頂淵文化事業公
司，2004年），頁35-36。

112 〔清〕黃宗羲：《明儒學案》，頁345。

　　不欲為聖賢？顧無奈聖賢礙手耳。今渠謂酒色財氣，一切不礙
　　菩提路，有此便宜事，誰不從之？」

視李贄為異端之說，牽涉到他與陽明後學，甚至也與本身言行有關，
此非本文主旨，暫不討論。[113]我們要說明的是，李贄破除名行，強調
自悟，追隨者眾，風氣為之一變，卻也容易形成弊端，就因為持謹嚴
肅，於人心為難，相較之下，享樂欲求，則是較為普遍的心理。於是
前者之路數，希聖希賢，不免礙手；後者卻容易得多，酒色財氣，不
礙菩提路，如此便宜之事，則人人可求。鄒善說「酒色財氣」云云，
為李贄之說，當然是有問題的。[114]但他認為類似李贄的說法，則容易
流入此害，當非私見，中郎就曾說他與無念（李贄之徒與追隨者）：
「若生與公，全不修行，我慢貢高，其為泥犁種子無疑」，[115]便是針
對李贄說法的流弊、萬曆進士張鼐也感嘆：「今俗子僭其奇誕以自淫
放，而甘心於小人之無忌憚……」，天下無人不識君，真正識君有幾
人？真正懂李贄者固少，誤學誤會李贄者卻甚多，「嗚呼！我安得具
眼之人讀卓吾之氏之書哉！」[116]本為放下，卻成放逸，學道了生死，

---

113 學界對此研究已多，一般來講，諸多學者的研究，已多肯定李贄的儒學本質。甚
　　至肯定他作為「真道學」的內心本懷。再者，在第三章時便已提過，李贄自居異
　　端，往往是諷刺那些自居正統的假道學先生。可參袁光儀：《李卓吾新論》（臺北
　　市：臺北大學出版社，2008年），頁1-6。劉芝慶：〈李贄的生死之學〉，收入本書。
114 其實李贄本人並不近女色，而且有潔癖，說他主張酒色財氣不礙菩提路，實未得
　　實情。許蘇民就指出：「我們可以說李贄肯定了包括『酒色財氣』在內的人的欲望
　　情感，卻不能說他主張縱欲主義、利己主義和享樂主義。」許蘇民：《李贄評傳》
　　（南京市：南京大學出版社，2006年），頁361。這裡的「享樂主義」與前引周志
　　文《晚明學術與知識分子論叢》的「享樂」說，並不同等。在許蘇民的用法裡，
　　「縱欲主義」、「利己主義」是跟「享樂主義」互文同義的。
115 〔明〕袁宏道：〈答無念〉，《袁宏道集校箋》，頁778。
116 〔明〕張鼐：〈讀卓吾老師書述〉，收於李贄：《李贄文集》（北京市：社會科學文
　　獻出版社，2000年），頁2。

如今反而害道，張鼎正是對付這種形勢而發。[117]

　　另外值得注意的，前文小修引族兄一事，曾說這是「盲禪語」，又說「盲禪啟我以事事無礙之旨」，也引起我們另個問題，有待釐清說明：重視情欲固然是時代氛圍，可是認為酒色（放逸）不礙修行，乃至於有「貪欲即是道」、「淫欲即是道」之說，未自晚明方啟，其實早已有之。姑且不論印度與藏傳佛教，包括禪宗在內的中國佛教史本身，對此問題已多有討論，在不同宗派理路之間，都有著可能的推衍延伸，故小修等理路言談，實有根據可依。首先，淫欲或貪欲，當然不是道的本身，但藉由「煩惱即菩提」、「一切煩惱皆是如來種」之類的思維，推衍展開，只要得證菩提，以身為空，有為無為盡是法，則縱欲與否，就不是最重要的事，故小修族兄便以華嚴宗事事無礙為例。華嚴宗有四法界之說，分別是事法界、理法界、理事無礙法界、事事無礙法界，以宗密的注解來說，事法界是指千差萬別的現象，「一事法界，界是分義，一一差別，有分齊故」；理法界則就千差萬別中的同一性來講，故曰：「二理法界，界是性義，無盡事法，同一性故。」理事無礙法界，意謂任何事物都有「性義」與「分義」，理事兩者是結合的，「三理事無礙法界，具性分義，性分無礙故。」；最後的「四事事無礙法界，一切分齊事法，一一如性融通，重重無盡故」，[118]是說事物彼此間互相包含，融入無礙。若依吳汝鈞的解釋，事事無礙法界是個別事象通過共同的空理，互相關聯起來，是事與事

---

117 小修受李贄影響甚大。年少時，有可能因為李贄的關係，加上本身性格因素，也成為「有此便宜事，誰不從之」的一分子。他日後說李贄嗔性重、習氣未除，這類的語言都與小修自省檢討的說法類似。他批評李贄，某種程度上也是在批評自己，而且也從不諱言自己曾受他啟發與指導。〔明〕袁中道：《遊居柿錄》、〈李溫陵傳〉，《珂雪齋集》（上海市：上海古籍出版社，2007年），頁725、1108。

118 〔唐〕宗密：《注華嚴法界觀門》，收入《大正藏》（臺北市：新文豐出版公司，1983-1988年），冊45，頁684b。

的相即相入[119]，因此一切情欲，當恣為快樂，自然與學禪修道等事，不相妨礙了；又或是如《維摩詰經》所言：「是故當知一切煩惱為如來種，譬如不下巨海不能得無價寶珠。如是不入煩惱大海，則不能得一切智寶」[120]，煩惱正是如來得證的最佳試煉場──貪欲淫欲，亦是如此。[121]所以《諸法無行經》就說：「貪欲是涅槃，恚癡亦如是，於是三事中，有無量佛法。若有人分別，貪欲瞋恚癡，是人去佛遠，譬

---

119 吳汝鈞：《佛教的概念與方法》（臺北市：臺灣商務印書館，2000年），頁438。這也是一種「回互」的觀念，意即互相涉入，又不彼此妨礙。若依唐代宗密所說，更可明瞭，宗密從學於禪宗道圓、華嚴澄觀，主張禪教合一，其〈禪源諸詮集都序〉更是將禪與教整合，然後各區分為三種，使其一一對應。在〈禪源諸詮集都序〉卷下之二的附圖中，把「正偏回互圖說」稱為「阿黎耶識」，阿黎耶識即是阿賴耶識，宗密稱此為「即真妄和合，非一非異，名為阿賴耶識，此識在凡本來常有覺與不覺二義。」阿賴耶識乃真妄而合，兩者既非一非異，亦不離不雜，於是他又分為兩種：◯ ◉。在圖示中，宗密以白圈中的一點黑點來表示（宗密最初其是以紅黑兩色製圖，宋時刻版印書紅圈則變成白圈），這種覺即是真如本覺，有淨德妙用。反之，黑圈中的一點白點，即是說妄迷中有真如本體。因此若由白圈之中的黑點，依此覺心而修行，經過十重之後則黑漸去則見純白，此即「覺」。反過來講，若全黑則進入生死輪迴的業報循環之中。因此不管是黑圈有白，還是白圈有黑，都代表了覺與不覺的可能，都含有真與妄的因子。所以宗密才又以真如與生滅作比喻：「真有不變隨緣二義，妄有體空成事二義。謂由真不變故妄體空為真如門，由真隨緣故妄成事為生滅門。」見〔唐〕宗密：〈禪源諸詮集都序〉，《大正藏》（臺北市：新文豐出版公司，1983-1988年），冊48，頁409。〔唐〕宗密著，閻韜譯：〈禪源諸詮集都序〉（高雄市：佛光文化事業，1996年），〈題解〉，頁5-6。亦可參劉芝慶：〈北宋理學「天人之道」溯源：以唐中葉「氣、天、易」為線索〉，《經世與安身：中國近世思想史論衡》（臺北市：萬卷樓圖書公司，2017年）。

120 （姚秦）鳩摩羅什譯：《維摩詰所說經》，收入《大正藏》（臺北市：新文豐出版公司，1983-1988年），冊14，頁549a。

121 《維摩詰經》的中道空觀哲學，觀照諸法實相。認為眾生之病，源於眾生無明分別執心，所以才以〈方便品〉、〈弟子品〉、〈菩薩品〉等，以各種權宜巧合，破除凡俗、聲聞、菩薩等情執。文中所引「煩惱大海」也正是這種思維下的論述。宋明宏：《《維摩詰經》思想之研究》（嘉義縣：南華大學宗教研究所碩士論文，2009年），頁152。

如天與地。」[122]《大智度論》：「婬欲即是道，恚癡亦如是，如此三事中，無量諸佛道。」[123]《翻譯名義集》更記：「云：『婬欲即是道，恚癡亦復然。如此三事中，無量諸佛道。今問婬事穢汙，佛道清淨，安指穢事名為淨道？』答：『觀婬怒癡相同水月，了染淨體，性如虛空，遇順無著，逢違不嗔，於惡境界得解脫門』。」[124]如依天臺所立之性惡法門，惡為眾生本具天性，貪欲淫情雖為惡，但仍可就欲中觀得法性[125]，《摩訶止觀》就說：「行惡者，執大乘中貪欲即是道，三毒中具一切佛法。如此實語本滅煩惱，而僻取著還生結業。」[126]貪嗔癡三毒中即具佛法，善悟者，或可於其中求焉。[127]此外，亦可從唯識學

---

122 （姚秦）鳩摩羅什譯：《諸法無行經》，收入《大正藏》（臺北市：新文豐出版公司，1983-1988年），冊15，頁759b。

123 （姚秦）鳩摩羅什譯：《大智度論》，收入《大正藏》（臺北市：新文豐出版公司，1983-1988年），冊25，頁107a。

124 〔宋〕法雲編：《翻譯名義集》，收入《大正藏》（臺北市：新文豐出版公司，1983-1988年），冊25，頁1130b。

125 天臺以「法性即無明」為重的性具思想，自然很容易推衍出性惡之說。當然天臺性惡的講法，容易讓人聯想到荀子性惡，其實兩者並不相同。天臺性惡指的是佛性，智顗就認為佛的性惡顯現惡相，以惡度惡，用惡相度化眾生。不過佛超脫一切，不被惡所染，自然也不會起修惡。陳堅：《中國佛教學術論典（15）：煩惱即菩提》（高雄縣：佛光山文教基金會出版，2001年），頁67、69-70。

126 （隋）智顗：《摩訶止觀》，收入《大正藏》（臺北市：新文豐出版公司，1983-1988年），冊46，頁136a。過於極端者，亦有人認為縱欲可證菩提，密宗亦持此說，但因縱欲之法，修行過險，容易流於邪道，故反對者同樣甚眾。可參龔鵬程：〈縱欲以證菩提？──佛教的例子〉、〈縱欲如何證菩提？〉，收於氏著：《異議分子》（新北市：印刻出版社，2004年），頁216-246、267-270。

127 登堂入室，釋結弭災，遊戲三昧，異跡饒剩。他人以為欲，己身卻不以為非，世俗之欲，無不徇焉。不止如此，更可由欲而超脫，渡化世人。「鎖骨觀音」與濟公的故事，最能見微知著。鎖骨菩薩始見於唐朝李復言《續玄怪錄》，《太平廣記》、《海錄碎事》、《佛祖統紀》皆收入其中，內容或言菩薩或言觀音，但故事類型皆雷同。全文如下：「昔延州有婦女，白皙頗有姿貌。年可二十四五。孤行城市，年少之子，悉與之遊，狎昵薦枕，一無所卻。數年而歿，州人莫不悲惜，共醵喪具為

來理解，唯識云六識（眼、耳、鼻、舌、身、意），「我」與「法」皆是依識所變，第七識為末那識，功能在於思慮生起，常使六識產生妄惑，是為我執、我見、我慢、我愛四種煩惱，乃由六識所依；第八識阿賴耶識為種子識，又稱根本識，一切種子收藏於阿賴耶識中，有情眾生執以為內在自我，故名「藏識」，《攝大乘論》：「或諸有情攝藏此

之葬焉。以其無家，瘞於道左。大曆中，忽有胡僧自西域來。見墓，遂趺坐具，敬禮焚香，圍繞讚歎數日，人見謂曰：『此一淫縱女子，人盡夫也。以其無屬，故瘞於此。和尚何敬耶？』僧曰：『非檀越所知。斯乃大聖，慈悲喜捨，世俗之欲，無不徇焉。此即鎖骨菩薩，順緣已盡，聖者云耳。不信，即啟以驗之。』眾人即開墓，視遍身之骨，鉤節皆如鎖狀，果如僧言。州人異之，為設大齋，起塔焉。」濟公故事，可見《南宋元明禪林僧寶傳》：「濟年十八，走靈隱，見瞎堂遠公，遠即為濟斬髮。未逾年，神悟絕倫，遠為印可。然濟性狂簡，出入僧堂，每大言忤眾，眾以濟犯規，白遠，遠曰：『禪門廣大。豈不容一顛僧耶？』自後常出冷泉亭，與少年撲跤，或狂歌酒肆，或去呼猿洞，引猿同翻觔斗，或攜葷酒，汙看經處。主事復白遠，遠惟以顛僧保護之，是以呼為濟顛云。遠公歿，濟之顛酒愈甚，寺不容住，遂掛搭淨慈，淨慈德輝長老，奇濟行履，以書記延之，然終不能忍酒。淨慈之眾，亦短濟於輝前，輝之曲護亦如瞎堂。書記常私遊十六聽朝官之門，毛陳二太尉，日以香醪饋之，人不敢非，書記醉則賦詩千百言，言超意表，識者尚之。一晚醉臥十里松寺，主令人扶歸，憨睡廚下。初夜分忽起遶廊，狂呼火發，眾以為顛。中夜羅漢堂瑠璃火，延幡腳寺燬，輝公乃留偈，承光化去。書記遂請嵩少林主方丈，嵩之賢書記亦如輝公。書記則曲設靈機，而夢感朝廷。不二載，萬礎千楹，頓還舊觀。又以兩廊影壁未就，欲達臨安新任王安撫而成之。嵩止曰：『不可！我聞王公微時，常投齋僧寺，業被寺僧所賣，王公怒題寺壁曰：「遇客頭如鱉，逢齋項似鵝。」今凡見僧皆恨，汝干之可得耶？』眾亦阻之。書記笑而唯，徑投府前。值王公陞堂，書記則探頭引望，王公大怒，令陰執擬笞之。書記曰：『吾乃淨慈書記濟顛僧也，有段因緣。惟閣下能省，特來計較耳。』公亦微聞濟顛詩酒之名，意稍解。書記遂以王公昔年題壁事，造妙語諷之。王公大笑，留濟公，宿內衙。濟公徐以影壁意扣之，王公遂捐鈔三千貫。以懺前非，濟公之演化無礙，約類如此。至若釋結弭災，遊戲三昧，異跡饒剩，不勝迷也。」〔唐〕牛僧儒、李復言編：《玄怪錄‧續玄怪錄》（北京市：中華書局，2006年），頁201。〔清〕自融撰，〔清〕性磊輯補：《南宋元明禪林僧寶傳》，收入《大正藏》（臺北市：新文豐出版公司，1983-1988年），冊79，頁604a。

識為自我故，是故說名阿賴耶識。」[128]阿賴耶識為藏識，含有各類種子，唯識宗也常以習氣為種子之異名，所以有時也將種子稱為習氣（vāsanā），即煩惱現行薰習所成的餘氣，習氣輾轉相成，招熟異果，所以有種子就會有果報因緣。[129]要入證涅槃，就必須斷種子，就有以三自性為階序，轉煩惱為菩提，轉所知障證無上覺，《成唯識論》：「由數修習無分別智，斷本識中二障麁重，故能轉捨依他起上遍計所執，及能轉得依他起中圓成實性，由轉煩惱得大涅槃，轉所知障證無上覺。」[130]攝論宗即據此成說，認為阿賴耶識是雜染，轉阿賴耶識，才能轉染為淨，不過地論宗並不贊同，阿賴耶識應為淨非為雜，故地論宗南道，又另以阿黎耶為第七識，真如為第八識，真如覺性才是轉阿賴耶識、斷滅種子的關鍵。可是若就《大乘起信論》觀之，則阿賴耶識既是淨，又是染，因此在識之外，又立「心」之說，指出心是阿賴耶識的一種狀態，既可能心起妄念，也可能離妄歸真，於是便有一心開二門之說，正足以綰合上述諸點，所以法藏、元曉、見登才有了以唯識學的理論，逐步充實如來藏的內涵，對「一心開二門」的架構，作了更完善的解釋。[131]在心覺與心迷之間，前為真如門，後為生滅門，不過依舊會產生一些問題：心若自迷，又如何能覺？一心中已有真如生滅兩種可能，淨染雜居，有無可能誤以染為淨？錯將生滅當真如？順著推衍下去，正如引述小修之語，從「與其捨塵勞求淨

---

128 〔唐〕玄奘譯：《攝大乘論本》，收入《大正藏》（臺北市：新文豐出版公司，1983-1988年），冊31，頁133b。

129 劉貴傑：《佛教哲學》（臺北市：五南圖書出版公司，2006年），頁279-280。韓廷傑：《唯識學概論》，頁254。關於習氣，後文還會提到，這也是小修生命中亟待克服的難關。

130 〔唐〕玄奘譯：《成唯識論》，收入《大正藏》（臺北市：新文豐出版公司，1983-1988年），冊31，頁50c。

131 賴賢宗：〈法藏《大乘起信論義記》及元曉與見登的相關闡釋〉，收於氏著：《如來藏說與唯識思想的交涉》（臺北市：新文豐出版公司，2006年），頁1-44。

業，不若即塵勞為淨業」，到證成「酒色不礙菩提」的說法，似也是
應有之義。[132]晚明唯識學的復興，許多大德高僧也注意到這類的流
弊，所以他們特別注重真如門的重要性，對阿賴耶識的染淨，強調正
面意義，以免讀者迷惑失途，例如蕅益智旭雖然說：「即性惡便是性
善，如指冰即水，水現而冰自融，如指木即火，火出而木即盡，如因
醜像而悟現像之鏡，知此醜像惟鏡所現，能現醜像之鏡，即是能現美
像」，[133]以性惡為性善之機，就像冰融水現，火盡木出一樣，由醜而
知美，但他並不是主張性惡為善，也不可能贊同放逸／菩提的心態，
他的用意是主張性相不二[134]，悟於性即是悟相，既破我執又破滯空，
從性惡到性善，只是開權顯實的手段而已。憨山德清也指出，《百法
明門論》、《八識規矩頌》兩部唯識學著作，乃相宗指南，入大乘之
門，修行者都應閱讀。[135]他也依《大乘起信論》會通《百法明門

---

132 小修三十歲（萬曆二十七年）時，著〈導莊〉。若依徐聖心的分析，小修以無待之
　　自由、自在總攝逍遙遊宗旨，自由自在之意，既取莊子文脈，又貫通《華嚴經》
　　「智慧自在不可思議」，以及臨濟表絕對主體之從心所欲，不為生死所惑所障的
　　「自由」，正如徐聖心所說：「（小修）……，乃以人之修養得力，而能生命既少渣
　　滓拖累，而慧悟又能超邁群倫處，所呈現之生命姿態。此姿態就生前說，其於順
　　逆、淨穢皆能出入，既不為此生命之限制所圍，亦無有居停聖境而撇捨世間之情
　　識。」就向上一路而言，小修的生命型態表現，確能如一心開二門的方式，直證
　　真如，於順逆、淨穢皆能出入，故能超越其中，既有居停聖境亦不捨世間情識的
　　可能。但若依本文所言，小修日後的悔不當初，也說明在上述諸路之外，同樣也
　　有了導致沉淪向下、心生滅門的某些因素與結果。徐聖心：〈貝葉前茅與三教會
　　通〉，《青天無處不同霞：明末清初三教會通管窺》（臺北市：臺灣大學出版中心，
　　2010年），頁230-233。
133 所以蕅益智旭才又說：「只此染淨相翻一語，便是密顯染淨無性，故解之則理通，
　　乃解即事之理；迷之則事局，正迷全理成事，須知說染說淨，皆屬於事，染淨無
　　性，方明為理名。」〔明〕蕅益智旭：《成唯識論觀心法要》，《蕅益大師全集》，冊
　　14，頁8609。
134 性，即法性宗，強調萬法本性歸於一體；相，即法相宗，關注現實法相殊異差別。
135 〔明〕憨山德清：〈刻《百法論》、《八識規矩》跋〉，《憨山老人夢遊集》，頁598。

論》，肯定《大乘起信論》顯一心迷悟之差別，乃通相歸性，正是禪宗關鑰，大教之宏綱，但他也感到嘆息的是：「以一切眾生迷一心而為識，無明障蔽現前日用，而不知自心之善惡樞機。若親教者，展卷則見文字遮障，而不知所說皆自心本有之佛性。參禪者抱持妄想，盲修瞎煉，而竟不達生滅根源，是皆不知此論之過也。」[136]心為善惡樞機，正是一心開二門的重大關卡，可惜世人或抱持妄想，盲修瞎煉，或見文字遮障，迷心而為識。這些人的說法，固然是從積極面說明真如門的意義，反過來看，提倡愈力，豈不愈說明當時的某些現象，是一心真如，卻走向歧路，踏進生滅，正是不達生滅根源，無明遮蔽，以至於以性惡為性善？可以想見，《萬曆野獲編》甚至記載（晚明）時人所謂：「正如吾輩蓄十數婢妾，他日何害生西方登正覺耶？」[137]元賢所編《繼燈錄》與朱時恩所輯《居士分燈錄》（二人年代皆為晚明）都出現這樣的說法：「淫房酒肆徧歷道場鼓樂音聲皆談般若」、[138]「淫房酒肆不離道場，絃管花鈿無非佛事」，[139]自有其時代因素與理論依循了。

可是，貪欲淫欲縱無妨修道，乃至於可證般若，若過於放縱順勢，不可收拾，非但於道無益，更有害於道，流於邪魔歪路而不自知。所以在酒色放逸不礙修行、貪欲淫欲是道等等，這些說法另一面，就是不斷地出現批判反對的聲浪，《大慧普覺禪師語錄》：「又於隨順境中，彊說道理，謂煩惱即菩提，無明即大智，步步行有，口口談空，自不責業力所牽，更教人撥無因果，便言：『飲酒食肉不礙菩

---

136 〔明〕憨山德清：《性相通說》（臺北市：大千出版社，1999年），頁124。

137 〔明〕沈德符：《萬曆野獲編》，頁693。

138 〔明〕元賢編：《繼燈錄》，收入《大正藏》（臺北市：新文豐出版公司，1983-1988年），冊86，頁513b。

139 〔明〕朱時恩輯：《居士分燈錄》，收入《大正藏》（臺北市：新文豐出版公司，1983-1988年），冊86，頁584a。

提，行盜行婬無妨般若。」如此之流，邪魔惡毒入其心腑，都不覺知；欲出塵勞，如潑油救火，可不悲哉！」[140]《禪宗決疑集》：「人既欲念佛參禪究明大事，必當遵守此戒。切不可聽有一等邪師之輩，邪見之人妄言飲酒食肉不礙菩提，行盜行婬無妨般若，此地獄徒羅剎種類惡魔眷屬，非佛弟子。」[141]《萬善同歸集》：「便說飲酒食肉不礙菩提，行盜行婬無妨般若。生遭王法，死墮阿鼻，受得地獄業。消又入畜生餓鬼，百千萬劫無有出期。除非一念回光，立即翻邪為正。若不自懺自悔自修，諸佛出來也無救爾處。若割心肝如木石相似，便可食肉；若飲酒如屎尿相似，便可飲酒；若見端正男女如死屍相似，便可行婬；若見己財如糞土相似，便可偷盜。饒爾煉得至此田地，亦未可順汝意在。」[142]酒色財氣不礙菩提，貪欲淫欲無防般若，都是惡魔眷屬之類，自身早已是邪魔惡毒入己心腑，尚不覺知。若不盡快自懺自悔自修，就是佛祖也救不了。要是真的割心肝如木石、飲酒如屎尿、見端正男女如死屍，已無念無執無罣，或許尚可一說，但即便修煉到此境界，仍未可順意而行。至於本意求道之心，欲出塵勞，反如潑油救火，愈修愈糟，實在可悲可哀。

因此，諸如酒色財氣在內的放逸言行與心態，不但不能修道，甚至有礙修道，所以小修才說：「弟往日學禪，多是口頭三昧，近日怖生死甚，專精參求。」[143]「如弟二十年學道，只落得口滑，畢竟得力

---

140 〔宋〕蘊聞編：《大慧普覺禪師語錄》，收入《大正藏》（臺北市：新文豐出版公司，1983-1988年），冊47，頁894b。

141 〔元〕智徹：《禪宗決疑集》，收入《大正藏》（臺北市：新文豐出版公司，1983-1988年），冊48，頁1014a。

142 〔宋〕延壽：《萬善同歸集》，收入《大正藏》（臺北市：新文豐出版公司，1983-1988年），冊48，頁993b。

143 〔明〕袁中道：〈答曾太史〉，《珂雪齋集》（上海市：上海古籍出版社，2007年），頁1013。

處尚少，以此深自悔恨，欲於此後打疊精神，歸併一路，期到古人大休大歇之地乃已。」[144]「幸少而聞道，近日深加探討，覺此中冰泮籜隙處不少。」[145]不止如此，小修還作〈心律〉等文，對前行感到羞慚，懺悔過往，於是他打疊精神，希望在大休大歇之地，修行學道。而在經歷波折之後，他終於找到一個可以盡量消妄滅欲、克制情習的活動，就是品嚐山水之樂。

三　徜徉山水──去情習究生死

（一）習氣染著

　　酒色不礙菩提，其實酒色財氣，或指具體行為，或指肆意言行，但更重要的是小修自己的生命型態，本屬放逸一路。以此型態論學修道，人又多欲，便難真正嚴謹修持，於是誤入歧途，本為放下，卻成放逸；知拘檢為非，不知流遁尤錯，也只能說是順欲而起、順勢而生，並不讓人意外。這種生命型態，用小修自己的話說，就是「習氣」，[146]小修借用佛教術語，說明自己與生俱來的習性，根深柢固，

144　〔明〕袁中道：〈答錢受之〉，《珂雪齋集》（上海市：上海古籍出版社，2007年），頁1073。

145　〔明〕袁中道：〈答秦中羅解元〉，《珂雪齋集》（上海市：上海古籍出版社，2007年），頁1053。有意思的是，小修日後極力與酒色財氣不礙菩提等說劃清界線，還解釋說自己只是貪世間之樂，受不得苦而已：「弟輩學問無他病痛，不過是貪世樂之心不下，受不得苦，總輸兄一耐字耳。若毛道所云：『酒肉不礙菩提，淫嗔無防般若』者，弟深憎之惡之，惟恐其與此等意見人相親近也。」既憎也惡，又深怕與這類人混跡親近，話雖如此，就小修自己當時的言行心態來看，何止親近？他根本是自行自證，親身經歷了此道難通。〔明〕袁中道：〈與段幻然〉，《珂雪齋集》（上海市：上海古籍出版社，2007年），頁1062。

146　「習氣」出自佛教，《解深密經》、《瑜伽師地論》、《涅槃經》、《法華經》、《佛說十地經》、《大毘婆沙論》等極多經典皆可見，唯識學也以種子稱之，卻非其獨有。

難以去除：「猶有無始曠劫習氣，未能淨盡。」[147]好酒、好色、妒嫉、爭勝、貪戀，貪嗔癡三毒、色聲香味等五欲六塵，往往皆受習氣牽引，糾纏瓜葛，輾轉攀連，欲止不能，即便決然戒除，往往又斷後又犯，涉連數世，此乃因果輪迴中不斷循環復擾的大病：「人有胎骨帶來習氣，入於骨髓，貫於老少，而不可解者。釋家謂之俱生惑業，皆多生習氣，非一生兩生之力也。故有嗔習偏重者，有慳習偏重者，有淫習偏重者。雖大智慧人，且通學問，亦未能使之頓消融也，可畏也。」[148]「……於今二十餘年矣。中間為功名婚嫁奔忙，意根他用處甚多，又胎骨帶有繁濃習氣，未易破除。」[149]

　　習氣只是小修的用詞之一，除此之外，情習、妄習、業習、熟習、染習、嗔念、嗔惱、嗔業，都是類似的說法。正因為「人者，情欲之聚也」，[150]要消淨習氣，更是難上加難，小修自認「弟輩業習深重」，[151]對生命的艱難，深有體會，故有〈心律〉之作。而綜觀當前學界之研究，〈心律〉似仍未受重視，〈心律〉刻於中郎逝死之年，小

概略來講，習氣為無明之妄惑，且伏惑於現行之中，即經苦修，若稍有懈怠，便故態復萌，非有大智慧證生死涅槃者，難以斬絕。況且斷惑之種子，亦尚有疑惑之氣，故又分而為現惑相，為一切諸法遍計自性之妄執。可參印順：《唯識學探源》，頁137-141。

147　〔明〕袁中道：〈心律〉，《珂雪齋集》（上海市：上海古籍出版社，2007年），頁952。

148　〔明〕袁中道：〈示學人〉，《珂雪齋集》（上海市：上海古籍出版社，2007年），頁1054。

149　〔明〕袁中道：〈答寶慶李二府〉，《珂雪齋集》（上海市：上海古籍出版社，2007年），頁998。

150　〔明〕袁中道：〈名教鬼神〉，《珂雪齋集》（上海市：上海古籍出版社，2007年），頁838。

151　〔明〕袁中道：〈復段公〉，《珂雪齋集》（上海市：上海古籍出版社，2007年），頁1035。

修本不欲外流，但友朋見索，只好傳抄。[152]〈心律〉就如小修自己的懺悔錄，既真摯且切實，沒有太多文辭誇衍，從前普賢菩薩為民眾百姓說懺悔偈，其中一段：「我昔所造諸惡業，皆由無始貪恚癡，從身語意之所生，一切我今皆懺悔」，[153]正彷彿小修此文之寫照。至於文中所見心態，與上節提到的酒色財氣，也與即將提到的山水之遊，皆大有關係，故必須多加解說。

如前所言，小修中年以後，對往昔漸悔，認為自己嗔性太重，又貪世樂，且習氣濃厚，淪肌浹髓：「吾輩根性怯弱，常為聲色流轉，撫心思之，惟有內愧而已。」[154]對欲了性命的修道者來說，實是有待克服的絕對難關。就以偷盜為例，不是攘奪人財才叫偷盜，非己有而取亦是，但「吾輩居平泛濫借貸，不想酬還，及居間公事，以自膏潤之類，無非偷相也。」小修或借貸不還，或取公家為私用，早犯了偷盜之戒，說到底，還是由於多欲好奢之故。小修自誓從此不當再犯，「自今惟田中所出，及俸祿饋贈，傳經買文之錢，皆為己物，此外必當一介致辨」，[155]也不應再有借貸情事。與放貸致利者，更不該有太多往來；錢財不經手，自然省卻許多麻煩，只是囑託公門，請願拜會

---

152 「〈心律〉一通，乃弟自己發藥，於兄無與，乃兄苦欲之耶？只好寄來，兄好抄寫，恐弟無後本也，故付來看完即寄我。」、「〈心律〉，弟原不與一人看者，因張居士求之耳。」〔明〕袁中道：〈雲影〉、〈報二兄〉，《珂雪齋集》（上海市：上海古籍出版社，2007年），頁991、993。其中〈報二兄〉為與中郎書信，故可知小修剛寫完〈心律〉，中郎仍在世，中郎顯然也曾讀過，中郎在萬曆三十五年丁未（1607）的〈報小修〉就說：「心律自是家常，但不可令未悟人看。本是活機，而看者必執定死本。若悟後人，自不作放逸想。」付刻之後，數月中郎即因病離逝。〔明〕袁宏道：〈報小修〉，《袁宏道集校箋》，頁1616。

153 《大方廣佛華嚴經》，收入《大正藏》（臺北市：新文豐出版公司，1983-1988年），冊10，頁846。

154 〔明〕袁中道：《遊居柿錄》，《珂雪齋集》（上海市：上海古籍出版社，2007年），頁1150-1151。

155 〔明〕袁中道：〈心律〉，《珂雪齋集》（上海市：上海古籍出版社，2007年），頁953。

之事，屢見不鮮，亦不能絕，小修捫心自問，生平對此雖無虧損，然
總不能避不見面，苟清苦廉，謝絕申告。因此若為親戚朋友伸冤辨
白，為民眾討取公道，自當行之，但從間得利，則斷不可行。不貪錢
財、不私會請託，自然是小修懺悔過後，具體修行的想法之一。除此
之外，還要杜絕奢華浪費，因為中人之家，百凡節省，家計只不過堪
用。自己前年於箕簣谷構築山居，厝意經營，大興土木，復修又造，
於此足矣，不應該再多欲求。若又修造不止，架高樓，築危牆，治廣
廈，以廣心意，便是劫財娛心，不啻與偷盜同罪。

就淫邪方面，如上節所言，小修早年好女色，也不避男色。遊冶
之場，斷袖之癖，所在多有。縱色縱酒之後，影響健康極大，每次血
疾發作，徹夜不能眠，折磨日甚，苦不堪言。當疾病漸癒之後，卻又
一再淪陷情色，周而復始，「然每至春來，防病有如防賊。設或不謹，
前病復生。初起吐血，漸至潮熱咳嗽，則百藥不救，奄奄待盡。神識
一去，淫火所燒，墮大地獄，可不怖哉！」[156]色與酒又往往伴隨相生：
「檢生平邪淫，多屬大醉之後，以後大肆沉湎，即是破戒之因。」[157]
小修甚至說：「一生學道，而以淫死，豈不痛心！」戒欲斷淫。節制
飲酒，都是小修日後的大課題，所以他自期四十以後，婢妾不可置，
酒益不可飲，萬不得已，微酣則止，否則皆足以為老年之累。[158]酒色

---

156 〔明〕袁中道：〈心律〉，《珂雪齋集》（上海市：上海古籍出版社，2007年），頁
955。

157 〔明〕袁中道：〈心律〉，《珂雪齋集》（上海市：上海古籍出版社，2007年），頁
956。

158 健康因素，讓小修不得不斷色欲，「吾輩名利五欲種子，原成俱生惑業，即己亦不
自覺。但借法水時時灌溉，差為減擔耳。弟比來體中康太，如色欲事，非人能
斷，實天使之不得不斷也。何也？力不能也。百事減盡，惟不能忘情於聲歌，留
此以娛餘生，或秀媚精進中所不礙耳。仁兄以為如何？」力已不能至，色欲行動
便少。話雖如此，但仍未能忘情，還要「百事減盡，惟不能忘情於聲歌，留此以
娛餘生，或秀媚精進中所不礙耳。」可見小修欲望之重，情習之濃，早已深深嵌

之外，尚有好勝貪名之事。就貪名來講，小修為科舉努力半生，得失
心重，以為考取便可揚眉吐氣，結果卻總是失敗，終於垂首喪氣。小
修自認該調整心態，科舉固然需要再考，也應該要漸漸看淡，「況人
生一隙，譬如朝露，設使取科第，享富貴者，多可致數百年，猶謂虛
幻光景，差久長耳。一轉盼間，二三十年，已歸黃土。」[159]這還只是
就事上得失而論，若以己心之苦樂來講，人高我低，心便難樂。相鄰
之位，又企得之；相等之人，忽超而上，自己又不免欣羨妒意，難以
真心祝福。自己也想獲得，但是既得失，又驚失之，於是勞心保持，
算計大，心卻愈苦，煩擾更多。更有甚者：「又況乎以卑望高，淹而
望遷，毀譽是非，相傾相軋，紛沓在前，奔走在後，風塵牛馬，疲骨
驚心者哉！」[160]相傾相軋，毀譽是非，疲骨驚心，良有以也。

就好勝來說，妄語為謊，小修雖不至於謊話連篇，自欺欺人，可
是好勝心強，誇口自大，難向人低頭；與人論學，意見不同，見其異
己，則常動怒；寫作文章，雖深思苦索，導致吐血，也常是為了跟人
爭勝，證明自己高人一等。[161]此皆貪利貪名好勝好強，實是大病：[162]

> 惟吾輩好勝，或欲伸其所言，故緣飾之以求勝耳。又或意在調
> 笑，縮長增短，期於取樂，亦大病也。醉後多言，誇己所長，

進生命裡。〔明〕袁中道：〈寄石洋〉，《珂雪齋集》（上海市：上海古籍出版社，
　2007年），頁1083。

159　〔明〕袁中道：〈心律〉，《珂雪齋集》（上海市：上海古籍出版社，2007年），頁
　959。

160　〔明〕袁中道：〈心律〉，《珂雪齋集》（上海市：上海古籍出版社，2007年），頁
　959。

161　「求勝求伸，以必得為主。作文字時，深思苦索，常至嘔血。」〔明〕袁中道：
　〈心律〉，《珂雪齋集》（上海市：上海古籍出版社，2007年），頁961。

162　〔明〕袁中道：〈心律〉，《珂雪齋集》（上海市：上海古籍出版社，2007年），頁
　956、963。

娓娓不休。稠人之中，惟聽己譚，鼓弄唇舌，此謂之躁。躁亦
妄也。

今約吾輩現行之事，易涉於貪者，毋如利與名。

利名難免，好勝亦不能止，何況自己又常說綺語、自大妄言，[163]甚至
還有惡口，有時是隨人附和，有時卻是自己刻意譏諷，或貶或批，逞
口舌之快，使他人難堪，還以為是能言人所不能言：「或因人譏訕他
人，因而附和，俱是惡態，切宜自覺。惡口一戒，尤為難持。或以一
言壞人生平，或意見不同，過肆譏評。乘其意興，字字剗髓。或笑語
之中，描畫舉止，無不曲盡，令人難堪。」「人有所不必知，知有所
不必顯，汲汲明之，何其淺歟？」此皆小修真實懺悔，往昔之錯，已
難追悔，日後涉世，應盡量避免。

三毒五塵六欲，說來說去，還是因為自己習氣所致：「嗔念吾極
重，真是胎性帶得，氣甚不平。雖轉盼即忘，然一時暴起，焚和已
甚，盤結諸根，隨觸即發。」[164]以至於處世之中，暴怒、忿疾、逼
惱、反目、心大不平，種種皆是嗔性流行之處，[165]而且嗔性會讓人迷
失，讓人不快樂，讓人陷入自我作障的困境中：「惟嗔能令人不樂之

---

163 「綺語之根，直是放逸，謂無義語也。」〔明〕袁中道：〈心律〉，《珂雪齋集》（上
海市：上海古籍出版社，2007年），頁956。

164 〔明〕袁中道：〈心律〉，《珂雪齋集》（上海市：上海古籍出版社，2007年），頁
962。

165 嗔性所及之處，在日常言行中，屢見不鮮，所以小修接著就說：「姑不論大利大
害，或意有所是，人與相違；或議論蜂起，為人所抑；或與人言，其人癡愚，不
領己意；或問者窮詰，不中理解；或見人以強凌弱，心大不平；或於眷屬，見其
不馴，過為忿疾；或於奴僕，偶有所失，遂致暴怒，種種皆是嗔性流行之處。予
自伺察，最是一毫不相干事，將心受其逼惱。」〔明〕袁中道：〈心律〉，《珂雪齋
集》（上海市：上海古籍出版社，2007年），頁962。

甚，心搖搖而若撼，口舌僵而不能吐。焦火凝冰，自苦自縛，地獄刑具，皆是嗔惱所成。嗔業最大，一嗔能引三萬八千諸煩惱門，能焚毀無邊功德行。嗔之人，心中畢竟不仁。若是仁者，愛一切人，和氣藹然，何至於嗔？」[166]嗔讓人失去仁心，不仁之人，又何能處世淡然，養生離死？[167]

不過，這些嗔念情習，並非以自我聰穎才性化解，就會有用。剛好相反，正因為誤以酒色不礙菩提，誤以放逸為放下，所以小修即便年輕時便開始學道，總是愈學愈錯，愈以為悟則嗔性愈重，「往年見學道者，自以為悟，至煩惱無明發起，如霹靂震，如虎郎嗥。其中本嗔，又添一嗔，即是道之見，所以益無忌憚。」小修似說旁人，但自少年便談無忌憚之學問，其中本嗔，又添一嗔，講的正是他自己。對此小修也絕不諱莫如深，不會刻意閃躲病處與痛處，〈心律〉一文，之所以切入實際，不拐彎抹角，不特地經營自己的正面形象，如一般文人作文出書，往往藉由日常生活的自我獨白，以書寫己身的方式，力求成為「前臺」的表演者。[168]小修則是反過來，揭說己短，暴露灰

---

166 〔明〕袁中道：〈心律〉，《珂雪齋集》（上海市：上海古籍出版社，2007年），頁962-963。

167 嗔、名、利等等，滲深入骨，難以去除，伯修有段話，正彷若小修的寫照：「試內省種種思念，循種種意根，果有離名離利時否？竊恐一刻無名利，則外知耳目口鼻，內之心知識，幾於泯滅無遺，惟就枕酣睡，或者暫閒，而紛紛得失，復現夢境。然則人雖睡夢，尚恐未能離名利也，而況醒乎？何也？其眼耳鼻舌等為之祟也。有眼即欲察色，有耳即欲聽聲，有鼻即欲齅香，有舌即欲嘗味，有名即有利，有利即有種種可意聲色香味以悅諸根，無名則賤，賤則無利，無利則窮惡以死，詎悅耳目鼻舌乎哉！則人雖不好名不好利也，亦不可得矣。」〔明〕袁宗道：〈雜說〉，《白蘇齋類集》，頁299。

168 此處借用高夫曼（Erving Goffman）之說。高夫曼以戲劇舞臺的概念來解釋具體的人生生活，他將社會人際的互動，分為前臺（frontstage）與後臺（backstage），相較之下，就前臺來講，人際的往來交流，很多言行舉止，或因於環境與人事因素，常常是表演給特定對象，是刻意的形象經營，這就是前臺行為。此時，表演

暗面，「他（芝慶按：小修）學問的重點，就是發現並正視生命的幽黯處，從自己性情的偏向上下手矯治」，[169]確為的論。不止如此，小修同時也針對人性陋惡處，反覆陳述，讓讀者不但可以理解小修，同時更可以感同深受，「解剖」自己，包括小修自己在內的所有讀者，若能循此理解，正視生命的細微幽晦，自然可能感同身受，反躬自省，檢點身心。要是只當作一篇尋常懺悔文錄或過失簿，[170]單純地將喝酒淫行等視為罪惡，欲戒欲斷，卻忽視了小修本人的心理狀況，沒有看見有此心故有此行的道理，論外不論內，則不免執定死本，錯失了小修欲撥亂反正的「活機」，實在可惜，正如中郎說：「心律自是家常，但不可令未悟人看。本是活機，而看者必執定死本。若悟後人，自不作放逸想。若說一切處，何者不是，便恁麼何妨，此何異外道，悟不如此也。」[171]本是活機，若悟後人，自然可避放逸之危，但是看者卻執定死本，就不能稱為醒悟。〈心律〉之所以可以發人省思者，正在於此。小修自言：[172]

即意謂著符合當下情境的規範形式，於是在特定場合中，臺前表演者往往會透過「整飾」的方式，製造他人對自身形象的認知，這也是在社交場合頻繁可見的行為。〔加〕高夫曼著，徐江敏、李姚軍譯：《日常生活中的自我表演》（臺北市：桂冠出版社，2004），第一章與第二章。

169 龔鵬程：〈超凡入聖：袁小修的山水遊記〉，收於氏著：《晚明思潮》，頁234。

170 王汎森與吳震在研究晚明清初的自省風氣時，指出日譜或日記是當時士人修身的參考憑藉，記載了許多自己的過失與缺點。除此之外，日譜日記更可能成為教材，互相傳閱，批評學習，小修的〈心律〉，雖不是以日譜方式行世，也非功過並記，但就「過」來講，既是自警，也能警世，就記載錯誤、懺悔反省，以及教材方面，與「功過簿」之類的日記日譜等，頗可互觀。王汎森：〈日譜與明末清初思想家〉，收於氏著：《晚明清初思想十論》（上海市：復旦大學出版社，2004），頁117-185。吳震：〈明末清初太倉地區的思想活動〉，收於氏著：《明末清初勸善運動思想研究》（臺北市：臺灣大學出版中心，2009），頁357-367。

171 〔明〕袁宏道：〈報小修〉，《袁宏道集校箋》，頁1616。

172 〔明〕袁中道：〈心律〉，《珂雪齋集》（上海市：上海古籍出版社，2007年），頁963-964。

吾往年亦曾悟得佛法，決定離言說相，離心緣相，不消動轉絲
毫，亦無一毛頭道理可得，止是一切放下。當放下時，亦不作
放下之解，以為極則矣。然八風五欲，正爾熾然，與世上俗
情，更無有異。但見其增，未見其減。逢色便愛，見利則取。
六根門頭，鬧如市朝；繁華之想，日以益甚。靜而馳求，動而
取捨，猢猻攀緣，更無斷時。及不堪寂寞，卻又以嘲風弄月，
花樓酒肆遣之，鎮日赴酒肉之席，說無義之語。流入行樂場
中，將此事颺向他方世界，永不問著……。

就因為曾以為悟得佛法，以為無所執心，便能觸處生機，無處不能
入，無處不可自得。不料難關來臨，往日悟境卻輕易破功，與世上俗
情，更無有異，於是逢色便愛，見利則取，嘲風弄月，飲酒取樂，淫
欲繁華，更無斷時。這些行為，悟既不是，修亦不足，當不為取。小
修後來強調修悟並重，便是出於這層考慮：「但既悟本體，亦自有不
離本體之工夫」、[173]「大約頓悟必須漸修」，[174]即是悟後，仍須再修：
「悟後之修，乃為真修，不然即係盲修。」[175]悟與修，根本不必分也
不能分。偏重某方，輕視某方，都是執妄虛見，小修說的「十癡」便
是此類，歸納原意如下：[176]

---

173 〔明〕袁中道：〈寄李開府〉，《珂雪齋集》（上海市：上海古籍出版社，2007年），
頁1091。

174 〔明〕袁中道：《遊居柿錄》，《珂雪齋集》（上海市：上海古籍出版社，2007年），
頁1032。

175 〔明〕袁中道：〈答寶慶李二府〉，《珂雪齋集》（上海市：上海古籍出版社，2007
年），頁998。

176 〔明〕袁中道：〈心律〉，《珂雪齋集》（上海市：上海古籍出版社，2007年），頁964-
965。

癡一：專提悟門，本為破除拘泥戒定之見，但並非以戒定為駢贅，不料卻躭著知見，自劫家寶；

癡二：橫謂一超悟入，位登等覺，乃致偏執圓融，盡廢行布；

癡三：佛法知見與煩惱俗情，俱為眼中屑。但世人往往不觀空而遣有，徒取惡而廢善，實為不智；

癡四：道本無難，因根器而有難易。誤以一隙微明，遂居全覺，以下根行上根事，又或是自認上根佳者，未免愚癡；

癡五：古德為生死悟修之事，忘食忘寢，遍參博訪，如三上洞山、大悟一十八、小悟不計數者，前賢榜樣俱在。前人之悟困難之甚，為何今人得悟卻如此容易？

癡六：參禪有從現量入者，有從比量入者。現量入者，力強，不易失；比量入者，力弱，常有所退。吾輩參禪多屬比量，必須有保任工夫，若然入手之後，便思歇手，結果是未得放下，先成放逸；

癡七：所悟如彼，所行如此，悟修相兼，才是正道。自陽明啟良知之說，數傳之後，偏重了悟，將為善去惡之旨，撥斥太過；

癡八：樂者，心之體也；惕者，樂之衡也。以常惕故常樂；但常人卻迷己逐物，以苦為樂；

癡九：學道本為生死，生死不在他日，即今日目前相值境界是也。若轉不去，打不徹，生平知見毫無得力處，又豈能生死如門相開，來去自由？

癡十：即心即佛，自是向上之解，若誤認偏執，亦同魔說。

從上述十癡所知，悟後須修，悟亦是修，反之亦然，不能流於知解，也不能流於口滑，正是小修深意所在；而緣行有識，識隨生命之無

明，紛馳起伏，流蕩不已，故有所執，習氣深重，自當深自警惕。小
修〈心律〉之作，結論就是：[177]

> 險哉，險哉！謹持此身，三口四意三十善道戒，凡至月終自讀
> 一遍，其中皆是已昔所犯，一則宣露懺悔，又檢察持犯，以自
> 警焉。

小修以此自警，並且重持戒。除此之外，他又作有〈紀夢〉一文，說
明情習對生死的妨礙，以及悟與修對得脫生死的關鍵地位。文中說中
郎死後，自己在夢中與他相會的歷程。在夢中，中郎並未因死亡而懈
怠，只是情染未除，未登淨土，所幸工夫仍不間斷，才能由「西方之
邊地」升上淨土。但因戒行不夠，仍有未達，故尚需進修：[178]

> 中郎曰：「我初亦以淨願雖深，情染未除，生於此地少時。今
> 已居淨域矣。然終以乘急戒緩，僅與西方眾生同一地居，不得
> 與諸大士同升於虛空寶閣，尚需進修耳。幸宿生智慧猛利，又
> 曾作《西方論》（芝慶按：即《西方合論》，可參第三章），讚
> 嘆如來不可思議度生之力，感得飛行自在，遊諸剎土。凡諸佛
> 說法之處，皆得往聽。此實為勝，非諸眾生所能及也。」

文末，小修藉中郎之口，說明修行實悟實修的重要性：[179]

---

177 〔明〕袁中道：〈心律〉，《珂雪齋集》（上海市：上海古籍出版社，2007年），頁
967。

178 〔明〕袁中道：〈紀夢〉，《珂雪齋外集》，收於《續修四庫全書別集類》，冊1376，
頁481-482。

179 〔明〕袁中道：〈紀夢〉，《珂雪齋外集》，收於《續修四庫全書別集類》，冊1376，
頁482-483。

中郎曰：「吾不圖樂之至此極也。然使吾生時嚴持戒律，則尚
不止此。大都乘戒俱急，則生品最高。其次戒急，則生最穩。
若有乘無戒，多為業力所牽，流入八部鬼神眾去，予親見同學
諸人矣。弟之般若氣分頗深，而戒、定之力甚少。夫悟理不能
生戒、定，亦狂慧也，歸至五濁。趁此色力強健，實悟實修，
兼之淨願，勤行方便，憐憫一切，不久自有良晤。一入他途，
可怖可畏。如不能持戒，有龍樹六齋遺法見存，遵而行之。諸
戒之中，殺戒尤急。[180]寄語同學，未有日啟鸞刀，口貪滋味，
而能生於清泰者也。雖說法如雲如雨，何益於事？我與汝於空
王劫時，世為兄弟，乃至六道輪迴，莫不皆然。幸我此生已得
善地，恐汝墮落，故以方便神力，攝汝至此。淨穢相隔，不得
久留。」

---

180 正因諸戒之中，戒殺尤急，所以袁家三兄弟才屢有戒殺、戒口、斷肉、放生之
舉，伯修便說：「持戒殺者，一生所活當盈百千萬億，不可稱量。寧有百千億不可
稱量種種性命，啣德感恩，而不能資一身之福者？故于英以養鯉得仙，劉守以放
魚延算。餧一雀而累世三公，濟羣蟻而立取上第。由此推之，活尺鱗，全寸羽，
俱得勝報，無唐捐者。況於終身持不殺戒，所受福報豈有量哉！」且不獨三袁為
然，例如李贄認為因果就像種子與果實的關係，《因果錄》：「因者，種種也；果
者，種穀種，得穀食也。」所以李贄才大談惡有惡報、善有善報之理，現世陽
報，如劉建德之妻、道士章齊一；善人果報，如孫泰、章太傅妻練氏等等，這些
「報應」，有因有果，自然也是有感有應，如他記載楊思達為西陽郡守，派遣下屬
看守農田，以防盜麥，果然抓到犯人，於是斷其手腕，下屬後來生了小孩，竟然
一出生就無手，這就是因果，也是感應的一種表現。至於因果感應最重要的部
分，則是生死，「因果之大，莫大於生死」，生死繫於因果者，在於任憑己意來掌
握他物生死，所以李贄便反對殺生，主張放生，「蓋眾生所重也，生命。所以日
夜惶惶然不止者，亦為其生耳。是故錄因果，而以殺生垂其後焉。」是以李贄收
錄了〈雲棲寺沙門祩宏放生文〉、〈普庵祖師戒殺文〉、〈真歇禪師戒殺文〉、〈佛印
禪師戒殺文〉，又記載動物放生殺生的果報之事。〔明〕李贄，《因果錄》，《李贄文
集（第七卷）》，頁292、297。〔明〕袁宗道：〈賀陽曲金令君父母榮封序〉，《白蘇
齋類集》，頁134。

中郎說自己生前若嚴持戒律，死後光景當不止於此，所以中郎才規勸小修乘、戒並重，既要悟，也要修。悟理也要能生戒、定也好，若只有悟（乘），卻沒有戒，仍不免為業力所牽，流入八部鬼神等眾。

惑業無明，習氣未釋，恣意所欲，袞袞繚絞，確實難以自清。可是，習氣濃厚，不光是表現在惡性劣行而已，三毒五欲的根基是我執，執著的另一面，其實就是人生經驗。因為習氣、因為執著，往往也得以親身體驗了歡笑苦痛與愛恨情仇，因緣和合，生住異滅，則依他起性，雖不免陷障，但是走江湖、涉人事、經風塵、歷成敗，有所執故有所住，深入其內，有時也更能理解生命的難處，體貼事理的困境，反而愈見世情。因為人的歷練閱歷，往往也是從中得來，習情重，綺思狎念，固然常為聲色流連，但執著深，卻也因此多嚐人生滋味，遍歷諸般，其中甘苦，得失之際，如人飲水冷暖自知，確不易言。更進一步來講，因為曾經擁有、曾經執著，所以當機緣來至，反而更能體會放下的重要，正如《最後十四堂星期二的課》中，墨瑞（Morrie Schwartz）對米奇（Mitch Albom，本書作者）說的話：[181]

> 「啊，米奇，你腦子有在動。不執著的意思，並不是你不讓感覺經驗穿透你，事實上正好相反，你要讓它完全穿透你。這樣你才能將它放下。」

我聽不懂。

> 「隨便舉個例——對一個女人的愛，或失去所愛的人的悲傷，

---

181 〔美〕米奇‧艾爾邦（Mitch Albom）著，白裕承譯：《最後十四堂星期二的課》（臺北市：大塊文化出版公司，1998），頁129-130。

或是我現在所遭受的，因病因死而來的恐懼與痛苦。如果你壓
抑情緒，不讓自己完全體驗它，就無法不執著，因為你忙著在
害怕。你害怕痛苦，你害怕悲傷，你害怕愛所會帶來的易受傷
的心。」

「但你若全心投入這些情緒，讓你自己整個人投入其中，你就
完完全全體驗到它。你就知道什麼是痛苦，你就知道什麼是愛，
你就知道什麼是悲傷。唯有如此你才能說：『很好，我體驗了
這個情緒，我認出了這個情緒，現在我需要從中脫身』。」

藉由反省而思考，我觀而我思，我思故我在，幻現大千世界，一幕幕
人生，一場場的戲，臺上臺下，是燭照未來的希望，又或是滄海桑田
的蒼茫。經了一點過往，歷了一些憂傷，才發現，過化而存神，那些
習性情事，那些人生痛處，生命的流轉，俯仰歌哭，諸般愛恨，正如
墨瑞所講，當我們整個人投入其中，就會完完全完體驗到它。我們就
會知道什麼是痛苦、什麼是愛、什麼又是悲傷；知道它、經歷它，我
們才能走過它，也才能離開它。用小修的話來講，這就是「冷」，
「冷」是一種心境，既身存當下，卻又能以「隔」的方式，抽離現
況，不離人世卻又能觀看人世，體驗過才能走過，所以對於歷經種
種，更能以無生知見之力，一一消之：「五濁世間，不如意事甚多，
全仗無生知見之力，一一消之。於霹靂火中，現清冷雲。」[182]更進一
步來講，小修之所以發出類似「心內安閑身也輕」[183]的心聲，甚至有

---

182 〔明〕袁中道：〈答段二室憲副〉，《珂雪齋集》（上海市：上海古籍出版社，2007
　　年），頁1076。

183 〔明〕袁中道：〈初至村中（其七）〉，《珂雪齋集》（上海市：上海古籍出版社，2007
　　年），頁131。

「世緣終淺道情深」[184]的感嘆，正是因為他曾經切切實實地，走進這趟人生行旅，「憂來不下淚，笑裡帶傷神」，[185]甚至說：「行年四十餘矣，世界滋味，已嘗盡過，只是如此而已。況骨肉壽命，俱如槿華，[186]恐生死到來，做手腳不迭。以此有志薰修，急於救頭」，[187]故親行過後，回首來時路，深有所感，自應有上述諸語文章之作。

　　小修「穿透」之後，體悟頗深，因此要離開那些習氣，要走過這些情緒，「現在我需要從中脫身」，以小修當時的狀況，除了如中下根人的強力克制之外，[188]又該怎麼辦呢？

184　〔明〕袁中道：〈病中漫興（其八）〉，《珂雪齋集》（上海市：上海古籍出版社，2007年），頁308。

185　〔明〕袁中道：〈別中郎南歸，時偶值嫂及庶嫂之變，檇車雙發，不勝酸楚，離別之情可知，因賦詩十首（其六）〉，《珂雪齋集》（上海市：上海古籍出版社，2007年），頁212。

186　槿華，即木槿，錦葵科木槿屬，落葉灌木。木槿所開之花，朝榮夕萎，朝開暮謝。小修用此比喻年壽短暫。李漁曾就木槿的特性，與人生作出頗為有趣的聯想，就李漁看來，木槿枯榮和人的年壽長短，有異有同：「木槿朝開而暮落，其為生也良苦。與其易落，何如弗開？造物生此，亦可謂不憚煩矣。有人曰：不然。木槿者，花之現身說法以儆愚蒙者也。花之一日，猶人之百年。人視人之百年，則自覺其久，視花之一日，則謂極少而極暫矣。不知人之視人，猶花之視花，人以百年為久，花豈不以一日為久乎？無一日不落之花，則無百年不死之人可知矣。此人之似花者也。乃花開花落之期雖少而暫，猶有一定不移之數，朝開暮落者，必不幻而為朝開午落，午開暮落；乃人之生死，則無一定不移之數，有不及百年而死者，有不及百年之半與百年之二三而死者；則是花之落也必焉，人之死也忽焉。使人亦知木槿之為生，至暮必落，則生前死後之事，皆可自為政矣，無如其不能也。此人之不能似花者也。人能作如是觀，則木槿一花，當與萱草並樹。睹萱草則能忘憂，睹木槿則能知戒。」〔清〕李漁：《閒情偶寄》，《李漁隨筆全集》（成都市：巴蜀書社，2002），頁230-231。

187　〔明〕袁中道：〈與劉計部〉，《珂雪齋集》（上海市：上海古籍出版社，2007年），頁1002。

188　「習氣可除，何為而不除？但有心要求，未必能除，須知有從咽喉著刀之法，非以習氣為無妨，而聽其橫溢也。如未得消融之法，亦要強制，若不強制，積過成惡，不可救矣。凡中下根人俱從強制起，馴至自然。其一了百了之訣，原以待上

　　小修找到的最好方法，就是山水之樂。過去他以世俗聲色為自適，如今則是自適於山水之間。

（二）樂山樂水

　　至於小修培養山水之樂的原因，一是養病，二是轉移注意力，藉此遠離欲望，兩者又相輔相成。當然以山水滋養身心，自不獨小修而已。毛文芳就指出，晚明雖然存有縱樂放浪，不知檢束的一面，但也有許多人雅士尊生養生，從晚明宋詡、公望父子合撰之《竹嶼山房雜部》，到萬曆十九年（1591）年高濂出版《遵生八箋》，將養生、尊生與燕閒並陳，既是以「清閒」、「閒情」的心境，「欣賞」、「賞鑑」的心態，經營生活，重視娛樂，而藉由遊山玩水醫治身心，以審美的角度，徜徉山水，淨化心靈，更是文人養生中重要的一環。[189]張維昭也分析，晚明士人癖遊，模式又可分為浪遊、臥遊與園遊，浪遊者，多是遠遊或近遊名山勝水，如王士性、[190]徐霞客等人；園遊者，則文人雅士或居山築園，或鄉居偏僻，如祁彪佳之類；臥遊者，則是憶遊作畫以怡情丘壑，俯流仰月或坐石品茗，陳繼儒即編有《臥遊清福編》，發揚以上說法。至於癖遊功能則有三：一是寄情山水，二是滌浣俗腸，三是文章得江山之助。[191]小修在此氛圍裡，[192]不但具體親行

根人，天下上根人能有幾？非謂盡人可以此機通也。」〔明〕袁中道：《珂雪齋外集》，收於《續修四庫全書別集類》，冊1376，頁393。

189 毛文芳：《晚明閒賞美學》（臺北市：臺灣學生書局，2000年），頁44-45、190-199。

190 王士性嗜遊，認為遊亦有道，揭出天遊、神遊、人遊之不同。太上天遊，形神俱化；其次神遊，神舉形留；又次人遊，神為形役。范宜如：《行旅‧地誌‧社會記憶：王士性紀遊書寫探討》（臺北市：萬卷樓圖書公司，2011），頁68-70。

191 張維昭：《悖離與回歸──晚明士人美學態度的現代觀照》（南京市：鳳凰出版社，2009），第四章第四節。

192 旅遊風氣，也與當時旅遊模式、消費能力、出版結構有關，而且不限於文人雅

實踐，既有身體上的感受，同時也作了哲理上的探討，以培養他對山水的愛好，也藉此體會自然山水之美，養病延年，證悟性命之學。他說：[193]

> 今予幸而厭棄世羶，少年豪習，掃除將盡矣。伊蒲可以送日，晏坐可以忘年。以法喜為資糧，以禪悅為妓侍。然後澹然自適之趣，與無情有致之山水，兩相得而不厭。故望煙巒之窈窕突兀，聽水聲之幽閑涵澹，欣欣然沁心入脾，覺世間無物可以勝之。

小修已先明言，之所以與山水「兩相得而不厭」，必須有賴於山水景觀可致，以及自身「澹然自適之趣」（又有賴於「以法喜為資糧，以禪悅為妓侍」）。有此心有此景，心景相生相得，才可以聽幽閑涵澹之水聲，欣然沁心入脾。用他自己的話來講，就是「偷閒」，閒代表一種心境，一種自適的人生態度，畢竟在汲汲營營、處處被人管的人際人世中，鉤鎖連環，人是無所遁逃於天地之間的。我們若以「忙裡偷

士，就連商人、民眾都好遊。旅遊模式已在文中提到，不再贅述；就消費能力而言，大眾旅遊的興盛，代表經濟能力已達一定水準。再者，手頭寬裕的旅者，不論是所用器品遊具等等，又或是帶著僕役出遊，都需要財力支持，一些文人即便經濟能力不足，也可以尋求贊助者支持；最後，出版業繁榮，成書不再是難事，也開始有大量的旅遊書系出版，有的還以圖文並茂的方式，提供消費者更多的選擇與推薦。況且同樣是旅行遊玩，也有差異，藉由炫耀式消費與遊具的精緻化，刻意區分我者與他者的不同，進行雅俗之分的品味塑造。可參王鴻泰：《品味奢華：晚明的消費社會與士大夫》（臺北市：聯經出版事業公司，2007年），第四章。巫仁恕、狄雅斯（Imma Di Biase）合著：《游道：明清旅遊文化》（臺北市：三民書局，2010年），上篇與中篇。

193 〔明〕袁中道：〈西山十記（記十）〉，《珂雪齋集》（上海市：上海古籍出版社，2007年），頁542。

閒」來解釋，小修認為人處於世，除非隱居深山，不與人交往，也不
關心國家世事，否則的話，「忙」是必然的（也可稱為「熱」，關於
「熱」的人生觀，詳見第五章），所以就需要相對性的「偷閒」來平
衡，或抵消一些世俗的拉扯，避免生命乾涸，失去了體會與感動的力
量，因此「偷閒」是必要的：「予幸生太平之世，少未立朝，不與人
家國事，偷以全軀，正其事也。或曰：『太平之世，全軀何用於
偷？』予曰：『全軀誠不待偷，而軀之閒，則待偷也。』試觀人世逐
日奔波，大者鵬營甚曠，小者蝸旋不息。鉤鎖連環，老而益甚，直至
瞑而戢之一木，則已矣。然則生斯世也，何人肯容人閒，何人肯自
閒，又何時可閒？自非一種慧人，巧取密伺，如偷兒之竊物，閒恐未
必得也。故予非偷以全軀也，偷閒也。抑又思之，予既不能處忙若
閒，又不肯捨閒就忙。苟心本愛閒，而境常值忙，心境相違，必交戰
而不自得。神情窘迫，而飲冰發狂之病隨之；則謂偷閒，即所以全軀
也亦可。」[194]於是山水就可以消除情欲，矯治情習，如此即是求生，
即是養生：

> 弟近日東西遊覽，亦非耽情山水，借此永斷情欲，庶幾少延天
> 年耳。[195]
>
> 山中百凡清快，紫蓋之奇峯，青溪之碧水，玉泉為山水之大
> 湊。愚兄（芝慶按：小修自己）行止其間，即是養生。何者？
> 屏絕欲染羶薌，不求養生而養生在其中⋯⋯。[196]

---

194 〔明〕袁中道：〈東遊記一〉，《珂雪齋集》（上海市：上海古籍出版社，2007年），
   頁564-565。

195 〔明〕袁中道：〈寄雲浦〉，《珂雪齋集》（上海市：上海古籍出版社，2007年），頁
   1012。

196 〔明〕袁中道：〈寄五弟〉，《珂雪齋集》（上海市：上海古籍出版社，2007年），頁
   1018。

日就暮，藍氣愈深，有如飽墨筆蘸淨水中，墨氣浮散水面，自
成濃淡。予愛玩之甚。嗟乎！予顛毛種種矣，少年嗜好，消除
殆盡。唯此尤物，好之愈篤，兼之冷冷雲煙，可以消除名利、
嗜欲、熱惱，助發道心，是予勝友也。[197]

予少年心浮志燥，內多煩火，家居目若枳而神若錮，獨看山聽
泉，則沉疴頓消，神氣竦健，可以度日。故予非好山水也，醫
病也。[198]

少年多情習，心浮志燥，內多煩火，經歷人事變遷之後，心境已有不
同，同時又經山水洗滌，看山聽泉，冷冷雲煙，可以消持名利、嗜
欲、熱惱，助發道心，求養生而養生在其中。[199]於是沉疴頓消，神氣
竦健，更可修身靜心。因為山水讓人遠離塵世，不近囂鬧，在自然景
致之中、在寂靜空間裡，神清氣靈，不見可欲，使心不亂：[200]

---

197 〔明〕袁中道：〈堆藍亭記〉，《珂雪齋集》（上海市：上海古籍出版社，2007年），
頁637。

198 〔明〕袁中道：〈前汎鳧記〉，《珂雪齋集》（上海市：上海古籍出版社，2007年），
頁660。

199 欣賞古人山水詩作，也可以幫助修身養性，小修在〈東遊記十七〉也說：「兀坐舟
中，偶讀唐詩，意欲取唐諸家所作，凡山水心興，登眺遊覽，同於畫工者，都為
一集。不雜之一切應酬詩中，庶閒時一披玩之，耳目皆清，腸胃悉浣。」〔明〕袁
中道：〈東遊記十七〉，《珂雪齋集》（上海市：上海古籍出版社，2007年），頁
579。伯修也有類似的看法，他甚至說欣賞畫作也有同樣的療效：「數日苦熱，對
公所作寒江流，百駭潑潑化潺潺。心魂清冷絕塵滓，恰逢投礫始驚還。卻笑凡手
拋擲胸中活山水，漫從死骨求筋髓。縱然逼真君家顧長康，抵掌虎頭徒為爾。噫
吁嘻，俗眼賞鑒皆如此，不重真骨重形似！」〔明〕袁宗道：〈顧仲方畫山水歌〉，
《白蘇齋類集》，頁5。

200 〔明〕袁中道：〈書五臺續白蓮社冊後〉，《珂雪齋集》（上海市：上海古籍出版
社，2007年），頁913。

從塵勞中修行，火中蓮也。深山結伴，遠離喧囂，一心淨業，
水中蓮也。火蓮非有力健兒不能，否則並根株焦矣，不如水蓮
之易且穩也。予浩浩談禪，每持火蓮之說。今種種矣，熟處
熟，生處生，未見有一毫得力處。

塵勞中修行，是火中蓮，雖非不能，卻實在不易，正如酒色不礙菩
提，非強有力健兒不能到此境地。若冒然嘗試，則往往並根株焦，自
誤誤人。相較之下，深山結伴，遠離喧囂的水中蓮，則便較為容易、
穩定。小修以自己的情況，說明適宜山居的五種原因：賦性坦直，與
人久處，必招怨尤，不若處寂靜山中，自得其悅，此為一因；近繁華
則易入繁華，邇清淨即易歸清淨，故青山在目，緣與心會，此為二
因；他的兩位哥哥俱闡無生大法，只是為世緣迫逼，不得究竟，今居
山中，自可專意理會大事因緣（生死性命），此為三因；唯盡捐嗜
欲，可望延年，必居山中，乃成掃除，此為四因；生平愛讀書，讀書
之趣須成一片，只是俗客熟友，數來飈擾，故讀書之趣不深亦不固，
深山閉門，遂得此樂，這是五樂。[201]
　　當然小修並未於山居裡終老，他最後仍舊出山赴考，參加會試，
但水山遊居可以安頓他的生命，情欲擾人、心猿意馬，也獲得某種程
度的釋放，這就是他中年以後的自適之道。他說他四十歲以後，始好

201　〔明〕袁中道：〈寄祈年〉，《珂雪齋集》（上海市：上海古籍出版社，2007年），頁
　　1017。小修在〈柴紫庵記〉，也有講到宜居山居之五因，與〈寄祈年〉所言，略有
　　不同，一、不逐於紛囂，捨喧入寂；二、涉事難守，離境易防；三、萬物各有其
　　性，相較於周旋世事，若枳若焚，形神俱困，小修更適性於山水；四、中年馳鞅
　　名利，垂情花月，當有志於此；五、世繁我簡，簡而疑傲；世曲我直，直則近
　　訐。骨體如此，世路如彼，則採藥麥石，澹泊山居，亦足以老矣。〔明〕袁中道：
　　〈柴紫庵記〉，《珂雪齋集》（上海市：上海古籍出版社，2007年），頁654。

遊成癖，[202]人或以為他好奇，耽於山水。殊不知正是因為他自覺習氣濃厚，又經歷父兄親友死別，大病數年之後，才重新在山水裡找到意義。四十歲以前，非不好山水，實在是因為尚無此深刻體會：「天下之質有而趣靈者莫過於山水，予少時知好之，然分於雜嗜，未篤也。四十之後，始好之成癖……。」[203]

就小修來講，「自信於山水有緣」，[204]山水是外境，內心想法轉變是內境，有內有外，兩造相和，山水才能成為消除情習的最好環境。故遊山涉水，不止是觀賞景物，欣賞風景這麼簡單而已，而是要在山水中悟理悟道，這些道理是可以脫離生死的牽絆，為生存安放意義，對死亡脫離恐懼。[205]不過，我們也必須明白，為了論述上的說明，姑

202 「四十之後，始好之成癖，人有詑予為好奇者。」〔明〕袁中道：〈王伯子岳遊序〉，《珂雪齋集》（上海市：上海古籍出版社，2007年），頁460。

203 〔明〕袁中道：〈王伯子岳遊序〉，《珂雪齋集》（上海市：上海古籍出版社，2007年），頁460。

204 〔明〕袁中道：〈寄八舅〉，《珂雪齋集》（上海市：上海古籍出版社，2007年），頁1016。

205 與小修相比，中郎也重山水，如他說：「昔通人段成式云：『杯宴之餘，常居硯北。』夫人生閒適之趣，未有過於身在硯北，時親韋編者也。我昔居柳浪六年，日擁百城，即夜分猶手一編，神甚適，貌日腴。及入宦途，簿書鞅掌，應酬柴棘，南北間關，形瘁心勞，幾不能有此硯北之身。今幸而歸矣。中年以後，血氣漸衰，宜動少靜多，以自節嗇。山水雖適，跋涉亦苦。此亦宗少文築室江陵，息影臥遊時也。然而寂處一室，又未能即效寒灰古木之事，勢不能無所寄，以娛此生。柳下之鍛，叔夜所以寄也，吾不堪勞；麴蘖之逃，元亮所以寄也，吾無其量。白鶴何嘗之調，戴仲若所以寄也，吾不解操。若夫貯粉黛，教歌舞，以耗壯心而遣餘年，往時猶有此習，今殊厭之。昔裴公美一生醉心祖道，而晚年托缽歌伎之院，自云可以說法度人。白樂天亦解乘理，至頭白齒豁，時攜羣粉狐往牛奇章宅中鬭歌。有何好？而自云『天上人間，無如此樂』。雖雲遊雲幻霞，無所染汙，然道人自有本色行徑。湯能沃雪，雪盛湯凝；火能銷冰，冰強火滅。出水乖蓮花之質，切泥損太阿之鋒。以此為寄，是以漏脯止飢，雪白已濁也。吾必不為。然則吾之所寄，惟此數千卷書耳。陶宏景謂人生解識，不能周於天壤，區區惟恣五欲，實可愧恥。掛冠神武，遂居積金澗之松風閣，孜孜批閱，此吾師也。往周旋龍湖老

且可區分為外境與內境，但若就身體本身的感受而言，則無分於內外。小修之所以望煙巒窈窕突兀，聽水聲幽閑涵澹，方能欣然沁心入脾；又或是因看山聽泉，冷冷雲煙，藉由肌膚接觸，因此消情除欲。這類的官能知覺所引發的舒適感，正是小修親近山水的原因之一。

為什麼身體的「舒適感」如此重要呢？若依余舜德之說，身體與外部空間的互動感受，種類繁多，諸如冷、熱、亮、暗、香、臭、乾淨、噁心、刺痛、骯髒……不一而足，都是我們的身體的感受與外在環境的「焦點」，可稱之為「身體感」，屬於身體的經驗。舉凡日常生活中的許多觀念，都可以從身體經驗中找到源頭，如潔淨、莊嚴、神聖、正式等等，身體感更可以引申出聯類關係，例如從黑暗感覺到恐怖，從明亮與某些色彩中感受到華麗，類似認知科學強調的觀念與文化分類系統，意謂當人們接受龐雜的身體經驗與感受時，往往會將資訊分類放入秩序中（put into order），然後加以解讀並作出反應。其中

子，見其老不廢書；人或規之，老子曰：『他日青蓮池上，諸大士娓娓豎義，我以固陋，張口雲霧，此幾許苦痛事！』人以為謔，吾實心佩其言。今而後將聚萬卷於此樓，作老蠹魚，遊戲題躞。興之所到，時復揮灑數語，以疏淪性靈，而悅此硯北之身。吾志畢矣，吾計定矣。此予命名意也，弟其為我記之。」山水雖適，跋涉亦苦，而自己行走宦途，久在樊籠裡，勢必需要遠離塵世，淨化身心，於是便以臥遊為樂，寄情書籍筆墨（見〔明〕袁中道：〈硯北樓記〉，《珂雪齋集》（上海市：上海古籍出版社，2007年），頁623-624。）。除此之外，中郎亦多有遊記詩文，如〈華山記〉、〈嵩遊記〉、〈遊蘇門山百泉記〉、〈再泛百泉〉、〈過蘇門山，是日大風沙〉、〈遊德山記〉之類，數量眾夥，但是出遊也好、臥遊也罷，中郎都沒有像小修有這麼多的論述，是刻意強調山水與生死的關係；更不會像小修一樣，遊山玩水，是為了消除妄性情習。周質平就說：「袁宏道所謂的山水癖，無非是過厭了城市中喧囂的日子，想到郊野去清靜一下的意思，千萬別以為他有意在深山大澤之間隱遁，做一個漁父樵夫。他的山水癖，不過是一個吃厭了山珍海味的人，偶爾也想來一盤青果蔬菜，如果真讓他天天只吃蔬菜，他是不高興的。換句話說，他並非真討厭市井，而熱愛山林；他所真正嚮往的生活是既有城市的方便，又有山林之清幽。」周質平：《公安派的文學批評及其發展——兼論袁宏道的生平及其風格》（臺北市：臺灣商務印書館，1986年），頁84。

舒適感就是身體感的一種，是由多種感官經驗所構成，包括光線、溫度、味道、聲音、景觀、空間配置等等。[206]對人而來說，舒適存於實踐的層次，是具體的行為，體現在人倫日用的任何可能之中，人們也因此得到鼓勵、撫慰、快樂與滿足等美好領略。[207]前已言之，小修中年以後，健康不佳，宿疾血疾頻起，舊有火症，又因瘧而舉發，故嘔吐中多帶血。[208]每次發作，病痛折磨，身心皆覺極大痛苦，身體的疲損不堪，早讓他難以忍受，父兄連喪後，病體更是不支，醫生也勸他「惟任意遊遨，散其鬱火，則尚可望生。」[209]人生之患，在於有身，正如小修自言：「但吾輩視此身太重」，[210]身體的知覺與經驗是最直接牽動人心的，繁華綺語，冶遊奢靡之類的享受快樂，既是心裡的愉悅，也是身體的滿足感。只是欲望之後，日久累積，也會引起病痛，小修說他咽喉壅塞，脾胃漲滿，還是連日吐血、眼昏虛脫，這種身體的苦痛，自然也是小修極欲治療的大疾。可是水能覆舟亦能載舟，身體經驗可以引發痛苦的領會，當然也能出現感觸良好的「舒適感」，就小修來說，在山水行遊之中，藉由身體的體感接觸，甚至是可以治病醫病的：

> 時山行七八里，倦極，五內皆熱。忽聞泉瀉澄潭，心脾頓開，

---

206 余舜德：〈物與身體感的歷史：一個研究取向的探索〉，《思與言》第44卷第1期，頁23-24。

207 例如Elizabeth Shove的研究，就是以舒適感作為歷史縱軸，討論物質與舒適兩者間所牽涉到的社會技術問題。Elizabeth Shove, *Comfort, Cleanliness and Convenience: The Social Organization of Normality* (Oxford, England; New York: Berg, 2003).

208 〔明〕袁中道：《遊居柿錄》，《珂雪齋集》（上海市：上海古籍出版社，2007年），頁1162。

209 同前註，頁1254。

210 同註208，頁1311。

> 煩火遂降，乃知泉石之能療病也，共取泉水一盂……。[211]

> 遂自沙頭發，過鄂渚、九江，抵秣陵。當其波光皓淼，遠山點
> 綴，四顧無際，神閒意適；或駕長風，一刻百里，或汎明月，
> 積雪照人，曷嘗不快。[212]

身體受到山水的浸潤，身體從空間環境中獲得具體的感受。如第一節
所引，小修行走七八里，倦極，體內悶熱，口燥唇乾，忽然來到傾瀉
的清涼泉水，身體接觸到外氣的涼快感，本來煩躁的情緒，轉而為
「心脾頓開，煩火遂降」，人身與水氣、泉水，就成了連類共感的關
係，[213]「乃知泉石之能療病也。」第二則則是乘舟遊玩，外在環境是

---

211 〔明〕袁中道：〈遊桃源記〉，《珂雪齋集》（上海市：上海古籍出版社，2007年），
　　頁560。
212 〔明〕袁中道：〈前汎凫記〉，《珂雪齋集》（上海市：上海古籍出版社，2007年），
　　頁660。
213 連類共感，取自於鄭毓瑜之說。她以身體時氣感為例，探討漢魏抒情詩與《楚
　　辭》、〈月令〉的關係，並以「類應」與「推移」感的角度，討論身處於具體時空
　　中的人物，在陰陽相應、氣化流轉的世界中，如何表現出獨特的自然觀。鄭毓瑜
　　認為，魏晉文人的感物文學，在氣候中呈現的身體存在感，結合時節與體氣的觀
　　感，既是開展，也深化了從〈月令〉時節知識、《楚辭》「悲秋」系列以來的人物
　　互動。除此之外，葉舒憲也這種引喻、譬類或是聯繫的感應等等，基本上共屬於
　　一個世界觀、宇宙觀，不論是天／人、時／事、物／我之間皆存在著以類應而相
　　通，類固相召，彼此穿通的聯繫性思維，他們將此種思維稱為「以譬喻類」。可參
　　葉舒憲：《詩可以興──神話思維與詩國文化》（武漢市：湖北人民出版社，1994
　　年），頁414-415。鄭毓瑜：〈身體節氣感與漢魏「抒情」詩──漢魏文學與楚辭、
　　月令的關係〉，收於氏著：《文本風景──自我與空間的相互定義》（臺北市：麥田
　　出版公司，2005年），頁293-343。劉芝慶：《修身與治國──從先秦諸子到西漢前
　　期身體政治論的嬗變》，頁42-45。不過要再說明的是，本文此處使用連類共感的意
　　思，在於說明人的身體與外在山水的互動關係，又或是物與物的關係，彼此連絡
　　共感，小修曾有記遊：「元日，踏雪拜太白於祠，有彩蝶一，翩翩然來，不知是何
　　祥也。遊侶曰：『蝶，文象也。雪中見蝶，冷而文，苜蓿先生似之矣。』其真所謂

波光皓淼，遠山點綴，水面的平穩靜謐，帶給小修的是祥和的感覺，身心自然放鬆。或駕長風，一刻百里；或汎明月，積雪照人，在風順、明月、積雪、水面皓淼、遠處山巒綴點的山水裡，在視覺、觸覺、聽覺、嗅覺的舒適經驗中，樂山樂水，心情的變化與身體的感受，是神閒意適、極度愉悅的。此時內在精神與外在事物相應於身體，身心融入景色之中，是小修非常美好的經驗。畢竟，大自然無處不美，只是缺少發現，而體貌的的接觸，精神的感動，「發現山水」

類應者耶！」鄭毓瑜等人雖也著重此點，不過他們畢竟是以氣化為論，他們認為氣是通貫的，存於宇宙天地萬物之中，心事實上也藉由氣動而感應萬物，《文心雕龍‧物色》：「是以詩人感物，聯類不窮。流連萬象之際，沉吟視聽之區；寫氣圖貌，既隨物以宛轉；屬采附聲，亦與心而徘徊」，感於物色，以致詩人流連萬象，沉吟視聽，隨物宛轉，與心徘徊。如鄭毓瑜所言，這都說明了在氣化的世界中，人藉由氣通來「感物」（屬心的活動，即劉勰「沉吟視聽之區」的意思）與「連類」（聯繫相關物類，即劉勰所謂的「流連萬象之際」），這就構成了「整體／個人」「宇宙／身體」的聯繫互通。楊儒賓在研究晉宋詩歌的主題（山水詩）時，他認為這時的山水觀是種靈化虛通之山水，山水並不是觀者客觀陳述的對象，而是以自體的氣畫通靈之面貌出現，作者或讀者要進入這樣的山水，往往被預設要有氣化靈通的身心狀態，這種山水觀可稱為「玄化山水」：「簡言之，玄化山水也者，山水與觀者皆處在玄化狀的狀態。觀者要以玄心面對山水，山水也要以玄姿回應觀者。兩者同樣擺落塵思俗慮，同樣處在轉化過的非私人性之精緻之氣化狀態中，這是典型的晉宋時期之山水論述。」楊明照校注拾遺：《文心雕龍校注》（北京市：中華書局，2005年），頁566。鄭毓瑜：《引譬連類：文學研究的關鍵詞》（臺北市：聯經出版事業公司，2012年），頁33-37。楊儒賓：〈「山水是怎麼發現的──「玄化山水」析論」〉，《臺大中文學報》第30期（2009年6月），頁209-254，引文見頁242。〔明〕袁中道：〈採石度歲記〉，《珂雪齋集》（上海市：上海古籍出版社，2007年），頁692。當然這種氣論並非自魏晉才開始，早在先秦時期，已經有了氣的觀念。而且氣不但是古代醫學的重要理論，人同時也藉由氣來解釋天地宇宙，因此人與自然的溝通往往也是由氣而通感。關於氣的產生與影響，可見〔日〕加納喜光：〈醫書中所見的氣論──中國傳統醫學中的疾病觀〉，收入小野澤精一等編：《氣的思想──中國自然觀和人的觀念的發展》（上海市：上海人民出版社，1992年），頁273-306。楊儒賓：〈導論〉，收入楊儒賓編：《中國古代思想史中的氣論及身體觀》（臺北市：巨流圖書公司，1993年），頁3-59。

就成了療傷治病的靈藥：「乍對疊疊之山，湛湛之水，則胸中柴棘，若疾風隕籜，春陽泮冰。」[214]至於其所謂「澹然自適之趣，與無情有致之山水，兩相得而不厭」，得已成立，便有賴於類似上述之經驗感受。法國哲學家梅洛龐蒂（Maurice Merleau-Ponty）探討「身體部署」與空間的感覺關係時，就以天空為例：「感性事物把我提供給它的東西還給我，但這是我從它那裡得到的東西。我沉思天空的藍色，我不是面對它的一個先驗的（acosmique）主體，我不是在觀念中擁有天空的藍色，我不在它前面展開能向我揭示其秘密的一種藍色觀念，我陷入其中，我深入這個秘密，它『在我心中被沉思』，我是集中、聚集和開始自為存在的天空本身，我的意識在這種無限的藍色堵塞。」[215]相較於我這個「主體」，天空是自為存在的本身，是「客體」（或是另一個「主體」），當我「遇見」天空，沉陷其中，天空與我的意識、我的感覺、我的身體是重置的，天空在我心中被沉思，我被天空給予的感覺淹沒、阻塞，因此我與世界關係，是我作為活生生的主體，向世界開放。在這種前提之下，我們也可以說，小修遊山玩水，正是因為山水與他的身體經驗息息相關，他深入山水的秘密，他的身體向山水開放，山水在他心身聚集、沉思，藉山水遠離誘惑，以山水養病治病，山水之無限風光景致，實已深深烙印在他的意識裡。

由此可知，「乃知泉石之能療病也」、「屏絕欲染羶薌，不求養生而養生在其中」，山水帶給身體的益處，有助於身心健康，小修說好居舟中，只為養生，「無冰炭攻心之事」，[216]又或是在居住山中，消除

---

214 〔明〕袁中道：〈柴紫庵記〉，《珂雪齋集》（上海市：上海古籍出版社，2007年），頁654。

215 （法）梅洛龐蒂（Maurice Merleau-Ponty）著，姜志輝譯：《知覺現象學》（北京市：商務印書館，2001年），頁275。

216 〔明〕袁中道：《遊居柿錄》，《珂雪齋集》（上海市：上海古籍出版社，2007年），頁906。

身心的煩躁感，「予初來時，煩水正炎，入山數日，身心灑然」，[217]都是說明這種情況。小修曾有詩詠聽泉：「山白鳥忽鳴，石冷霜欲結。流泉得月光，化為一溪雪。月色入水滑，水紋帶月潔。疾流與石爭，山川為震裂。安得一生聽，長使耳根悅。」[218]皎潔月光映照下的幽山，忽然傳來鳥鳴聲，流水溪泉似與月光融為一體，化出雪嫩白皙的溪流，流泉既得月，月色又入水，既有水滑，又得月潔；相較於水與月的靜謐，噴湧的山泉沖刷著岩石，山川似乎被震得崩裂。詩中融入了看、聽，又帶有動態與靜態的畫面，也包括月、水、鳥、石等景物的空間搭配，都讓小修回味不已，舒適暢快：「安得一生聽，長使耳根悅。」而且山水不單有「寧謐」而已，小修常常也在「疾流與石爭，山川為震裂」的氣氛中，藉由身體的感受，鍛鍊心性，他在〈爽籟亭記〉裡說：「玉泉初如濺珠，注為修渠；至此忽有大石橫峙，去地丈餘，郵泉而下，忽落地作大聲，聞數里。予來山中，常愛聽之。泉畔有石，可敷蒲，至則趺坐終日。其初至也，氣浮意囂，耳與泉不深入，風柯谷鳥，猶得而亂之。及瞑而息焉，收吾視，返吾聽，萬緣俱卻，嗒焉喪偶，而後泉之變態百出。初如哀松碎玉，已如鵾絃鐵撥，已如疾雷震霆，搖盪川嶽，故予神愈靜，則泉愈喧也。泉之喧者，入吾耳而注吾心，蕭然冷然，浣濯肺腑，疏淪塵垢，灑灑乎忘身世而一死生，故泉愈喧，則吾神愈靜也。」[219]泉水流下，落地大聲，小修一開始心囂氣浮，與景色格格不入，其後收攝心神，收吾視，返吾聽，反而更能深入泉水多般變化，或如鵾絃鐵撥、疾雷震霆，泉水

217 〔明〕袁中道：〈遊洪山九峯記〉，《珂雪齋集》（上海市：上海古籍出版社，2007年），頁657。

218 〔明〕袁中道：〈聽泉（其二）〉，《珂雪齋集》（上海市：上海古籍出版社，2007年），頁127。

219 〔明〕袁中道：〈爽籟亭記〉，《珂雪齋集》（上海市：上海古籍出版社，2007年），頁655。

喧鬧不止，小修反而靈神愈明，「灑灑乎忘身世而一死生」。可是反過來說，若旅程不順，險象環生，自然也會感覺身體不適，頗有憂懼：「然石尤不息，淹滯無時，中流風惡，徘徊彳亍，而不得泊，時時有性命之憂，則尤有大不適者，蓋舟之樂，常以苦妨。」[220]遊山玩水，本為解性命生死，如今反有性命之憂，當然得不償失。

山水牽動情緒，物色之動，心亦搖焉。但小修不止於此，就哲理上，他更要於其中領悟事理世情。相較於過往的攖世入塵，「世塵眼底浮空花，滿前擾擾爭喧拏」[221]，心擾神煩，體亦不暢，現在則是感受自然，賞心怡神，神閒意適，從自然大化中，學習自然的真情至性：[222]

> 嗟夫！予於世間之聲色，非淡然忘情者也，又非能入其中而不涉者也。自多病以來，稍悟寒蠶、火蠶以涼燠異修短之故，急

---

220 〔明〕袁中道：〈前汎鳧記〉，《珂雪齋集》（上海市：上海古籍出版社，2007年），頁660。身體感知山水，當然不是小修而已，小修目的之一，是為了醫病，別人自會有其他原因。晚明好遊人物，王士性與徐霞客也是一位傑出旅者，范宜如就從空間與節候中，探討王士性的身體感受。她指出，在空間中的感覺，可細分為聽覺、視覺、觸覺，混合的交感正是王士性山水構圖中抒情性的開展，身體感官在空間中的體驗也成為美感的來源；而從「此地」到「他地」的變化裡，王士性也以節氣造成身體的感受認知，書寫風處的差異。另外，余光中也以知性與感性的層面，分析包括徐霞客、王士性在內的中國山水遊記，認為感官經驗可以激起情緒，寓抒情於寫景敘事中，當情緒到了客觀的距離，又可沉澱淨化為思考，所以遊記裡又可說理與議論。范宜如：《行旅‧地誌‧社會記憶：王士性紀遊書寫探討》，頁134-142、193-195。余光中：〈中國山水遊記的感性〉、〈中國山水遊記的知性〉，收於氏著：《從徐霞客到梵谷》（臺北市：九歌出版社，1994），頁33-64。

221 借用羅汝芳之詩。〔明〕羅汝芳：〈桃津次前韻〉，《羅汝芳集》（南京市：鳳凰出版社，2007），頁776。

222 〔明〕袁中道：〈玉泉拾遺記〉，《珂雪齋集》（上海市：上海古籍出版社，2007年），頁656-657。

思逃之。而其勢又未能割，則取世外之聲色以與之戰，而期必
勝。蓋其始猶兩持不決，及其久也習之，新者故，故者新。回
思向時與塵務相弊鍛，以丘山之苦，易毫髮之樂者，真如狂如
醉，追悔莫及。始知予於山水間，亦有至性焉。特隱現於磨戛
之中，不得自遂，如膠粘鵬羽，絲縛驥足，而今從披剃後，愈
入愈深，大暢其意之所欲。忻忻然，目對堆藍積翠之色，自謂
毛嬙、西施不如也；耳聆轉石奔雷之聲，自謂韓娥、宋臘不如
也。不惟學世外之道者，宜遵遠離之行，而寡欲養生，賞心怡
神，莫妙於此。予賦命其窮，不知何緣得有此福，快矣，快
矣！

況且山水不全是自然的天地山川，還包括了古代奇人，而今日之我與
昔日之人，邂逅與相遇，神交於此地此時：[223]

仙眠洲上有亭，即李群玉[224]詩人水竹居。詩人詩思，清逸而
治，真所謂居住沅湘，宗師屈宋，楓江蘭浦，蕩思搖情者也。
坐洲上，看水紋如練，聲等哀玉，為之徘徊不能去。予謂遊人
曰：「今日面對者，皆文山綺水；神交者，皆禪宗仙伯詩人，
亦一奇也。」有客曰：「仙禪目所未見，近於荒唐，不若詩人
真實。」予曰：「皆真實也，昔李群玉以詩鳴，於今千餘年
矣，而更無有人追步之者。若直以目所未見求之，即詩人亦荒
唐矣。」相與大笑，浮白數十而歸。

---

223 〔明〕袁中道：〈澧遊記二〉，《珂雪齋集》（上海市：上海古籍出版社，2007年），
頁553。

224 李羣玉為晚唐詩人。

文山綺水，水紋如練，是自然造化的美景，且充滿靈氣，[225]在美景中更有人，或禪宗仙伯，或詩人詞客，我們縱跡山水，神交古人，這種歷史／地域／現實的美學心靈形構，既有感悟，亦有想像，可以說是一種生命的觸碰。[226]而小修遊山水，並不是不要聲色，只是以世外聲色對抗世俗誘惑，以與之決，久戰之下，山水聲色漸占上風。他才發現，原來山水亦有至性，只是有待於自己去尋找、去追求。正如沈德符所言：「然通人開士，只宜匿跡川巖，了徹性命，京都名利之場，豈隱流所可託足耶？」[227]回思向時與塵務相弊鍛，以往流轉俗務中，執著多欲，以為極世間之樂、悅世間之色，如狂如醉，現今耳聆轉石奔雷之聲，目對堆藍積翠之色，則過往執持之事物，相形黯然褪色。過去之執，正不過如此，且過去自適於塵世，今後當自適於山水：「山中清寂，真堪度日」、[228]「山中清寂，甚與嬾拙之人相宜。」[229]況且遊於山水之美，尋得山水至性，亦非耽情山水，不過借此永斷情

---

225 小修相信山水（特別是山巖）自有靈氣，久與山水接觸，靈氣可除去俗氣：「夫此巖也，望之嵐彩墨氣，浮於天際，則其色最靈；玲瓏駁蝕，虛幻鮮活，空而多竅，浮而欲落，則其骨最靈；側出橫來，若有視瞻性情，可與酬酢，可與話言，則其態最靈。其山之最穎慧者歟？吁！巖之所以為靈也！」〔明〕袁中道：〈靈巖記〉，《珂雪齋集》（上海市：上海古籍出版社，2007年），頁688。

226 鄭文惠就曾以虎丘為例，指出文人遊歷名勝，常常藉由「懷古」與「詮真」的辯證，透過「遊觀」與「身體」的互動，開啟明代中期（甚至以後）文人的心靈圖譜。文人在遊觀中，建構現在與過去的關係，以記憶重生的應對召喚，再現出現實與歷史疊影而同構的關係，表現了文人感性生命與主體情致。鄭文惠雖非以小修為例，而是探究吳地虎丘地景的文化書寫，但其所論文人生命與遊觀、空間與人文的關係，對此處行文觀點多有啟發。鄭文惠：〈公共園林與人文建構：明代中期虎丘地景的文化書寫〉，《政大中文學報》第十一期（2009年6月），頁149-150。

227 〔明〕沈德符：《萬曆野獲編》，頁691。

228 〔明〕袁中道：〈寄林伯雨〉，《珂雪齋集》（上海市：上海古籍出版社，2007年），頁1022-1023。

229 〔明〕袁中道：〈寄八舅〉，《珂雪齋集》（上海市：上海古籍出版社，2007年），頁1023。

欲，庶幾少延天年。[230]

四　結論——正視生命的幽黯處

　　牟宗三論人物，曾以朱熹、陳亮爭議王霸之辨的角度切入，認為陳亮所論者為英雄生命才氣之震動，相較於正以誠意為主的理學家、相較於朱子純以主觀道德論英雄，以至於不能正視生命之獨特處，忽視漢唐功業，陳亮則是企圖綰合義利王霸為一路，其底子仍為英雄主義，故凡是英雄皆有價值，且偏重生命強度的實然狀態，對於理性不能有積極的正視。[231]牟宗三所言，或有可再商討之處，[232]他論及英雄主義、三代漢唐王霸之分等等，與本文無太大關係，也暫且撇開不談。倒是他指出陳亮、朱熹二人的生命型態，頗能切入人性，或可給予我們啟發，當然並不是說陳亮與小修是同類型的人，二人之異同，也未必有相同的基準可供比較，亦非本文要處理的主題。只是相較於講誠心正意的某些理學家，小修顯然也是偏重生命強度的實然狀態，生命的偏雜妄染，其獨特之處，往往也在這種強調與偏重之間，得以抒發意氣才性，揮灑自我色彩。[233]對於理性修持等克己之道，早年或

230 〔明〕袁中道：《遊居柿錄》，《珂雪齋集》（上海市：上海古籍出版社，2007年），頁1012。

231 牟宗三：《政道與治道》（臺北市：臺灣學生書局，1991年），頁225-250。

232 朱熹曾以「醇儒」標準要求陳亮，陳亮並不同意。就他看來，研窮義理，辨析古今，涵養為正，他或許對此道有虧；若就堂堂正正，推倒一世之智勇，開拓萬古之心胸，「風雨雲雷交發而並至，龍蛇虎豹變見而出沒」，則陳亮自言差可勝焉，不遜於人，因此他認為自己與所謂醇儒本就不同。如牟宗三所言，陳亮重視的是生命強度的實然狀態，與朱熹頗有差異，但此恐非英雄主義，而是由於朱熹陳亮二人對經與史、對常道與權變的認知不同所致。詳可參劉芝慶：〈陳亮經學述義〉，《經世與安身：中國近世思想史論衡》（臺北市：萬卷樓圖書公司，2017年）。

233 小修二十七歲時，曾有書信給伯修，信中提及自己生不逢時，懷才不遇，頗有自傲自憐的心態，他提到的一些觀點，正可以用來說明生命強度的表現。信中說天

有欠缺，可是人間行路難，直到中年以後，他才漸漸能正視理性的生命實況，有所收束自制。

　　小修以奇才自命，年少時，有志於四方，亦詩亦酒亦狂亦風流。可是科場失利，仕途受阻，他更是肆心順欲於酒色之間，欲求不滿，欲罷不能，健康因此每況愈下，身子日漸衰弱。父兄親友的離世，友朋凋零，知己已逝，孤獨淒涼，不能自己。這些人的死亡，特別是兩位兄長的離去，對他打擊最大，「追思少年浪遊海內，所交者皆一時英雄豪傑，而年皆長於我。最長者為李龍湖、梅客生、潘雪松諸公，次之黃慎軒、伯修諸公，又次之為中郎及曾、雷諸公，而今皆先我而

下有三等人，其一為聖賢，其二為豪傑，其三為庸人。如小修者，上不敢自附於聖人，下不屑同於庸人，於是以豪傑自命。豪傑，就是狂狷，狂者進取，狷者有所不為，卻不免為小人中傷，被庸人壓抑，「而豪傑之卓然者，人不賞其高才奇氣，而反摘其微病小瑕，以擠之庸俗人之下，此古今所浩嘆也。即今古今相天下者，無毀無譽，小心謹慎，保持祿位，庇蔭子孫，此皆庸人作用。若豪傑者，挺然任天下事，而一身之利害有所不問，即豐稜氣燄未能渾融，而要之不失為豪傑，如張江陵猶是天下豪傑，未可輕也。」〔明〕袁中道：〈報伯修兄〉，《珂雪齋集》（上海市：上海古籍出版社，2007年），頁970。值得注意的是，中年以後，小修對張江陵（張居正）卻有不同的看法，其間轉變，當然與他當下的心境有關：「即如江陵相公，少時便有氣魄，曾讀《華嚴經》，悟得諸佛菩薩以身為世間牀坐，經河沙劫，救度一切有情，便有實心為國為民之志，刀刀見血，不作世間吐哺下士虛套子，可謂有大人相矣」，在某種程度上，仍承認張居正為豪傑，為國為民之心，讓人敬佩，不過仍有未達，於是接下來便說他事業不光大，縱習氣，缺乏清脫，乃未學大道所致：「卻是腳跟下帶得一種無明習氣，及富貴聲色情欲甚重，所以事業不光大。緣生平不學大道，不得無生知見之力，重濁而不清脫，故縱習氣情欲，而不能超拔出也，乃知世之真正英雄，若不於本分事上七穿八穴之後，於夢幻泡影中，以曼殊智作徧吉事業，不過只是健狗豪豬，有何足貴！」此時此刻，他並非反對狂者，而是認為狂者必經過嚴密超拔（即前述「於本分事上七穿八穴之後」），才可能成聖，成聖之後，亦能化去狂跡。否則的話，狂就只是無忌憚而已：「狂者是資質灑脫，嚴密得去，可以作聖，既至於狂，則狂之跡化矣。必謂狂即是聖，此無忌憚者之所深喜也。」〔明〕袁中道：〈答錢受之〉，《珂雪齋集》（上海市：上海古籍出版社，2007年），頁1027。〔明〕袁中道：《珂雪齋外集》，收於《續修四庫全書別集類》，冊1376，頁388。

去，彼時相憐相知，同稻麻竹葦，今舉目淒涼，然後知其為千載之一時。」伯修中郎都四十出頭，英姿正茂，照理講，應正處於生命最旺盛的年紀，然皆已謝世，人生已走入結局，可惜他們聰慧過人，正待深修，功尚未成，人已離去，「先伯修、中郎，具正知見，而汰鍊之功未到，無生之力尚柔。天假之壽，方駸駸其未有之涯。」[234]小修從親友的死亡，回想到自身，同樣地詩酒風流，縱情於文，劇談戲謔，放浪不羈，習氣情緣入於骨澈，緊緊纏繞於身。即便也留心性命之學，可是涉世多而出世少，入道不深，嗜欲卻多。年少時放肆情性，認為酒色不礙菩提證道，聲色犬馬，好酒好文，逐心於娛樂風塵，色空之間，一塌糊塗。[235]激情過後，小修漸漸醒悟，「追思向日流湎光景，真同醉象，殊可布也」，[236]過往的自適，實有礙於生，不能了生死，反會加快死亡的到來，以至於修道學道未成：「生平學道，俱屬知解，現行無明種種，合眼恐即受報，逐世上虛華，都不曾打疊此事，究竟果何所得？哀哉！」[237]小修與友人的對談，透露了他之所以「發此勇猛精進心」的原因：[238]

---

234 〔明〕袁中道：〈寄吳觀我太史〉，《珂雪齋集》（上海市：上海古籍出版社，2007年），頁1075。

235 劉海濱就說袁氏兄弟、湯顯祖等人，追求的都是任情而超情的境界，只是這種追求往往也隱藏著危險，因為遊戲人生難免假戲真唱，墮於情欲而不自知；謳歌真情又恐入而不能出，未能超情卻反被情轉。劉海濱雖是以道與文的角度來分析，與本文著重點不同，但頗可相互參照。見劉海濱：《焦竑與晚明會通思潮》（上海市：華東師範大學出版社，2009年），頁115。

236 〔明〕袁中道：〈送葛道士序〉，《珂雪齋集》（上海市：上海古籍出版社，2007年），頁449。

237 〔明〕袁中道：《遊居柿錄》，《珂雪齋集》（上海市：上海古籍出版社，2007年），頁1162。

238 〔明〕袁中道：《遊居柿錄》，《珂雪齋集》（上海市：上海古籍出版社，2007年），頁1222。

予謂度門曰：「今年受生人之苦，骨肉見背，受別離苦，一
也。功名失意，求不得苦，二也。自歸家來，耳根正不清淨，
怨憎會苦，三也。秋後一病，幾至不救，病苦，四也。生人之
趣盡矣！」度門曰：「不如是，居士肯發此勇猛精進心耶？」

別離苦、求不得苦、病苦、怨憎會苦，苦正為小修醒覺之因。為了避
苦，了脫生死，就必須要消除情習，小修於是徜徉於山水之間，探山
水之樂、尋山水之理，除了好山好水之外，也常拜訪寺廟、道觀，甚
至是孔廟大成殿等等，藉由親近宗門，緬想古今，陡落塵俗，因此參
訪勝地名勝，同時也是山水之遊的一部分。而身體與大自然的互動接
觸，化情息妄，汰鍊身心，自適於山水之間，以求延年，以求無生，
以明生死。後來終於榜上有名，進士登第，出仕為官，只是早已不同
年少情性，昔日之浪骸，已是昨日黃花，年少青春已過，換來的是耽
情山水，唸佛參禪的中年小修。小修最後的自適生死之道，功課日
深，矜氣漸平，就在他的懺悔與修持之中，逐漸定型。

重探丈雪「即心即佛」之說

一　前言

　　明末清初臨濟宗的代表人物，丈雪通醉，俗姓李，生於明萬曆年間，為破山海明之弟子。丈雪曾建禹門、昭覺道場，弘傳佛法，又以臨濟一系為宗，其著作有《青松詩集》、《里中行》、《雜著文》、《丈雪語錄》、《錦江禪燈》等。目前中港臺三地學者，對於丈雪的研究，不算太多，楊曾文、黃夏年、王路平等諸位前輩學者，皆曾就其人其事、其思想淵源與特徵，做出論述，有助於我們對丈雪生平與思想的了解。

　　楊曾文先生曾以以傳承禪宗、弘傳臨濟禪法為己任、丈雪的佛性觀、對臨濟宗門庭施設的靈活發揮，三個角度分析丈雪禪法；黃夏年先生則認為丈雪對四川甚至是中國佛教史的貢獻：「重視文化的發展、注重佛教事業的開拓、在禪法上不拘一格、在思想上堅守中國文化的傳統，為中國佛教作出了重要貢獻。」若依王路平先生之看法，丈雪作為虔誠的佛教徒、臨濟禪宗傳人，他的佛教活動大致可分為三個時期，分別是：

　一、二十六歲以前，遍求名師求法，丈雪十二歲時，天祥法師收丈雪為徒，訓以佛儒經史，二十歲時，天祥法師圓寂，丈雪遂以可尊法師為師，其後又陸續師從金粟禪者、印如和尚、了凡和尚等人；

二、二十七歲至三十四歲，依傍破山、密雲臨濟禪宗一系，得破山
真傳，辭別之際，破山出源流、拂子、信金付之，傳法傳宗，
自此丈雪為臨濟禪宗三十二代傳人；

三、開創禹門、昭覺諸名寺的說法時期，南明永曆元年（1647
年），避兵亂，由銅梁至遵義，開禹門寺。兩年後再至，開臨
濟宗道場，傳道說法，度僧尼、立禪居、藏經書，歷十三年，
「禪和諸子，日至十百」、「飛樓湧殿，踵事加辟，遂為壇場勝
境」。康熙元年（一六六二年，芝慶按：若依徐珂《清稗類
鈔》之說，則丈雪至昭覺寺時間，應為順治庚子，即一六六○
年。徐珂此說不夠精確，一六六○年應為丈雪離開禹門寺到四
川弘法），至成都昭覺寺，此時昭覺寺毀於兵禍戰亂，荒煙蔓
草，今非昔比，丈雪決心重建，中興昭覺。得多方資助。康熙
三十四年（1696年），丈雪作《真歸告》後趺坐示寂，歸骨成
都昭覺寺西。[1]

前已言之，目前對於丈雪的研究雖然不多，但上述諸位先生已從
多方面探討，或論其生平、或究其淵源、或論其後學，勾勒出頗為完
整的形象。本文的研究，即是在學界累積的基礎上，對於丈雪「即心
即佛」的思想，再多做著墨與分析。

二　臨濟宗之禪法

丈雪跟從破山、密雲學法，遭受多次棒打與斥喝，這也是臨濟一

1　楊曾文：〈明末清初丈雪通醉禪師及其禪法略論〉，《西南民族大學學報》（人文社會
科學版）2010年第12期；黃夏年：〈丈雪通醉禪師對四川佛教的貢獻──兼談明清
四川佛教的性格〉，《西南民族大學學報》（人文社會科學版）2010年第12期；王路
平：〈明末清初貴州禪宗大師丈雪和尚評傳〉，《貴陽師範高等專科學校學報》（社會
科學版）2003年第1期。

系的特點，臨濟開創者義玄禪師一邊責打弟子，將佛性比喻為「乾屎橛」，又有所謂「臨機四喝」，有時一喝，如金剛寶劍，能斬意識，凡聖情亡，真常獨耀，一刀揮盡一切情解；如踞地獅子，斷常二見，一切情漏，瓦解冰消；如探竿影草，妍醜真偽，若鏡自照，皆呈面目，探竿與影草都是捕魚的工具，宋智昭《人天眼目・臨濟門庭》原注：「探竿，漁者具也。束鵝羽，插竿頭，探水中，聚群魚於一處，然後以網漉之謂也。影草者，刈草浸水中則群魚潛影，然後以網漉之。是皆漁者聚魚之方便也。善知識於學者亦復如是。」禪師傳法，正如捕魚一般，或誘或引，覺其迷途，帶領信眾開悟；最後為「不做一喝用」，法無定法，喝無定喝，千變萬化，不可拘泥，重點在於喝的效果，而非喝的本身。[2]除此之外，臨濟又有四料揀、四賓主等禪法，皆可看出臨濟宗嚴峻的宗風（相較之下，當然也有許多溫和的一面，但其傳法特徵仍以此見長），脫羅籠，出窠臼，轉天關，斡地軸，重視活法與妙悟。若依印順的觀察，此一禪風來自於馬祖道一，也跟北方的地域性格有關。[3]

臨濟宗禪法如此，丈雪自然也不例外，在《昭覺丈雪醉禪師語錄》中可見到許多事例，如「僧問：打即是，不打即是？師云：俱不是。進云：如何即是？師云：如法問將來。僧理前話，師便打。進云：恁麼則和尚也慣得其便。師云：少叢林漢。僧擬開口，師又打。」都是棒打斥喝之類。

只是，若以為臨濟丈雪，不拘規範與出乎意料，躍乎常規的方法傳道救世，那也是誤會了。事實上，丈雪也是最注重法規與規則的人，這就展現在他的叢林制度中，晚明以來，佛教禪林沒落，於是強

---

2 《鎮州臨濟慧照禪師語錄》，《大正藏》（臺北市：新文豐出版公司，1983-1988年），冊47，頁504a。

3 印順：《中國禪宗史》（臺北市：正聞出版社，2003年），頁410。

調修行修持，重視戒行，正為改革的重要環節之一。在這樣的改革風潮中，佛門對許多佛學史上的重要議題，諸如「物不遷論」，又如對「性空」、「性住」、「佛性」的鑑別，也展開新的定義與討論，佛教改革，發明戒律，早已醞釀多時，方興未艾。[4]而丈雪曾隱居遵義，領眾躬耕，以百丈一日不作，一日不食為戒。在《錦江禪燈》中，丈雪的學生徹悟就說，當時喝佛罵祖、放曠無撿、聲色貨利，又或是高談闊論、神極光通的所謂神僧，為數頗眾，大言不慚，欺民惑世，於是「本師於己酉秋。遂發大藏。考驗傳燈。取其師承有據者筆之。不敢以影響參合疑誤。後人顏其名。曰錦江禪燈。」[5]可見對不事修持之人的痛惡與不滿。丈雪自己亦言：「叢林執事，今古弘規，出彼入此，提撕本分，一味貼貼實實，盡錙銖，分涇渭，不肯移易一絲毫，方司叢林職務，要兢兢業業，截鐵斬釘，轍古人閫域，蹈佛祖樞機，當思楊岐保壽燈盞生薑，不可曲徇阿容任情取適……。」[6]制立清規，弘教開宗，可見其對叢林制度的堅持與苦心。

佛門人物如憨山德清、丈雪，悟修並重，既重視禪悟，也強調戒律修行。其實居士也是如此，就以袁宏道為例，萬曆二十七年（1599年），袁中郎元以上根人自視，跟從李贄，不屑戒行，如今卻漸漸走向修持戒律，本來講求淨妙真心、自悟境界的他，漸改前非，悟修兩皆不廢，他的弟弟袁小修就說：「先生之學（芝慶按：袁宏道）復稍稍變，覺龍湖（芝慶按：李贄）等所見，尚欠穩實。以為悟修猶兩轂也，向者所見，偏重悟理，而盡廢修持，遺棄倫物，偭背繩墨，縱放

4　江燦騰：《晚明佛教叢林改革與佛學諍辯之研究——以憨山德清的改革生涯為中心》（臺北市：新文豐出版公司，1990年）。

5　《錦江禪燈》，《卍續藏經》（臺北市：新文豐出版公司，1997年），冊85，頁227c。

6　《昭覺丈雪醉禪師語錄》，《嘉興大藏經》（臺北市：新文豐出版公司，2010年），冊20，頁312a。

習氣，亦是膏肓之病。」[7]不止袁宏道如此，當如主張修持的人也不少，袁伯修也說大慧、中峰等人，惟恐後世以空解人，墮落魔事，強調修悟並重，絕非悟後不必再修，狂禪所言，實不足取；焦竑也認為這不過是一知半解，自謂透脫，實無可觀；陶望齡更說生死大事，佛祖大機，卻被那些人當作癡兒戲劇，未免可笑；袁小修也指出狂禪日盛，與其豁達，空以撥無因果，還不如老實修行，念佛持戒為妥當……。[8]皆可當時佛學氛圍與思潮。

因此，丈雪的禪法，之所以不同中晚明以來的狂禪之路，就在於他多方從學，後雖歸於臨濟，亦不廢修持。其實他的師長輩密雲自己就是「棒喝交馳，學者無開口處，莫不望風而靡，以為臨濟再來也。大師操履嚴峻，有古尊宿之風，行解相應，與末世之狂禪迴別。」[9]棒喝交馳，操履嚴峻，行解相應，悟修並重，看來丈雪也正是如此。

明白了這點，我們再來看丈雪即心即佛之說，究竟如何通過「即」的特殊字義，避免狂禪之流弊？藉由法而無法，在法與悟之間，取得和諧的辯證超越，我們將在下節分析。

三　重探「即心即佛」

丈雪的觀點，很多都可歸入「即心即佛」的範疇裡。首先，「即心即佛」當然不是丈雪首先提出。若依呂澂的說法，中國佛教對心的理論，可分兩種，一是性覺說，即人的本心本是明覺，出生以後受到

7　袁中道：〈吏部驗封司郎中中郎先生行狀〉，《珂雪齋集》（上海市：上海古籍出版社，2007年），頁758。

8　劉芝慶：《自適與修持——公安三袁的死生情切》（武漢市：湖北人民出版社，2016年），第三章。

9　《密雲禪師語錄》，《嘉興大藏經》（臺北市：新文豐出版公司，2010年），冊10，頁335a。

習氣障蔽，從明變為無明，對治之道即是回歸本心本覺；二是性寂說，即心性本清淨，但本淨不等於本覺，就好像明鏡照物，不能說鏡就是物，更不可能從明鏡所照中覺悟此心，因為明鏡不等於真知本淨。而要從不覺到覺，從無明到明，成佛必須經過對治「所知障」與「煩惱障」的「轉依」過程。[10]反過來講，這個造成天地宇宙生滅的「識」（或稱阿賴耶識、阿梨耶識，關於「識」的定義，當然很複雜，此處只以緣起觀來講，只能重其一而略其餘。例如在世親《俱舍論》中，識與智都是認知的同義詞，被理解為「了知」；此外，在唯識學八識四智中，八識必須轉化為五智，前五識轉化為成所作智，意識智轉為妙觀察智，末那識轉為平等性智，阿賴耶識轉為大圓境智……，都可見「識」的不同定義與解釋。），佛經有時也以「心」涵括之，因此心是構成有情生命的重要因素，有情世間，彼此展轉相依，這就是因緣論，正如印順法師所說：「以有情為中心，論到自他、心境、物我的佛法，唯一的特色，是因緣論。」、「因緣是有雜染的，清淨的，雜染的因緣，即緣起法。緣起法的定義，是『此有故彼有，此生故彼生』，說明依待而存在的法則。他的內容，是『謂無明緣行，行緣識，識緣名色，名色緣六處，六處緣觸，觸緣受，受緣愛，愛緣取，取緣有，有緣生，生緣老病死』。」[11]

　　印順也曾指出，中國盛行的天臺、華嚴、禪、淨各宗，皆屬真常一系。[12]就真常唯心看來，如來藏（妙明真心）能生萬法，卻又不住不染。畢竟相通過因緣而呈現，雖是空而非實（只是人們常常誤將表相視為實相），可是天地宇宙又因緣而有，因為各種條件的相互依存，所以處在變化之中，此即色相，又可稱為假有，是故色即是空，空即

10　呂澂：《呂澂佛學論著選集》（濟南市：齊魯書社，1991年），頁1417-1418。

11　印順：《佛法概論》（臺北市：正聞出版社，1985年），頁137、147。

12　印順：《無諍之辯》（臺北市：正聞出版社，1985年），頁171-174。

是色，兩者乃是不離不雜的關係。更進一步來講，山河大地，又或是色身諸相，皆是妙明真心所現；逆推回去，真心既生萬物，則由萬物回溯，皆可源於此妙明之心。「真心」，正是佛禪所謂的「真空」、「本地風光」、「清淨本原」。心生萬物，本地風光展於山河大地，這就是「生化」，是以萬物因緣相起，所以「空」才更顯得重要，此即「真空」。因此，萬法萬物若源於心（有時亦稱識），是含攝世界的所在，佛教則是希望藉由靈明人心，對治所障，以破除塵世之虛妄，萬物是空而非實。當然，「心」也是不可執著的，既是無住無念，就要經由不斷地否定以通向「空」（空也是不可執的，所以又有真空與太虛空、假空之分），又或是主張當下的不捨不取，所以「心」其實也是方便說法而已。因此中晚唐以後的禪宗亦由「即心即佛」，走向「非心非佛」，[13]但即心也好、非心也罷，「空」的觀念是相通的。所以佛禪基本上是一種緣起的立場，認為萬般事物皆非實有，也非孤立地存在。

　　值得注意的是，晚明如李贄等人，他們談真常唯心，雖以「真常」為主，卻主張連心都要質疑、都要破除，他們這樣的講法是要避免世人執著於「空」，枉費精神。因此，心生萬物，萬物又是假緣而生，當然心本身也是假說，亦不可滯，必須藉由不斷地否定，層層撥遮，避免執著於心，以破除執障，這種藉由否定再否定的悟道方法，事實上正是禪宗的一種。畢竟眾生悟法，根器不同、遲疾亦異，禪師自然要隨機接引，有時為破除執障，不免以言行曲折或直指道破，又恐後人執著於此，故又再須以其他言行戳穿，展轉相破。[14]

　　這樣的空，過分拘泥，就不是之前所講的「真心」，而是指不明佛理者之空，可稱為「太虛空」、「斷滅空」。李贄在「觀音問」中，

---

13 葛兆光：《中國禪思想史——從六世紀到九世紀》（北京市：北京大學出版社，2006年），頁328。

14 巴壺天：《藝海微瀾》（臺北市：廣文書局，1987年），頁45-96。

就以「親（真）爺娘」（即是指「真心」）比喻在生死之中，既能脫離生死，又能生生而無生，「能生生而實無生，能死死而實無死」，彼此當不即不離；「假爺娘」則反之，流離回轉，激蕩迷失，循環不已。但他又進一步講，所謂的親（真）爺娘，也都只是方便說法而已，不應執著：「『父母未生前』，則我身尚無有，我身既無有，則我心亦無有，我心尚無有，如何又說有佛？苟有佛，即便有魔，即便有生有死矣，又安得謂之父母未生前乎？然則所謂真爺娘者，亦是假立名字耳，莫太認真也！」因此李贄才要做到「原無生死」，用前面引文來講，就是「父母未生前」，父母未生前，又何來身？何來心？是故身是空，心亦是空，既然如此，又有何所執？至於生死亦可依此類推：「故知原無生者，則雖千生總不妨也。何者？雖千生終不能生，此原無生也。……。故知原無死者，則雖萬死總無礙也，何者？雖萬死終不能死，此原無死也。」原無生者，生亦不妨，亦不能生；原無死者，死亦無礙，終不能死。已無生死，所以既不怕生也不懼死。如此一來，伴隨著人身而來的世間之苦，皮之不存，毛將焉附？自然亦無須掛懷，不必再執，正如李贄在「哭耿子庸」所言：「反照未生前，我心不動移。仰天一長嘯，茲事何太奇！從此一聲雷，平地任所施。開口向人難，誰是心相知？」[15]最後一句為感念知己，故不必論。綜觀詩意，顯然，在「父母未生前」的標準之下，所有「父母已生後」的標準都是偏執的、片面的妄相，能明白這點，自然就是「從此一聲雷，平地任所施」了。

「即心即佛」，則可由此觀點切入。依常理看來，「即」與「不即」是兩種不同的表述模式。字面上的解釋，「等於」（即）與「不等於」（不即）的差異，也甚為明顯，可是即心即佛的「即」，卻不能這

---

15 李贄：《焚書》，《李贄文集》〉，收於李贄：《李贄文集》（北京市：社會科學文獻出版社，2000年），頁163、160、218。

樣來定義。「即」，其實是超越地保存了兩者，辯證式地將看似矛盾的兩者統一。依中國思想慣有語言特性，「A 即 B」之類的表達模式，「即」字也不能作單純地作「兩者合一」，而只能是「等於」與「不等於」的超越辯證，兩者乃詭譎的和諧，佛經常說「煩惱即菩提」，並不說煩惱就是菩提，而是兩者常不離不雜，離了煩惱，恐無菩提可說，菩提得證，亦不能離開煩惱，正如《維摩詰經》所言：「是故當知一切煩惱為如來種，譬如不下巨海不能得無價寶珠。如是不入煩惱大海，則不能得一切智寶」，煩惱正是如來得證的最佳試煉場，「一切煩惱皆是如來種」《維摩詰經》的中道空觀哲學，觀照諸法實相。認為眾生之病，源於眾生無明分別執心，所以才以「方便品」、「弟子品」、「菩薩品」等，以各種權宜巧合，破除凡俗、聲聞、菩薩等情執。文中所引「煩惱大海」也正是這種思維下的論述。

佛教思維中的特色，正可用來理解丈雪的說法，所以丈雪既愛言「即心即佛」，也常講「非佛非心」。[16]「即」字所具備的功夫論性質，正在此中，佛也不是遠在天邊的高高在上，在遙遠的彼端，其實就在當下，在諸多煩惱淫欲中呈現的光明世界，「塵劫前事，祇在目前，案山子為甚頭倒卓舉，十方同聚會，個個學無為，此是選佛場，心空及第歸。」[17]因此丈雪的意思不是說心等於佛，而是說必須認識到「真心」——引文說的「心空」，方可「及第」，也就是成佛。而選佛場正是在諸塵萬緣，「香馥剎塵塵點劫」，凡俗濁世之中，身在此間，就必須自持修行，「參學大旨，貴行解相應」[18]，要認識本來面目

16　《昭覺丈雪醉禪師語錄》，《嘉興大藏經》（臺北市：新文豐出版公司，2010年），冊20，頁331b。

17　《昭覺丈雪醉禪師語錄》，《嘉興大藏經》（臺北市：新文豐出版公司，2010年），冊20，頁312a。

18　《昭覺丈雪醉禪師語錄》，《嘉興大藏經》（臺北市：新文豐出版公司，2010年），冊20，頁335b。

的真心才好：一切要放下，就連「放下」本身，都要放下，正如前段所謂的輾轉相破，由空破空，由心破心，所以他說：「今夕先與你們議定。凡世法、佛法，俱要做畢。禪要參畢，機鋒對畢。有無情見，一切放下。連放下亦放下，過年去。出言吐氣，務要新鮮。若有一句是今夜底，俱屬陳語。且今夜又不得論明年事，但凡說著春新二字，均為未得謂得、未證謂證。何故？臨濟兒孫，祇許覿面當機，不許牽枝引蔓。」[19]可是放下並非口頭遊戲而已，是要做畢參畢的。

由此可見，丈雪講「心」，其實是有兩層意涵，一是妙明真心，不住不染；二是隨緣開權之心，透過語言文字或聞見聲色，產生現象世界、十方世界，眾生遍相，「十方世界，乃我一畝無相福田，事事具備，色色完全。」禪修之人，不可把兩者混淆，而心空及第，有時也是權說，開權重在顯實，而非「權」本身，所以人倫日用之中，正是悟道的最好場所。悟道之法，自然是行解相應，禪修並重。有位學生引用波羅提的觀點，詢問何者是佛性：「在胎為身，處世為人；在眼曰見，在耳曰聞；在手執捉，在足運奔。遍現俱該沙界，收攝在一微塵。識者知是佛性，不識喚作精魂。」他才會要人住嘴，若無真切體認，切莫耍嘴皮子，撥弄光景。[20]而開權顯實之權，或是語言文字，或是覺知聞見，皆可此源溯至心，但若即若離，難以實指，杭州德符許居士認為近來善知識都在文字套子裡，意味文字難以言道，丈雪不置可否，反而認為對方過度否認文字個功用，看似出了套子，其實又陷入另一種窠臼。對方因此要借語錄來看，丈雲卻又伸開兩手，

---

19 《昭覺丈雪醉禪師語錄》，《嘉興大藏經》（臺北市：新文豐出版公司，2010年），冊20，頁319c。

20 《昭覺丈雪醉禪師語錄》，《嘉興大藏經》（臺北市：新文豐出版公司，2010年），冊20，頁321c。

空空如也，只謂：「蒼天，蒼天。」[21]本來無一物，又何必執著語言文字？機鋒背後，其實表現的就是「即」的特徵：佛性之覺，即在眾聲喧嘩的世間，我們透過現象去了解背後的本質，切莫將萬物諸相誤認為心之本體，執指見月，不能以指為月。因此，從各種現象中，反本歸初，體悟妙明真心，當可見道成佛，而在此中，修行是非常重要的一環，他之所以領眾躬耕，制立清規，弘教開宗，就思想的解說上，當可由此來理解。

四　結論

丈雪為明末清初臨濟宗的重要人物，承先啟後，既承宗，亦傳法，又有實學，重建院寺，以挽救佛學為己任。學界對他的理解，頗有些研究，有助於我們釐清丈雪的生平與思想。本文即是希望能略人所詳，詳人所略，從另個角度：注重生活修持的面相，並略論晚明以來禪學的相關發展，以此進入丈雪的佛學世界。

「即心即佛」為丈雪的重要觀點，其實就牽涉了他對於悟修並重、行解相應的特徵，既能避免狂禪之風，玩弄光景，也能保有公案機鋒的敏感與靈光，所以他論心，既能有妙明真心的冥契，也注重開權顯實的一面。即心即佛，也非單純的哲理意涵，而是一種實踐的哲學，亦須有相應的修行，至於塵世煩惱場，就是修行的最佳地點：「即」者，就是大乘佛經常見的「煩惱即菩提」之意。所以當丈雪喝斥、棒打，言語道斷，以霹靂破執障時，卻又擔心學者誤以為得來太易，〈丈雪語錄序〉中所他：「今丈和尚荷破山老人缽袋，披露胸襟，為中下鈍根說法，不得已而有棒有喝。」中下鈍根人，容易執迷，陷

21　《昭覺丈雪醉禪師語錄》，《嘉興大藏經》（臺北市：新文豐出版股份有限公司，2010年），冊20，頁327a。

入知障，難以勘破，故需棒喝；反過來講，上根人者，一味棒喝，容易自以為是，自認悟道，如此非但無益，恐怕危害更甚，正如王陽明誡訓弟子說良知，為百死千難中得來，不可一口道盡，丈雪詩云：「參禪貴妙悟，莫循道理路，驀地忽知非，佛亦不肯做。」後兩句詩意，即是指此。而前句妙悟之說，如〈長阿含經序〉所言：「尊尚大法，妙悟自然。」法與悟，本為並列，到了嚴羽等宋人論詩，就更不可能只偏重「悟」，妙悟，即是積學修持與神思運鈞的相即相入，嚴羽《滄浪詩話》：「夫詩有別才，非關書也；詩有別趣，非關理也，然非多讀書多窮理，則不能及其至，所謂不涉理路，不落言筌者，上也。」修與悟、法與無法，這是論丈雪禪法時，應該注意的。

文人論經
——袁枚經說抉隱

一 前言

　　袁枚（1716-1797），字子才，號簡齋，別號隨園老人，時稱隨園先生，浙江錢塘縣（今浙江杭州）人。年少中進士，中年後辭官，但經營財富有道，經濟優渥，在文壇上享有大名，聲勢高漲，謗亦隨之，各種關於文格、人品、私生活、處世應對的批評與流言蜚語，亦復不少。

　　因袁枚在當時文壇，極具地位與盛名，故研究者多就袁枚的生平、文學創作、文學思想著墨，日本學者如鈴木虎雄、青木正兒、松下忠等等，就對袁枚的性靈說，頗有研究。此外，又有從文學群體、人際交流、人生哲學而論，這方面的研究者，有陳文新、李孝悌、毛文芳、黃儀冠等等。上述這些角度，這些當然是袁枚的重要特色與突出的側面，值得深入探索。但另方面，袁枚年少任官，曾任溧水、江浦、沭陽、江寧等地知縣，雍正心腹鄂爾泰就對人說：「公等但知渠文學，余決其必任吏事也。」[1]治效卓著，頗受愛戴，他的行政能力表現，並非紙上談兵，修身齊家治國平天下，為生民請命為萬世開太平，說來頭頭是道，做起來卻一塌糊塗，為人淺而不識物情的書生可比。其實他深知民瘼，既懂世間疾苦，又知道行政問題，這些言論，在他的〈與從弟某論釋服作樂書〉、〈上兩江制府請停資送流民

---

[1] 〔清〕李調元著，詹杭倫、沈時蓉校：《雨村詩話校正》（成都市：巴蜀書社，2007年），頁31。

書〉、〈上陳撫軍辨保甲狀〉、〈覆兩江制府策公問興革事宜書〉、〈與吳令某論罰鍰書〉、〈達門生王禮圻問做另書〉……等，皆能觀之。上述文章，捕蝗蟲、治河渠、論賞罰、談保甲、平物價、述為令之道，可見袁枚心中，實有一套治國牧民之道；對於官場拍馬、送往迎來、陽奉陰違的弊端，更是冷眼旁觀，直指其病，就以捕蝗為例：「今捕蝗之處分太重，督捕之官太多。一蟲甫生，眾官麻集。車馬之所跆藉，兵役之所蹂躪，委員武弁之所驛騷，上官過往之所供應，無知之蝗，食禾而已；有知之蝗，先於食官，而終於食民。」[2]一蟲甫生，眾官麻集，官員多以捕蝗為名，撈錢為實，供應補給，比蝗蟲還過分，此皆可見袁枚的行政熟練與人事閱歷。

　　除了仕宦經驗之外，袁枚對當時的學術表現，特別是經學，也有自己的深刻見解，本文的主旨，即是聚焦於此。眾所皆知，以廣泛的概念來講，乾嘉考證（據）學，又或是清代漢學，是當時學術界的主旋律，[3]袁枚身處其中，自居文人，不被這些漢學家認同，心有未甘，深覺不公，他質疑考證學的標準是誰定的？何謂考據？考證的功能效用又哪兒？聖人之道，真的只能由考據取得？為何考證學是通往聖域的唯一通道？袁枚年幼便浸淫儒書，執經治學，自信功力不遜於當世漢學家，但他卻只能被視為文人，而非考據家？世俗既不以學者視

2　〔清〕袁枚著，周本淳標校：〈覆兩江制府策公問興革事宜書〉，《小倉山房詩文集》（上海市：上海古籍出版社，2009年），頁1467。

3　根據學者的研究，漢學之興，可由內外緣之因來探究，論者甚多。近代自章太炎、梁啟超以來，多從政治等外部因素而論，余英時則提出另外內在理路之說，美國學者艾爾曼則是從科舉制度與學術群體來解釋。本文意不在此，不擬詳細討論，相關論述可見葛兆光：《中國思想史：七世紀至十九世紀中國的知識、思想與信仰》（北京市：復旦大學出版社，2013年），卷2，第三編，第三、四節。另外，葛兆光並未提及的，則是張麗珠由「氣」的角度，論析明清學術的轉型，相關論述散見其「清代新義理學三書」，張麗珠：《清代的義理學轉型》、《清代義理學新貌》（臺北市：里仁書局，1999年）、《清代的新義理學——傳統與現代的交會》（臺北市：里仁書局，2003年）。

之，當時的學界也不當一回事，因此他不論是跟友人論學，或是向考證學者宣戰，都提出他自己文以道傳的主張，並批判漢學。此中所論，自然也有過分、不盡情理、缺乏論證之處，但究竟該如何看待袁枚的經學世界，他到底怎麼說、怎麼想，之其然亦需知其所以然，即是本文要處理的部分。關於袁枚經學的研究，目前學界討論還不太多，論文寥寥無幾，專論僅僅數篇，本文將在以下的討論，依文隨注討論、引用這些研究成果，冀能增進學界袁枚經論的一些理解與探討。

二　以文為宗，評判漢宋

前已言之，袁枚以文人自居，又或者是說，他根本是以文人自喜的，古人所謂「一為文人，便無足觀」之類的話語，袁枚是絕對不會同意的。但是，切莫以為文人是很容易當的，就他看來，要成為文人，比當漢學家還難，書必須讀得更多，學問廣度要更大，重要的是，還要有才氣靈氣，這點若無，此生成為文人的機會，難如登天。

關於文人的定義與能力，下節詳論。袁枚之所以提高文人的地位，除了當時文人本受社會看重之外，他更要與漢學家爭地盤，一決勝負，並從文人在歷史上的發展上，扭轉學術界視文人為小道、不入流的看法。因此他就是以文人的立場，以文的角度，來評論考據學，指點漢學家，不止如此，他也同時論析宋學，認為漢宋學各有其弊，因本身視野的盲點與侷限，導致漢宋學遮蔽了聖道，誤解聖人之意。

袁枚曾作詩嘲諷漢學家：「東逢一儒談考據，西逢一儒談考據，不圖此學始東京，一丘之貉於今聚。」[4] 就他看來，「一丘之貉於今聚」的原因，恐怕還不是學問上的，而是利益上的，功名利祿，代代

4　〔清〕袁枚：〈考據之學莫盛於宋以後而近今為尤余厭之戲仿太白嘲魯儒一首〉，《小倉山房詩文集》（上海市：上海古籍出版社，2009年），頁848-849。

相承，層層關照。漢學通經，任官為士，互通聲氣，結交人際，資源利益，各有所取，彼此索需彼此供給，共存共生，恐怕才是考據學的真相之一，他指出：[5]

> 而所以取士者，又寬而易售。讀四子書，習一經，皆曰士。其四子書與一經，又不必甚通也，稍涉焉，亦皆曰士。既曰士，皆可以為公卿大夫。十室之邑，儒衣冠者數千，在學者亦數百。

> 惟有幸而進者，既進之以為公卿大夫矣，公卿大夫皆任取士之責者也。以彼其才，取彼其類，夫然後幸幸相承，而賢乃愈遺。

自古已然，於今為烈，當今學者以經學自築城牆，畫地自限，建構了一層又一層的權限，不能符合這些規範，不被他們所認可，打不進他們的圈子，彷彿就被學術界放逐，拒於門外，驅之別院：「嗟呼！今學者略識偏旁，解韻語，便築堅城而自囿者，比比也。」[6]因此他諷刺，只要功成名就，學問深厚，足以傳世，自然會有這些腐儒來做注，鉤沉索隱：「陳跡何妨大略觀，雄詞必須自己鑄。待至大業傳千秋，自有腐儒替我注。」[7]但是，這些城牆、那些標準，是誰決定的？是孔子嗎？是古代聖賢嗎？恐怕都不是，而是那些登上庠、執教鞭、擁有學術話語權的人，他從自古取士之道，看到了這層道理，天下士人愈多，反而視士愈輕，因為士人品質每況愈下，五穀不分，四

5　〔清〕袁枚：〈原士〉，《小倉山房詩文集》（上海市：上海古籍出版社，2009年），頁1166。

6　〔清〕袁枚：〈龔旭開詩序〉，《小倉山房》，頁1391。

7　〔清〕袁枚：〈考據之學莫盛于宋以後而近今為尤余厭之戲仿太白嘲魯儒一首〉，《小倉山房詩文集》（上海市：上海古籍出版社，2009年），頁848-849。

體不勤，還妄想當公卿大夫，當上了，久而久之，官大學問大，居之不疑。當不上的，則轉生妒忌，朋黨誹謗，還自以為懷才不遇，千里馬常有，伯樂卻少。[8]

不過，古人推崇經世致用，他是贊同的，但通經真的足以致用，他卻是懷疑的。他不是否認經，而是從根本上質疑，是否這些讀經的方法，真的錯了？以至於讀經愈深，離官位愈近，卻離世務愈遠。因此真正的通經之通，就是廣博，更重要的是掌握經之文。這本是文人所長，可惜文人往往恃逸氣，放情任性，漢學家又不能通文，自以為是，以至於文道相睽，終究二分：[9]

> 大抵文人恃其逸氣，不喜說經。而其說經者又曰：吾以明道云爾，文則吾何屑焉？自是而文與道離矣。不知《六經》以道傳，實以文傳。

六經以道傳，所藉之傳者，文也。所以相較之下，文人或許可以不說經，但說經不能為文，則千萬不可，但我們又豈能說聖人溺於辭章？[10]因此他批評范曄《後漢書》把儒林、文苑分開，強為區分，或有不得已之處，但不該仍舊依循，他推崇顧震，說他既能文又通經，儒林、

---

8 〔清〕袁枚：〈原士〉，《小倉山房詩文集》（上海市：上海古籍出版社，2009年），頁1166。

9 〔清〕袁枚：〈虞東先生文集序〉，《小倉山房詩文集》（上海市：上海古籍出版社，2009年），頁1380。

10 關於道與文的問題，歷來爭論不休，批評文過甚者，往往指出，當論述對象事物，矗然兀立於心，受其牽引，不免心神激蕩，目眩神迷，過度執著與迷戀在世間的各種物色對象，深陷其間，如入泥淖，不能自拔，更難以見道，程頤批評這些文人「作文害道」、「作詩害道」，也是因為這個緣故。其間關係，頗為複雜，更具有特殊的時代因素，詳可參劉芝慶：〈人文化成的文學圖像——當「文心」遇上「雕龍」〉。劉芝慶：〈觀物之極，遊物之表——蘇軾的格物之學〉，二文皆收入本書。

文苑本分，至他而合：[11]

> 先生為海內經師，著《詩解》若干，《三禮札記》若干。余初
> 疑先生之未必屑為文也，乃記、序、論、議、駢體、歌行，靡
> 不典麗可誦，方知先生不以說經自畫者，然猶不敢自
> 是。……。蓋實見夫修詞之道非止於至善不可，麗澤之義，非
> 朋友講習不可。觀先生之深於文也，愈歎先生之深於經也。

愈深於文，更見經學功底，「觀先生之深於文也，愈歎先生之深於經
也」。前述說文人可以不通經，這當然是謙詞，又或是指一般文人。
但真正的文人經師，當然是通經又能為文，「以經師名天下」[12]的顧震
如此，袁枚自己又何嘗不是？事實上，他對經學之道，是極為自負
的，他在與惠棟的書信中，表露無遺：[13]

> 僕齔齒未落，即受諸經。賈、孔注疏，亦俱涉獵。所以不敢如
> 足下之念茲在茲者，以為《六經》之於文章，如山之崑崙、河
> 之星宿也。善遊者必因其胚胎濫觴之所以，周巡夫五嶽之崔
> 巍，江海之交匯，而後足以盡山水之奇。若矜矜然孤居獨處於
> 崑崙、星宿間，而自以為至足，則亦未免為塞外之鄉人而已
> 矣。試問今之世，周、孔復生，其將抱《六經》而自足乎？抑
> 不能不將漢後二千年來之前言往行而多聞多見之乎？夫人各有

---

11 〔清〕袁枚：〈虞東先生文集序〉，《小倉山房詩文集》（上海市：上海古籍出版社，
　　2009年），頁1380-1381。

12 〔清〕袁枚：〈虞東先生墓誌銘〉，《小倉山房詩文集》（上海市：上海古籍出版社，
　　2009年），頁1255。

13 〔清〕袁枚：〈答惠定宇書〉，《小倉山房詩文集》（上海市：上海古籍出版社，2009
　　年），頁1530。

能不能，而性亦有近有不近。孔子不強顏、閔以文學，而足下
乃強僕以說經。倘僕不能知己知彼，而亦為以有易無之請，吾
子其能舍所學而相從否？

袁枚雖說人各有能、性各有近，但非指不能論經，只是他更好文而
已，因為自幼以來，齔齒未落，便已開始讀經，從時間來看，不會遜
於漢學家；再從功力來講，他探究「經」的本義、跟李紱爭論三禮，
特別是《周禮》是否為周公所傳，使用的方法，以經證經，以經疑
經，都是考證學的基礎工夫。[14]好友門生說他擅經學，明訓詁，「著文
亦以訓詁濟」，[15]杭世駿為書作序，指出袁枚「掃群弊而空之」[16]：難
免有溢美之嫌，但袁枚其實是好此道的，除本論文所引用之外，像是
〈答金震方先生問律例書〉、〈答蔣信夫論喪娶書〉、〈與清河宋觀察論
繼嗣正名書〉、〈與從弟某論釋服作樂書〉等，皆可見得經學根柢。

　　正因如此，他更要推崇文，因為文是道之所傳，例如他認為駢體
是修辭之上者，是六經的延續，體現以文明道的宗旨：[17]

　　　　古聖人以文明道，而不諱修詞。駢體者，修詞之尤工者也。

---

14 〔清〕袁枚：〈答李穆堂先生問三禮書〉，《小倉山房詩文集》（上海市：上海古籍出
　　版社，2009年），頁1452-1458。

15 〔清〕萬應馨：〈題辭〉，《小倉山房詩文集》（上海市：上海古籍出版社，2009年），
　　頁1942。

16 〔清〕杭世駿：〈序〉，《小倉山房詩文集》（上海市：上海古籍出版社，2009年），頁
　　1147。

17 〔清〕袁枚：〈胡稚威駢體文序〉，《小倉山房詩文集》（上海市：上海古籍出版社，
　　2009年），頁1452-1458。其實，許多漢學家也講究文章技藝，更是駢文能手，例如
　　顏建華就指出惠棟的文章，淵雅古樸，麗而不浮，學術與文章兼而擅之，自成一家
　　言。顏建華：《清代幹嘉駢文研究》（北京市：光明日報出版社，2011年），頁179、
　　185-191。

　　《六經》濫觴，漢、魏延其緒，六朝暢其流。論者先散行後駢
　　體，似亦尊乾卑坤之義。然散行可蹈空，而駢文必徵典。駢文
　　廢，則悅學者少，為文者多，文乃日散。

駢文精義如此，只是後來也逐漸衰微，格愈降，調愈卑，僅存其外，
雖駢其辭，但無甚內涵，敷衍文章，華麗詞藻而已。但是，這些為文
之道，徵典、結構、布局、章法、體例，可是經世之道，是具體的，
跟真正的考證學一樣，[18]是有用於世的，既可安身，又可致用。他以
著書與治兵互通這點，來講：「從來著書之道，與治兵通。治兵者，
號令，其發凡也；隊伍，其體例也；行止，其章法也；魚麗鵝鸛，左
盂右盂，其目錄也。大而至於鳥蛇龍虎之變，細而至於梁麗、渠答、
鉤梯、井灶之微，分而省之，合而參之，必使部居別白，而後可以克
敵取勝。」[19]
　　所以窮經是好事，其志可嘉，但問題是過度偏食，就是自繭自
縛。他對惠棟說：「來書懇懇以窮經為勗，慮僕好文章，舍本而逐末
者。然比來見足下窮經太專，正思有所獻替……」，[20]又引用王充、柳

18　當今學者的研究，鄭吉雄早已指出，漢學家並非沒有「求道」的企盼，也非不講義
　　理，他們的考證學，不只是追求語源或語義，而是在此基礎上更進一步發揮「古
　　訓」（經典中的教訓）的教義，聖人既在經典中透過文句來說明義理，那麼解釋文
　　字，才能進而體察作者的意旨。換言之，關於文獻的知識，是可以藉由考證從文句
　　聯繫到生命與思想、義理的實踐。鄭吉雄：《戴東原經典詮釋的思想史探索》（臺北
　　市：臺灣大學出版中心，2008年），頁248-254。林啟屏也指出，對乾嘉學者的自我
　　認同而言，他們並沒有「義理」層面的認同困擾，因為他們雖不喜言「超越面向」，
　　但卻努追求「具體實踐」，並以實學的精神，將價值意識具體化。林啟屏：《儒家思
　　想中的具體性思維》（臺北市：臺灣學生書局，2004年），頁149-161、200。
19　〔清〕袁枚：〈蕭十洲西征錄序〉，《小倉山房詩文集》（上海市：上海古籍出版社，
　　2009年），頁1399。
20　〔清〕袁枚：〈答惠定宇書〉，《小倉山房詩文集》（上海市：上海古籍出版社，2009
　　年），頁1528。

晁這些人的話，文儒勝於世儒，君子儒優於小人儒，世儒傳經，文儒著作，相較之下，文儒為優，君子儒為上。[21]所以窮經還不如好文，好文才是正法，才是王道，套句好友蔣士銓的詩，就是：「文章千古學」。[22]他並諷刺這些漢學家，不能文，就說文不重要，還隨波逐流，捨本逐末，以窮經為能事，關在自己的象牙塔，自得其樂，掛一漏萬：「男兒堂堂六尺軀，大筆如椽天所付」、「鯨吞鼇掣杜甫詩，高文典冊相如賦。」[23]

　　袁枚對當時漢學，深感不滿；對宋學，同樣也不太滿意，他認為宋儒的「道統」之說，過於抽象，自己的話說，聖人的話少。而道乃空虛無形之物，又何來誰傳統？誰受統？「道統之名，始於南宋。……，而道者乃空虛無形之物，曰某傳統，某受統，誰見其荷於肩而擔於背歟？堯、舜、禹、皋並時而生，是一時有四統也。統不太密歟？孔、孟後直接程、朱，是千年無一統也。統不太疏歟？甚有繪旁行斜上之譜，以序道統之宗支者。倘有隱居求志之人，遯世不見知而不悔者，何以處之？或曰：以有所著述者為統也。倘有躬行君子，不肯託諸空言者，又何以處之？毋亦廢正統之說而後作史之義明，廢道統之說而後聖人之教大歟！」正統道統之說，既然都靠不著，自然不需要再深論。對於宋代理學家，如朱熹所說，道在三代，漢唐不

21　漢王充曰：「著作者為文儒，傳經者為世儒。著作者以業自顯，傳經者因人以顯。是文儒為優。」宋劉彥和曰：「傳聖道者莫如經。然鄭、馬諸儒，宏之已足，就有闡宣，無足行遠。」唐柳冕曰：「明《六經》之義，合先王之道，君子之儒也；明《六經》之注，與《六經》之疏，小人之儒也。今先小人之儒，而後君子之儒，以之求才，不亦難乎？」此三君子之言，僕更為足下誦之。〔清〕袁枚：〈答惠定宇書第二書〉，《小倉山房詩文集》（上海市：上海古籍出版社，2009年），頁1531。

22　〔清〕蔣士銓著，梅海清校，李夢生箋：〈臨穎馬融讀書處〉，《忠雅堂集校箋》（上海市：上海古籍出版社，1993年），頁12。

23　〔清〕袁枚：〈考據之學莫盛於宋以後而近今為尤余厭之戲仿太白嘲魯儒一首〉，《小倉山房詩文集》（上海市：上海古籍出版社，2009年），頁848-849。

存，他是不贊同的，[24]道本在，根本未絕，只要合乎道，人人可得之，反之亦然，若無漢唐經說注疏，又安能有程朱即大成？所以不可抹殺前人貢獻，「昔者秦燒《詩》、《書》，漢談黃、老，非有施讎、伏生、申公、瑕丘之徒負經而藏，則經不傳；非有鄭玄、趙岐、杜子春之屬瑣瑣箋釋，則經雖傳不甚明。千百年後，雖有程、朱奚能為？程、朱生宋代，賴諸儒說經都有成跡，才能參己見成集解。安得一切抹撒，而謂孔、孟之道直接程、朱也？」[25]而宋學的特色，見世行佛老之說，聖人之旨未明，於是出入二氏，入室操戈，進虎穴，得虎子，心性之學由此而出。其後元以精義取士，以程朱為式，明祖開國，「明祖開國，又首聘婺之四先生，勸頒《朱注》以取士，而宋學從此大昌。」[26]不過，宋學，固然是孔門儒家源流，堂堂溪水，卻也未必只流過宋朝之河，畢竟漢唐儒學，亦不可略，不要厚此薄彼，將歷代儒學應分高下優劣，其實根本不存在判教之分：「尊宋儒可，尊宋儒而薄漢、唐之儒則不可；不尊宋儒可，毀宋儒則不可。又何也？曰：孔子之道若大海然，萬壑之所朝宗也。漢、晉、唐、宋諸儒，皆觀海赴海者也。其注疏家，海中之舟楫桅篷也；其文章家，海中之雲煙草樹也；其講學家，赴海者之郵驛路程也。」[27]

　　所以他勸人，不要為漢學所騙，也不要被宋學所誤，像他自己，年幼讀書，雖已受經，但墨守宋學，拘泥過甚，反而聞見愈窄，就是

---

24 關於朱熹與陳亮論王霸問題，可見劉芝慶：〈陳亮經學發微〉，收於氏著：《經世與安身——中國近世思想史論衡》（臺北市：萬卷樓圖書公司，2017年）。

25 〔清〕袁枚：〈代潘學士答雷翠庭祭酒書〉，《小倉山房詩文集》（上海市：上海古籍出版社，2009年），頁1517-1518。

26 〔清〕袁枚：〈宋儒論〉，《小倉山房詩文集》（上海市：上海古籍出版社，2009年），頁1606。

27 〔清〕袁枚：〈宋儒論〉，《小倉山房詩文集》（上海市：上海古籍出版社，2009年），頁1607。

一個最好的教訓，希望大家引以為戒：「僕幼時墨守宋學，聞講義略有異同，輒掩耳而走。及長，讀書漸多，入理漸深，方悔為古人所囿。足下亦宜早自省，毋硜硜抱宋儒作狹見謏聞之迂士，並毋若僕聞道太晚，致索解人不得。」[28]宋學固然有弊，漢學當然也有，近人批評宋儒鑿空，可是漢儒鑿空之處，難道又少了？鄭玄臆說，後人早就多有指正。[29]故漢宋之爭，各分門戶，本身都該自省，他對惠棟說：「聞足下與吳門諸士，厭宋儒空虛，故倡漢學以矯之，意良是也。第不知宋學有弊，漢學更有弊。宋偏於形而上者，故心性之說近玄虛；漢偏於形而下者，故箋注之說多附會。」[30]宋學心性偏玄虛，但漢儒箋注，附會之說，讖緯妖異，難道又少了？何況虛或實，更不可一概而論，都只是相對性的說法，主要看自己的價值取向與論述立場，一個宗教感很強的人，反而會覺得考證都是虛偽的；反之，考證強調有憑有證，往往會覺得抽象心性都是玄妄的。[31]

　　袁枚以文人的立場，以文章之道的觀點，來批判漢宋，在當時的漢宋之爭的氛圍下，他向漢學家的地盤進攻，以彼此之道還施彼身；又站在宋儒的立場，反省理學的門戶問題。就他看來，「聖人之道大而博，學者各以其學學聖人，要其至焉耳」，[32]漢宋既不可廢，也不可偏，合則兩美，分則兩傷。因此，他以身為文人為榮，文人的立場與

28　〔清〕袁枚：〈答尹似村書〉，《小倉山房詩文集》（上海市：上海古籍出版社，2009年），頁1560。

29　〔清〕袁枚：《隨園詩話》（南京市：鳳凰出版社，2000），頁80。

30　〔清〕袁枚：〈答惠定宇書〉，《小倉山房詩文集》（上海市：上海古籍出版社，2009年），頁1529。

31　余英時：《論戴震與章學誠——清代中期學術思想史研究》（臺北市：東大圖書公司，1996年），頁348。

32　〔清〕袁枚：〈高守村先生傳〉，《小倉山房詩文集》（上海市：上海古籍出版社，2009年），頁1304。

觀點，就是他的價值取向。但他這樣的文人，就他自己看來，事實上
是以繼承孔門為己任，以博學為勝的，「吾學無不窺」。[33]

三　六經皆文，紹述孔子

袁枚為蔣堅寫傳，曾說過，後世子孫生一個顯人，還不如生一個
文人。原因為何？他認為顯人不過當世而止，及身而絕，文人則不同
了，名藉文傳，言之不文，行之不遠，千秋萬歲後，述世系，揚風
烈，只有文人能堪重任，蔣堅之於蔣士銓，便是如此：「今之為公卿
者，生赫赫，死則序恩榮，數行便漓然盡。公布衣也，瑰意琦行，紛
疊若是。雖公意踔絕，不以仁義讓人，而士銓之腹存手集，羅縷畢
貫，其才高，其志尤足悲也。」[34]文人之可貴，尚不僅於此，博學，
更是文人的必要條件，宗谷芳就說袁枚文章，兼理學、經濟、辭章為
一體，[35]友朋後學稱讚，可能為人情所誤，未可全信。但其實袁枚自
己，詩詞歌賦、駢文、小品文，本就擅長，他的《隨園詩話》、《隨園
食單》、《子不語》、《續詩品》……等等，論人記事，摛文敷藻，采蹠
徵典，出幽入幻，說掌故、考聲韻、談女人、寫交遊、述鬼怪、抒性
情，亦話亦詩，亦事亦論，煉自度句，勾勒微妙，詩中有話，話中有
詩，皆可見博學通達的一面，他也藉此勉勵友朋：「博學斯能文，多
錢裁善賈。上可造聖門，一貫尼師父。」[36]本文開頭也曾提到他對社

---

33 〔清〕袁枚：〈陶淵明有飲酒二十首餘天性不飲故反之作不飲酒二十首〉，《小倉山
　　房詩文集》（上海市：上海古籍出版社，2009年），頁34。

34 〔清〕袁枚：〈贈編修蔣公適園傳〉，《小倉山房詩文集》（上海市：上海古籍出版
　　社，2009年），頁1304。

35 〈後序〉，《小倉山房詩文集》（上海市：上海古籍出版社，2009年），頁1940。

36 〔清〕袁枚：〈鮑文石四十索詩〉，《小倉山房詩文集》（上海市：上海古籍出版社，
　　2009年），頁739。

會問題的研究、對行政制度的理解、對官場習性的透視，亦多中肌理，分析中肯。當然，這樣的博學並非袁枚所獨有，實乃時代風氣使然，例如友人程晉芳就是「君學無所不窺，經、史、子、集、天星、地志、蟲魚、考據，具宣究，而尤長於詩，古文醇潔，有歐、曾遺意。」[37]另外，根據學者的研究，也可視為清初「博學以文」的延續，但是顧炎武博學以文，不願為文人，袁枚剛好相反，文人，更需博學以文──文人，根本就是他自信自傲、自重自樂的身分。[38]

　　所以他談詩論文，說經疑經，便是以這個角度來分析的。他說古代有史無經，今日所謂的經，如《春秋》、《尚書》之類，都是古代之史，所以六經皆聖人文章，文章也始於六經，[39]這不是「六經皆史」，而是「六經皆文」，正如杭世駿所言，「文莫古於經」、「文莫古於史，而史之考據家非古文也。」[40]故所謂經史，根本都是文，尚書、詩經，皆該如是觀：「論者曰：說經人多不能詩。又曰：詩頌聖者難工。不知詩即經也，賡歌喜起，半頌聖也。果能說經，而何有於詩？果能頌聖，而何憂其不工？」[41]掌握了六經皆文的道理，自可說經頌

37　〔清〕袁枚：〈翰林院編修程君魚門墓誌銘〉，《小倉山房詩文集》（上海市：上海古籍出版社，2009年），頁1714。

38　關於顧炎武的觀點，可見陳平原，〈能文而不為文人：顧炎武的為人與為文〉，《從文人之文到學者之文：明清散文研究》（北京市：生活・讀書・新知三聯書店，2004年）。

39　〔清〕袁枚：〈虞東先生文集序〉〈史學例議序〉，《小倉山房詩文集》（上海市：上海古籍出版社，2009年），頁1380、1382。

40　〔清〕杭世駿：〈序〉，《小倉山房詩文集》（上海市：上海古籍出版社，2009年），頁1147。袁枚其實並未正式提出「六經皆文」的主張，這反而是當代學者龔鵬程所建立的學術術語，但以此說來論袁枚，亦頗適當。關於袁枚疑經的問題，可參龔鵬程：《六經皆文──經學史／文學史》（臺北市：臺灣學生書局，2008年），頁352-362。袁枚「六經皆文」的特點，見黃愛平：〈袁枚經學觀及其疑經思想探析〉，《清史研究》第3期（2004年8月），頁80。

41　〔清〕袁枚：〈葉書山庶子日下草序〉，《小倉山房詩文集》（上海市：上海古籍出版社，2009年），頁1304。

聖，皆能詩並能工了。[42]

　　博學於文，六經皆文，因為這些都是儒者所應為，當行本色，袁枚以儒者自詡，任重而道遠，「問我歸心向何處，三分周孔二分莊。」[43]「未必兩廡坐，果然聖人徒；未必兩廡外，都與聖人殊。」[44]而對於道家，只喜莊子不喜老子：「英雄與文人，往往託佛老」、「吾學無不窺，惟憎二氏書」、「大道有周孔，奇兵出莊周」。[45]世論袁枚者，多以他講性情，好情重色，以才聞名，再加上私生活交遊，小妾眾多，以及與女弟子的關係等等，往往只把他當成性靈文士，如王英志《文采風流：袁枚傳》第四、五、六章，羅以民《子才子：袁枚傳》第九、十、十三章，就專講袁枚文學主張、風流韻事、男女關係等等。[46]袁枚當時的社會形象，「一代高才有情者」，[47]固然是有這樣的情況，《清史稿》就說他：「喜聲色，其所作亦頗以滑易獲世譏」，但也不可忽視他自命儒生的一面，又或者是說，具經世之才，文采斐

42　袁枚說經論史，也被當時一些學者看重，例如他與錢大昕論官制沿革，洋洋灑灑，甚多精闢之言，錢大昕就稱讚他：「先生精研史學，於古今官制異同之故，燭照數計，洞見癥結，而猶虛懷若谷，示以所疑，俾馬勃牛溲，得備扁和之采，其為榮幸，非敢所望，述其一二，惟先生詳察。」〔清〕錢大昕：〈答袁簡齋書〉，《潛研堂文集》（上海市：上海古籍出版社，2009），頁611。

43　〔清〕袁枚：〈山居絕句〉，《小倉山房詩文集》（上海市：上海古籍出版社，2009年），頁188。

44　〔清〕袁枚：〈偶然作〉，《小倉山房詩文集》（上海市：上海古籍出版社，2009年），頁285。

45　〔清〕袁枚：〈陶淵明有飲酒二十首余天性不飲故反之作不飲酒二十首〉，《小倉山房詩文集》（上海市：上海古籍出版社，2009年），頁34。

46　羅以民：《子才子：袁枚傳》（杭州市：浙江人民出版社，2007年）；王英志：《文采風流：袁枚傳》（北京市：東方出版社，2012年）。

47　〔清〕蔣士銓著，梅海清校，李夢生箋：〈同高東並（文藻）夜話因懷陳梅岑（熙）並束袁子才先生〉，《忠雅堂集校箋》（上海市：上海古籍出版社，1993年），頁1080。

然，其人其文皆足以動人，而情之所鍾，議論古今，出經入史，踔屬風發，正在我輩，也是博學以文的特色，儒林文苑不分，儒者文人合一，袁枚就是以此自居。嚴壽澂稱袁枚為「實用型儒家循吏之學」[48]，看到袁枚儒學性格的一面，確為卓見，但也只是指治術行政而言。事實上，本文的論述，即是在說明，儒學本來就是袁枚一種生命型態，儒生可分為多種，他屬於文人式的儒生，或是儒生式的文人，而且就他自己看來，這恐怕還是最好的一種。[49]

當然，並非人人都可以合文苑儒林，多數人，依其才性，恐怕只能擇一難以齊備的，但最忌厚此薄彼，分其高下。友人對他說，詩不如文，文又不如著書，此處「著書」，是袁枚友人所言，專指考據，在袁枚的定義裡，「著書」包括了考據，當然更包括辭章文法結構義理。所以袁枚不以為然，論其大謬，畢竟詩文甘苦，如人飲水，冷水自知，並不遜於經學，「僕疑足下於詩文之甘苦，尚未深歷，故覺與我爭名者，在在皆是。而獨震於考訂家瑣屑斑駁，以為其傳，較可必耶？又疑詩文之格調氣韻，可一望而知，而著書之利病，非搜輯萬卷，不能得其癥結。故足下渺視乎其所已知者，而震驚乎其所未知者耶？」[50]所以他勸人，入文苑，進儒林，宜早選擇，從一深造，以免兩失。

況且，就他看來，當世大儒，特別是善考證者，文章都不行。瑣

48　嚴壽澂：〈近代實用型儒家循吏之學──袁簡齋論治發微〉，《近世中國學術思想抉隱》（上海市：上海人民出版社，2006年）。

49　雖然袁枚也說：「而頗自知天性所短」，不過專指箋著等體例，並非說他只為文苑，不入儒林。本文屢有提及，袁枚對考證文史的興趣，其實也是非常濃厚的，許多論述散見他的文章中。袁枚：〈答友人某論文書〉，《小倉山房詩文集》（上海市：上海古籍出版社，2009年），頁1545。

50　〔清〕袁枚：〈答友人某論文書〉，《小倉山房詩文集》（上海市：上海古籍出版社，2009年），頁1546。

屑斑駁，下筆無文，對文法文章之道，所知甚少，所得甚淺，只能以校勘訓詁音韻等炫世，誤人子弟：「近見海內所推博雅大儒，作為文章，非序事嗟澀，即用筆平衍，於剪裁、提挈、烹煉、頓挫諸法，大都懵然。是何故哉？蓋其平素神氣沾滯於叢雜瑣碎中，翻撿多而思功少。譬如人足不良，終日循牆扶杖以行，一日失所依傍，便悵悵然臥地而蛇趨，亦勢之不得不然者也。且胸多卷軸者，往往腹實而心不虛，藐視詞章，以為下過爾爾，無能深深而細味之。」[51]但是當時考證學者又太多，既看不起文人，自然也瞧不上詩文，所以袁枚反過來，偏偏說他們的考據文章，只是勞力，專事依傍，他們的作品，核實而滯，最多只能稱為「參考」，當然比不上文人著作：[52]

> 著作者熔書以就己，書多則雜；參考者勞己以徇書，書少則漏。著作者如大匠造屋，常精思於明堂奧區之結構，而木屑竹頭非所計也；考據者如計吏持籌，必取證於質劑契約之紛繁，而圭撮毫釐所必爭也。二者皆非易也。

> 然而一主創，一主因；一憑虛而靈，一核實而滯；一恥言蹈襲，一專事依傍；一類勞心，一類勞力。二者相較，著作勝矣。……，而又苦本朝考據之才之太多也，盍以書之備參考者盡散之。

51 〔清〕袁枚：〈答程蕺園書〉，《小倉山房詩文集》（上海市：上海古籍出版社，2009年），頁1801。

52 〔清〕袁枚：〈散書後記〉，《小倉山房詩文集》（上海市：上海古籍出版社，2009年），頁1777。

四　結論

　　本文探究袁枚經說，是目前學界較少討論的部分，我們發現袁枚並非一般印象的文人，他在根本上，就企圖要為「文人」正名。一方面，他從歷史上找尋同道，如王充、劉勰等人，提出文人的正面形象；另方面，他也向當時考證學挑戰，並旁涉宋學諸儒，指出這些學說，理有未達，不能上通文章之道，以至於學問有缺，認知有誤。

　　值得注意的是，袁枚所謂的漢學，是廣義的概念，並非專指，而是泛指。與後來方東樹等批判漢學家不同，張麗珠便認為方東樹主要所反對者，是批評程、朱的漢學家，像是戴震、阮元等人，這些人才是他真正的打擊對象，至於循訓詁形聲以求的純粹漢學家與考據學，「那只是次要的懷璧其罪，一併誅之而已」。[53]再者，正如錢穆與朱維錚所分析，《漢學商兌》是針對江藩《國朝漢學師承記》《國朝經師經義目錄》而發，[54]更進一步要細究的，是前者駁斥的「漢學」與後者讚揚的「漢學」，內涵並不完全相同，田富美就分析江藩所謂的「漢學」，是指專主治學的考據工夫，而方東樹所稱之「漢學」則概括了義理思想與考據工夫，兩者範疇不盡相同。[55]至於袁枚的宋學，若依

53　張麗珠：《清代的義理學轉型》，頁118-119。

54　錢穆：《中國近三百年學術史》（臺北市：臺灣商務印書館，2005年），下，頁573-576。朱維錚則另外剖析方東樹與阮元、江藩等人的學術人際關係，還有方東樹的人格特質。朱維錚：《求索真文明──晚清學術史論》（上海市：上海古籍出版社，1996年），頁13-37。

55　田富美：〈方東樹反乾嘉漢學之探析〉，「銘傳大學2008年中國文學學理與應用學術研討會」（臺北市：銘傳大學應用中文系，2008年）。頁11-13、24-29。關於方東樹對漢學的批評，學者雖已有論述，但忽略了方東樹是從文章的角度出發。方東樹批判漢學，固然是其宋學（程、朱）本位所致，可是方東樹作為姚鼐弟子，桐城派的大將，說文法、論義理、重經世，對「文章之學」的重視，也是方東樹反對漢學家的原因之一。反過來說，漢學家也常批判桐城派的文章，方東樹正是以彼之道還施

據現代學界對理學的定義，既包括程、朱，也不排除陸、王，所以他在書信中，勸人不要總是把陸王視為異端。[56]

更進一步來講，若要論當世真能發現宋儒優點者，又非袁枚自己莫屬：「宋儒之學，首嚴義利之辨。講學，義也；決科，利也。宋儒當時早知後世以其學為干祿之書，則下筆時必恥為之。……，竊以為今之善尊宋儒者，莫僕若耳。」[57]宋學如此，漢學又何嘗不是？他批評漢學家這個那個，這裡不足，那裡不夠，正是因為他自以為懂得漢學家的為學方法，明其弊，才可以矯正其漏失缺陷。至於該如何拯救，袁枚的說法，就是以文明道。

其實，考證學者也不是只講考證而已，他們同時也是文人雅士，談詩論文，皆能為之，葛兆光就認為這些漢學家：[58]

> 他們在書齋中鑽研經典中的知識性問題，用「學術話語」贏得生前身後名，在公開場合社交場合以道德修養的說教示人，以「社會話語」與周圍的世界彼此協調，當然，他們也少不了私人生活的樂趣，歌樓酒館，園林畫船，在那裡，他們以「私人話語」在世俗世界中偷得浮生閑趣。

清鄭獻甫《補學軒文集》卷一《著書說》裡打過一個比方，說

彼身，認為真正不明文章大義者，其實是漢學家自己。詳可見劉芝慶：〈「文章要有本領」——方東樹論漢宋之爭〉，收於氏著：《經世與安身——中國近世思想史論衡》（臺北市：萬卷樓圖書公司，2017年）。

56 〔清〕袁枚：〈代潘學士答雷翠庭祭酒書〉，《小倉山房詩文集》（上海市：上海古籍出版社，2009年），頁1518。

57 〔清〕袁枚：〈再答似村書〉，《小倉山房詩文集》（上海市：上海古籍出版社，2009年），頁1562。

58 葛兆光：《域外中國學十論》（上海市：復旦大學出版社，2002年），頁9。

> 宋人語錄式的話語是「畫鬼」，無論畫得好不好都可以蒙人，
> 清代考據式的話語是「畫人」，稍有不像就不敢拿出來給人
> 看，而文人寫詩詞，就好比「畫意」，無論好不好都敢自誇一
> 通，雖然確認一個人的學問知識要靠可以比較評判的「畫人」
> 技術，但清代許多人包括考據家是三種話語都會說的。

　　就葛兆光看來，漢學家既有「學術話語」與「社會話語」，當然還有
私領域的「私人話語」，他們既能以考據為學，也可以舞詩弄詞，藝
通多方，非沾一味。這種面向，固然有可能正是方東樹所批評「文與
人分」的情況，卻也表現出漢學家並非個個都是老學究、並非人人都
只知考證學而不懂其他，他們是擅長多種話語的。袁枚所論，套句柳
宗元對韓愈言論的評語：「子誠有激而為是耶？」[59]雖說時勢所激，言
之成理之處或有，但過於偏頗，亦復不少。

　　回到主題，以文明道，六經皆為文章，這就是袁枚的立場，以文
人自命，以文人自詡，但文人又非玩志喪志者，而是胸懷天下，在本
朝則美政，在鄉則美俗。這種文人，用王充的話來講，就是文儒。而
文人之文，既能文采風流，當然也可以化民成俗，改變世界：「嘗謂
功業報國，文章亦報國，而文章之著作為尤難。」[60]於是寫文章，成
著作，安頓身心，詩文風流，經世致用，功業報國，捨我其誰？「若
夫僕之所自信者，則固有在矣。周官三百六十，謂非其人莫任者，今
無有也。唐、宋來幾家文字，非其人莫任者，誠有之矣。僕幼學徐、
庾、韓、柳之文及三唐人詩。每搖筆，覺此境非難到，苦學植少，讓

59　〔唐〕柳宗元：〈天說〉，收入〔唐〕柳宗元：《柳河東集》，頁286。
60　〔清〕袁枚：〈再答陶觀察書〉，《小倉山房詩文集》（上海市：上海古籍出版社，
　　2009年），頁1484。

古人之我先，覷焉以早達為悔。」[61]是以達則兼善天下，從事實務，退則著文章，文章亦報國，故曰：「僕進有事在，退有事在，未必退閑於進。」[62]

　　以上由「文」的角度，析論袁枚，切入他對漢宋學的看法，其學其人雖以文為重，鋪敘展衍，炫藻逞才，博學多能，但亦不廢經，也重義理，他更是上溯孔子，以儒為本。說到底，文章是文人的安身立命處，調適而上遂，在乾嘉考證學的風尚中，袁枚的儒者心聲，或許可視為另種型態。本文對袁枚論儒學與考據之相涉、文人與經師之相較，袁枚經說，初為發凡，還請專家同行，不吝指正。

61　〔清〕袁枚：〈再答陶觀察書〉，《小倉山房詩文集》（上海市：上海古籍出版社，2009年），頁1485。

62　〔清〕袁枚：〈再答陶觀察書〉，《小倉山房詩文集》（上海市：上海古籍出版社，2009年），頁1484。

經學、進化與身體
——廖平的未來世界

一　前言

　　對於廖平的研究，學者多關注廖平的經學發展，回顧廖平的學思歷程，故有經學六變之說。由一、二變的平分今古與尊今抑古，到三變以後的皇帝王伯、小統大統、天學人學等等，其論愈見恢奇怪誕。況且，廖平自從經學三變，他的論述不再是今古文經義的解釋而已，而是道通多方，牽引釋道醫方技等範疇，廖平的弟子蒙文通就說：「廖師大小統以後之說，多推於方技術數，援緯候、醫學、陰陽家以立義。」對此，章太炎也說：「君之學凡六變，其後三變雜梵書及醫經刑法諸家，往往出儒術外。」[1]

　　順著這樣的線索，許多學者探究三變以後的經學發展，就不限於經學本身，更是旁涉其他，並予以細化的分析。[2] 而廖平自經學三變

1　蒙文通：〈井研廖師與漢代今古文學〉，廖幼平編：《廖季平先生年譜》（成都市：巴蜀書社，1982年），頁153。章太炎：〈清故龍安府學教授廖君墓誌銘〉，廖幼平編：《廖季平先生年譜》（成都市：巴蜀書社，1982年），頁94。

2　關於廖平經學三、四、五變的起迄時間，學界尚有分歧。但不管如何，經學三變顯然是一個關鍵期，此時廖平一改以今古解經的說法，不再單以〈王制〉通說群經，而是與《周禮》互補共說，其後漸進發展，於經書中分小學大學，由人企天再到人天小大，又於天學人學中再各分大小，其間雖陸續各有變化，但顯然可將經學三變到六變視為一個整體。因此本文的研究，並不在考證分期時限，而是在說明廖平經學三變以後的思想內涵。各學者對於廖平經學三變以後的時限界定，可參考林淑貞的整理：

以後，開始鑽研並著述老、莊、尸、命理地理與醫學。[3]特別是熱衷醫理，值得我們注意，因為廖平既不行醫也不執業，他論醫乃基於理論興趣，故許多著述重在闡述醫理，而非實際治病。除此之外，更是呼應當時社會思潮，希望藉此改善中國人的身體、體質，挽回日漸頹喪的國勢，還有拯救中國人的自信心，不要再淪為「東亞病夫」之類的譏諷。[4]

	經學三變 小統大統	經學四變 天人之學	經學五變 人天小大	經學六變 五運六氣
自序	一八九八戊戌	一九○二壬寅		
柏毓東	一八九八	一九○二	一九一二壬子	一九一九
李耀仙	一八九八迄 一九○七	一九○五	一九一二迄 一九一八	一九一九迄 一九三二
向楚	一八九八	一九○二	一九一八	一九二一
黃開國	一八九七至 一九○六	一九○六至 一九一八	一九一八至 一九二一	一九二一至 一九三二
陳文豪	一八九七迄 一九○一	一九○二迄 一九○四	一九○六迄 一九一八年	一九一九

林淑貞：〈廖平經學六變所建構的歷史圖像〉，《中國學術年刊》第18期（1997年3月），頁51-52。

3　龔鵬程：〈道教影響下的儒家經學〉，《道教新論》（北京市：北京大學出版社，2009年），頁286。

4　更進一步來講，這些醫論之作，當可與廖平論老莊堪輿命理等書並觀。因此不管是以《老》、《莊》、《楚辭》釋經，建構天學，還是以〈素問〉、〈靈樞〉為修身之最高等，又或是以《黃帝內經》五運六氣解《詩》、《易》……等等，從三變到六變，廖平都企圖將道家道教之學收攝到經學中。此時所謂的經學，就廖平來講，其目的仍在於通經致用，不將經書視為客觀研究對象，而是生活世界意義的來源，考古是為了用今。論六合之外、講白日飛升、說長生服氣，此等道術之說，顯然深刻影響廖平經學三變以後的論點。可見劉芝慶：〈廖平的經學與道教〉，《經世與安身：中國近世思想史論衡》（臺北市：萬卷樓圖書公司，2017年），頁275-292。另外，黃金麟應該是當前學界中，較為全面探討身體與近代政治的學者，包括身體與政治、身體的國家化、法權身體、鐘點時間與身體、空間與身體、身體與規訓等等，頗為廣

　　本文的研究，即是以此為出發點，從注重身體的當代思潮，以大見小，來看廖平經學的某些面向與內涵，最後再反過來，一葉知秋，廖平的論述，也反映了當時知識分子的許多共通觀點。

二　看重身體的近代思想史

　　眾所皆知，清末以來，逢數千年未有之大變局，外患，內憂，一時並至，有志之士為了解決問題，或引進西洋學說，中體西用；或藥方只販古時丹，從過去尋找答案。只是該如何變、要變些什麼，是漸或驟，是救亡圖存或是啟發蒙昧，是船堅炮利還是政治體制，是復興佛學還是批判孔教，是單線進行又或是雙重複調，言人人殊，但中國確實到了該變的時候了。[5]在當時，國勢衰弱，文明素質又處處不如人，許多人開始反思：中國，到底是哪裡出了問題？是社會制度？是中國人性格？還是國家體制的問題？還是儒學亡了中國？

　　其中一個廣泛的討論點，就是中國人的身體問題。當時很多人認為，中國比不上其他國家，其中一個關鍵是中國人體質孱弱，加上吸食鴉片，萎靡不振，更是害人不淺。因此加強中國身體素質，變成當務之急。

　　根據楊瑞松的研究，在十九世紀末期，因為中日甲午戰爭的緣故，西方與論界才開始用「病夫」形容中國，特別是中國政治，但多

泛，但近代的身體觀，其實還有許多面向，可供探索。本文所採的路徑，探討改造廖平對於未來世界的想像，由身體所構成的進化史觀，便是一例。黃金麟：《歷史、身體、國家：近代中國的身體形成（1895-1937）》（臺北市：聯經出版事業公司，2001年）。

5　因此，近代以來所謂的「保守」與「激進」，常常只是程度上的不同，並不能全然以價值上的優劣視之。余英時：〈中國近代思想史上的激進與保守〉，《現代儒學的回顧與展望》（北京市：生活・讀書・新知三聯書店，2004年），頁8-52。

為譬喻，把中國比喻成病人，需要藥方拯治，認為中國已近病入膏肓，必須盡快診療，從內外源發現病徵，該動手術就動手術，切莫拖延。[6]但是到了二十世紀初期，「病夫」的概念從國家轉移到個人，從群體變化到個體，病國的意涵未完全消失，可是卻也開始形容中國人的體質，[7]梁啟超就說中國缺乏尚武精神，以病夫聞名於世界，手足癱瘓，盡失防護機能：「我以病夫聞於世界」、「我不速拔文弱之惡根，一雪不武之積恥，二十世紀競爭之場，寧復有支那人種立足之地哉！」[8]他更形容中國人，因為社會風俗，以嬌柔為上，體質本就不強，再加上吸食鴉片，更是雪上加霜：[9]

> 中（國）人不講衛生，婚期太早，以是傳種，種已孱弱，及其就傅之後，終日伏案，閉置一室，絕無運動，耗目力而昏眊，未黃耇而駝背；且復習為嬌惰，絕無自營自活之風，衣食舉動，一切需人；以文弱為美稱，以羸怯為嬌貴，翩翩年少，弱不禁風，名曰丈夫，弱於少女；弱冠而後，則又纏綿床笫以耗其精力，吸食鴉片以戕其身體，鬼躁鬼幽，蹀步欹跌，血不華色，面有死容，病體奄奄，氣息才屬：合四萬萬人，而不能得一完備之體格，嗚呼！其人皆為病夫，其國安得不為病國也！

---

6 這種觀念其實也有中國傳統因素，金仕起就從醫療的角度談起，認為傳統中國醫療知識與社會、政治是雙向互動的，其中關鍵處在於身體所牽涉到的種種關係。金仕起：《論病以及國：周秦漢方技與國政關係的一個分析》（臺北市：臺灣大學歷史學研究所博士論文，2003年），頁1-17。

7 楊瑞松：〈想像與民族恥辱〉，《病夫、黃禍與睡獅：「西方」視野的中國形象與近代中國國族論述想像》（臺北市：政大出版社，2010年），頁17-67。

8 梁啟超：〈新民說〉，張品興主編：《梁啟超全集》（北京市：北京出版社，1999年），冊2，頁712。

9 梁啟超：〈新民說〉，張品興主編：《梁啟超全集》（北京市：北京出版社，1999年），冊2，頁713。

梁啟超在此，巧妙地將「病夫」由中國換成了中國人，又或者可以這麼說：中國何以孱弱？就是因為這樣的中國人太多了，以文弱為美稱，以羸怯為嬌貴，質不如人，病體奄奄，尚武精神又欠缺，故四萬萬人皆為病夫，病夫之國，自然也為病國。

　　將病夫冠於中國人頭上，除了梁啟超之外，譚嗣同、蔡鍔（筆名奮翮生）、張之洞、陳獨秀等人，還有許多輿論，都開始呼應這種講法。所以譚嗣同比較中西人種，中國人之體貌，愈見猥鄙，又更萎靡，或瘠而黃，或肥而弛，實在差勁；蔡鍔認為八股文、鴉片，殘害中國人身體，以至於連體格體力足夠為兵者，都不可求，而且不只是男子而已，纏足之風，更是禍患婦女。[10]這種男女生下的孩子，自然毫無生氣，胡適在一九〇六年發表的〈敬告中國的女子〉，便說：「一個人對於爺娘生出來的好身體，正該去留心保護他，切莫使他有一點的壞處，這才是正大的道理。為什麼反要去把一雙好好的腳，包裹得緊緊的，使他坐立不穩血脈不行呢？列位要曉得一個人全靠那周身的血脈流通，方才能夠使得身體強壯，那血脈若不行，自然身體一日弱似一日，那氣力也便一些都沒有了。若是那些身體強壯的，也還可以勉強支持，倘是那些身體素來不大強壯的女子，受了這種苦處，那身體便格外羸弱，到後來生男育女的時候，因為他的身體不好，那乳水便一定不多的。原來人家小孩子的身體氣魄，都和他們爺娘的身體氣魄很有關係，這些身體軟弱的爺娘，怎麼還能夠養出身體強壯的兒女呢？所以中國人的身體，總和病人一般的，奄奄無生氣，難怪外國人都叫我們是病夫國呵！」[11]總言之，中國國力不如人，許多事不如

10　楊瑞松：〈想像與民族恥辱〉，《病夫、黃禍與睡獅：「西方」視野的中國形象與近代中國國族論述想像》（臺北市：政大出版社，2010年），頁43-49。

11　北京師聯教育科學研究所編：《胡適教育獨立思想與教育論著選讀》（北京市：中國環境科學出版社，2006年），頁17。

人，內憂外患，造成的關鍵之一，由國觀人，是中國人自己的身體問題。

反過來講，病夫而成病國，則治療需先抓住病症，病症就在身體，則強國就須強種，但該如何強種呢？知識分子們看法各有不同，彼此間或也可能充滿矛盾。就魯迅來講，他則認為要從精神上入手，要推廣文藝，否則體格再強壯，也無用，更何況中國人體質已先天不如人，文藝再不加強，情況會更糟：

> 因為從那一回以後，我便覺得醫學並非一件緊要事，凡是愚弱的國民，即使體格如何健全，如何茁壯，也只能做毫無意義的示眾的材料和看客，病死多少是不必以為不幸的。所以我們的第一要著，是在改變他們的精神，而善於改變精神的是，我那時以為當然要推文藝，於是想提倡文藝運動了。

魯迅在《吶喊》的自序中，先以夢為比喻，以吃藥與醫療作中介，希望藉此能挽回國運，改變中國人。但他終於認識到，這樣是不夠的，醫學可以救人，終究非第一要緊事，所以他棄醫從文。[12] 但是，相較於精神與文藝，廖平則是在他的經學世界中，認為經學既足以救人，也可以救世，可以是精神的豐饒，當然也可以是身體的進化改善，止於至善，所以在他的解經世界裡，他更努力學醫，以醫學來改造人體。

---

12 值得注意的是，辛亥革命後到五四前，知識分子對於「人」的內涵，突出自我、生命至上、奉行個人主義，這與二十世紀所強調的概念，頗有不同。可見袁洪亮：《中國近代人學思想史》（北京市：人民出版社，2006年），第五章第一節。用王汎森的話來講，就是從「新民」到「新人」的轉變，王汎森：〈從「新民」到「新人」——近代中國中的「自我」與「政治」〉，《思想是生活的一種方式：中國近代思想史的再思考》（臺北市：聯經出版事業公司，2017年），頁53-90。

三　進化與美學──廖平經學

　　從上述的思潮中，我們發現，中國人的身體，如果是中國積弱不振的源頭之一，那改善身體，就成了一個必須面對的問題。譚嗣同就相信人的身體是可以進化的：「又使人滿至於極盡，即不用一物，而地球上駢肩重足猶不足以容，又必進思一法，如今之電學，能無線傳力傳熱，能照見筋骨肝肺，又能測驗腦氣體用，久之必能去其重質，留其輕質，損其體魄，益其靈魂，兼講進種之學，使一代勝於一代，萬化而不已；必別生種人，純用智，不用力，純有靈魂，不有體魄。猶太古初生，先有蠢物，後有靈物；物既日趨於靈，然後集眾靈物之靈而為人。今人靈於古人；人既日趨於靈，亦必集眾靈人之靈，而化為純用智純用靈魂之人。可以住水，可以住火，可以住風，可以住空氣，可以飛行往來於諸星諸日，雖地球全毀，無所損害，復何不能容之有？」[13]譚嗣同雖非專指中國人，但上節已說他認為中西身體不同，中國人體質較差，則中國人更需按規劃，在進化的路程上，努力進化，迎頭趕上，將來殊途同歸，不分中西，則是勢所必至，理所當然了。

　　我們回到廖平的經學世界。其實從經學四變開始，廖平說法又有變化，「身體」的重要性開始突顯。首先，他是將《詩》、《易》分屬天學，為周遊六漠，魂夢飛身，遨於六合之外，皇帝王霸則全屬人學。原本以皇帝王霸配《詩》、《易》、《尚書》、《春秋》，如今只配《尚書》、《春秋》，[14]至於《老》、《莊》等書，亦隨著《詩》、《易》而「升級」，《四變記》就說：[15]

13　譚嗣同：《仁學》（北京市：華夏出版社，2002年），頁158。

14　陳文豪：《廖平經學思想研究》（臺北市：文津出版社，1995年），頁191、194。

15　廖平：《四益館經學四變記》，收於李耀仙編：《廖平選集》（成都市：巴蜀書社，1998年），上冊，頁553-554。

今故以經傳為主，詳考「至人」、「神人」、「化人」、「真人」、「神人」、「大德」、「至誠」、「大人」，以為皇天名號，而以〈靈樞〉、〈素問〉、道家之說輔之，以見聖人人帝之外，尚有天皇，此「天人學」之所分也。

周遊六漠，魂夢飛身，以今日時勢言之，誠為力所不至。然以今日之民，視草昧之初，不過數千萬年，道德風俗，靈魂體魄，已非昔比。若再加數千年，精進改良，各科學繼以昌明，所謂長壽服氣，不衣不食，其進步固可按程而計也。近人據佛理言人民進化，將來必可至輕身飛舉，眾生皆佛。

廖平怎麼以「〈靈樞〉、〈素問〉、道家之說輔之」呢？他認為〈靈樞〉、〈素問〉裡的「黃帝」當為「皇帝」，「岐伯」當為「二伯」，為治「皇帝學」之專書。其中又可分為天學人學、治天下、治病三門，治天下者為「帝學」；言天道人身應天地者，則為「皇學」；醫學專書則是入「藝術」。而醫書中屢屢言及「道」，廖平認為這就是求道，亦即孔子之道，是以身比天地，因修身以存道，相較於《容經》為普通修身、《洪範五行傳》為仕宦修身，〈靈樞〉、〈素問〉可謂最高等的修身，為《中庸》（屬天學）「至誠」的基礎，其後漸序進展，再加上科學發達，「近人據佛理言人民進化，將來必可至輕身飛舉，眾生皆佛。」

此外，《楚辭》、《山海經》、《老》、《莊》、《列》、《穆天子傳》等書，或言地理，以地球為齊州，或言形神俱融，辟穀飛升之事，又或是佛教說世界進化，眾生皆佛，而佛又出於道，諸書皆盡屬天學之列。[16]

---

16 廖平：《四益館經學四變記》，收於李耀仙編：《廖平選集》（成都市：巴蜀書社，1998年），上冊，頁554-557。

　　值得注意的是，在經學四變中，人的身體是需要修身的，而修身
又有等級之分，如普通修身、仕宦修身之類，修身也非精神內涵上的
調養而已，而是真的與身體有關，修身，是內外兼具發之於內，顯之
於外。到了最後，科學發達，醫學昌明，人的身體經過進化之後，可
以改善原本的缺憾，可以長壽，甚至不衣不食，精深飛舉，就像神明
佛祖一樣。[17]廖平經學四變的時間，各家學者認定雖不同，但起始點
都是在二十世紀初年，這與我們第一節所提到的社會思潮，輿論走
向，是相當一致的。[18]

　　但是，要改變身體，特別是中國人的身體，廖平除了經學之外，
更特別的是他將醫術與經學結合。他研究醫術，同時也是因為他漸漸
意識到，不管是由人企天，還是人學為天學、為世界進化之本，人的
「身」（形）都是基礎，廖平在〈《內經》平脈考〉注曰：「太初之無，
謂之道也；太極未形，物得以生，謂之德也；未形德者有分，且然無
間，謂之命也；此命流動生物，物成生理，謂之形也；形體保神，各
有所儀，謂之性也。是以血氣精神，奉於一形之生，周於形體所儀之
性，亦周有分無間之命，故命分流動成形體，保神為性，形性久居為

---

17 當然，道教煉丹，也講長壽飛舉，這就非廖平所能同意，因為廖平經學四變後的理
　　想人身，自非道教所能比，他在《莊子經說敘意》中，明確反對道教的鉛汞煉丹，
　　認為此派出自魏伯陽，不可以列入神遊之說。因為神游形遊等天學，皆出於自然程
　　度的發展；再者，道教的金丹或是佛教的禪寂，乃至於俗儒只求自己成聖成賢，專
　　重本身利益，自私自利，不重世人萬民福祉，此皆不足以取法，故為廖平所不取，
　　他在《孔經哲學發微》就說：「萬部金丹，徒勞妄想，清淨無象，於世何益？俗儒
　　每以自了為聖賢，須知戶戶道學，家家禪寂，天下正自彌亂耳。」徒勞妄想，無益
　　於世，以自了為滿足，正是廖平所反對的。可參劉芝慶：〈廖平的經學與道教〉，
　　《經世與安身：中國近世思想史論衡》（臺北市：萬卷樓圖書公司，2017年）。
18 廖平經學三變之後，其說之所以愈見恢奇怪誕，並非全從經學一、二變中的解經衍
　　繹而出，而是他在藉由接觸道術，乃至於佛教的過程中，漸受影響所致。詳可參劉
　　芝慶：〈廖平的經學與道教〉，《經世與安身：中國近世思想史論衡》（臺北市：萬卷
　　樓圖書公司，2017年）。

生者，皆血氣之所奉也。」這段話與《莊子・天地》「泰初有無，無有無名，一之所起，有一而為形。物得以生，謂之德；未形者有分，且然無間，謂之命；留流而生物，物成生理，謂之形；形體保神，各有儀則，謂之性。性修反德，德至同於初」，[19]頗為類似，廖平顯然是有所本。此處廖平基本上是融用莊子文句與一部分的文意來注解《內經》，但重點又有不同，莊子主要在說明人必須性修返德的復初工夫，然後與天地為合，同乎大順；廖平此處卻強調血氣精神與形性的關係，以呼應注解《內經》文句：「人之血氣精神者，所以奉於生而周於性命者也」，就廖平看來，重「生」重「性命」，就不能不重視其所居存的「形」，如此才能進一步談脈象變化。形體，是血氣精神之所聚，也唯有先立此基礎，求之於身，才可能從人學發展到天學，從神遊到脫殼飛升的形遊。如此發展，既不可躐等，更不會一蹴可幾。

而中國人自幼耳濡目染，對天人之學的經典，本就不隔，再加上語言的親切與方便，當然更容易改善身體，強化體魄，遠離病夫行列。所在相關醫書著作的輯補疏證中，廖平在一九一二年著成〈人寸診比類篇〉、〈古今診皮篇〉開始（此時約屬經學三、四變之間），便開始致力著述醫學，不但有治病的考慮，同樣也有闡釋自身理論，建構大統或天學的需要。因為前者屬人事，後者則是天道，然後再搭配《大學》、《中庸》等書，綰合了他由人學到天學的理路進程——更重要的是，他要改造國人體質，他自署楹聯：「燮理陰陽，初謁人寸；掃除關尺，進以皮膚」，便可見此理。[20]因此廖平〈古今診皮名詞序〉

---

19 廖平：〈《內經》平脈考〉，《廖平醫書合輯》（天津市：天津科學技術出版社，2010年），頁1462。郭慶藩：《莊子集釋》（北京市：中華書局，2004年），頁424。

20 張遠東、熊澤文編著：《廖平先生年譜長編》（上海市：上海書店出版社，2016年），頁205。

指出「尺」，應當作「皮」，「尺之為文與皮字之形相似」，[21]診尺即是
診皮，尺膚就是皮膚，於是集匯診皮者為一門，並進而提倡「五診
法」：「《診皮》末附以〈五診法〉，《經》每以皮（腠理）、絡（一作肉
分）、經（三部九候診經脈）、筋（有經筋篇）、骨（筋骨亦作臟腑）
以淺深層次，分屬臟腑，及邪風傳移，最關緊要，今別匯為一門，名
曰〈五診法〉」，[22]這些都是就實際的人體治療來講的；《診絡篇補證》
則是解釋經脈與絡脈之異，及其相關主病治法，例如廖平解釋《靈
樞‧血絡篇》的題旨，就說「絡為輕病，其絡有淤血，可以目見，以
瓷針或針刺出惡血，則病自愈，故以血絡名篇」[23]，又說《內經》結
脈，乃指絡脈，而非經脈。[24]辨別經絡脈，重在闡述辨析，但以針刺
出惡血，就是在講具體醫法；《診骨篇補證》則是注述骨節大小、長
短與廣窄，然後定其脈度，「故曰骨為幹，脈為營，如藤蔓之營附於
木幹也」，[25]並以圖文並列方式，附錄〈周身名位骨〉以證之；[26]《藥
治通義輯要》，更說病有新舊，故療法亦有不同，用膏、藥酒、湯、
煎、丸等等，各有特性，「邪在毫毛，宜服膏及以摩之，不療，廿日

---

21 廖平：〈古今診皮名詞序〉，《廖平醫書合輯》（天津市：天津科學技術出版社，2010
　　年），頁95。

22 廖平：〈古今診皮名詞序〉，《廖平醫書合輯》（天津市：天津科學技術出版社，2010
　　年），頁96。

23 廖平：《診絡篇補證》，《廖平醫書合輯》（天津市：天津科學技術出版社，2010
　　年），頁190。

24 廖平：《診絡篇補證》，《廖平醫書合輯》（天津市：天津科學技術出版社，2010
　　年），頁199。

25 廖平：《診絡篇補證》，《廖平醫書合輯》（天津市：天津科學技術出版社，2010
　　年），頁417。

26 廖平：〈周身名位骨〉，《廖平醫書合輯》（天津市：天津科學技術出版社，2010
　　年），頁426-442。

入於孫脈，宜服藥酒……不療，六十日傳入經脈，宜服散……」，[27]如此種種，都可視為是「人學」的一環，是專為闡述醫理與治疾病理而作，既是醫學專書，當然就注重人體，闡述醫理更是為了要治病，而要探究人體疾患，改善病夫體質，就更必須分析醫理，兩者是不可分的。

不只如此，廖平對醫學的研究，更觸及了筋肉、骨髓、傷寒、時方、經方、溫病，他對骨骼辯證、釋骨，從周身名位骨來談筋脈和同，骨髓堅固，氣血皆順的問題，所以他才有此類的說法：「腎屬水，腎藏精，骨藏髓，精髓同類，故腎合骨。發為經血之餘，精髓充滿，其發必榮，故榮在發。水受土之制，故腎以脾為主。」[28]治國醫人，皆該由此而觀，他甚至認為這是經學，是孔門大道，所以更要遵從：「《靈》、《素》全出孔門，以人合天，大而九野十二水，為平天下大法；小而毛髮支絡為治一身支疾病。」「……治國醫人，皆所合通者……，收五行以歸經學……，治法可以重光，於醫學中掃除荒蕪，自有澄清之望。」[29]

而在改善身體的過程中，廖平又引進進化的概念：「精進改良，各科學繼以昌明，所謂長壽服氣，不衣不食，其進步固可按程而計也。」關於進化論或是演化論，王汎森就指出，在近代中國思潮中，許多學者常常把歷史發展視為是進步的，有意志的。這種導向某一個目標，持續向上，止於至善的「線性歷史觀」，談演化、述公例、說古今，在進化的過程中，確定自己的定位與方向，正是晚清以來的普

---

27 廖平：《藥治通義輯要》，《廖平醫書合輯》（天津市：天津科學技術出版社，2010年），頁1002。

28 廖平：〈骨髓門〉，《廖平醫書合輯》（天津市：天津科學技術出版社，2010年），頁422。

29 張遠東、熊澤文編著：《廖平先生年譜長編》（上海市：上海書店出版社，2016年），頁229。

遍作法。[30]王汎森文中舉了許多例子，我們不妨再以兩例，以概其餘。兩個例子，牽涉到文字與文學的進化，與王文文中的史證，頗為不同，卻共有其趨，都有一定的代表性。

值得注意的是，這種歷史進程又非突然而變，而是一種漸進式改良，康有為便是持此觀點的代表之一。就康有為看來，文字發展由繁至簡，是自然的進化，他說：[31]

> 凡文字之先必繁，其變也必簡，故篆繁而隸簡，楷真繁而行草簡。人事趨於巧便，此天智之自然也。……，今泰西文自巴比倫而變為猶太，再變為希臘，又變為拉丁，然後為為今法文，英文又從法文而變之，以音紀字，至簡者也。拉丁之文稍繁焉。侍郎郭嵩燾此其地，得其三千年古文字，皆是象形，與中國鐘鼎略同。

康有為這個說法也影響了梁啟超，梁啟超在《論中國學術思想變遷之大勢》裡論及周末學術大盛，原因有七，其一則為「由於文字趨簡也」，梁啟超認為：「中國文字，衍形不衍音，故進化之難，原因在於此者不少。但衍形之中，亦多變異，而改易最劇者，惟周末為甚」、「其實日趨簡易者，人群進化之公例，積之者已非一日，而必非秦所能驟創也。文字既簡，則書籍漸盛。墨子載書五車以遊諸侯，莊子亦

---

30 王汎森：〈近代中國的線性歷史觀──以社會進化論為中心的討論〉，《近代中國的史家與史學》（香港：三聯書店，2008年），頁50-108。

31 康有為著，朱維錚、廖梅校：《新學偽經考》（香港：生活・讀書・新知三聯書店，1998年），頁108。這也是康有為質疑劉歆偽造古文的論據之一，他在《教學通議》時，就已秉持觀點，故《新學偽經考》並非真的抄襲廖平。關於二人學術的問題，可見劉芝慶：〈論康有為與廖平二人學術思想的關係──從《廣藝舟雙楫》談起〉，《經世與安身：中國近世思想史論衡》（臺北市：萬卷樓圖書公司，2017年）。

言『惠施多方，其書五車』。學者之研究日易，而發達亦因之以速，勢使然也」。[32]

另一個例子，則是胡適建構的白話文學史。胡適說：[33]

> 我要大家知道白話文學不是這三四年來幾個人憑空捏造出來的；我要大家知道白話文學是有歷史的，是有很長又很光榮的歷史的……，若不是歷史進化的結果，這幾年來的運動絕不會有那樣的容易……。

就胡適看來，文學革命採用白話文學為主軸，白話文學引發文學革命，再加上有識之士的主張推動，登高而招，順風而呼，文學革命與白話文學就此成為時代的文學主流，是順理成章的事，胡適又說：「有時候，自然的演進到了一個時期，有少數人出來，認清了這個自然的趨勢，再加上一種有意的鼓吹，加上人工的促進，使這個自然進化的趨勢趕快實現。……因為時間忽然縮短了，因為成效忽然增加了，故表面上看去很像一個革命。其實革命不過是人力在那自然演進的緩步徐行的歷程上，有意的加上了一鞭。白話文學的歷史也是如此，那自然演進的趨勢是很明瞭的」，[34]即是此意。所以結論就是：「故一千多年的白話文學種下了近年文學革命的種子；近年的文學革命不過是給一段長歷史作一個小結束」，[35]也就是說，白話文學史是一種進化的趨勢，與文學革命的發生其實是一種連續性地歷史發展。既

---

32 梁啟超：《論中國學術思想變遷之大勢》（臺北市：臺灣古籍出版社，2005年），頁24-25。

33 胡適：《白話文學史（上卷·唐以前）》，《胡適作品集（十九）》（臺北市：遠流出版事業公司，1994年），頁13。

34 胡適：《白話文學史（上卷·唐以前）》，《胡適作品集（十九）》，頁16。

35 胡適：《白話文學史（上卷·唐以前）》，《胡適作品集（十九）》，頁17。

此之後，胡適以進化史觀來論文學史，其後像是譚正璧、鄭賓于、張希之等人的文學史著作，不但刻意標出「進化史」「發展史」「發達史」之名，書中觀點亦多受胡適影響。[36]

不止如此，胡適還把這種進化的觀點，套進了小說的演變與趨勢，他說：[37]

> 最近世界文學的趨勢，都是由長趨短，由繁多趨簡要——「簡」與「略」不同，故這句話與上文說「由略而詳」的進步，並無衝突。詩的一方面，所重的在於「寫情短詩」，Lyrical poerty（或譯「抒憶詩」）。像 Homor, Milton, Dante，那些幾十萬字的長篇，幾乎沒有人做了，就有人做（十九世紀尚多此種），也很少人讀了。戲劇一方面，莎士比亞的戲，有時竟長到五齣二十幕，此所指乃 Hamlet 也。後來變到五齣五幕又漸漸變成三齣三幕，如今最注重的是「獨角戲」了。小說一方面，自十九世紀中段以來，最通行的是「短篇小說」。
>
> 長篇小說如 Tolstoy 的《戰爭與平和》，竟是絕無而僅有的了。所以我們簡直可以說，「寫情短詩」，「獨幕戲」，「短篇小說」三項，代表世界文學最近的趨向。這種趨向的原因，不止一種：（一）世界的生活競爭一天忙似一天，時間越寶貴了，文學也不能不講究「經濟」，若不經濟，只配給那些吃了飯沒事做的老爺太太們看，不配給那些在社會上做事的人看了。

---

36 王文仁：《近現代中國文學進化史觀之生成與影響》，頁198-204。劉芝慶：〈白話文學與文學革命——重探胡適《白話文學史》〉，收入本書。

37 胡適：〈論短篇小說〉，收於《胡適作品集（三）》（臺北市：遠流出版事業公司，1994年），頁152-153。

（二）文學自身的進步，與文學的「經濟」有密切關係。斯賓塞說，論文章的方法，千言萬語，只是「經濟」一件事。文學越進步，自然越講求「經濟」的方法。有此兩種原因，所以世界的文學都趨向這三種「最經濟的」體裁。今日中國的文學，最不講「經濟」。那些古文家和那《聊齋濫調》的小說家，只會記「某時到某地遇某人，作某事」的死賬，毫不懂狀物寫情是全靠鎖屑節目的。那些長篇小說家又只會做那無窮無極，《九尾龜》一類的小說，連體裁布局都不知道，不要說文學的經濟了。若要救這兩種大錯，不可不提倡那最經濟的體裁──不可不提倡真正的「短篇小說」。

此篇成於一九一八年，原是胡適在北京大學國文研究所小說科的講演紀錄。胡適認為，提倡短篇小說，自然是進化趨勢所在，因為講求效率、經濟，由長趨短，由繁多趨簡要，都是必須的。由上可知，進化線性史觀，對近代中國影響之大，可謂方方面面。廖平談及進化次數亦多，主張以漸不以驟，觀點也多有類似，從此可看出近代中國思潮對於他的影響。

再回到廖平身上，他談進化，除加進身體改善的因素之外，更多添了理想性：美善的未來世界。在他的規劃中，從人學到天學，天學又以人道為基礎，其後神遊形遊，遨於六合之外，眾生成佛，辟穀飛升，人人皆為至人：[38]

> 天學以人道為基礎，世界進化資格以禽獸、野人、庶人、士大夫、君子、諸侯、天子，分八等。今日中國孔教開化二千年，

---

38 廖平：《莊子敘意》，嚴靈峯編：《無求備齋莊子集成初編》（臺北市：藝文印書館，1972年），頁8-9。

可謂由庶人以進士。海外其高者，則常在庶人之域。以時局言，又為一大戰國，所謂處士橫議，諸侯放恣之世界。必數千百年地球共推數大國為主，然後為帝局，全球人民略有人士之程度。又數百年而後地球大一統，如秦始之併合而後為皇局，人民程度由士大夫以進天子，則更非數萬年不能。然此為人皇尚書之學，至此始滿其量，乃由人而企天，至其歸極，人人有至人資格，釋氏所謂眾生皆佛……，人人可以上天入地，同，行同歸……。

廖平在〈倫理約編敘例〉中，正是以此七等來談進化資格。進化的公例，分別是：禽獸、野人、庶人、士大夫、君子諸侯、天子不過七等，[39] 至人為最後一種，故有八等。而地球大一統，人民程度由士大夫進步到天子，但尚非至善，只是「人皇尚書之學，至此始滿其量」，要到了人人有至人資格，至其歸極，人人可以上天入地，同行同歸才算是圓滿境界。[40]

　　這種美善的世界，又或者是說，地球上生物之美之善，皆可見於他的〈地球成住毀三劫九十命運表〉。廖平用了佛教成住壞空四劫的原理，描述了整個宇宙的起滅生死：[41]

---

39 廖平：《孔經哲學發微》，李耀仙編：《廖平選集》（成都市：巴蜀書社，1998年），上冊，頁325-327。

40 類似的大同世界規劃，還有關於身體的進化。康有為也是一個很好的例子，可見劉芝慶：〈身體與美學：近代思想史中的理想世界〉，「藝術‧科學‧思想——山水書法研究的新視角國際學術研討會」（杭州市：中國美術學院，2018年11月2-5日）。

41 廖平：《孔經哲學發微》，李耀仙編：《廖平選集》（成都市：巴蜀書社，1998年），上冊，頁380-381。

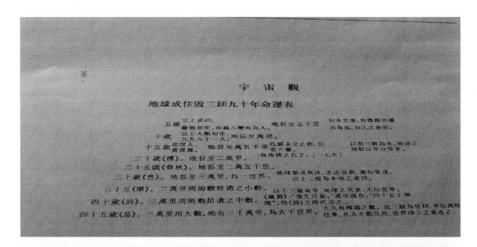

在成劫，孔經未立，已先有六藝，但從孔子以後，製作六經，[42]六經又無所不包，既講天學人學，也包括了進化之理，因此要從成劫進化到住劫，本為神仙飛相往來，凡人不能到，但只要修身進化，則如前引「人民程度由士大夫以進天子」，則由人企天，到了大同世界，然

---

42 經廖五變時，廖平更認為六書亦是孔子所作。陳文豪：《廖平經學思想研究》（臺北市：文津出版社，1995年），頁215-216。

後重歸於絕，不斷循環反覆，《禮》之後，人類反於禽獸，世界由毀
複空，歸於寂籟，即是成劫。

四 中西融合，大同未來

在廖平的想法中，孔子製作六經，六經不但與釋道醫術數互通，
更涵蓋中西學說。因此要進化到更美好的世界，就要在經典中尋求孔
子之道，按圖索驥，明孔子之意，立孔子之法，以與道通，這就是廖
平心目理想的世界，《知聖續篇》：「孔子為生民未有之聖，世界中一
人已足」、「此世界中，盡用孔子之教以歸大同」。[43]而在人學部分，這
個大同世界，在六合之內，是書同文，是齊風俗，是純樸與文明至極
的進化社會：「孔子之教，始創於春秋，推行於唐宋。今當百世之
運，施及蠻貊，方始推行海外。數千百年後，合全球而道一風同。」
「文明與純樸，皆盡其長，乃為盡善盡美。經傳古說兼存二義，相反
相成，各有妙理。……不知即純樸一事，古來猶雜滿野，必後世之皇
帝一統大同，文明與純樸皆盡，乃真所謂純樸。則亦未嘗不後人勝於
前人。」[44]前已言之，孔子之教先在中國推行，改善病夫的體格之
後，推行於海外，世界由小康以臻大同，循序漸近，數千百年後，道
同風俗亦同，必成文明與純樸，盡善盡好的美學世界。

本文的研究，先從中國被視為「病國」，中國人自稱「病夫」談
起，在這種思潮下，「身體」作為一種隱喻，甚至是實指，都代表了
一種省思與檢討。而從國家到個人，從小問題到大方向，該如何治

---

43 廖平：《知聖續篇》，李耀仙編：《廖平選集》（成都市：巴蜀書社，1998年），上
　　冊，頁273。

44 廖平：《知聖續篇》，李耀仙編：《廖平選集》（成都市：巴蜀書社，1998年），上
　　冊，頁268-269。

病，該何去何從，就成了有志之士的思考癥結。廖平的經學，論者多矣，但較少人由此角度分析，其實他尊孔子、談經學、合中西、述未來，都極度重視「人」的改造，特別是中國人身體的進轉演化。可以這麼說，如果人形是不變的，人身依舊，則廖平所建構的理想世界，那充滿美學與美善的未來，塵歸塵，土歸土，終將落空。廖平的說法，雖日漸恢奇，比附穿鑿，他講孔子，說六經，都是自己的話多，孔子、六經的話少，於是想像愈來愈多，比附愈來愈離奇。這些論述，其實都是代表了當時人對將來的美好規劃，對美麗世界的嚮往，對烏托邦的建構，[45]如果用梁漱溟的問法：「這個世界會好嗎」，答案則是肯定的：「明天會更好」。本文對此，頗有陳述，初為發凡，還請諸位學友不吝指正。

---

45 回顧百餘年間的世界思想史，追求理想國烏托邦的論著非常多，近代中國也是如此。可見Sebastian Conrad and Dominic Sachsenmaier, eds., *Competing Visions of World Order: Global Moments and Movements, 1880s-1930s* (New York: Palgrave Macmillan, 2007)。蕭公權著，汪榮祖譯：《康有為思想研究》（臺北市：聯經出版事業公司，1988年），頁458-481。

白話文學與文學革命
——重探胡適《白話文學史》

一　胡適的《白話文學史》

　　文學史的書寫，理所當然地是以文學為中心。不過我們可以再追問的是，「文學」究竟怎麼建構了「歷史」？在歷史長河中，如果以文學為核心來看待整部歷史，又突出什麼樣的意義？文學史若是對過去歷史的一種梳理，這與寫作者的「當下」，又呈現出什麼樣的關係？所謂的「文學」又是什麼？文學是語言文字的美感形式與體裁，又或者是一種「工具」？再者，文學史就只是單純地敘述詩詞曲賦小說戲曲的發展衍變？還是與外部因素息息相關，充滿了政治社會的意涵？同時也反映了時代思潮的變遷？

　　胡適《白話文學史》的寫作，在某種程度上其實也正是在處理這些疑問，而胡適更是以他個人的主張與見解，回答了上述的問題，並對後繼的文學史著作，造成了許多影響。畢竟據歷來研究者指出，胡適《白話文學史》[1]雖存有許多值得商榷的問題。[2]但如果就學術典範

1　胡適最早從講授國語的需要而撰寫國語文學史，到一九二八年《白話文學史》上卷出版，共經歷五階段，其中以《白話文學史》的份量最多，而從胡適其他著作推測，胡適早已規劃好《白話文學史》的全景輪廓。徐雁平：《胡適與整理國故考論——中國文學史研究為中心》（合肥市：安徽教育出版社，2003年），頁160-161。

2　陳國球就分析胡適並沒有理清文言與白話的畛域，也沒有考慮到文學史上種種複雜現象，例如士人階層擴散或是士庶流動、白話戲曲承襲文言套語、傳統詩文以反常合道與以俗為雅的手段來包容白話等現象，因此胡適以文言白話二元對立、文學進

的角度來看，不管是文言白話的「雙線平行發展」，還是挖掘民間文學的材料深度等等，此書實具有莫大的開創性與影響力。[3]

因此本文的論述思路，即是希望可以在這些研究基礎上再作拓展。與前人不同之處，在於指出胡適《白話文學史》與其文學革命的主張是息息相關的，這種相關，是胡適刻意建構的文學史觀。換言之，胡適是在「現在」的立足點上，以文學革命為出發點，回溯歷史，建構他的「白話傳統」──白話文學史，意即以白話文學的角度，在中國文學史中追溯源流；然後又反過來，時時刻刻運用他的歷史觀──歷史的文學觀念，[4]以一代有一代文學之說，來替「現在」作出合理的解釋。因此，胡適對於文學改革的主張，實與他的《白話文學史》成為一種相輔相成的關係。

在這層意義上，「文學」往往就是胡適的思考中心，是作者對世界感受的真誠表達，並聯結諸如思想、社會等層面的議題。更進一步

化觀、俗話文學的發現等主軸來建立的文學傳統，只是過分簡化，單薄平面的文學史。陳國球：〈傳統的睽離──胡適的文學史重構〉，收於《感傷的旅程：在香港讀文學》（臺北市：臺灣學生書局，2003年），頁3-56。

3 陳平原認為文言／白話的「雙線文學觀念」，打破了按朝代或文體討論文學演進的慣例，並以之貫穿中國文學發展的論述，這種觀點不斷地被修正完善，並衍生出許多新的學術命題。陳平原：《中國現代學術之建立──以章太炎、胡適之為中心》（北京市：北京大學出版社，1998），頁147-148。戴燕與徐雁平也分別從語體的衝擊力、作品的鑒賞眼光、史料的拓寬與考證等角度說明此書在學術上的典範意義。戴燕：《文學史的權力》（北京市：北京大學出版社，2002年），頁50-54、146。徐雁平：《胡適與整理國故考論──以中國文學史研究為中心》，頁160-177。

4 所謂「歷史的文學觀念」，胡適早在一九一七年發表的〈歷史的文學觀念論〉就指出：「一時代有一時代之文學。此時代與彼時代之間，雖皆有承前啟後之關係，而決不容完全鈔襲；其完全鈔襲者，決不成為真文學。愚惟深情此理，故以為古人已造古人之文學，今人當造今人之文學。」換言之，今人有今人的文學，不與古人類同。對於古代的文學，我們可以承襲，但不應該完全模仿，全盤襲用，應在自己的時代基礎上開新、啟後。胡適：〈歷史的文學觀念論〉，收於《胡適作品集（三）》（臺北市：遠流出版事業公司，1994年），頁33。

來講，也因為文學可以影響政治社會、思想精神、人生情感等等，這些要素往往也能反過來加深文學的內涵，彼此相依而生，這就構成了一種以文學為核心的歷史思考，以文學穿透了歷史的各個層面。因這種思維而引發的學術意義與內涵，諸如文言／白話的雙線平行、文學進化史觀、民間文學的重要性等論述模式，也才真的能對後繼文學史著作產生顯著影響。

二　為白話文學溯源——再創文明的「文學」嘗試

　　文學革命時期提倡的白話文學，並非憑空出現，而是自清末以來白話文思潮的一種延續。但就胡適看來，兩者差別在於前者是自覺性採用白話，後者則否，且後者普遍存在著「他們」與「我們」的差異，未將白話視為通行全國的工具。正因此如此，胡適對白話文運動的最大貢獻，便在於將白話文重新定位，建構白話文學的合理性與普及性，並擴及到社會各個層面。[5]

　　關於白話文學的思考，胡適最早從與趙元任在「文學科學研究部」以「中國文字的問題」為寫作主題；到留學日記中思考改良教授文言的方法；到被任叔永、梅光迪等「逼上梁山」，以白話寫詩，爭論白話詩的可行性；[6]到〈文學改良芻議〉、〈歷史的文學觀念論〉、〈建設的文學革命論〉、〈五十年來中國之文學〉、〈國語文學史大要〉；最後再到《白話文學史》的寫作刊行。胡適對於文言／白話的

5　胡適：〈五十年來中國之文學〉，收於《胡適作品集（八）》（臺北市：遠流出版事業公司，1994年），頁136-137。亦可參李孝悌：〈胡適與白話文運動的再評估〉，收於《胡適與近代中國》（臺北市：時報文化出版企業公司，1991年），頁1-29。

6　胡適：《四十自述》，收於《胡適作品集（一）》（臺北市：遠流出版事業公司，1994年），頁97-126。

雙線論述愈見清晰明確，並藉由這種消長興衰的語文演變，進而說明白話文學在歷史傳統的重要性，所以胡適不但推動了以白話為中心的文學革命，同時也對文學史建構提供了新的史觀。胡適在《白話文學史》一開頭就明言：[7]

> 我要大家知道白話文學不是這三、四年來幾個人憑空捏造出來的；我要大家知道白話文學是有歷史的，是有很長又很光榮的歷史的……若不是歷史進化的結果，這幾年來的運動決不會有那樣的容易……。

不止是像〈五十年來中國之文學〉，只談及清末開始的白話文學發展而已。[8]胡適更是明白指出，他是在文學革命運動的基礎上，溯源歷史，探究白話文學的背景。於是他先從漢代講起，認為自此開始，言文分離，中國的文學便分出兩條路子，一條是古文文學，另一條則是白話文學，兩者時存於歷史之中，使用的對象範圍、受注目的程度或有不同，但皆源遠流長。至於胡適所要做的，就是挖掘白話文學的歷史傳統。[9]

7　胡適：《白話文學史（上卷・唐以前）》，收於《胡適作品集（十九）》（臺北市：遠流出版事業公司，1994年），頁13。

8　〈五十年來中國之文學〉作於一九二二年，是為《申報》五十周年紀念所作，故上溯至《申報》創刊的一九七二年。胡適：〈五十年來中國之文學〉，收於氏著：《胡適作品集（八）》（臺北市：遠流出版事業公司，1994年），頁150。

9　胡適從漢代，而非《詩經》講起，理由是他認為《詩經》雖也有許多白話作品，只是到了漢代已成古文學的天下，而漢代又是古文學死耗初次發覺、白話文學並立而行的時期，故有此作法。但是講白話文學，卻不從《詩經》開始，在當時就引起錢玄同、沈兼士等人的質疑。可見王文仁：《近現代中國文學進化史觀之生成與影響》（花蓮縣：東華大學中國語文學系博士論文，2007年），頁179-180。
　　對此胡適後來又修正，他曾想寫一部漢代以前的《中國古代活文學史》，打算從

　　胡適認為在戰國時代語文已有分離的現象，秦代「書同文」雖為秦政之一，顯然也不能改變這種趨勢。到了《史記》引用方言，卻也往往改作文字，語文不能配合，再加上當時疆域日廣，方言日多，而方言本身也不統一，因此更難做到語文的統合，於是漢代政府就只能用統一的文言來作為溝通國家社會的媒界。但以古文寫成的詔書律令，並非人人都能讀懂，於是政府便設計出「文學掌故」的官職，用意在於挑選人員到京讀書，學習古文，之後再外放到郡國作「卒史」與「屬」，以便解讀政府頒布的各項命令，這種模式也正就是後來科舉所本，其中更牽涉到文化的傳播問題。也就是說國家以考試來保存古文，士人亦藉此謀求功名利祿，取得一官半職，從芸芸眾生中脫穎而出，同時政府因由考試制度得以將古文保存的古文明，散播到國家社會，乃至於到中國有關的各地區。不止如此，也因為中國始終以全國統一為常態，不像歐洲分立成許多獨立小國，沒有國家有能力統一全歐洲，相形之下，中國既有統一帝國，又有科舉制度，於是更能維持古文的權威。[10]

　　由上述看來，胡適不是孤立語文，把語文當成是一種單純的事物，而是將語文視為一種與社會人情變動息息相關的工具，承載著政治社會、人事生活的需求，故他舉出語文分離的古文與漢代察舉，以及科舉考試的關係為例。語文，在此顯然是一個國家社會的重心，牽涉諸如制度思想、社會民情等許多層面。這種現象當然不是古文才有，在白話中亦是屢見不鮮：[11]

《詩經》、孔孟老子等語文合一的「活文學」開始寫起。可參唐德剛：《胡適口述自傳》（臺北市：傳記文學，1981年），頁264-265。

10　胡適：《白話文學史（上卷・唐以前）》，收於《胡適作品集（十九）》（臺北市：遠流出版事業公司，1994年），頁19-24。

11　胡適：《白話文學史（上卷・唐以前）》，收於《胡適作品集（十九）》（臺北市：遠流出版事業公司，1994年），頁31、29。

> 一切新文學的來源都在民間。民間的小兒女，村夫農婦，癡男
> 怨女，歌童舞妓，彈唱的，說書的，都是文學上的新形式與新
> 風格的創造者……。
> ……癡男怨女的歡腸熱淚，征夫棄婦的生離死別，刀兵苛政的
> 痛苦煎熬，都是產生平民文學的爺娘。

這樣的說法，並非只是「白話文學起源於民間」而已，因為不論是村
夫農父，還是歌童舞妓等等，他們的生活所見，他們的生命所感，乃
至於他們的生死離別、歡腸熱淚，都是文學新形式與新風格的創造
者，換言之，胡適指出了文學與民間各階層事物的關係。更確切地
講，語文合一的白話正是反映社會問題、表達人生與呈現情感的最佳
載體。所以文學的創作應取材於真實的人生社會，是作者感受真實世
界的所思所想，這從胡適說漢代民歌「可以看出一些活的問題、真的
哀怨、真的情感」，[12]又或是吸收民間文學而成的文人樂府，諸如王粲
〈七哀詩〉的第一首、阮瑀〈駕出北郭門行〉是一種「社會問題詩」
[13]……等等，不論是癡男怨女的歡腸熱淚，又或者是征夫棄婦的生離
死別等等，都是胡適著重文學與人生社會關係的說法。[14]在此可看出
胡適頗受周作人〈人的文學〉、〈平民文學〉的影響，周作人說：「平
民文學不是專做給平民看的，乃是研究平民生活──人的生活──的

---

12 胡適：《白話文學史（上卷‧唐以前）》，收於《胡適作品集（十九）》（臺北市：遠
　流出版事業公司，1994年），頁39。

13 胡適：《白話文學史（上卷‧唐以前）》，收於《胡適作品集（十九）》（臺北市：遠
　流出版事業公司，1994年），頁71-72。

14 除了文學表達的真實情感與社會問題之外，胡適也注重白話文學的音韻合諧、符合
　自然的問題。前者是文學的內容，後者是文學的形式，兩者是密切相關的。可參宋
　千儀：〈胡適新文學理論的古典因素〉，《萬竅通識學報》第6期（2007年11月），頁
　58-60。

文學」。因此，就胡適看來，從民間文學中看到人的生活與感情、看到社會的現象與問題，而文學正是表達的中心媒介，這是文學的內容，同時也是文學革命的內涵所在。[15]

也就是說，一個符合自然，注重語文合一的白話語體，其作用所在，其實就是所謂的「文學」。胡適在〈建設的文學革命論〉說：[16]

> 一切語言文字的作用在於達意表情；達意達得妙，表情表得好，便是文學。

達意達得妙，表情表得好，就是「文學」。所以就胡適看來，文學不但是表情達意的工具，[17]同時還是「達得妙」、「表得好」的美感形式與體裁。胡適在此顯然將文學的「形式結構」與「功能目的」混為一談，認為文學之體與文學之用是密不可分的，也正是因為「文學不過是最能盡職的語言文字」，[18]若能得其用，亦能知其美，如此「盡職」

---

15 胡適在《中國新文學大系（一）建設理論集》的導言裡便標舉周作人之說，以此作為新文學的內容之一。胡適：〈導言〉，收於胡適編選：《中國新文學大系（一）建設理論集》（臺北市：業強出版社，1990年），頁28-30。引文見周作人：〈平民文學〉，收入胡適編選：《中國新文學大系（一）建設理論集》（臺北市：業強出版社，1990年），頁211-212。

16 胡適：〈建設的文學革命論〉，收於《胡適作品集（三）》（臺北市：遠流出版事業公司，1994年），頁58-59。

17 胡適在答任叔永的書信中就明白指出：「但我們極力主張用白話作詩，也有幾層道理。第一，我們深信文言不是適用的工具（說詳見建設的文學革命）。第二，我們深信白話是很合用的工具。第三，我們因為要『用工具而不為工具所用』，故敢決然棄去那不適用的文話工具，專用那合用的白話工具」，將白話視為合用的工具，就是因為這個工具可以「達意達得妙，表情表得好」，這與「一切語言文字的作用在於達意表情」、「文學不過是最能盡職的語言文字」是同樣的意思。胡適：〈答任叔永〉，收於《胡適作品集（三）》（臺北市：遠流出版事業公司，1994年），頁101。

18 胡適：〈什麼是文學──答錢玄同〉，收於《胡適作品集（三）》（臺北市：遠流出版事業公司，1994年），頁235。

的語言文字，自然就是「文學」了。相比之下，文言因不能達意表情，只能是模仿，只是一種死的文字，所以真正能充分表現文學特徵的，還是白話。

也由於白話文學是表現人生、表現時代，可以承負許多思潮精神或是人生社會的體類形式。對此，胡適在〈建設的文學革命論〉裡曾歸納「文學的方法」，分別是集收材料的方法、推廣材料的區域、注意實地的觀察與個人經驗、要用周密的理想作觀察經驗的補助。[19]這些原則，胡適基本上全運用在《白話文學史》中，例如重視民間文學、直探佛典翻譯、挖掘僧詩偈頌等等，並將其列入白話文學史的一環，都可以視為是材料的拓展；又例如王充的《論衡》，胡適認為這是王充觀察到當時迷信讖緯盛行，於是要「疾虛妄」，不管是對天人感應說的攻擊，還是宗教神鬼觀的質疑，王充都代表了一種批評的精神。[20]而此種精神正是透過白話文學來展現，王充主張文字與語言同類，著述應以明白顯露為主，故「王充真是一個有意主張白話的人」「王充的主張真是救文弊的妙藥」，[21]這也正是胡適指出的注重觀察、個人經驗與周密理想。

若然如此，在文言籠罩下的中國歷史，究竟是怎麼產生白話文學？白話文學又怎麼維持？這在胡適答覆錢玄同的信中可以看出端倪，胡適分出文學的三個要件：明白清楚、有力能動人、美。[22]由此

19 胡適：〈建設的文學革命論〉，收於《胡適作品集（三）》（臺北市：遠流出版事業公司，1994年），頁67-68。

20 胡適：《中國中古思想史長編》，上，收於《胡適作品集（二十一）》（臺北市：遠流出版事業公司，1994年），頁32。

21 胡適：《白話文學史（上卷・唐以前）》，收於《胡適作品集（十九）》（臺北市：遠流出版事業公司，1994年），頁58-59。

22 胡適：〈什麼是文學──答錢玄同〉，收於《胡適作品集（三）》（臺北市：遠流出版事業公司，1994年），頁235。

而觀，白話文學之所以能夠在文言的時代中保持命脈，屢屢不絕，就在於白話文學始終能維持三要件而不墜，胡適在《白話文學史》則是用「文學的衝動」來解釋：[23]

> 白話文學既不能求實利，又不能得虛名，而那無數的白話文學作家只因為實在忍不住那文學的衝動……。

白話文學的誕生本於文學衝動，本於口語天然，說之於口，寫之於手，是清楚明白與有力動人所結合的「美」，[24]因此許多文人學士也就發自內心地學習援用：[25]

> 不過我們從歷史的大趨勢看來，從民間的俗謠到有意做「諧」的應璩、左思、程曉等，從「拙樸」的「百一詩」到「天然去雕飾」的陶詩，……，他們很清楚地指點出中國文學史的一個自然的趨勢，就是白話文學的衝動。這種衝動是壓不住的。

這種文學的衝動，既不是為了科舉考試，也不是為了求實利虛名，只是實實在在地表達人生情感，描寫社會現象。[26]胡適稱讚陶潛的詩

23　胡適：《白話文學史（上卷·唐以前）》，收於《胡適作品集（十九）》（臺北市：遠流出版事業公司，1994年），頁24。

24　胡適：〈什麼是文學——答錢玄同〉，收於《胡適作品集（三）》（臺北市：遠流出版事業公司，1994年），頁237-238。

25　胡適：《白話文學史（上卷·唐以前）》，收於《胡適作品集（十九）》（臺北市：遠流出版事業公司，1994年），頁129。

26　戴燕認為胡適特別關注社會與人生問題，對遠離現實社會的作品，都較少選入，這種作法正反映了胡適的文學觀。戴燕：《文學史的權力》（北京市：北京大學出版社，2002年），頁39。
　　戴燕此言甚確，正可與本文互相參照。但其中仍有值得再辨析之處，就是胡適也強

「在六朝文學史上可算得一大革命」，就因為他生處民間環境，使用的是民間的語言，再加上陶潛個人實地的處世經驗，奉行自然的人生哲學，因此就能作出充滿高遠意境而又平淡見真的白話文學，實可稱為平民的詩人，便是一例。[27]除此之外，又因為詩人身處民間，浸潤在社會之中，其所思所見，往往能表達出社會的動亂與苦難，例如古歌辭〈孤兒行〉是「寫社會情形的平民文學」；[28]又例如元積白居易的文學觀：「白居易與元積都是有意作文學改新運動的人」、「文學是救濟社會，改善人生的利器；最上要能『補察時政』，至少也須能『洩導人情』。」而新樂府便是最適合表現他們主張的體裁。[29]

也因為白話文學是源於文學的衝動，雖不求實利，但畢竟處於人生社會的中心，其所觀所想，無不以真實的世界為歸趨。因此白話文學不但是表達人情義理、嘲諷戲謔，也是救濟社會、補察時政的利器，這就自然造成了文學的作用與功能。藉由這種論述，文學就從真誠的感情出發，因為文學的衝動，看到了真實的社會文化，而這一

調那些只是為了詼諧嘲謔，為了熱鬧好玩的文學衝動所產生的作品，像是打油詩，又或是佛經的翻譯文學等等。但胡適之所以也關注這些作品，除了白話性質之外，是因為胡適亦將其納入表達人生自然情感的一環，因此也算是一種「表達人生」的文學，同樣也是一種社會現實。可參胡適：《白話文學史（上卷・唐以前）》，收於《胡適作品集（十九）》（臺北市：遠流出版事業公司，1994年），頁169；胡適：《白話文學史（上卷・唐朝）》，收於《胡適作品集（二十）》（臺北市：遠流出版事業公司，1994年），頁36、106-107。

27 胡適：《白話文學史（上卷・唐以前）》，收於《胡適作品集（十九）》（臺北市：遠流出版事業公司，1994年），頁128。

28 胡適：《白話文學史（上卷・唐以前）》，收於《胡適作品集（十九）》（臺北市：遠流出版事業公司，1994年），頁38。

29 胡適：《白話文學史（上卷・唐朝）》，收於《胡適作品集（二十）》（臺北市：遠流出版事業公司，1994年），頁181、198。這種為人生、為社會的文學，也表現在勸善諷喻的僧詩之中，例如《續高僧傳》明解和尚的勸世詩。胡適：《白話文學史（上卷・唐朝）》，收於《胡適作品集（二十）》（臺北市：遠流出版事業公司，1994年），頁10。

切，都是源於文學與外部世界關係密切所致。同時也因為彼此息息相關，因此以文學來改革社會，以文學來「重新估定一切價值」，是再正常也不過的，胡適以整理國故的角度說：「用精密的方法，考出古文化的真相，用明白曉暢的文字報告出來，叫有眼的都可以看見，有腦筋的都可以明白，這是化黑暗為光明，化神奇為臭腐，化玄妙為平常，化神聖為凡庸：這才是『重新估定一切價值』。他的功用可以解放人心，可以保護人們不受鬼怪迷惑」，[30]即是此意。所以胡適理想中的文學，也正是他再造文明的最好利器，從文學到文明，從文字體裁到社會改良，以語文改革為主的文學革命，事實上就立基於整個新文化運動的一環，與其他改革環環相扣，像是研究問題／輸入學理／整理國故／再造文明的「新思潮意義」，[31]又或是以易卜生的戲劇來談「健全的個人主義」，[32]乃至於強調要多研究些問題，少談些主義的「問題與主義」[33]……等等，都立基於文學革命的基礎上。胡適在《嘗試集》〈自序〉便說：「但我們認定文學革命有先後的程序：先要做到文字體裁的大解放，方才可以用來作新思想新精神的運輸品」，[34]所謂的「新思想新精神」，即是上述所言的新思潮意義、健全的個人主義等等，這些改造社會的新觀念與具體實踐，往往都要靠文學革命來傳播推廣。探究其中深意，會發現不止是因為白話足以表情達意、

---

30 胡適：〈整理國故與「打鬼」——給浩徐先生信〉，收於《胡適作品集（十一）》（臺北市：遠流出版事業公司，1994年），頁160。

31 胡適：〈新思潮的意義〉，收於《胡適作品集（六）》（臺北市：遠流出版事業公司，1994年），頁115-124。

32 胡適：〈問題與主義〉，收於《胡適作品集（六）》（臺北市：遠流出版事業公司，1994年），頁9-28。

33 胡適：〈問題與主義〉，收於《胡適作品集（四）》（臺北市：遠流出版事業公司，1994年），頁113-149。

34 胡適：《嘗試集》，收於《胡適作品集（二十七）》（臺北市：遠流出版事業股份有限公司，1994年），頁33。

可以承載思想而已，而是胡適根本上認為以白話語文為主的文學，是整個國家社會改革的中心，「文學」變了，整個思潮環境、社會制度都會跟著改變。[35]唐德剛說得好：[36]

> 胡適之先生文化經驗中的社會，則是自農業文明向工業文明轉移的社會。在一個工業文明裡，文字就不是少數人的工具了。為著普及教育，為著振興工業，文言文、繁體字，就嫌累贅了，文人學者的胡適和錢玄同就要去加以改革。

為著普及教育、振興工業等等，於是要求語文改革，白話文學與社會脈動的關係，唐德剛講得再清楚不過了。但也因為文學是改革的中心，所以胡適雖然強調白話／文言的對立，但事實上白話文言也不斷地交涉互用，這也就擴大了「白話」的範圍與定義。像是文人雅士吸收民間文學，以白話文的基礎上再行創作，這是一例；又像是《史記》、《漢書》等等，裡頭也收有許多白話，也是一例。這種說法，正是出自胡適「歷史的文學觀念論」，意即古文家盛稱司馬遷、班固，視之為「文言」，但在班馬的時代，他們所作並非古文；又或是韓柳是選擇「當時文體中之最近於文言之自然者而作之」，因此韓柳是作「今文」，只是後人以今觀古，將其視為「古文」而已。[37]換言之，許

---

35 陳平原就指出，包括陳獨秀在內的整個《新青年》同人，幾乎都認同這一說法，這也跟《新青年》刻意經營文學的方針有關。可參陳平原：《觸摸歷史與進入五四》（北京市：北京大學出版社，2005），頁78、80。本文要另外說明的是，胡適顯然更進一步，替這種思維在歷史傳統中尋找淵源依據。

36 唐德剛：《胡適雜憶》（臺北市：傳記文學，1987年），頁144。

37 胡適：〈歷史的文學觀念論〉，收於《胡適作品集（三）》（臺北市：遠流出版事業公司，1994年），頁35。因此在胡適在寫《白話文學史》時，便以《詩經》在漢代已被視為古文學而不論，這也是他的「歷史的文學觀念」所致。

多已被認定是古文的「文言」，只要符合某些原則（例如近於自然或符合時代語言），往往也就是當時的「白話」。這種觀念就使得胡適對於白話／文言的界線，並非想像中的硬性不變，而是採取一種較為鬆散的方式，所以他在〈建設的文學革命論〉中就以「國語文學」的說法來收攝可用的文言：「我們盡可努力去做白話的文學……有不得用文言的，便用文言來補助。」[38]因此胡適不但主張採用當代的口語，也要使用《水滸傳》、《西遊記》等的白話，甚至亦該適當地使用文言，於是在多方融合之下，便成了「國語的文學」。[39]這種以「歷史的文學觀念論」來塑造白話史觀的論述，顯然拓寬了白話的定義，也擴大了對於白話文材料的選取，所以胡適在《白話文學史》一開頭就說：[40]

> 我把「白話文學」的範圍放得很大，故包括舊文學中那些明白清楚近於說話的作品。……我認定《史記》、《漢書》裡有許多白話，古樂府歌辭大部分是白話的，佛書譯本的文字也是當時的白話或很近於白話的，……這樣寬大的範圍之下，還有不及格而被排斥的，那真是僵死的文學了。

---

38 胡適：〈建設的文學革命論〉，收於《胡適作品集（三）》（臺北市：遠流出版事業公司，1994年），頁61。

39 羅崗：《危機時刻的文化想像——文學・文學史・文學教育》（南昌市：江西教育出版社，2005年），頁213-214。值得注意的是，胡適此處顯然是將語體與文體混為一談。張漢良就指出，即便我們稱「白話文」為語體文，但重點在文而不是語，畢竟「白話文」已是書寫過的文字，就算在語彙與語態上刻意模擬口語，其文詞規律仍是「文」而非「語」。張漢良：《比較文學理論與實踐》（臺北市：東大圖書公司，2004年），頁103-104。

40 胡適：《白話文學史（上卷・唐以前）》，收於《胡適作品集（十九）》（臺北市：遠流出版事業公司，1994年），頁10。

前已言之，胡適正是藉由尋找白話文學來打倒文言文學。這樣的白話，其實是一種以「說白的白」、「清白的白」、「明白的白」為標準而作的寬鬆定義。如此寬鬆的定義，源於胡適以歷史的眼光看待白話文學的材料，然後標舉出歷史時代的文學特性，故提出每時代有各自的文學——意即「歷史的文學觀」。[41]因此就某種程度來講，「每一個時代有一時代的文學，一個時代的文學總代表那一個時代的精神」，[42]當然是可以成立的，畢竟以胡適的角度看來，這也正是需要白話文學的時代。也由於胡適看出白話文學是文學革命的首要之務，有了白話文學這個新工具，才有可能更進一步談新思想與新精神。於是他回歸歷史傳統，追蹤躡跡，尋找白話文學的蹤影。只是胡適除了論證文學史上白話文學的傳統源流，同時也不忘強調其功用與影響，說明文學史所應含有的社會政治意義。況且與歷來白話文學相比，胡適指出當時

---

41 陳國球認為胡適為了鞏固白話文學是「中國文學史的中心部分」這一論點，於是便將白話的定義放寬，此說甚是。陳國球：《感傷的旅程：在香港讀文學》（臺北市：臺灣學生書局，2003年），頁9。

但本文要更進一步說明的，是胡適同時又以歷史的眼光、拓展文學材料等「文學的方法」，進入文言的區域，重新定義「文言」中的「白話」，並且指出由於語文的時代變遷，文言與白話的界線並非固定不變。

42 胡適：《白話文學史（上卷·唐以前）》，收於《胡適作品集（十九）》（臺北市：遠流出版事業公司，1994年），頁14。可是這又會產生一個問題，若然白話文學「古已有之」，而此時主張白話豈不又成了另一種「復古」？對於這種質疑，錢玄同樣以「某時代有某時代的文學」來答覆，他認為文學裡的思想情感材料文字等等，都有其時代的特性，因此即便現今提倡白話文學，也與從前白話文學不同。錢玄同：〈《嘗試集》序〉，收於胡適：《嘗試集》，收於《胡適作品集（二十七）》（臺北市：遠流出版事業公司，1994年），頁12-13。

正如本節開頭所言，胡適也認為雖然白話文學淵源甚長，但當代與此前不同處，正在於自覺地主張白話文學，徹底反對文言這個面向之上。而胡適在〈五十年來中國之文學〉一文中，就是以這個角度省視過去五十年的文學發展。可參劉芝慶：〈博學於詩——論「胡適論黃遵憲」〉，《眾聲喧嘩的中國文學——首屆兩岸三地博士生中文論壇》（北京市：北京大學中國語文學系，2010年），頁3-4。

的文學革命是有意地鼓吹白話文學、反對文言，[43]這也正是胡適自覺
其時代的特殊之處。換言之，一時代有一時代的文學，即便都屬於中
國白話文學史的一環，但當代（胡適主張文學革命的時代）顯與其他
時間不同。反過來講，胡適以白話文學為主軸的文學革命，又非憑空
創造，因為在歷史中，我們一樣可以找到白話文學的淵源及其發展，
也同樣可以從白話文學裡，發現文學與社會政治層面的密切關係。若
然如此，文學革命採用白話文學為主軸，白話文學引發文學革命，再
加上有識之士如胡適等人的主張推動，登高而招，順風而呼，文學革
命與白話文學就此成為時代的文學主流，是順理成章的事，他說：
「有時候，自然的演進到了一個時期，有少數人出來，認清了這個自
然的趨勢，再加上一種有意的鼓吹，加上人工的促進，使這個自然進
化的趨勢趕快實現。……因為時間忽然縮短了，因為成效忽然增加
了，故表面上看去很像一個革命。其實革命不過是人力在那自然演進
的緩步徐行的歷程上，有意的加上了一鞭。白話文學的歷史也是如
此，那自然演進的趨勢是很明瞭的」，[44]即是此意。所以胡適的結論就
是：「故一千多年的白話文學種下了近年文學革命的種子；近年的文
學革命不過是給一段長歷史作一個小結束」，[45]也就是說，白話文學史
是一種自然演進的趨勢，與文學革命的發生其實是一種連續性地歷史

---

43 胡適：《白話文學史（上卷·唐以前）》，收於《胡適作品集（十九）》上卷·唐以
    前）》，收於《胡適作品集（十九）》（臺北市：遠流出版事業公司，1994年），頁16-
    17。

44 胡適：《白話文學史（上卷·唐以前）》，收於《胡適作品集（十九）》上卷·唐以
    前）》，收於《胡適作品集（十九）》（臺北市：遠流出版事業公司，1994年），頁
    16。

45 胡適：《白話文學史（上卷·唐以前）》，收於《胡適作品集（十九）》上卷·唐以
    前）》，收於《胡適作品集（十九）》（臺北市：遠流出版事業公司，1994年），頁
    17。

發展。而胡適一再地證明白話文學與文學革命的關係，這種論證，正是為了打倒以文言為代表的舊中國傳統社會，文學所「革」之「命」，正在於斯。[46]

三　既開風氣又為師──《白話文學史》的典範意義

對於胡適《白話文學史》的影響，學者多從文言／白話的雙線史觀、進化論、民間文學興起的角度來論述，各有其精彩的見解，研究成果亦極為豐碩。例如戴燕就指出，胡適講《白話文學史》，後來帶出了一批仿效者，其中或專為白話作文學史，如凌獨見；又或是以治「漢學」的方法，重考證、辨材料、談進化，如鄭振鐸、胡懷琛、陸侃如、馮沅君等人；[47]徐雁平也從資料的考證、觀點的啟發、作品的分析等角度來看胡適對鄭振鐸與陸侃如的影響；[48]王文仁更是借用顏崑陽「漣漪效用」的說法，藉此說明某一文學史觀被一典範性作家提出後，引起群起效用的現象，而胡適以進化史觀來論文學史，其後像是譚正璧、鄭賓于、張希之等人的文學史著作，不但刻意標出「進化史」「發展史」「發達史」之名，書中觀點亦多受胡適影響。[49]此外，

---

46 林毓生就指出，胡適一方面要將傳統的成分作為漸近改革主義的基礎，例如語言簡易的文法、較為平等的社會組織等等，但一方面卻又以整體性的角度攻擊傳統，其中「整體性」云云，便是「舊文學、舊政治、舊倫理，本是一家眷屬，固不得去此而取彼」之意。林毓生：《思想與人物》（臺北市：聯經出版事業公司，1983年），頁184-189。

47 戴燕：《文學史的權力》（北京市：北京大學出版社，2002年），頁50、75、76。

48 徐雁平：《胡適與整理國故考論──以中國文學史研究為中心》，頁198-233。

49 王文仁：《近現代中國文學進化史觀之生成與影響》（花蓮縣：東華大學中國語文學系博士論文，2007年），頁198-204。更擴大來看，這種把歷史發展視為是進化式，是有意志，導向某一個目標的「線性歷史觀」，正是晚清以來的普遍思潮，胡適的哲學史與文學史著作，正是身處其中的代表之一。王汎森：《近代中國的史家與史學》（香港：三聯書店：2008年），頁95-96。

陳國球也從柳存仁《中國文學史》出發，認為柳存仁的文學主張，諸如對白話文言的看法、只選擇詩歌小說戲曲三體來建構文學史等等，都深受五四文學——特別是胡適的影響。[50]

但是，正如本文一再指出，胡適的《白話文學史》是與其文學革命不可分割的。因此胡適才不厭其煩地，不斷述說著文學與國家社會、人生情感、思想精神的關係。[51]也就是說，這是一種立基於文學、以文學為中心點，並且穿透到整個世界的歷史時空，而這種文學史架構的思維模式，事實上也不斷地被同代或後人複製。當然，這種為人生、為社會問題而作文學的思潮，並非胡適的發明，而是與晚清以來，不斷要求以白話來啟蒙民智的思潮有關，[52]又或是梁啟超的詩界革命、以小說為「文學之最上乘」，以小說為改良社會的利器，可說是以文學經世覺世的前驅。[53]此外，五四前後興起的現實主義發展

---

50 柳存仁《中國文學史》在一九五六年於香港出版，其後不斷再版。陳國球要問的是：為什麼這本在香港出版的文學史，卻是以繼承五四的面貌出現？根據陳國球的分析，原因在於當殖民政府企圖凍結與大陸的種種關係，因此在文學教育上就採取崇古略今的政策。柳存仁的文學史正是以此出發，以五四啟蒙的視野來書寫中國文學，既是承接了胡適等人的白話文學與民間文學，也刻意疏遠當時大陸文學史與階級政治結合的熱潮。陳國球：《感傷的旅程：在香港讀文學》（臺北市：臺灣學生書局，2003年），頁3-56。

51 循此而觀，胡適才會更進一步推出這樣的看法：只有白話文學才能表現真實，因此白話文學適合平民欣賞，即是平民文學，平民文學也才能反映時代精神，這些看法對後來的文學史書寫影響顯著。陳國球：《文學史書寫形態與文化政治》（北京市：北京大學出版社，2004年），頁189。

52 李孝悌：《清末的下層社會啟蒙運動（1901-1911）》（臺北市：中研院近史所，1992年），頁211-223。

53 在此之前，已有康有為、嚴復與夏曾佑談及小說與傳統經世致用的關係，但梁啟超則是更進一步，提出完整的論述，以覺世之文醒世救世。夏曉虹：《覺世與傳世——梁啟超的文學道路》（北京市：中華書局，2006年），頁13-35。陳平原：《中國現代小說的起點——清末民初小說研究》（北京市：北京大學出版社，2005年），頁104-105。

亦有影響，因此要以文學革命帶進新思想，改造人生、解決社會問題，進而改造國家，所以才要注重「人的文學」、「民間文學」等等。此種論述，非止胡適獨有，陳獨秀、魯迅、錢玄同，乃至於稍後的「文學研究社」等等，盡皆如此。[54]可是上述諸人與胡適最大的不同，在於把這種問題意識帶進中國文學的歷史，也就是說，在「文學史」的領域中建立這種論述框架，並且蔚為流行者，胡適仍是第一人。所以本節即是以這種角度出發，分析胡適提出的觀點如何烙印在後來的文學史著作之中。

不妨先從周作人講起，周作人的《中國新文學的源流》於一九三二年出版，本為授課講稿。不同於胡適始終以白話為中心，並將文言視為白話的敵對面，然後貫通整部中國文學史的作法，周作人提出「言志」與「載道」兩種系統，不斷在中國文學史交叉循環，「始終是兩種互相反對的力量起伏著」。[55]載道，即是文以載道，講道統、明義理、維風俗，主張以文學為工具，再藉由這種工具表現「道」，穿透整個國家社會；[56]言志，即是以表達作者情感為基礎，自由講自己願講的話、自由發展思想，表達人生，抒懷己意，例如先秦諸子、又

---

54 正如溫儒敏所言，大致來看，現實主義可以看作是一種正視現實的創作精神，或是如實反映生活的文學觀，亦可用來指一種特定的文學思潮。而為人生、為社會等等的現實主義，正是五四前後出現，並影響深遠的一種自覺文學思潮。溫儒敏：《新文學現實主義的流變》（北京市：北京大學出版社，2007年），頁1-20。三○年代以後，對於文學（藝）本身或是與外部發展的關係，諸如是為文學（藝）而文學（藝），又或是文學（藝）與階級、文學（藝）與生活時代的關係等等，都已成為爭論的課題。錢理群、溫儒敏、吳福輝著：《中國現代文學三十年》（修訂本）（北京市：北京大學出版社，1998年），頁155。

55 周作人：〈中國新文學的源流〉，收於《周作人全集（五）》（臺北市：藍燈文化事業公司，1992年），頁329。

56 周作人便以桐城派的方苞、姚鼐為例，說明這種載道的文學觀。周作人：〈中國新文學的源流〉，收於《周作人全集（五）》（臺北市：藍燈文化事業公司，1992年），頁327-328、349。

例如晚明的公安竟陵派等等。[57]周作人正是在這兩種系統的基礎上，來探溯新文學運動的源流。他認為明末的文學，諸如公安、竟陵，是新文學運動的來源，彼此主張的方向一致，而清代文學則是新文學運動的原因，不管是八股文，還是桐城派古文，都是由「載道」而「言志」的「反動」，周作人說：「大約從一七○○年起始，到一九○○年為止，在這期間，文學的方向和以前又恰恰相反，但民國以來的文學運動，卻又是這反動力量所激起的反動。」[58]在這個架構裡，周作人認為新文學運動顯然是「言志」的階段，因為要言志，所以才要使用白話，周作人引了胡適的話：「話怎麼說，就怎麼寫」，認為種說法正與明末文學相同，而且也只有如此，才可以「不拘格套」、「獨抒性靈」。但因每個言志的時代不同，需求自然也不一樣，例如新文學運動正因為思想上有了很大的變動，所以更需要白話，也因為人們對政治、經濟、道德、人生與社會的觀念變了，所以要用新的語文來表達、來言志，白話在此顯然是承擔新時代最好的言志文學，周作人說：[59]

> 因為思想上有了很大的變動，所以須用白話。——假如思想還和以前相同，則仍可用古文寫作，文章的形式是沒有改革的必要的。現在呢，由於西洋思想的輸入，人們對於政治、經濟、道德等的觀念，和對於人生、社會的見解，都和從前不同了。應用這新的觀點去觀察一切，遂對一切問題又都有了新的意見

---

57 周作人：〈中國新文學的源流〉，收於《周作人全集（五）》（臺北市：藍燈文化事業公司，1992年），頁329、335。

58 周作人：〈中國新文學的源流〉，收於《周作人全集（五）》（臺北市：藍燈文化事業公司，1992年），頁337。

59 周作人：〈中國新文學的源流〉，收於《周作人全集（五）》（臺北市：藍燈文化事業公司，1992年），頁361。

要說要寫。然而舊的皮囊盛不了新的東西，新的思想必須要新的文體以傳達出來，因而便用白話不可了。

以白話來承載新觀念新思想，然後再反過來，用這個新的載體來觀察一切，對一切問題提出種種意見，來改革社會，這就是白話文學的功用與益處。周作人同時也舉俞平伯為例，認為俞平伯就是用白話來寫文章，乍看之下形式很平常，態度也與舊文人相差不遠，但因俞平伯使用的是白話文，「根柢」不同，所以更能表達出有別於以舊文學為形式的觀點意見，周作人指出俞平伯：「其所作的文章雖用白話，但乍看來其形式很平常，其態度也和舊時文人差不多，雖在根柢上，他和舊時文人卻絕不相同。他已受過西洋思想的陶冶，受過了科學的洗禮，所以他對於生死，對於父子、夫婦等問題的意見，都異於從前很多。」[60]就周作人看來，要充分展現這些陶冶與洗禮，白話文正是最好的工具。

由此看來，儘管周作人對胡適認為古文是死、白話是活，又或是胡適主張的進化史觀等說法存疑。[61]可是不論是載道還是言志，作為一個完整「規律性週期」[62]的兩種系統，文學都與思想、人生與社會息息相關，而且始終是承載的中心點。更進一步來講，文學史「是以

---

60 周作人：〈中國新文學的源流〉，收於《周作人全集（五）》（臺北市：藍燈文化事業公司，1992年），頁362。

61 周作人：〈中國新文學的源流〉，收於《周作人全集（五）》（臺北市：藍燈文化事業公司，1992年），頁357-358。這也是周作人一貫的看法，只是相較於此前，〈中國新文學的源流〉的語氣較為平和而已。羅志田：《變動時代的文化履跡》（香港：三聯書店，2009年），頁136-138。

62 朱曉進：〈一種可資借鑑的文學史研究進路——讀周作人〉《中國新文學的源流》，王宏志等編：《書寫文學的過去——文學史思考》（臺北市：麥田出版公司，1997年），頁375。

前人生行為的表現，在文學上所能看得出的」，所以周作人又以郭沫若的主張（詩人必須懂人類學、社會學）為例，在在都說明了這層道理。因此兩種文學系統的形式或有不同，使用的載體亦時而有異，但它們的用處與內涵、與人生社會的關係，[63]顯然已被周作人刻畫在中國文學的浩瀚長河之中。這也從周作人規劃出的「文學範圍」可以由圖一看出：[64]

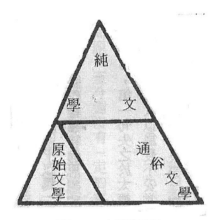

圖一：文學範圍

周作人認為文學史並非只是純文學而已，更應該包括通俗文學與原始文學，因為文學與政治經濟一樣，都是文化的一部分，是一層層累積起來的。[65]因此必須顧及全體，像是原始文學，即是指民間自己的創

---

63 值得一提的是，周作人心目中的理想文學是「以表達作者的思想感情為滿足的，此外再無目的之可言。裡面，沒有多大的力量，也沒有教訓，只能令人聊以快意」，他以為這是文學消極方面的用處。但反過來講，積極的用處雖被視為是變相的文學，但這顯然也是一種文學。周作人：〈中國新文學的源流〉，收於《周作人全集（五）》，頁325-327。

64 周作人：〈中國新文學的源流〉，收於《周作人全集（五）》（臺北市：藍燈文化事業公司，1992年），頁318。

65 周作人：〈中國新文學的源流〉，收於《周作人全集（五）》（臺北市：藍燈文化事業公司，1992年），頁318。

作，如山歌民謠之類；通俗文學則是受純文學影響，由低級的文學寫出來的，如《三國演義》、《水滸傳》之類。[66]這些文學既是中下層思想的反映，也有民間生活習慣的投射，更對中國社會影響極大，因此要研究文學史的預備知識，就必須要懂文字學、生物學與歷史。周作人的觀點，是提醒文學史的作者必須具有這些知識背景，才能以宏觀的視野，觀看文學的整體範圍，進而寫出一部文學史佳作。但反過來講，為什麼要懂這些學問才能著手文學史呢？豈不正是因為它們與文學相關，並藉由文學而展現？換言之，文學既是這些學問的載體，承負著知識，但同時也是人生聊以快意、抒發胸懷的重要工具：「文學是用美妙的形式，將作者獨特的思想和感情傳達出來，使看的人能因此而得到愉快的一種東西」。[67]將此說擴而大之，文學史就是歷代文學的表現與變遷，因此研究文學史，其實就是以文學為中心，然後聯結到諸如人生情感、社會思潮、時代知識的歷史文化中，這種論述架構，與胡適並無太大差異。

　　許嘯天的《中國文學史解題》（一九三二年出版），他舉胡適《白話文學史》為例，贊同胡適的說法，認為真正的文學出在民間，是「完全出於情感的自然，不慕榮利的，純粹表現個性的」，[68]但文學雖表現個性，可是人又不能離開時代，所以文學往往也是時代、更是民族特性的反映：「因為文學是民族特性的表現，我們要明白自己是一種什麼民族，便要明白我們的民族過去有些什麼文學；且文學是順著時代精神而變動的，我們要明白自己是到了一種什麼時代了，我們更

---

66 周作人：〈中國新文學的源流〉，收於《周作人全集（五）》（臺北市：藍燈文化事業公司，1992年），頁319。

67 周作人：〈中國新文學的源流〉，收於《周作人全集（五）》（臺北市：藍燈文化事業公司，1992年），頁317。

68 許嘯天：《中國文學史解題》（上海市：羣學社出版，1932年），頁59-60。

不可不知道我們的文學變動到什麼地步了」，[69]因此不管是從時代精神
來看，還是民族特性來說，文學都是其間的重心。換言之，文學之所
以可以為「史」，原因在於其為世界與人生的中心，以這個中心為基
礎，旁涉諸它，然後上下古今，可以看出時代脈動思潮以及人生的意
義或本質，甚至是整個民族的特性：[70]

> 文學雖是個性的表現，但人是不能離時代的，所以同時也是時
> 代的反映。在什麼時代產生什麼文學。文學的內心，完全受外
> 界刺激而變化。

> 這外界是依附在事物上，事物是依附在時代上，所以文學是人
> 生的寫真，同時也是時代的反映。在這個立場上，而文學史的
> 體幹也便成立了。

從文學而知個性的表現，然後到明白時代精神，進而得知民族特性，
這就是文學史的體幹。在此，許嘯天雖將文學視為一種工具，但這種
工具卻是自然人生、又或者是人生表現的一部分，而且還是極為重要
的部分：「我們更可以明白文學是表現自然表現人生的一種技能，也
可以說是一種工具」。再者，文學是可以改變人生，改造生活的：「我
們要了解自身，要安慰自身，更進而改造自身，都非先去認識文學而
利用文學不可」，就許嘯天看來，文學是情感的表現，也唯有情感改
造生活，能安定生活。[71]

---

69 許嘯天：《中國文學史解題》（上海市：羣學社出版，1932年），頁45。
70 許嘯天：《中國文學史解題》（上海市：羣學社出版，1932年），頁44。
71 許嘯天：《中國文學史解題》（上海市：羣學社出版，1932年），頁3。

在此基礎上，他討論了「為藝術而藝術」與[72]「為人生而藝術」的課題，他認為兩者是一種連續性的關係，前者是因、是原由，後者是果、是應用，有因才有果。因此在創作時，首先出現的是文學興味（即胡適所謂「文學的衝動」），其後方有了文學的種種應用與效果。[73]更進一步來講，這些效果與應用又與時代有關，所以文學是有「國民性」的，所謂的國民性，即時某時代地域中的人民，除了其個性之外，還有著特殊的風俗習慣與政治經濟，這些都是一種文學的應用表現，而許嘯天的文學史正是要標出其國民性特徵。[74]

以此而觀，文學是表現人生的情感的，而群體的匯聚成為社會、成為國家，甚至成為民族，他們在不同階段表現的情感可以說是一種時代精神，於是再從不同的時代精神之中，觀其異同，又可得知民族特性，因此文學可以說是世界歷史的中心，從文學看歷史，這就是文學史的體幹。這與胡適《白話文學史》所論，雖有差異，因為胡適是以「白話文學」作為中心，顯與許嘯天不同，但他們同在歷史中建構以文學為中心的文學史觀，且亦將文學視為某種主張的工具，這些思維模式是頗為類似的。

不止上述著作而已，鄭振鐸在一九三八年出版的《中國俗學史》的內涵也近於胡適的觀點，鄭振鐸先以「俗文學」為主軸，貫穿中國文學史，並且引胡適之語以為同道，認為足以代表時代的文學精神，正是胡適所說「應該向那旁行斜出的『不肖』文學裡去尋」。[75]只是胡

---

72 許嘯天此處所言的「藝術」，就是「文學的意義」。故「為人生而藝術」，即「包括為解決生活而表現的文學的意義」；「為藝術而藝術」即「包括為安慰精神而表現的文學的意義。」許嘯天：《中國文學史解題》（上海市：羣學社出版，1932年），頁150-151。

73 許嘯天：《中國文學史解題》（上海市：羣學社出版，1932年），頁154-155。

74 許嘯天：《中國文學史解題》（上海市：羣學社出版，1932年），頁164-165。

75 胡適：《白話文學史（上卷・唐以前）》，收於《胡適作品集（十九）》（臺北市：遠流出版事業公司，1994年），頁15。

適是以白話文學為論，論著時限只到唐代為止，始終未完成文學史下
卷。鄭振鐸則是更進一步，直接以「俗文學」為中心，從先秦歌謠講
到清代民歌。鄭振鐸認為俗文學產生於大眾之中，為大眾而寫作，是
民間世間的代表，充滿了曾經存在的具體生命，可以藉此看出時代的
精神與社會的生活，因為：[76]

> 我們讀了一部不相干的詩集或文集，往往一無印象，一無所
> 得，在那裡是什麼也沒有，只是白紙印著黑字而已。但許多俗
> 文學的作品，卻總可以給我們些東西。他們產生於大眾之中，
> 為大眾而寫作，表現著中國過去最大多數人民的痛苦和呼籲，
> 歡愉和煩悶，戀愛的享受和別離的愁嘆，生活壓迫的反響，以
> 及對政治黑暗的抗爭⋯⋯。

鄭振鐸所謂的俗文學，不但是時代的精神，更代表了人民的心聲、社
會的問題。俗文學，就是通俗的文學，就是民間的文學，也就是大眾
文學，包括民間歌賦、變文、雜劇、鼓子詞、諸宮調、散曲、寶卷、
彈詞等等。就以俗文學建構的中國文學史來講，鄭振鐸顯然比胡適所
論更完整更有系統，但不管是哪種俗文學，又或是俗文學定義為何，
胡鄭兩人建構文學史的面向是極為接近的——文學顯然是整個民間世
界的核心，穿透了人生與情感、時代與社會，當然也穿透了歷史。一
部中國文學史，事實上就是以文學為中心，與時代、思潮、政治、社
會、人生不斷交織的歷史發展，而這些因素，都藉由文學來表現。因
此所謂的文學史，不止是純文學而已，也因為文學的表現與各層面的
滲透，更可以是歷史的材料，鄭振鐸說《詩經》的許多歌謠最值得注

---

76 鄭振鐸：《中國俗文學史》（北京市：商務印書館，2005年），頁14。

意，因為「他們把古代的農業社會的面目，和農民們的歡愉、愁苦和怨恨全都表白出來，而且表白的那麼漂亮、那麼深刻、那麼生動活潑；彷彿兩千數百年前的勞苦的農家的景象就浮現在此刻的我們的面前，這是最可貴的史料，同時也是不朽的名作」，[77]深刻地描寫農民生活，表現出勞苦的農家景象，以文學文中心所展現的滲透性，正由此得見。

除上述三書之外，受胡適影響的著作還有許多。柳村任（柳存仁）《中國文學史發凡》不斷引用胡適的白話文學主張，而且柳存仁也一再表示文學與人生、社會、時代的關係，所以他才說：[78]

> 能代表當世的文學，才是真實的文學，才會有創作性。

因為能代表當世，才具有真實性，也因為真實，所以這種文學史才具有意義。但何謂真實？何謂代表當世呢？他的結論是：「唯有白話的平民文學，才能表達時代」。[79]正因如此，柳存仁談漢代的民歌，就說這是「真正的平民文學」，[80]又特別強調白居易的文學主張是「積極認清人生的」，是為人生而藝術、表現人生社會的文學，[81]因為白居易「是替社會許多痛苦的民眾呼籲，是苦口婆心般的勸誡，社會間種種的不平等，人們的苦辛，戰爭黷武的紛亂，都被他很真實很關切的描寫出來。」[82]畢竟在柳存仁看來，文學是人生社會的中心點，所以人們才會以文學的形式來表達，這也正是文學史應該要建立的文學中心觀。

---

77 鄭振鐸：《中國俗文學史》（北京市：商務印書館，2005年），頁26。
78 柳村任：《中國文學史發凡》（蘇州市：文怡書局，1935年），頁12。
79 柳村任：《中國文學史發凡》（蘇州市：文怡書局，1935年），頁11。
80 柳村任：《中國文學史發凡》（蘇州市：文怡書局，1935年），頁81。
81 柳村任：《中國文學史發凡》（蘇州市：文怡書局，1935年），頁262-263。
82 柳村任：《中國文學史發凡》（蘇州市：文怡書局，1935年），頁264。

　　容肇祖同樣也用此觀點解釋文學史，他在《中國文學史大綱》就說安史之亂以後，戰爭頻仍，流離困苦，因此詩人正好用詩以表現他們的情感，以及人生的苦悶，自此風氣一變，從歌誦太平、玩耍的風氣轉為「表現人生，描述社會的實情，這時候，詩的內容，顯然是趨進步的途經」，[83]容肇祖這種看重詩與其他層面的關係，並聯結到進步、進化的作法，顯然正是胡適的論述路向，他說：[84]

　　　　文學是時代的創作物，自然是帶有時代性的，情緒，想像，思想，形式與時代推移，文學史敘述各時代的文學的演變⋯⋯。

也由於文學是各時代的中心，包括了情緒，想像，思想，形式與時代推移，而文學史就是敘述文學演變的著作。就文學與時代的關係來講，容肇祖以漢代為例，認為漢武帝之所以提倡古文，事實上就是以文學為政治力滲透的工具，以此鞏固政權。容肇祖參引胡適對漢代文學政策的批判，認為漢代政府以古文作為全國訊息溝通的媒界，甚至以補「文學掌故」的方式，將古文的知識傳播各地，這種作法，乃至於後代的科舉，事實上造成了兩千來古文成為主流的最大原因。[85]但反過來講，正因政治亦須由文學而傳，而文學也就藉由政治而流傳（此處指古文），因此文學就不只是純文學而已，而是與整個時代互為表裡，並且占居中心位置的，古文文學如此，白話文學亦如是。

　　陸敏車《中國文學流變史》也說文學雖非古人所謂的「文以載道」，但也不是超越人間，或是與社會無關的閒人閒事業。反過來講，就因為文學是社會人間的樞軸，是「人類情感想像思想人格之表

83　容肇祖：《中國文學史大綱》（上海市：開明書店，1935年），頁157。

84　容肇祖：《中國文學史大綱》（上海市：開明書店，1935年），頁1。

85　容肇祖：《中國文學史大綱》（上海市：開明書店，1935年），頁53。

現」，因此文學的功能就往往是明理、昭實、匡時與垂久，[86]因此中國文學史，即是這種文學內涵表現的歷史進程。羊達之《中國文學史提要》亦言：「文學為時代之反映，同時又為時代之先驅。又文學為舊社會之改革者，同時又為新社會之創造者。故文學與時代有密切之關係。」[87]文學既為世界歷史的中心，舉凡政治經濟社會思想等層面，莫不由文學而發，故羊達之的文學史，其實就是將文學視為一種表達形式與工具：「凡代表語言，發抒理想，宣達情感之一切真善美的著述，謂之文學。」[88]正因如此，羊達之才會在他的《中國文學史提要》裡大談六經與孔子、東漢的經學、魏晉之古文史籍與小說、唐代的古文與經史、司馬光的資治通鑑、理學政治與文學之影響、（南宋）功利派古人家、清代史學與官修典籍等等。這些事物，不論是經學還是史籍，又或是理學與政治，莫不與文學有關。更正確來講，這些都是藉由文學形式為工具而流傳，皆可謂文學史的一部分。與胡適相比，羊達之顯然把文學史的範圍推衍得更大更廣，反而讓文學的定義更顯模糊，但他將文學視作歷史中心，然後旁涉諸多面向，因此建構文學史的思路，正與胡適《白話文學史》一致。

　　由上述討論可知，與胡適《白話文學史》出版的年代相較，許多著作皆產生於一九三〇年代以後。時代早已不同，他們對文學的定義，也未必如胡適一般限定在白話文學，但不管如何，其論述架構卻仍頗有類似。換言之，當年「文學革命」的需求固然已經不同，或是已由「文學革命」漸轉為「革命文學」，[89]但因《白話文學史》所引起

---

86 陸敏車：《中國文學流變史》（武漢市：漢光印書館，1937），頁2-4。

87 羊達之：《中國文學史提要》（南京市：正中書局，1937年），頁2。

88 羊達之：《中國文學史提要》（南京市：正中書局，1937年），頁1。

89 錢理群、溫儒敏、吳福輝著：《中國現代文學三十年》（修訂本）（北京市：北京大學出版社，1998年），頁149-155。

的思維模式,卻仍持續地影響後來的文學史著作。[90]

　　最後在結束本節之前,再舉出兩個反例,以不同的證據來說明胡適的影響性。在前面的討論中,我們著重在受胡適影響的作品,不過當時尚有其他文學史著作,例如成書在《白話文學史》之前,趙景深的《中國文學小史》。[91]趙景深在書中就明言,他的文學史重點是辨別作家特點,故刻意著眼於例證與作者的關係,他說:[92]

> 我所要努力實現的就是使讀者清晰地辨別各個作家的特點或作家。我不願像一般文學史那樣胡亂地舉例……。總之,我舉例不白舉,我要使得例證與作者有密切的聯繫。

既然在此著眼,諸如「建安七子的賦大多同題,陶潛的詩一提到酒就幽默起來,謝靈運在詩的終了就會想念他的朋友……」等議題,就成了文學史建構的用力之處,趙景深雖然也有《詩經》表達人生情感之類的說法,但他顯然是把眼光放在作品與作者的聯繫,而不是如胡適一般,更注重文學作為人生社會的中心。所以趙景深在一九三六年的

---

90 二十世紀四十年代以後,因馬克思主義與唯物主義開始成為學術研究的主軸,文學史研究者也援引解釋中國文學史,強調文學的人民性、現實性與階級鬥爭,故民間文學已漸漸聚焦於工農民,又或是共產黨幹部身上。此時文學的寫作與應用範圍,雖仍與人生、社會、民族、國家有密切相關,在某種程度上依舊可看出胡適的影響力,例如劉大杰的《中國文學發展史》,在初版中就仍深受影響(包括進化史觀),但隨著不斷修改,其立論內涵顯然已遠非胡適當年所年所能預料。錢理群、溫儒敏、吳福輝著:《中國現代文學三十年》(修訂本)(北京市:北京大學出版社,1998年),頁343-350。王文仁:《近現代中國文學進化史觀之生成與影響》(花蓮縣:東華大學中國語文學系博士論文,2007年),頁209-210。

91 此書初版是在一九二六年,十年後再版,書無太大更動,只是趙景深又多寫了篇〈十九版自序〉。趙景深:《中國文學小史》(上海市:大光書局,1937年),頁1。

92 趙景深:《中國文學小史》(上海市:大光書局,1937年),頁2。

〈十九版自序〉中便如此回顧：[93]

> 這本書嚴格的說來，或許不能稱為「史」，因為這本書對於文
> 學變遷的徑路，及其政治經濟的背景說得太少了。

為什麼會覺得對政治經濟說得太少呢？若把這個說法放到前面的著作
觀察。我們會發現，不止是《中國文學小史》初版的時候說得太少了
（1926年），還是因為這十餘間的文學史著作，對於文學與其他領域
的聯繫，寫得太多了——更進一步來講，所謂的「史」，就是要從歷
史中看出文學的變遷徑路，及其相關的政經背景，因此以文學為中心
出發，穿透「史」而成的文學史觀，正也是胡適《白話文學史》所開
始強調的。

　　另外，還有楊蔭深在一九三八年出版的《中國文學史大綱》。基
本上此書是為中學生教材編寫，其不同於前述所引的文學史著作，就
在於楊蔭深看重的顯然只是文學本身。因此楊蔭深講文體的起源，諸
如樂府的產生、小說的萌芽、詞的草創時期，又或是分析作家生平、
名著內容，都不太牽涉到文學與其他層面的關係。[94]例如他談元積白
居易，不同胡適或受胡適影響的著作，不講他們的諷喻詩，也不講他
們的詩學主張，就只是簡介生平、略舉作品，只作一些「平淺」、「情
慘悠揚」的評語而已，不將文學視為是工具，更不談文學與其他層面
的關係。[95]

　　從本節的討論可知，在胡適《白話文學史》之前的文學史著作，

---

93 趙景深：《中國文學小史》（上海市：大光書局，1937年），頁1。

94 楊蔭深在序中便已明言，此書是為便於中學生教學而作。楊蔭深：《中國文學史大
　　綱》（上海市：商務印書館，1938年），頁1-2。

95 楊蔭深：《中國文學史大綱》（上海市：商務印書館，1938年），頁187-190。

並不特別看重文學作為歷史文化的中心，至於在《白話文學史》之後
的文學史論著，也並非只存在著一種單一的寫法，對於處理文學與人
生社會的關係，並不盡然全要牽合引論。正是從這樣前後的對比中，
我們更可以進一步發現胡適《白話文學史》的影響力。換言之，無論
是胡適，或是受胡適影響的文學史著作，他們基本上仍然對「文學
史」賦予相當的社會、政治意義。而儘管各人對文學的定義或有不
同，若就同處觀之，對他們而言，「文學」既是人生情感的抒發、是
人生現實的反映，同時也是他們某種主張的「工具」，或傳載新思
想、或投射社會問題，訴求不公等，因此「文學」既是一種形式體
裁，也是一種工具，兩者皆該並存，不應偏廢，只是隨著時代變遷而
有不同的比重變化而已。可是不管如何，文學都非純粹的文學，而是
時時涉及文學與外部（諸如政治社會思想）的關係，至於外部之種種
層面，亦是隨著文學為中心，產生一時代有一時代的文學，這就是胡
適及其影響者所建構文學史的思維模式。

四　結論

　　就如許多研究者所指出，胡適的《白話文學史》對後來的文學史
著造成了許多的影響。除了胡適提供的雙線史觀、進化論等架構之
外，胡適在書中也開創了許多學術命題，相繼地被後繼者放大、推
衍。[96]因此就上述意義來講，胡適的《白話文學史》實可說是一種典
範之作。

　　根據前文的分析，胡適的白話文學史觀與他身處的環境，及其文
學主張是息息相關的。也就是說，胡適建構白話文學史，不止是追溯

---

96 王文仁：《近現代中國文學進化史觀之生成與影響》（花蓮縣：東華大學中國語文學
　　系博士論文，2007年），頁200。

歷史傳統而已，同時也是為了立足現在，打倒文言傳統。當然胡適在
《白話文學史》的一些說法，就現在看來，確實也存有許多問題，與
歷史亦不完全相符。不過我們也可反過來講，許多同代或後繼著作受
到胡適文學史觀的影響，是一個曾經存在的「歷史事實」，也是許多
學者早已指出的論證。換句話說，經由胡適的開創，後人繼續的探
索，這種對於文學史的學術知識與命題，並且以文學為中心的思考，
聯結到時代、社會、思想、人生等方面的論述，深深地烙印在歷史之
中，本身早已成了「傳統」的一部分，是學術史、文學史曾經出現的
「事實」。因此，當我們在談論百年來文學史的建構歷程時，儘管可
以提出胡適觀點的許多不合理之處，但卻無法抹煞其歷史意義。

聞一多「詩言志」的歷史世界

一　關於詩言志

　　在中國文學史的研究中，關於「詩言志」之研究，或專注於「詩言志」本身，回到文獻，論析其中的歷史意義、時代背景，在文學史之地位等等；另者，則是將焦點放在「詩言志」的詮釋史，意指術語成形後，後人如何因時應變地使用它、看待它。

　　就文獻學的角度來說，《尚書》〈堯典〉有所謂：「詩言志，歌永言，聲依永，律和聲」，但堯典成於何時，是否偽造，仍有爭論。故《左傳》襄公二十七年，記載趙文子對叔向所說：「詩以言志」，就較為明確可信，之後《莊子》〈天下篇〉說：「詩以道志。」《荀子》〈儒效〉云：「《詩》言是其志也。」皆可見此類用法。當然「詩言志」本身該如何解、如何定義，非本文主旨。倒是近代以來，聞一多、朱自清皆有相關論述，多為研究者關注。兩人的說法，各有異同，也影響了後世，另又與陳世驤開展的「抒情傳統」交集，於是出現「詩言志」與「詩緣情」的文學研究觀點。[1]而聞一多在一九三九年六月，於中央日報登出〈歌與詩〉一文，即是談論這個問題。他是從詩歌分而合的觀點切入，對詩言志提出一些新的解釋。朱自清的《詩言志辨》，則是一九四七年八月由開明書局出版，收有〈詩言志〉、〈比

1　顏崑陽：《反思批判與轉向：中國古典文學研究之路》（臺北市：允晨文化實業公司，2016年），頁110。

興〉、〈詩教〉、〈正變〉等論文。

　　其實周作人早在一九三二年的《中國新文學的源流》，已有言之。本書是授課講稿（受沈兼士之邀，至輔仁大學做數次學術演講）。不同於胡適始終以白話為中心，並將文言視為白話的敵對面，然後貫通整部中國文學史的作法，周作人提出「言志」與「載道」兩種系統，不斷在中國文學史交叉循環，「始終是兩種互相反對的力量起伏著」。[2]載道，即是文以載道，講道統、明義理、維風俗，主張以文學為工具，再藉由這種工具表現「道」，穿透整個國家社會；[3]言志，即是以表達作者情感為基礎，自由講自己願講的話、自由發展思想，表達人生，抒懷己意，例如先秦諸子、又例如晚明的公安竟陵派等等。[4]周作人正是在這兩種系統的基礎上，來探溯新文學運動的源流。他認為明末的文學，諸如公安、竟陵，是新文學運動的來源，彼此主張的方向一致，而清代文學則是新文學運動的原因，不管是八股文，還是桐城派古文，都是由「載道」而「言志」的「反動」，周作人說：「大約從一七○○年起始，到一九○○年為止，在這期間，文學的方向和以前又恰恰相反，但民國以來的文學運動，卻又是這反動力量所激起的反動。」[5]周作人又說：「假如從現代胡適之先生的主張裡面減去他所受到的西洋的影響，科學，哲學，文學以及思想各方面的，那便是公安派的思想和主張了」、「而他們對於中國文學變遷的看法，較諸現代談文學的人或者還要更清楚一點。理論和文學都很對很好，可惜他們的運氣不好，到清朝他們的著作都成為禁書了，他們的

2　周作人：《中國新文學的源流》，收於《周作人全集（五）》（臺北市：藍燈文化事業公司，1992年），頁329。

3　周作人便以桐城派的方苞姚鼐為例，說明這種載道的文學觀。周作人：《中國新文學的源流》，《周作人全集（五）》，頁327-328、349。

4　周作人：《中國新文學的源流》，收於《周作人全集（五）》，頁329、335。

5　周作人：《中國新文學的源流》，《周作人全集（五）》，頁337。

運動也給乾嘉學者所打倒了。」

　　聞一多與朱自清的論證，自然可能受到周作人的影響。而這個議題，持續至今，仍舊不斷被中國文學史的研究者關注。特別是在文學史、批評史一類的著作中，「詩言志」這個術語，是不能迴避的話題。本文的研究，當然不是研究「詩言志」的文獻本身，而是希望回到聞一多的歷史世界，審視當時的氛圍與狀況，反思聞一多寫作文章的各種可能與抒發，就像他自己所說，「詩言志」之「志」，其中一種意義即是懷抱抒發。那麼，在〈歌與詩〉與相關文章中，聞一多又有何「志」可述呢？他究竟是以何種方法來論證這個題目？有別於周作人將「載道」看得太低，朱自清強調了詩的政教作用，那麼，聞一多又是如何呢？他真的如一些研究者所說，「志」只是概括的指「情意」嗎？可是這種情意，又該如何展現呢？本文的研究，即是處理這個問題。

二　「詩言志」的學術氛圍

　　還是先從〈歌與詩〉談起，這是《上古文學史講稿》中的一章。聞一多認為，音樂的萌芽，始於人們激蕩的情感，當時未有文字，這種孕而未化的語言，就是歌的起源。由衝動的感情到理智的形容、分析、解釋情緒，於是歌者由主觀轉入客觀的境界，而感歎字多是情緒的發洩，實字是情緒的形容，故感歎字發生在實字之前，而實字運用得愈多、愈精巧，情緒的傳達就愈有效，感歎字便退居幕後的地位了。但感歎字其實才是歌的核心，感歎字如「兮」字的消失，是種遺憾。不過歌既是情緒的發洩，則歌屬抒情，就是必然之事了。

　　至於詩，則與「志」同是一事。志有三個主要階段：記憶、記載與懷抱。詩之訓志，本指記誦，詩又產生於文字之前，則口耳相傳，

憑恃記憶，故詩之有韻與整齊句法，都是為了便於記誦。文字產生之後，則用文字取代記憶，記憶謂之志，記載亦謂之志，聞一多舉《左傳》、《國語》、《周禮》、《孟子》、《荀子》、《呂氏春秋》為例，一切記載皆稱為志。如果說歌的本質是抒情的，則詩就是記事的，所以也是史，在散文謂產生之前，詩即史。《詩大序》與《孟子》已明言之，史官往往也是詩人，史既然也是詩，這中國自古是否有「史詩」的問題，就可以得到解決，所以聞一多在《四千年文學大勢鳥瞰》的第一大期（黎明），處理的就是中國史詩的社會背景問題。

但是當社會日漸複雜，散文因運而生，志詩分家，史的文字也力求經濟，不再講究繁於文采。一方面有舊式的韻文史一方面有新興散文史，各隨形式而分化，於是稱呼日漸固定，韻文史為詩、散文史為志。直至今日，散文以記事為大宗、主要文體，韻文已不再重要，在歷史舞臺中退居一旁。但是韻文並非消失，而是與歌合流了，《三百篇》的出現，就是最好的成果。聞一多說：[6]

> 詩與歌合流真是一件大事，它結果乃是《三百篇》的誕生。一部最膾炙人口的〈國風〉與〈小雅〉也是《三百篇》的最精彩部分，便是詩歌合作中最美滿的成績。然而很明顯的上述各詩並非史傳或史志，因為其中的「事」是經過「情」的泡制然後再寫下來的，這情的部分便是「歌」的貢獻。……是「事」的色彩由顯而隱，「情」的韻味由短而長，那正象徵著歌的成分在比例上的遞增。再進一步，「情」的成分愈加膨脹，而「事」的暗淡到不合再稱為事，只可稱為「境」，那便到達

---

6 聞一多：〈詩與歌〉，《聞一多全集（十）》（武漢市：湖北人民出版社，1993年），頁13-14。

《十九首》以後的階段,而不足以代表隊《三百篇》了。同樣,在相反的方向〈孔雀東南飛〉也與《三百篇》不同因為這裡只忙著講故事,是又回到前面詩的第二階段去了,全不像《三百篇》主要作品之「事」、「情」配合得恰到好處。總之,歌詩的平等合作,「情」、「事」的平均發展是詩第二個階段的進展,也正是三百篇的特質。

　　正因如此,詩與歌合流之後,詩的內容又變了一次,於是志的第三個意思:「懷抱」便出現了。詩言志,詩者,意也,詩者,緣情,合而論之,說的就是情意。可惜的是詩或志,自此便失去了敘事的力量,與記事脫節了。[7]

　　以現今觀點來看,聞一多的說法,甚至對於《三百篇》的解讀,當然還有很多討論的空間,此卻非本文要處理的。[8]聞一多這篇文章,研究者也多從學術的角度,予以分析、評論,褒貶各有,基本上正如藍棣之所說:「敢於大聲地說出還沒有想成熟的意見,這乃是創造性思維的一大特徵。」「從聞一多我們知道,怪論的價值是很高的,怪論與胡說八道、譁眾取寵或為怪而怪是完全不同的」[9]而本文則另從他處著手,冀能對這篇文章,增添更多豐富的意涵。

　　從上述的史詩問題中,我們可以發現,西方稱「Epic」為史詩,而近代以來,中西文化交蕩,三千年未有之變局,光明「西」來,中國已是半灰半亮,於是「古已有之」的心理狀態發酵,一是為了證明

7　聞一多:〈詩與歌〉,《聞一多全集(十)》,頁5-15。

8　聞一多對於《詩經》的研究,可見呂珍玉:〈聞一多說《詩》中的原始社會與生殖文化〉,《臺北大學中文學報》2013年第13期,頁33-64。

9　藍棣之:〈論聞一多的創造性思維〉,《聞一多研究四十年》(北京市:清華大學出版社,1988年),頁408。

西方有的中國也有，二是要說中國雖然有，但並沒有繼續發展。目的
不同，手段則一，有的要中體西用、有的要發揚國故、有的是要全盤
西化——這種情形之下，出現了比較、比附、比對，如此比照辦理，
當然也就「西方有 feudalism，我們也有封建」「西方有 Epic，我們也
有故事詩」了。將史詩說成是「故事詩」或是「敘事詩」的，人數不
少，胡適在《白話文學史》第六講開宗明義就如此自道：「故事詩
（Epic）在中國起來得很遲」，但又努力在〈日出東南隅〉、蔡琰、
〈秦女休行〉、〈孔雀東南飛〉找答案，換句話說，「故事詩」在中國
即便是難產，但總算是生下來了。

　　正如呂珍玉所說，二〇初至三〇年代，西方各種學說與學流派，
蓬勃發展，也傳至中國。例如「審美移情說」、費希納（Gustav
Theodor Fechner）科學實驗方法、佛洛伊德「精神分析學說」、杜威
（John Dewey）的實驗主義與「社會學研究方法」、「文化人類學的研
究方法」等等，種類繁多，不但開啟當時學者的視野，也促使他們反
省自身的研究方法。[10]聞一多雖寫新詩，實鍾情於古代詩歌的研究，
從一九一二年入清華預備學校，其後留美三年，適逢美國意象派詩歌
大盛。值此氛圍，就一個熱愛傳統文學與文化之人，不可能無動於
衷，於是中國學術該走向何方、中西就該如何調和共融，就成了他思
考的主軸，郭沫若曾說過聞一多治學的特點：「聞先生治理古代文獻
的態度是承繼了清代樸學大師們的考據方法」「聞一多學兼中西，廣
泛吸納，研讀過法國學者朗松的《文學史方法論》、佛洛伊德的心理
分析、比較文學方法以及相容文史哲於一體的文化學方法，又承繼了
清代樸學大師的考據方法。」，正如聞一多自己在〈徵求藝術專門的

10　呂珍玉：〈聞一多說《詩》中的原始社會與生殖文化〉，《臺北大學中文學報》2013年
　　第13期，頁39。

同業者底呼聲〉中說：[11]

> 我們談藝術的時候，應該把腦筋裡原有的一個舊藝術底印象掃
> 去，換上一個新的，理想的藝術底想像，這個藝術不是西方現
> 有的藝術，更不是中國的偏枯腐朽的藝術底僵屍，乃是融合兩
> 派底精華底結晶體。

日後聞一多在各種研究中，談《詩經》、論《楚辭》、解《周易》、寫
詩論文，多可見此點的實踐。〈歌與詩〉中論及史詩，還有談到詩與
史的關係，也是源於這層道理。

三 「詩言志」的身心狀況

可是，〈歌與詩〉這篇文章的出現，除了學術氛圍的影響與底蘊
之外，也不能忽略當時聞一多的身心狀況。聞一多說詩言志的第三層
意義是懷抱，就聞一多看來，當然是別有想法、情滿意充，也與當時
政治情勢是分不開的。抗戰開始之後，一九三七年的七月底，成立臨
時長沙大學，由北京、清華、南開大學組成，政府節節敗退，國事依
然不堪，在警報聲中，聞一多在武漢為侄女主持婚禮，婚禮開場，就
發生轟炸，全場停電，賓客一度想躲到防空洞裡。聞一多不為所動，
繼續致詞，保持鎮定。婚禮辦完，在十月份取消休假，來到長沙。飯
菜只有白菜蘿蔔灑鹽之類，日子清苦，卻沒有影響他們對學問的熱
情，湯用彤仍寫佛教史，聞一多繼續考訂《周易》、朱自清仍在苦思
他的詩學。

---

11 聞一多：〈徵求藝術專門的同業者底呼聲〉，原刊於《清華週刊》第192期（1921年
10月）。

生活不易，過於粗陋，聞一多是深有感觸的，到了南嶽，生活更差，「還是一天喝不到一次真正開茶。至於飯菜，真是出生以來沒有嘗過的。飯裡滿是沙，肉是臭的，蔬菜大半是奇怪的樹根草葉一類的東西。一桌八個人共吃四個荷包蛋，而且不是每天都有的。記得在家時，你常說我到長沙吃好的，你不知道比起我來，你們在家裡的人是天天過年！」、「總之，我們這裡並不享福，我吃苦是不怕的。」[12]不怕吃苦，甚至願意吃苦，當然相較於當時熱衷談論政治的知識分子，聞一多算是比較冷靜而沉默的（不過，愈到後來，聞一多的政治熱情愈高），即便如此，他仍是憂心忡忡，對於戰爭情況，不太樂觀：「近來我軍戰事不利，我們人民真正的難關快要來到，我們都應該準備吃苦才對。」[13]

一九三七年十二月，南京淪陷，一九三八年五月，因應去年西南聯合大學的改名與遷校，所謂「湘黔旅行團」準備出發，前往昆明。正因「吃苦」是聞一多懷抱所在，所以他決定跟隨學生步行長征，不坐車輛或其它交通工具，據陳登億的記錄，聞一多說：「前方在浴血抗戰，許多人獻出寶貴的生命，我們在後方，吃些苦怕什麼？我的身體還可以，保證可以走到昆明，你們不必擔心。」這種精神力量與自信泉源，正好就來自於詩人與詩的感召：「我不是給你們講《楚辭》嗎？屈原所以能做出那些愛國愛民的詩篇，和他大半生過流浪的生活，熟悉民間疾苦是分不開的，……我們讀屈原的書，就要走屈原的路啊！」[14]

相對於〈歌與詩〉所言的「情意」，似乎過於廣泛，但其實這只是學術文章概括性的說法，聞一多此處所展現的，則是民胞物與、願

---

12 聞一多：〈致高孝貞〉，《聞一多全集（十二）》，頁298。
13 聞一多：〈致聞立鶴〉，《聞一多全集（十二）》，頁304。
14 劉烜：《聞一多評傳》（北京市：北京大學出版社，1983年），頁199。

意吃苦、感受人民心聲的胸懷。這種「詩言志」的精神，就他看來，是與屈原是類同的。而在長途跋涉中，聞一多親行自證，確實深刻觀察了當是社會底層的各種實象，例如見到面黃肌瘦、衣衫襤褸的孩子，荒涼的村落、因缺碘而脖子腫大的人民，再加上外在環境的惡劣，狂風、暴雨、下雪、陰雨、地濕、人擠，不舒適感充斥全身。對於自己可以堅持，也感到不可思議，他在給父母的信中，便說：「以男等體力，在平日實不堪想像，然而竟能完成，今而後乃知『事非經過不知易也』矣。至途中飲食起居，尤多此生從未嘗過知滋味，每日六時起床（實則無床可起），時天未甚亮，草草盥漱⋯⋯。」[15]詩人之懷抱，實從諸般艱困與挫折中而來。一九四〇年代初期，聞一多移居陳家營，全家住在農村裡，樓上住人，樓下是馬棚、牛棚，生活空間狹小，經濟狀況也不是太好，眾人以為苦，生活不佳，但聞一多卻吟杜甫的詩：「安得廣廈千萬間，大庇天下寒士俱歡顏，風雨不動安如山！嗚呼！何時眼前突兀見此屋，吾廬獨破受凍死亦足。」抆淚謳吟，淪肌浹髓，心中懷抱，可見一斑，他還說：「教了好幾年的杜甫詩，只有親身了體驗後，才能領會到杜甫的心情與胸懷。」[16]要知道，聞一多在一九二八年就寫過關於杜甫的文章，又長期教授杜詩與唐詩，如今又發此言，「詩言志」的真實情感與感受，纖微委曲，懷抱所在，是很明顯的了。

憂國憂民，愛國愛民，為國為民，這種情意，也表現在他的詩作中：〈八教授頌〉。此詩作為一九四四年，據范寧所說，這是聞一多最後的詩作，本打算寫八首，只完成一首，生前未公開發表：[17]

---

15 聞一多：〈致父母親〉，《聞一多全集（十二）》，頁322。

16 劉烜：《聞一多評傳》，頁214。

17 聞一多：〈八教授頌〉，《聞一多全集（一）》，頁262。

〈八教授頌〉

新中國的

學者，

文人，

思想家，

一切最可敬佩的二十世紀的經師和人師！

為你們的固執，

為你們的愚昧，

為你們的 Snobbery，

為你替「死的拉住活的」挽救了五千年文化遺產的

豐功偉烈，

請接受我這只海貝，

聽！

這裡

通過遼遠的未來的歷史長廊，

大海的波濤在讚美你。

〈政治學家〉

伊尹

呂尚

管仲

諸葛亮

「這些」，你搖搖頭說，

「有經綸而缺乏戲劇性的清風亮節」。

你的目光繼續在灰塵中搜索，

你發現了「高士傳」：

那邊，

在遼遠的那邊，

汾河北岸，

藐姑射之山中，

偃臥著四個童顏鶴髮的老翁，

忽而又漂浮在商山的白雲裡了，

回頭卻變作一顆客星，

給洛陽的欽天監吃了一驚，

（趕盡是光武帝的大腿一夜給人壓麻了）

於是一陣笑聲，

又隱入七里瀨的花叢裡去了……

於是你笑了。

這些獨往獨來的精神，

我知道，

是你最心愛的，

雖然你心裡也有點憂慮……

於是你為你自己身上的

西裝褲子的垂直線而苦惱，

然而你終於棄「軒冕」如敝屣了。

你惋惜當今有唐太宗，

你自己可不屑做魏徵；

你明知沒有明太祖，

可還要耍一套方孝孺；

你強佔了危險的尖端，

教你的對手捏一把汗。

你是如何愛你的主角（或配角）啊！

在這歷史的最後一出「大軸子」裡，

你和他——你的對手，

是誰也少不了誰，

雖則——

不，

正因為

在劇情中，

你們是勢不兩立的——

你們是相得益彰的勢不兩立。

正如他為愛他自己

而深愛著你，

你也愛著對手，

為了你真愛你自己。

二千五百年個人英雄主義的幽靈啊！

你帶滿一身發散黴味兒的榮譽，

甩著文明杖，

來到這二十世紀三〇年代的公園裡散步；

你走過的地方，

是一陣陰風；

你的口才——

那懸河一般傾瀉著的通貨，

是你的零用錢，

你的零用錢愈花愈有，

你的通貨永遠無需兌現。

幽靈啊！

今天公園門口

掛上了「遊人止步」的牌子，

（它是幾時改作私園的！）

現在

你的零用錢，

即使能兌現，

也沒地方用了。

請回吧！

可敬愛的幽靈！

你自有你的安樂鄉，

在藐姑射的煙霧中，

在商山的白雲中，

在七里瀨的水聲中，

回去吧，

這也不算敗興而返！

〈八教授頌〉諷刺了當時的御用學者、文人、思想家，以及所謂的經師與人師、國師，聞一多稱為「固執」、「愚昧」、「Snobbery（勢利）」、「替『死的拉住活的』挽救了五千年文化遺產」。《政治學家》則是諷刺政客們自命清高與矯情做作，結果都只是貪贓枉法一群壞人：「你為你自己身上的西裝褲子的垂直線而苦惱」、「你的零用錢愈花愈有，你的通貨永遠無需兌現。」同年（1944），聞一多也曾發表〈儒‧道‧土匪〉，痛心疾首的說：「中國是生著病，而且病勢的嚴重，病象的昭著，也許賽過了任何歷史記錄。」這些懷抱，當然就是聞一多自己「詩言志」的最好代表。

前已言之，詩言志之「志」，還具備史與記載、記憶的功能，在「湘黔旅行團」期間，聞一多指導學生收集歌謠，一九三九年三月作

〈西南采風錄序〉，他說：[18]

> 然而我讀過這些歌謠，曾發生一個極大的感想，在當前這時
> 期，卻不能不儘先提出請國人注意。
>
> 在都市街道上，一群群鄉下人從你眼角滑過，你的印象是愚
> 魯、遲鈍、畏縮，你萬想不到他們每顆心裡都有一段驕傲，他
> 們男人的憧憬是：「快刀不磨生黃鏽，胸膛不挺背腰駝。」（安
> 南）
>
> 女子所得意的是：
>
> 「斯文滔滔討人厭，莊稼粗漢愛死人，郎是莊稼老粗漢，不是
> 白臉假斯文。」（貴陽）
>
> 他們何嘗不要物質的享樂，但鼠竊狗偷的手段，卻是他們所不
> 齒的：
>
> 「吃菜要吃白菜頭，跟哥要跟大賊頭，睡到半夜鍘刀響，妹穿
> 綾羅哥穿綢。」（盤縣）
>
> 哪一個都市人，有這樣氣魄、講話或設想？
>
> 「生要戀來死要戀，不怕親夫在眼前，見官猶如見父母，坐牢
> 猶如坐花園。」（盤縣）
>
> 「火燒東山大松林，姑爺告上丈人門，叫你姑娘快長大，我們
> 沒有看家人。」（宣威）「馬擺高山高又高，打把火鉗插在腰，
> 哪家姑娘不嫁我，關起四門放火燒。」
>
> 你說這是原始，是野蠻。對了，如今我們需要的正是它。我們
> 文明得太久了，如今人家逼得我們沒有路走，我們該拿出人性
> 中最後最神聖的一張牌來，讓我們在人性的幽暗角落裡蟄伏了

---

18 聞一多：〈西南采風錄序〉，《聞一多全集（二）》，頁194-196。

幾千年的獸性跳出來反噬他一口。打仗本不是一種文明姿態，當不起什麼「正義感」、「自尊心」、「為國家爭人格」一類的奉承。乾脆的是人家要我們的命，我們是豁出去了，是困獸猶鬥。如今是千載一時的機會，給我們試驗自己血中是否還有著那隻猙獰的動物，如果沒有，只好自認是個精神上「天閹」的民族，休想在這塊地面上混下去了。感謝上蒼，在前方，姚子青、八百壯士、每個在大地上或天空中粉身碎骨了的男兒，在後方幾萬萬以「睡到半夜鍘刀響」為樂的「莊稼老粗漢」，已經保證了我們不是「天閹」！如果我們是一個樂觀主義者，我的根據就只這一點，我們能戰，我們渴望一戰為至上的愉快。至於勝利，那是多麼洩氣的事，勝利到了手，不是搏鬥的愉快也得終止，「快刀」又得「生黃鏽」了嗎？還好，四千年的文化，沒有把我們都變成「白臉斯文人」！

聞一多從民間的歌謠中看到的，是原始的、質樸的、純粹的。這些沒有名氣的作者，就外人看來，是愚魯、遲鈍、畏縮，但其實他們心裡都有一段驕傲：他們何嘗不要物質的享樂，但鼠竊狗偷的手段，卻是他們所不齒的。如果說這是原始與野蠻，那什麼才是文明呢？聞一多稱讚這樣的詩作歌謠，正好就是他在〈歌與詩〉中所說，「知道詩當初即是史」，史與詩難分難捨的代表，也是志的涵義之一：記載。故詩中的精神，就他看來，正是抗敵的利器、是充滿血性的情感吶喊。

另據陳登億的回憶，在貴州的時候，三年前紅軍也走過類似的路。所以老百姓經常與師生交流當年的紅軍故事與傳奇，期間不免有誇大的部分，聞一多就開玩笑地指著旁邊的碑文，認為碑多為阿諛歌頌，人所不信，剛剛大家聽到的，卻是另外一種形式的碑，或可稱為

「口碑」。[19]類似此類的觀點，雖然幽默，但也可以說明聞一多對於記載、記憶的事情，頗為關注，自然也就發展到他對於詩言志的解釋裡了。

四 結論

學術文章的別有懷抱，自然不是只有聞一多才有。王國維曾作〈殷周制度論〉，他認為中國政治制度與文化之大變革，莫過於殷周之際。這種劇烈變化，有其地域性與民族文化的原因，而在制度方面，他舉出周人制度之所以大異於殷商，原因在於立子立嫡，以及由此而生的宗法與喪服、封建子弟、君天子臣諸侯之制，再來則是廟數之制，最後則是同姓不婚的原則。由於這些制度而有典禮的出現，典禮則本於尊尊、親親、賢賢、男女有別之意，此可謂「民彝」，因此周代政制，實本於德治、禮治之大經，王國維說：[20]

> 此數者，皆周之所以綱紀天下。其旨則在納上下於道德，而合天子、諸侯、卿、大夫、士、庶民以成一道德之團體，周公制作之本意實在於此。

引文中「道德團體」，與整篇文章的觀點脈絡，皆有深意存焉。該文完成在一九一七年九月，張勳復辟，失敗未久，王國維作此文，實有深刻的時代關懷。所以王國維在給羅振玉的信中便指出，〈殷周制度

---

19 劉烜：《聞一多評傳》，頁202。

20 王國維：〈殷周制度論〉，《觀堂集林（外兩種）》（石家莊：河北教育出版社，2001年），頁231-244。引文見232。

論〉不只是學術觀點,還有經世之意。[21]由此觀之,聞一多也是如此,甚至可以說,他們「經世」的內容與實踐,或許不一樣,但經世懷抱之志,則同。故本文雖處理聞一多〈歌與詩〉的文章,分析其意涵。但是聞一多的學術觀點,或對或否,當然還有許多討論的必要,卻非本文主旨所在。更進一步來看,〈歌與詩〉的寫作背景與時間,也是我們了解聞一多、這篇文章的重要入手處,由此路數出發,自然可以看到更多聞一多觀點的心曲痕跡,原來聞一多對世事的關懷、對這個世界的理解、甚至是對自己的反省與肯定等等,染翰操觚,勾勒微妙,都可能是〈歌與詩〉這篇文章的寫作基礎,故本文初為發凡,不揣簡陋,鋪敘展衍如上。

---

21 關於王國維「道德團體」說對後世學術影響與受到的質疑,可參王汎森:〈一個新學術觀點的形成——從王國維〈殷周制度論〉到傅斯年《夷夏東西說》〉,《中國近代思想與學術的系譜》(臺北市:聯經出版公司,2005年),頁305-320;林志宏:《民國乃敵國也:政治文化轉型下的清遺民》(臺北市:聯經出版公司,2009年),頁220-221。

從《中國——理性之國》來看
梁漱溟的內心世界

一 前言

　　一九五三年，中共全國政協召開常委擴大會議，梁漱溟與會其中。在周恩來的建議之下，梁漱溟有了第一次發言，針對當時工業建設與鄉村農民處境，梁指出共產黨忽略農民生活，對農民照顧不足，以至於昔日與農民親為一家的形勢，早已不存。此說初未引起波瀾，不料隔天在會上竟遭毛澤東不點名批評，當晚梁即致信給毛解釋，顯然不被接受，此後愈演愈烈，毛澤東在會議上持續針對梁，梁亦不甘示弱，在形勢強壓之下，仍力求發言，企圖解釋，甚至要求毛道歉認錯，否則就是沒有雅量云云。梁與毛的爭論，在會上引起眾聲喧嘩，一時間，梁成為眾矢之的，毛與梁亦不歡而散，自此之後，二人就再也沒見過面。[1]

　　在當時，毛已是中國地位最高之人，梁漱溟卻毫無畏懼地出言反駁頂撞，此舉在港臺引起了許多聲援與讚揚，[2]連帶地也使〈兩年來

1　此間經過，許多關於梁漱溟的研究皆述之甚詳，可參劉克敵：《梁漱溟的最後39年》（北京市：中國文史出版社，2005年），頁62-80。馬勇：《思想奇人梁漱溟》（北京市：北京大學出版社，2008年），頁243-252。

2　〔美〕艾愷（Guy Salvatore Alitto）著，王宗昱、冀建中譯：《最後的儒家——梁漱溟與中國現代化的兩難》（南京市：江蘇人民出版社，1996年），頁330。朱傳譽編：《梁漱溟傳記資料》（臺北市：天一出版社，1979年），頁3-21。

我有了哪些轉變〉一文，被解讀為看似批判自己「舊思想」，實則拒絕外來「新思想」的代表作，胡適更因此認為這是一種「殉道者」的精神。[3]即便在文中，梁漱溟其實是一再地宣稱自己支持階級鬥爭，讚揚共產黨的成功，並期待中國社會主義的到來。[4]不過當時受限於世界局勢與環境，很多人似乎只看到自己想看的那一面。

〈兩年來我有了哪些轉變〉寫於一九五二年，隔年就發生與毛的爭執事件。固然以「反共」的立場來看，可以說是梁對共產黨始終抱持不信任，或是個人風骨凜然所致，可是仔細將此文（可再加上〈我的努力與反省〉，亦是成於一九五二年[5]）與梁在會議的發言比較，會發現梁自始至終都是站在共產黨的立場，或提出建言，又或指正缺失，所以梁才反覆澄清己意，認為是毛誤解了自己。換言之，他關心的國家建設，在乎的是農民生活，至於毛所批評反對總路線、破壞工農聯盟、政治反動云云，他是不能接受的，因為他一貫的立場正是支持共產黨與擁護毛澤東。[6]

這樣的看法，是梁漱溟從一九四九年後一貫的觀點，始終延續，基本上並無改變。只是在一九五三年事件過後的十餘年間，梁基本上都是在書齋度過，此間並無著作刊行，其後才完成了晚年的兩部著作，分別是一九七〇年的《中國──理性之國》，另一則是一九七五年脫稿，熟為人知並已廣被研究的《人心與人生》。

就目前的研究來看，《中國──理性之國》雖不能說完全不被重

3　曹伯言整理：《胡適日記全集》（臺北市：聯經出版事業公司，2004年），冊2，頁735-738。

4　梁漱溟：《梁漱溟全集》（濟南市：山東人民出版社，2005年），卷2，頁873-890。

5　梁漱溟：《梁漱溟全集》（濟南市：山東人民出版社，2005年），卷2，頁966-1030。

6　後來梁漱溟依據當日日記寫成〈1953年9月8日至18日一段時間內的事情〉，又另有〈略記9月9日至18日的一段經過〉，都說明瞭自己的立場與用意。梁漱溟：《梁漱溟全集》（濟南市：山東人民出版社，2005年），卷7，頁10-13、14-17。

視，但研究者實在甚少，且多將此書視為是政治壓力下的意見（時值文革），帶有明顯的時代痕跡，故有意地適應當時政治氣候。[7]再加上此書在梁生前未曾出版，而且梁又在〈著者告白四則〉明言：「此稿只須保存，供內部審閱，不宜發表」，[8]故梁培寬、梁培恕在為父親編輯全集時，雖將此書收入，但也認為「是在無法了解社會真相，極不適宜進行學術探討的環境下寫成的。因而，著者真誠地放棄了自己曾一貫堅持的某些觀點，對一些人所詬病的錯誤卻持肯定態度。」[9]

即便如此，是否就只能視為是政治壓力下的作品，不可盡信？此又未必，龔鵬程就指出此書實具有特殊意義，雖有不符其一貫觀點之處，但主要仍延續早年思路開展，而以此書為基準，更可了解從《東西文化及其哲學》、《中國民族自救運動之最後覺悟》、《人心與人生》等書的思想歷程。[10]當然，龔鵬程雖已點出此書在梁思想歷程中的意義，但《中國——理性之國》仍充滿了許多值得討論的問題，例如究竟是哪些觀點延續？其中是否又有調整？所謂違背梁一向的見解，是否真的就是違心之論？這都是可以再進一步細論之處。再者，梁亦深受文革之害，何以在書中又贊成階級鬥爭？並認為改造知識分子，乃應然之事？相較於許多學者讚揚梁漱溟頂撞毛澤東、乃至於堅持反對批孔政策的勇氣與形象，[11]《中國——理性之國》所反映的梁漱溟，

7　劉克敵：《梁漱溟的最後39年》（北京市：中國文史出版社，2005年），頁192。

8　梁漱溟：《中國——理性之國》，《梁漱溟全集》（濟南市：山東人民出版社，2005年），卷4，頁201。

9　梁漱溟：《中國——理性之國》，《梁漱溟全集》（濟南市：山東人民出版社，2005年），卷4，頁200。

10　龔鵬程：〈背離孔子的國度〉，收於氏著：《儒學反思錄》（臺北市：臺灣學生書局，2001年），頁281-326。

11　例如韋政通就說梁漱溟與毛澤東的爭執，是當代「道（或是理）尊於勢」的最佳見證。韋政通：《歷史轉捩的反思》（臺北市：東大圖書公司，1989年），頁49-50。本文的分析，頗有不同，是著重在《中國——理性之國》裡，梁漱溟是如何面對與

顯然大有不同，其中原由，究竟為何？反過來看，正如前面所言，在支持共產黨與擁護毛澤東的立場之上，他又提出什麼樣的建議？他對毛澤東是以「明主」、「明君」視之，[12]但是否只見其美而未見其惡？他對毛澤東的看法有什麼轉變？對解放後的中國，他又有什麼樣的觀察？有鑑於尚有許多未發之覆值得探究，因此本文即以此書為基礎，除了追溯梁持續一貫的見解，並指出其歷程之外，更希望進入梁漱溟的內心世界，在他那「吾曹不出如蒼生何」的經世理想裡，[13]視其所以，觀其所由，試著說明他晚年的心境。

二　昔日之我與今日之我

《中國——理性之國》一開頭，梁漱溟就很明確地告訴讀者他要探討的問題。首先，在資本主義落後的中國，無產階級出現既晚，為什麼反而率先開出社會主義？第二，中國進入封建甚早，卻長期滯留於此，又是何故？更進一步來看，這兩個問題在社會發展史的普遍規律（即五階段論）中顯得極為特殊，細觀兩者，又有何種關聯？

這兩個問題，都有一個基本預設，就是認為社會主義是人類發展的最後階段，而中國正是當前社會主義的代表。[14]其實梁漱溟最早是

解析「勢」的成功因素，並與他心中的「道」聯結。更進一步來講，梁漱溟又藉此將「道」投射在「勢」身上，將毛澤東視為中國的希望，並帶領中國走向「理性之國」。

12 余英時：《現代學人與學術》（桂林市：廣西師範大學出版社，2006年），頁374。

13 〈吾曹不出如蒼生何〉是梁漱溟在一九一八年寫的文章，余英時認為此文基本上可以概括梁的志業，即是以改造世界自負，也可以說是一種儒者士大夫情懷。余英時：《現代學人與學術》（桂林市：廣西師範大學出版社，2006年），頁374。亦可參韋政通：《儒家與現代中國》（臺北市：東大圖書公司，1991年），頁219。

14 「從全人類的歷史來看，社會發展可分五階段……。」、「今日的中國之出現既然意味著將必在人類前途上率先創成共產社會，為世界各方樹其範例……。」梁漱溟：

不贊同社會主義的，在一九二一年出版的《東西文化及其哲學》裡，
他就指出上層建築固然影響社會發展甚大，卻非最高的動力因，畢竟
生產力之上還有「人類的精神」。[15]因此，在一九三〇年的《中國民族
自救運動之最後覺悟》裡，梁就一再表明，俄國共產黨的路，在經濟
上與政治上都不是中國應該要走的。[16]再者，馬克思主義主張階級與
階級鬥爭，在梁看來，中國卻是「倫理本位，職業分途」。倫理本
位，即是依照倫理關係作為社會人與人之間的責任與義務；職業分
途，則是指出中國不存在一個占有大量土地的地主，所謂的地主與農
民都有土地，只是比例不同而已，故土地壟斷情形並不顯著，因此不
存在階級劃分與壓迫的重大問題。[17]不過，是否梁就認為中國沒有階
級呢？梁認為也非如此，中國確實也有階級，階級間的對立壓迫，乃
至於剝削也都存在，只是相較於西方，中國顯得較為分散不集中，故
不能以階級對立稱之：[18]

《中國──理性之國》，《梁漱溟全集》（濟南市：山東人民出版社，2005年），卷
4，頁221。梁漱溟：《中國──理性之國》《梁漱溟全集》（濟南市：山東人民出版
社，2005年），卷4，頁221、350。

15　「馬克思主義說生產力為最高動因。這所以使生產力發展可鈍可利的在哪裡呢？還
在人類的精神方面。」梁漱溟：《東西文化及其哲學》，《梁漱溟全集》（濟南市：山
東人民出版社，2005年），卷1，頁374。這個說法梁漱溟至死未變，詳後。

16　梁漱溟：《中國民族自救運動之最後覺悟》，《梁漱溟全集》（濟南市：山東人民出版
社，2005年），卷3，頁156。除此之外，梁漱溟又指出：一、中國缺乏工業化，亦
無無產階級可供革命；二、中國經濟脆弱，因此不能以帝國主義為革命對象；三、
中國目前革命理論分歧不定，莫衷一是；四、組織政黨是俄國革命成功的經驗，但
卻與中國歷史習慣不合。鄭大華：《梁漱溟與現代新儒學》，（臺北市：文津出版社
有限公司，1993年），頁215-217。

17　這在一九四九年出版的《中國文化要義》裡有充分的解釋，見梁漱溟：《中國文化
要義》，《梁漱溟全集》（濟南市：山東人民出版社，2005年），卷3，頁79-82、146-
155。

18　梁漱溟：《中國文化要義》，《梁漱溟全集》（濟南市：山東人民出版社，2005年），
卷3，頁156。

　　說它階級不存在，卻不是其間就沒有剝削，沒有統治……。所
　　不同處，就在一則集中而不免固定，一則分散而相當流動。為
　　了表明社會構造上這兩種相反之趨向，我們用「職業分途」一
　　詞來代表後者，以別於前之「階級對立」。

可以這麼說，梁雖反對社會主義，卻並非完全對立不相融。剛好相
反，在梁的思想體系中，常常存在著許多解釋空間，而這些空間，正
是梁日後得以兼合社會主義的地方。

　　事實上在一九三八年梁漱溟第一次參訪延安，即與毛澤東有數次
長談。根據梁在一九四一年的追述，他與毛共有八次談話，其中六次
是正式討論，雖然梁仍堅持中國社會的特殊性（內部散漫流動，階級
分化不著，因此無法適用封建資本社會的概念），但他顯然已對共產
黨有許多同情的理解。[19]當然，即便是已有了解，但彼此觀點仍有差
距，故對其不抱有太大信心。但是歷史發展卻超乎梁的意料，因為共
產黨竟然成功了，這就給予梁極大震撼，於是他開始反省自己的觀
點，不止如此，梁還更進一步吸融了馬克思主義，企圖以今日之我整
合昔日之我，他自承之前的思想與共產黨雖有差距，不過現在「這個
距離確實大大縮短了，且尚在縮短中」：[20]

　　我過去雖對於共產黨的朋友有好感……但在思想見解上卻一直
　　有很大距離，就直到1949年全國解放前夕，我還是自信我的
　　對。等待最近親眼看到共產黨在建國上種種成功……，檢討自

19　梁漱溟：〈我努力的是什麼──抗戰以來自述〉，《梁漱溟全集》（濟南市：山東人民
　　出版社，2005年），卷6，頁195-205、218。

20　梁漱溟：〈兩年來我有了哪些轉變〉，《梁漱溟全集》（濟南市：山東人民出版社，
　　2005年），卷6，頁873。

己錯誤所在。而後恍然中共之所以對。現在這個距離確實大大
縮短了，且尚在縮短中。

是哪些距離縮短了呢？首先是階級問題，他續道：[21]

> 中國人缺乏階級意識（階級自覺），尤不習於階級觀點（本於
> 階級眼光分析事物），與其社會缺乏階級的事實是分不開
> 的……。但在從前是需要的，是只能如此的；在求著解決中國
> 問題，改造中國社會的今天便恰恰不適用了。

因此，梁主張以階級眼光觀察中國社會，並以階級鬥爭解決中國問
題。儘管正如前所引《中國文化要義》所言，中國社會分散而相當流
動，但共產黨的成功，卻正是靠著階級鬥爭而奠立，「所謂三年來的
事實給我的最大教訓者，即是若干年來我堅決不相信的事實，竟出現
在我眼前。……就是一個全國統一穩定的政權竟從階級鬥爭而奠立
了。」[22]這就讓梁醒悟，要解決中國的問題，依然要靠階級鬥爭：「我
現在覺悟到儘管中國社會有其缺乏階級的事實，仍然要本著階級觀點
來把握它」。[23]

　　若然如此，中國到底有沒有階級呢？若是過去並無階級，此時卻
要以階級鬥爭來解決，豈非矛盾？這個問題，梁漱溟在《中國——理
性之國》作了自圓其說的解釋。原來前述所謂的階級，是西方階級，

---

21 梁漱溟：〈兩年來我有了哪些轉變〉，《梁漱溟全集》（濟南市：山東人民出版社，
　　2005年），卷6，頁876。

22 梁漱溟：〈兩年來我有了哪些轉變〉，《梁漱溟全集》（濟南市：山東人民出版社，
　　2005年），卷6，頁881。

23 梁漱溟：〈兩年來我有了哪些轉變〉，《梁漱溟全集》（濟南市：山東人民出版社，
　　2005年），卷6，頁876-877。

故中國自然無此階級，但「階級」卻是普遍發展之必然現象，只是此普遍必然的「階級」，不能以西方觀點視之。這又可從普遍與特殊來看，就前者來講，階級分化於財產私有制，因此從經濟發展的角度來看，階級之產生，實屬必然，中國對此亦不能獨外；但就特殊情況而言，中國生產力雖已超出原始共產階段，但又未曾經過工業革命、資本主義生產階段，因而輾轉介乎其間。雖然在經濟上仍不免有剝削，在政治上仍不免有階級分化，但此分化卻萌始於偏向家族家庭的社會情況，且寓有散漫升沉流動不定之勢，而此趨勢又因周孔教化而增強，迄於後世唐宋明清而大著，這就是中國的階級社會，因此他認為中國「肯定是一階級社會」。[24]

那麼，中國何以特殊？這就是梁一貫的見解了。他認為，中國文化不同於西方，全是因為文化早熟、理性早啟的緣故，這是早在《東西文化及其哲學》中已有的判斷，但並未作細部分析，[25]此後梁又回顧自己「當時於儒家的人類心理學觀實未曾認得清，雜取濫引現在一般心理學作依據，不以為非」，[26]幾經反省，在三〇年代末期的《鄉村建設理論》裡，認為「理性」是認識中國過去文化與建設未來前途的關鍵，一九四三年又作〈理性與理智之分別〉，一九四九年的《中國文化要義》的第七章〈理性——人類的特徵〉更是對「理性」作了完整界定。在他看來，理性與理智皆為心思作用之兩面，偏於知是理智，偏於情則是理性，梁漱溟以考試為例，考題答錯，是知識的錯

---

24 梁漱溟：《中國——理性之國》，《梁漱溟全集》（濟南市：山東人民出版社，2005年），卷4，頁372。

25 梁漱溟：《中國文化要義》，《梁漱溟全集》（濟南市：山東人民出版社，2005年），卷3，頁259-260。亦可參王宗昱：《梁漱溟》（臺北市：東大圖書公司，1991年），頁235。

26 梁漱溟：《東西文化及其哲學》（第八版自序），《梁漱溟全集》（濟南市：山東人民出版社，2005年），卷1，頁324。

誤、是智能上的問題，這是理智；考試舞弊，則屬行為上的錯誤，是品性上的問題，此為理性。他明確提出中國民族精神即在富於理性，這又表現在兩點特徵，一為「向上之心強」，二為「相與之情厚」，向上之心，即是價值意義的追求與實踐，相與之情，就是人與人的相處，出於情意，因此而有倫理關係。相較之下，中西總不免偏於一方，中國長於理性卻短於理智，西方則反之。[27]藉由這個說法，梁帶入了他所謂的身心關係，身體是人類生存的工具，為求生存，故不斷發明創造，這就使得身體活動大為增加，其後漸近發展，由身而心，西方文化特徵即在於此。但中國卻反之，生存固然重要，工具也有許多發明，但注重的仍是「人的心思」，有向上之心，人心能有自覺，所以能超越具體處境，深刻反思人類生命，同時也是富於理性之故，因而有許多禮俗、道德、制度等發展，起了溝通人心的作用。相比之下，西方文化是從身體出發，漸進發展到心，「中國卻有些徑直從心發出來，而影響了前局。前者（按：即西方文化）是循序而進，後者便是早熟，『文化早熟』之意義在此」，「所謂從心發出者，正謂從理性發出。因此，『理性早啟』、『文化早熟』，可算同義語。」[28]

　　事實上理性早啟、文化早熟，又與倫理本位是息息相關。前已有言，因中國長於理性，相與之情厚，故往往以人倫為本位，相應不同身分而有不同情理關係，因情而有義，因此倫理關係，也就是情誼關係，更是相互彼此間的義務關係，故倫理之理，即於此情此義中見

---

27 梁漱溟：〈理性與理智之分別〉，《梁漱溟全集》（濟南市：山東人民出版社，2005年），卷6，頁276-283、420-442。梁漱溟：《中國文化要義》，《梁漱溟全集》（濟南市：山東人民出版社，2005年），卷3，頁122-139。梁漱溟：《鄉村建設理論》，《梁漱溟全集》（濟南市：山東人民出版社，2005年），卷2，頁181-183。

28 梁漱溟：《中國文化要義》，《梁漱溟全集》（濟南市：山東人民出版社，2005年），卷3，頁258-259。

之，[29]這也是中國文化理性早啟使然。

從這個觀點出發，所以梁在《中國——理性之國》指出，就全人類的歷史來看，社會發展可分五階段，但各民族未必皆須一一經歷之，中國就是明證。[30]原因在於中國偏向家族家庭，故不適應集團生活，而顯得散漫流動，這種狀況又因周孔教化而得到增強，使得中國形成了「倫理本位」與「理性早啟」、「文化早熟」的結果。[31]也因為這些特點，所以中國較易出現人心的自覺，人心自覺性，即是認知到身心雖為一體，但心實為身的主宰，也因人心的主動性極強，故能超越人身侷限，從身體的自發性（為生存而運用身體）轉為人心的自覺性，追求價值意義的實踐，泯除人心之隔。[32]此正與無產階級精神有共通之處，兩相融合，造就了中國在社會發展規律的特殊現象，既長期滯留封建，遲遲未開展資本主義，但卻首先邁向社會主義：[33]

現在我們將指出無產階級精神既有其高於我們傳統習之處，同

---

29 梁漱溟：《中國文化要義》，《梁漱溟全集》（濟南市：山東人民出版社，2005年），卷3，頁82。亦可參考陳來：《傳統與現代：人文主義的視界》（北京市：生活・讀書・新知三聯書店，2009年），頁274-276。

30 梁漱溟：《中國——理性之國》，《梁漱溟全集》（濟南市：山東人民出版社，2005年），卷4，頁350-351。

31 梁漱溟：《中國——理性之國》，《梁漱溟全集》（濟南市：山東人民出版社，2005年），卷4，頁330、336-337、432-435。梁漱溟早在《東西文化及其哲學》《中國文化要義》《鄉村建設理論》已有言道，在中國社會中起作用的不是宗教而是周孔教化（或是禮樂文明），特別是孔子，孔子教人的雖是道德，但也具有宗教穩定人生，予人情志的安慰作用。鄭大華：〈梁漱溟〉，收於楊承彬、鄭大華、戴景賢著：《胡適・梁漱溟・錢穆》（臺北市：臺灣商務印書館，1999年），頁127-131。

32 第十一章〈從自發到自覺——從身到心〉與第十二章〈申論社會發展規律〉即申明此義。梁漱溟：《中國——理性之國》，《梁漱溟全集》（濟南市：山東人民出版社，2005年），卷4，頁289-305。

33 梁漱溟：《中國——理性之國》，《梁漱溟全集》（濟南市：山東人民出版社，2005年），卷4，頁309-310。

時又和我們固有精神初不相遠，中國人很容易學得來，無產階
級革命在中國取得如此巨大成就實與此有極大關係。

當然，中國社會主義的巨大成就，真正的關鍵還是毛澤東。

三　大海航行的舵手

龔鵬程指出，梁在書中大量引用馬列毛著作，具有一種「解經
學」的意味，梁借馬列毛諸人經典以自壯，作為立論根據，或又是在
解釋中形成脫離原典的意義。[34]此說甚有洞見，但要注意的是，所謂
「脫離原典的意義」，尚有另一層可能，就是梁並不全以馬列毛為
「解經」的主體，他常常也是反過來，以自己過去的觀點為主軸，作
為立論根據，然後再與毛等人的著作對照。這時「解經」的主體，往
往是他一貫持有的見解，而引用的馬列毛言論等等，反而是為了配合
他的見解，故論述顯得頗為曲折。因此所謂的解經云云，就梁本身觀
點與馬列毛著作來看，是互為主體性的。

這話怎說呢？因為就梁看來，毛澤東之所以成功，在於充分掌握
中國的特殊性，即前述「倫理本位」、「理性早啟」、「文化早熟」、「人
心自覺」等等。毛澤東眼光銳利，正確觀察到了中國的特徵，而非削
足適履，運用政治力迫使中國硬吞社會主義。可是上述中國特殊性云
云，只是梁漱溟個人用以解釋中國文化的概念而已，未必與社會主義
相符。[35]換言之，梁是用他的個人觀察來分析共產黨的成功，例如他

---

34 龔鵬程：《儒學反思錄》（臺北市：臺灣學生書局，2001年），頁294。
35 前已有言，梁漱溟認為中國文化與共產主義是有共通相融的地方，這是梁的一個論
　點，但在學理上是否可能，仍有許多討論空間。可參李明輝：《儒學與現代意識》
　（臺北市：文津出版社，1991年），頁45-66。

不承認中國有唯心唯物之爭，認為這是西方哲學才有的問題。[36]又例如他一貫的主張正是精神思想，「政治工作實即思想工作」，[37]而思想是否對於政治工作有益，又有賴於心的自覺性，但唯物史觀卻是強調經濟生產，且制約了社經結構的上層建築（意識形態、法律制度、國家型態），因此所謂的國家型態或是法律典章等等，不能用其本身來看，更不能用人心發展來解釋。[38]若用梁的語言來講，馬克思注重的正是生產創造的「身」，而不會是「心」，故應是以身主心才是，可是梁卻又說從身為主的態勢逆轉過來的，正是馬克思主義出現以後，此時就是由身轉心，「社會發展史同樣地亦復見出是從身到心，從自發到自覺，資本主義社會是心為身用，以心從身的個人本位社會；社會主義則是將身為心用，以身從心的社會本位社會。」[39]把社會主義說成是以心為主、身為次，這就不能說是梁配合社會主義，而是反過來，用梁一貫的見解為主體，並以社會主義牽就之。[40]

前已言之，梁稱讚毛看清並順應時勢，此乃毛偉大之處。更進一

---

36 梁漱溟：《中國——理性之國》，《梁漱溟全集》（濟南市：山東人民出版社，2005年），卷4，頁369。

37 梁漱溟：《中國——理性之國》，《梁漱溟全集》（濟南市：山東人民出版社，2005年），卷4，頁275。

38 洪鎌德：《馬克思》（臺北市：東大圖書公司，1997年），頁265-267。

39 梁漱溟：《中國——理性之國》，《梁漱溟全集》（濟南市：山東人民出版社，2005年），卷4，頁305。

40 這種身心一體，卻又以心為主的論點，在梁的最後著作《人心與人生》有更詳盡的發揮，他將心等同於生命，又以中國傳統的「良知」、「慎獨」來解釋心的自覺，這就離馬克思主義更遠了。梁漱溟：《人心與人生》，《梁漱溟全集》（濟南市：山東人民出版社，2005年），卷3，頁629、666。吳展良更指出，人生問題是梁漱溟思想的起點與歸宿，本乎人生而究達天心，因乎天道而發明人文，看重人心與倫理，不偏於人、亦不偏於天，在這一點上，梁的表現可以說是道地的中國思想家。吳展良：《中國現代學人的學術性格與思維方式論集》（臺北市：五南圖書出版公司，2000年），頁221。

步來講，社會大於個人，個人無可避免地受社會制約，但偉大人物往往能超脫出來，反過來影響社會。[41]於是梁就從這兩方面來看毛的貢獻，一方面，「偉大人物的成功，實不外順應了其社會形勢的當時需要，而資藉利用了其環境現有可能之種種條件的」[42]，這又源於此偉大人物「注意觀察之廣遠和其分析認識之深入。」[43]此意何指？即是指毛澤東的學問與事功。換言之，要因應國內外形勢的發展變化，審度機宜而措置無乖，又要看清中國歷史特殊性，在中國建設社會主義，非有大學問、非具有高度自覺性者不能為之，而這些事情，毛澤東通通做到了。[44]

不過若現有環境條件不符，或有欠缺，又該如何？此時仍必須靠偉大人物「遠較一般人強大的主觀能動性與積極創造性」[45]，出奇致勝而逆轉之。梁就將這種「絕大難題」的解決過程分成兩階段，前一階段，是從一九二七年「八一」建軍至一九四九年的建國為止，此期間以戰爭為主，即是知識青年與農民聯手的武裝鬥爭，並促使中國無

---

41 梁漱溟：《中國——理性之國》，《梁漱溟全集》（濟南市：山東人民出版社，2005年），卷4，頁301。

42 梁漱溟：《中國——理性之國》，《梁漱溟全集》（濟南市：山東人民出版社，2005年），卷4，頁301-302。

43 梁漱溟：《中國——理性之國》，《梁漱溟全集》（濟南市：山東人民出版社，2005年），卷4，頁302。

44 梁漱溟：《中國——理性之國》，《梁漱溟全集》（濟南市：山東人民出版社，2005年），卷4，頁248。

45 梁漱溟：《中國——理性之國》，《梁漱溟全集》（濟南市：山東人民出版社，2005年），卷4，頁301。當然，梁也一再指出，這種人為創造性，即人的自覺性、頭腦心思的作用，但其實「人之所為皆不過在認識客觀全域形勢……於其可能的變化發展之內，加上一點即平凡又巧妙推動之力」、「人生一切努力無非因勢而造形勢而已。不斷地因，不斷地造，不斷地變，變了又造，造了又變。」梁漱溟：《中國——理性之國》，《梁漱溟全集》（濟南市：山東人民出版社，2005年），卷4，頁241、255。而偉大人物之流的毛澤東，當然是可因可造，既能認識客觀形勢又能巧妙推動。

產階級化；後一階段，則是指一九四九年的建國到文化大革命之前，大約為十七年的時間[46]，這段時間屬和平建設，主要是「調動工農以及知識分子的積極創性努力生產和一切建設為主。」[47]

　　至於武裝鬥爭成功之因，正源於毛重視人心。毛從農村領導革命，有效地改造了知識分子與農民，使其無產階級化，[48]因此人與人之間不隔，彼此間心氣相通，故能團結一致，互相依靠，[49]而戰爭靠得是人民軍隊，是人使用武器，去打仗去殺敵，人心既由以往的隔閡不通，轉為心氣相透，故人心自覺而由塞變通，所以精神得到解放，戰力自然大增，[50]再搭配各種戰術，像是瓦解敵軍，孤立敵人，奪取敵人武器來裝備自己等等，[51]武裝鬥爭成功，實屬當然。只是歸根究柢，還是因為毛澤東發揮了人心：[52]

　　　　我們一開首說要追求其出奇致勝之處究何在，現在可以回答其
　　　　出奇致勝全在發揮了人心的偉大作用，為世界歷史前所未見。

當然，社會主義雖因中國特性而成功，但中國特性也有缺點，就因為

---

46 梁漱溟開始寫作此書為一九六七年，故此處的第二階段，應是到一九六五年為止。

47 梁漱溟：《中國──理性之國》，《梁漱溟全集》（濟南市：山東人民出版社，2005年），卷4，頁253。

48 梁漱溟：《中國──理性之國》，《梁漱溟全集》（濟南市：山東人民出版社，2005年），卷4，頁256-257。

49 梁漱溟：《中國──理性之國》，《梁漱溟全集》（濟南市：山東人民出版社，2005年），卷4，頁260。

50 梁漱溟：《中國──理性之國》，《梁漱溟全集》（濟南市：山東人民出版社，2005年），卷4，頁261-264。

51 梁漱溟：《中國──理性之國》，《梁漱溟全集》（濟南市：山東人民出版社，2005年），卷4，頁266-267。

52 梁漱溟：《中國──理性之國》，《梁漱溟全集》（濟南市：山東人民出版社，2005年），卷4，頁266-269。

趨向散漫自由，反而容易流於對大集團（如國家）缺乏生活組織紀律，[53]知識分子與農民當然也不例外，因此梁認為「你死我活的鬥爭，恰是根治農民和知識分子一向散漫自由的妙藥」。[54]所以他贊成整風運動，認為對人作工夫，引領其思想變化，提高人的自覺性，[55]正是改變群眾，特別是知識分子「主觀主義、幻想空想、意見分歧、動搖、輕舉妄動、時而驕傲自大，時而消極悲觀」的毛病，而最終的目標是達成人心相通的「各盡所能，各取所需」。[56]

　　正因為思想極為重要，務虛（思想）先於務實（技術等業務），要達成無產階級化，因此就應該進行整風，所以梁極為推崇一九四二年延安的三風運動，建國以後又有三反、五反、雙反，都是為了「改掉官僚作風、保守思想、本位主義」、「就是為了一九五八年生產戰線以至一切建設工作的大躍進而說。」[57]特別是後一句，原來整風是可以影響到經濟生產的，梁指出上述整風運動：[58]

53　梁漱溟：《中國──理性之國》，《梁漱溟全集》（濟南市：山東人民出版社，2005年），卷4，頁341、432-433。

54　梁漱溟：《中國──理性之國》，《梁漱溟全集》（濟南市：山東人民出版社，2005年），卷4，頁257。

55　梁漱溟：《中國──理性之國》，《梁漱溟全集》（濟南市：山東人民出版社，2005年），卷4，頁271。

56　梁漱溟：《中國──理性之國》，《梁漱溟全集》（濟南市：山東人民出版社，2005年），卷4，頁256、475。梁漱溟認為知識分子（特別是知識青年）在革命陣營中具有的關鍵地位。梁漱溟：《中國──理性之國》，《梁漱溟全集》（濟南市：山東人民出版社，2005年），卷4，頁250-252。亦可見龔鵬程：《儒學反思錄》（臺北市：臺灣學生書局，2001年），頁294-295。其實早在鄉村建設之時，梁漱溟已主張知識分子的重要性，就是下鄉，與鄉間人接近而渾融。韋政通：《儒家與現代中國》（臺北市：東大圖書公司，1991年），頁254-255。

57　梁漱溟：《中國──理性之國》，《梁漱溟全集》（濟南市：山東人民出版社，2005年），卷4，頁275。

58　梁漱溟：《中國──理性之國》，《梁漱溟全集》（濟南市：山東人民出版社，2005年），卷4，頁275。

凡事致力於此乃收效在彼，目的在彼而著手乎此，蓋有辯證關
係在。整風是對人，應算是思想上的階級鬥爭，卻大顯其奇效
在生產鬥爭中。

且相應於一九五八年進行的「紅專」辯論，揭發出許多「白專」，都
是生產戰線等工作的阻礙。這些人因為心未能自覺，當然無法求「紅
心」，而「紅」是根本，既然無紅，又如能何專？[59]因此梁認為經由整
風而端正思想，是刻不容緩的，所以通過閱讀毛澤東的《實踐論》、
《矛盾論》、《為人民服務》，「最能啟發人心之智，通過自覺以入於
專，大為敏速便捷」、「最感發人的革命情感與意志，從而革命要求彌
切，努力彌勇」[60]，有了紅便可生專，專是隨著紅而來，他說：[61]

其一：專不過是人心應用到事物上歷練出來的結果；有紅心肯
用在事物上，何愁不專。其二，現在所謂紅，早不是當初社會
主義在空想時的那種紅，而是科學社會主義的紅。

梁對整風的看法，也是他最早從毛澤東革命成功之後，體會到「一個
全國統一穩定的政權竟從階級鬥爭而奠立了」，[62]而階級鬥爭正是思想
工作的基礎，思想成功了，才有可能完成政治路線與經濟生產，中國

---

59 梁漱溟：《中國——理性之國》，《梁漱溟全集》（濟南市：山東人民出版社，2005
　　年），卷4，頁287。

60 梁漱溟：《中國——理性之國》，《梁漱溟全集》（濟南市：山東人民出版社，2005
　　年），卷4，頁286。

61 梁漱溟：《中國——理性之國》，《梁漱溟全集》（濟南市：山東人民出版社，2005
　　年），卷4，頁287。

62 梁漱溟：〈兩年來我有了哪些轉變〉，《梁漱溟全集》（濟南市：山東人民出版社，
　　2005年），卷6，頁881。

社會主義才會真正實現。所以梁在一九六七年三月開始寫作《中國──理性之國》，他的出發點是：[63]

> 今（1967年3月25日）始動筆，正是國內開展無產階級文化大革命運動既經一年之時。說「今日的中國」，意指十七年來中國走著社會主義革命，社會主義建設的道路，基本上步步前進，顯有成果，正在反對修正主義於外，防止修正主義於內，其前途將有可能先於世界上任何一個國家而進入共產主義而說。

既然國內外皆有修正主義的存在，因此反對於外，防止於內，梁當然更贊成整風了。但此又衍生一個問題，梁漱溟在文革經間飽受精神與肉體的折磨，先是在一九六六年被紅衛兵抄去手稿、衣物，居住地也被占據以作「司令部」，梁漱溟（此時七十四歲）夫婦二人改住大門旁的小南屋。同時梁不但被喝令下跪，夫人更被打成重傷。一九六八年劃入黑五類（地、富、反、壞、右），被批鬥、遊街、強迫彎腰站立（當時稱「飛機式」）。[64]其後在一九七三年批孔批林時堅決不批判孔子，認為林彪的錯誤，也不能全歸因於孔子，一九七四年寫〈當今我們應如何評價孔子〉，而在會議上面臨政治與群眾的壓力之下，仍不改變自己的見解，主持人追問梁對批鬥的感想，梁的回答是：「三軍可奪帥也，匹夫不可奪志」。[65]

---

63 梁漱溟：《中國──理性之國》，《梁漱溟全集》（濟南市：山東人民出版社，2005年），卷4，頁217。

64 李淵庭、閻秉華編著：《梁漱溟先生年譜》（桂林市：廣西師範大學出版社，2003年），頁282-283、289-292。關於梁在文革時的遭遇，可參劉克敵：《梁漱溟的最後39年》（北京市：中國文史出版社，2005年），頁193-199。

65 梁漱溟：〈批孔批林以來我在學習會上的發言及其經過的事情述略〉，《梁漱溟全集》（濟南市：山東人民出版社，2005年），卷7，頁316-322，引文見頁318。

　　以梁的經歷與性格來看，在《中國——理性之國》的寫作期間（1967-1970，其後又續有修訂[66]），他親身遭遇許多無情的羞辱，為何竟還在書中大談階級鬥爭，解釋整風的必要性？

　　首先，他談的整風、階級鬥爭，都注明說是文化大革命之前，也就是前述的前後兩階段，前一是武裝鬥爭，後一是和平建設。[67]當然這段時間的整風，就梁漱溟以外的人來講，其實並不「和平」。[68]但以梁漱溟個人而言，自一九五三年與毛爭執之後，梁基本上是深居簡出，當然亦偶有參與政府活動，諸如一九五四年參加全國政協的全國委員會，一九五六年又隨政協委員到甘肅視察，一九五七年參加由周恩來主持，召集少數人士參與的成立廣西壯族自治區問題。[69]此間雖亦遭點名批判，但基本上多是文字言語之爭，並未影響到生命安危。[70]因此，即便是面對毛澤東、郭沫若等人的思想批判，梁都認為是他們雖有誤會，但也確實提出一些合理觀點，足以讓自己改正缺失，因此梁是擁護這種批判運動的，「包含批判我的思想運動在內，讓一切事情

66　龔鵬程：《儒學反思錄》（臺北市：臺灣學生書局，2001年），頁289。

67　梁漱溟：《中國——理性之國》，《梁漱溟全集》（濟南市：山東人民出版社，2005年），卷4，頁253。

68　就以反右時期遭畫歸右派的羅隆基、章伯鈞、儲安平、張伯駒來講，他們蒙受許多不白之冤，其時也有許多被劃歸為右派分子而自盡者。章詒和：《往事並不如煙》（臺北市：時報文化出版企業公司，2004年），頁77-220、349-428。

69　李淵庭、閻秉華編著：《梁漱溟先生年譜》（桂林市：廣西師範大學出版社，2003年），頁260、264、267。

70　艾愷認為：「無論在受到公開批判教育期間，還是在這以後，梁漱溟的生活方式一直沒有改變」、「雖然梁漱溟以頑固不化的反動派聞名全國，他卻仍然一直被任命為政協全國委員。在一九五七年的反右運動以及六〇年代的文化革命中，他也安然無恙，他舒適地生活在北京。」艾愷所言大致無誤，但若是指一九六六年以後的文化革命，則梁雖仍居北京，但顯然過得並不「舒適」。〔美〕艾愷（Guy Salvatore Alitto）著，王宗昱、冀建中譯：《最後的儒家——梁漱溟與中國現代化的兩難》，頁338。

進行得更順遂。」[71]

但是，這並不包括後來的文化大革命。對此「革命」，破壞之
巨，受傷之大，梁有切膚之痛。他在《中國——理性之國》說：[72]

> 毛主席一生最大的本領就在於除其晚年一個時期永不脫離實
> 際，永不脫離群眾。然而莫忘這實際是中國的實際，這群眾是
> 中國的群眾。

毛澤東死於一九七六年，光憑這句話，我們無法斷定梁是在毛生前還
是死後所講。但所謂「晚年一個時期」，依照《中國——理性之國》
寫作時間判斷，極有可能是指剛開揭開序幕的文革。因為就在毛死後
十數年，汪東林訪問梁漱溟，汪東林表示四人幫的粉碎，代表文革閉
幕，汪問梁有何看法，梁明確表示：「毛澤東主席是新中國的締造
者，近代中國歷史上為數不多的幾位大人物之一」、「但他晚年的錯
誤，即使在當時，也已十分明顯。」[73]此話出於文革結束之後，或許
尚有「事後追認」之嫌，可作為旁證，但還不能完全證明《中國——
理性之國》所指。那麼，所謂「晚年一個時期」，究竟是不是真的是
文革？文革又怎麼讓毛澤東脫離群眾與實際呢？梁在《中國——理性
之國》一開頭就提示我們：[74]

---

71 李淵庭、閻秉華編著：《梁漱溟先生年譜》（桂林市：廣西師範大學出版社，2003
年），頁264-265。

72 梁漱溟：《中國——理性之國》，《梁漱溟全集》（濟南市：山東人民出版社，2005
年），卷4，頁318。

73 汪東林：《梁漱溟問答錄》（武漢市：湖北人民出版社，2004年），頁293。

74 梁漱溟：《中國——理性之國》，《梁漱溟全集》（濟南市：山東人民出版社，2005
年），卷4，頁217。

今（1967年3月25日）始動筆，正是國內開展無產階級文化大
革命運動既經一年之時。說「今日的中國」，意指十七年來中
國走著社會主義革命⋯⋯

所謂的「十七年來」，是指中共一九四九年建國算起，剛好到文化大
革命發生為止（1965年），這是梁心目中「今日的中國」，也是《中
國──理性之國》所指的兩階段對象之一，但是在《中國──理性之
國》裡所讚揚毛的行動，並不包括文化大革命。[75]

此外，梁在晚年最後一部著作《人心與人生》（一九七五年脫
稿）中說：[76]

強暴之力出於身而施之於身，欲望實導其先，怒氣衝起於
後⋯⋯當其掩覆著理性、理智而行動，即屬愚蠢可憫。

梁在理性、理智之外，另加一個「強暴之力」，而社會秩序建立則有
賴於三者，[77]中國革命亦如是：「通常彼統治階級以暴力來，我革命階
級以暴力往（武裝革命），那完全必要的，肯定是對的」，[78]即便如
此，對於那種掩覆著理性理智而來暴力行動，毋寧是愚蠢可憫的。顯

---

75 「絕大難題的解決過程可分為前後兩大階段。⋯⋯，後一大階段則是指一九四九年
　建國後至最近『文化大革命』前，共約十七年的一段經過。」梁漱溟：《中國──
　理性之國》，《梁漱溟全集》（濟南市：山東人民出版社，2005年），卷4，頁253。

76 梁漱溟：《人心與人生》，《梁漱溟全集》（濟南市：山東人民出版社，2005年），卷
　3，頁695。

77 梁漱溟：《人心與人生》，《梁漱溟全集》（濟南市：山東人民出版社，2005年），卷
　3，頁685-686。

78 梁漱溟：《人心與人生》，《梁漱溟全集》（濟南市：山東人民出版社，2005年），卷
　3，頁695。

然地，梁在此是有感而發。[79]

最後，我們還可以在一九八八年由梁漱溟口述，梁伯寬筆錄，在
回覆給翟志成的書信中推測：[80]

> 一九七四年，所謂「文化大革命」，以群眾運動方式「批孔批
> 林」。……以〈當今我們應如何評價孔子〉一文表達自己的見
> 解，招致大小會議批判。對此種強辭奪理，以勢壓人的所謂批
> 判，……，不難明白，我於是非是不苟同的。

所謂的批孔批林，指的是一九七四年左右的一個顯著事件。兩相對
照，梁對於之前與毛的爭論（1953年），還會說是自己欠缺冷靜，流
於意氣之爭，[81]但對於文革的事件，他卻不肯屈服，「為人於是非曲直
不可含糊曖昧」、「不難明白，我於是非是不苟同的」。更廣泛地講，
這種以勢壓人，強辭奪理的批判，豈止此年而已？綜合上述資料，如
果用梁漱溟自己的話來講，就是毛澤東的「晚年一個時期」，而這也
正是脫離實際，脫離群眾（梁還不忘提醒我們：「這實際是中國的實
際，這群眾是中國的群眾」），也是以強暴之力施之於身，掩覆著理
性、理智而行動的時代。因此梁在寫作《中國──理性之國》之時，
顯然就已對當時毛的作為不滿。

以此而觀，一九七二年毛八十歲生日，梁親自將《中國──理性
之國》送交新華門傳達室，希望能呈閱毛澤東。李淵庭認為此書成於

---

79 李淵庭、閻秉華就推測：「先生對當時大動亂的政治和社會形勢是有看法的，在此
書的字裡行間多處有所流露。」李淵庭、閻秉華編著：《梁漱溟先生年譜》（桂林
市：廣西師範大學出版社，2003年），頁318。
80 翟志成：《當代新儒學史論》（臺北市：允晨文化實業公司，1993年），頁336。
81 翟志成：《當代新儒學史論》（臺北市：允晨文化實業公司，1993年），頁335。

全國性大動亂，在廣大知識分子遭迫害之際，梁卻對毛澤東與共產黨讚揚備至，他們頗感不解，但轉念一想，「或許是先生用自己的幻想——『理性之國』——來啟發毛的理性？！在當時那種高壓政治形勢下，不敢明言，而採取明褒實貶的寓貶於褒的手法，呼籲毛主席應走向理性治黨、治國之道。」[82]李淵庭所言或有其理，但也可以這麼看，《中國——理性之國》所褒者，是指一九六五以前，那個經歷前後階段「絕對難題」而成功的毛，但不等於是一九六六開始，到此書寫作至完成的毛澤東與共產黨，而此時梁對其作為評價如何，雖仍是意在言外，不好明言，但恐怕已是「聞弦歌而知雅意」，何況這還是一首不太動聽的「強暴」之歌。[83]因此梁雖極佩服毛澤東，視其為「偉大人物」、「天才過人」，[84]但這位偉大的天才、大海航行的舵手，卻在他的晚年——犯了錯。

四　結論

　　一九四九年中共建國，在此之前，梁並不看好共產黨，但共產黨卻做到了。梁親眼見到毛的崛起，這顯然讓他反省自己過去的觀點，

---

82 李淵庭、閻秉華編著：《梁漱溟先生年譜》（桂林市：廣西師範大學出版社，2003年），頁295、頁304。

83 據梁培恕的回憶，梁漱溟曾寫信給友人陳仲喻，談及《中國——理性之國》，「解答的是重大問題。問題是從馬列主義來的，解答仍不離馬列主義。然所伸張之義，不免驚俗。需十年、二十年後再發表，我殆不及見矣。」梁認為資本主義不發達的蘇俄中國先後實現無產階級革命，幾十年後蘇俄卻「中途生變倒退」，反觀中國，弄得不好，同樣有倒退的可能。是以梁寫作此書絕非歌功頌德，或是探究革命成功如此簡單而已，而是有更進一步的「驚俗」、「勸戒」作用。白吉庵、李仲明：《梁漱溟口述實錄》（北京市：團結出版社，2010年），頁233。

84 梁漱溟：《中國——理性之國》，《梁漱溟全集》（濟南市：山東人民出版社，2005年），卷4，頁317。

並要探討毛澤東成功之因，故在此後有許多相關言論發表，而《中國──理性之國》可以說是此種思路下的代表作。若然我們將書中梁對毛的許多稱讚，視為政治壓力下的言論，又或是反諷，但梁明明一再表示毛與共產黨的成功，是建立在中國文化的獨特性之上，三者是不能分割的，若讚揚毛與共產黨為假，難道連對中國文化的分析也是虛偽不實？而梁對所謂的中國特殊性，確實花了許多心力，也是他始終關心並持續發展的重要見解，而掌握此獨特性，進而革命成功的毛，同是這一思路的推衍。因此梁意不在諷刺，也非違心之論，他是真誠地將毛與共產黨的成功歸因於中國文化獨特性，他是認真地思索其間關聯。

因此，回顧梁與毛的爭論，只是受了委屈的不吐不快，是一種無畏無懼的風骨，他認為這些建議是對當時政策有益的，是替人民發聲的，建議當然為了讓中國更好，而此時的中國，正由他所認同的毛澤東與共產黨主持。自始至終，梁都沒有反抗過毛澤東這個人，他反抗的，只是當時毛仗勢欺人的情態而已。是以時過境遷，他憶及當時是意氣用事，已非據理辯明，[85]因此他才說：「爭執產生自雙方，唯中國古人有『反求諸己』的教導，我的認錯是不假外力的自省，並非向爭執的對方認錯。」[86]這種風骨，同樣也表現在一九七四年，面對批孔批林的聲浪與壓力，他發表〈當今我們應如何評價孔子〉，而在面對會議批判、以勢壓人之時，他又答以「三軍可以奪帥，匹夫不可奪

---

85 梁在回覆翟志成的書信中說：「當年國務會議上毛澤東對我不點名批判之後，某日午後將再次開會，我準備在此會上就毛澤東認定我的發言為惡意一點予以辯明。是日上午，曾在家中言道：『今天將一決勝負。』會議進行時，在對方態度的刺激下，我的發言亦因之較前更欠冷靜。於激烈爭執之後，我突然醒悟自己已落入意氣用事。……。為人於是非曲直不可含糊曖昧；據理辯明就是，何必言勝負？」翟志成：《當代新儒學史論》（臺北市：允晨文化實業公司，1993年），頁335。

86 翟志成：《當代新儒學史論》（臺北市：允晨文化實業公司，1993年），頁335。

志」，堅決不改變自己主張，不屈服、不退卻。由此而觀，梁漱溟一些具有「風骨」的發言，可以說是源於他無畏權勢、風骨峭峻的性格所致，但不能因此解讀成他反對毛澤東、反對共產黨。剛好相反，他對毛澤東極為傾倒，對共產黨的政治路線也相當擁護，並且真誠地期盼中國社會主義社會的真正成功，雖然他有時仍不免批評，但這種「批評」，毋寧是一種站在支持角度上的「建議」，這種立場，至死未變。

食之有情，味之飄零
──逯耀東的飲饌書寫

一　前言

在臺灣飲饌文學史上，逯耀東（1933-2006）始終占有一個特別的位置。他出生於江蘇豐縣，少小離鄉，在蘇州成長，一九四八、一九四九年以後遷徙臺灣，高中畢業後考上臺灣大學，研究所則在香港新亞書院就讀，博士班又回到臺灣大學。畢業後任教過香港中文大學、臺灣大學、輔仁大學、政治大學，總計在香港生活近二十年、臺灣則超過二十年以上。逯耀東除了是歷史學者，研究領域涉及兩漢魏晉史學與近代史學，同時更是散文大家，其中又以飲饌文學頗受人注目，曾先後在《中國時報》、《聯合報》、《中外文學》發表相關文章。[1]

關於逯耀東的飲饌散文，許多評論家都有非常精闢且深入的探討，[2]例如焦桐便曾以〈有良心的肚子〉為題，認為逯耀東筆下的飲食，不止是食物本身而已，更包含了記憶、情感、人事、歷史，焦桐分析逯耀東飲饌散文的特點：「探索飲食文化時有生活的熱度，和歷史的滄桑、感喟；走訪各地小吃時有細緻的文學描寫，考據中帶著抒

1　關於逯耀東生平，張碧純在其碩士論文中作了很詳盡的整理，同時在論文末更附上逯耀東生平年表，頗可供學界參照。張碧純：《逯耀東飲食散文研究》（中壢市：中央大學中國文學系碩士論文，2011年），頁184-211。

2　除了期刊與訪談之外，就目前為止，至少已有兩篇碩士論文，分別是張碧純：〈逯耀東飲食散文研究〉、楊莉蘋：〈逯耀東及其散文研究〉（臺北市：政治大學國文教學碩士學位班，2008），頁184-211。

情，生產知識，也珍惜人情」。[3]鍾怡雯同樣也指出逯耀東的文章除了
針對食物本身的滋味，還有著豐厚的人情世故，下筆情深，是一種
「充滿感情的『暖』筆」。[4]除此之外，更多的研究，是從歷史文化的
角度來看，諸如張曉風與尉天聰、林麗如等人，就認為歷史論證與記
憶的鄉愁是逯耀東文章的基調，在飲食與歷史的交涉中，讀者可以觀
察到文化的基礎模式。民以食為天，則從食物的烹調技藝中，可以看
出社會的變遷與人民的生活，而逯耀東既以此觀，亦因此懷，懷緬過
去與現實的差異，懷念記憶中的食物味道、用餐氛圍與趣味，因此既
是懷鄉，也是懷舊。故鄉與故舊，正是逯耀東情感寄託所在。[5]

　　如上所言，鄉愁、感懷、歷史記憶當然都是逯耀東情感的寓託，
表現在他的飲饌散文中。但是逯耀東曾在港臺居住十數年，對他而
言，「鄉愁」非僅一時一地而已。何況隨著年歲漸長，閱歷更豐，感
懷只會更多，所愁之「鄉」反而更多。那麼，在這樣的情感寄託中，
有沒有一些主軸，是逯耀東始終關心、歷久彌新的？在他的飲饌散文
中，我們除了看到食物的描寫刻畫之外，當然也看到了許多屬於他自
己「人生的滋味」，可是人生的味道，有悲歡離合亦有酸甜苦辣，到
底哪種較近於逯耀東生命的體認？哪種才是他深切的感懷？本文認
為，人生的飄零、滄桑感，或許是理解逯耀東飲饌文章的重要線索之
一。這種存在感受，正是逯耀東對於「吃」之「情」的理解，畢竟人
不能不吃，吃是最平常、最普通的行為。故情之所鍾，正在於食，於

3　焦桐：〈有良心的肚子〉，《聯合報》第30版（讀書人版），2001年10月1日。

4　焦桐：〈飲食文學寫手上菜——文字的滋味〉，《聯合報》第30版（讀書人版），2001
　　年9月17日。

5　尉天聰：〈江湖寥落那漢子〉，收入氏著：《回首我們的時代》（臺北市：印刻出版
　　社，2011年），頁354。張曉風編：《九十年散文選》（臺北市：九歌出版社，2002
　　年），〈序〉。關於上述文章的詳述研究回顧，可參張碧純：《逯耀東飲食散文研究》
　　（中壢市：中央大學中國文學系碩士論文，2011年），頁3-15。

是就在此行為中，看似尋常最奇崛，尋常中往往見到不尋常，因為逯耀東藉由食物所傳達的，除了食物本身之外，還有鄉愁、歷史記憶、社會變遷……等寓意。但在這樣的表現中卻往往透露出自傷之情，表現了生命的難處，對生命的種種閒愁，更有著無可奈何之感。本文的研究，即是以此為主軸，進入逯耀東的飲食散文，在他的飲饌世界中，視其所以，觀其所由，希望可以為逯耀東的文章提供更多的理解。

二　食之有情，誰解其中味

　　逯耀東曾在北魏賈思勰的《齊民要術》裡，找出崔浩《食經》的大部分記載，再參考其他史料而寫成〈《崔氏食經》的歷史與文化意義〉，試圖說明當時胡漢雜揉的社會形態與崔浩的文化情感。逯耀東認為《崔氏食經》：「不單純是一部烹調之作，其中更反映了當時中原世家大族的生活與經濟情況，及崔浩個人的政治與文化理想。」[6]例如裡頭提到「胡羹」（或稱「羊羹」），據《崔氏食經》所載，是「用羊脇六斤，又肉四斤，水四升，煮；出脇，切之。蔥頭一升，胡荽一兩，安石榴汁數合，口調其味。」[7]羊羹本為北味，但以南方手法烹調之下，竟大獲崔浩與太武帝拓跋燾好評，又例如《崔氏食經》裡載有許多菜餚調味之法，但材料卻是由南方而來，如薑、楊梅、筍等等，北方並不生產，但以外交使節往來、邊境的貿易走私等方式，來維繫南北兩方的通行，此皆可見當時的文化交流之處。這篇論文的特色之一，在於逯耀東企圖從飲食習慣中看出生活型態，而《崔氏食

6　逯耀東：《從平城到洛陽：拓跋魏文化轉變的歷程》（臺北市：東大圖書公司，2001年），頁101。

7　逯耀東：《從平城到洛陽：拓跋魏文化轉變的歷程》（臺北市：東大圖書公司，2001年），頁140。

經》便反映了這樣的現象——胡漢雜揉的北朝、崔浩力圖再造士族政治的環境。因此，飲食之於生活、社會的重要，正如逯耀東所說：[8]

> 〈崔氏食經敘〉說明他撰《食經》的目的，為了保存其家族中……的飲食資料。這正是魏晉以來世家大族家風的實踐，也是他世族理想之所繫。當然，他撰《食經》還有另一個目的，那就是在胡漢雜揉的社會中，使代表農業文化特質的中原飲食傳統，得以持續，這也是崔浩撰《食經》的意義所在。所以，《崔氏食經》不僅是中國最早的烹飪之作，同時也反映了當時歷史與文化的實際情況。

由此可知，飲食絕不僅是食材的烹煮、食物的滋味，我們從食物的技藝中，更可以進一步看出背後蘊藏的豐富意涵。飲食，不但是維持人生命之所需，更是理解歷史文化命脈所在，歷史上的飲食習慣是如此，逯耀東自身品嚐的各種食物也是如此。在「吃」的古今對照中，他關心的不只是「吃」的本身，更是「吃」的氛圍與環境。於是他以飲食文化工作者自居，飲食文化工作者不是美食家，不能專挑珍饈美味來吃。對飲食文化工作而言，飽飫盛饌並非佳事，因為他將會喪失更多接觸與深入的機會，而是要味不分南北，食不論西東，粗蔬糲食，即便是難以下嚥，還是應該吃，不能偏食，因此飲食文化不應該是上層階級專屬的雅文化，應該是雅俗並俱，善惡兼陳的，「而且所品嚐的不僅是現實的飲食，還要與人民的生活與習慣，歷史的源流與社會文化的變遷銜接起來成為一體。」[9]因此談飲食，不能只是說掌

8　逯耀東：《從平城到洛陽：拓跋魏文化轉變的歷程》（臺北市：東大圖書公司，2001年），頁147。

9　逯耀東：《肚大能容——中國飲食文化散記》（臺北市：東大圖書公司，2011年），頁1。

故、講食材、論烹調而已，更應該提升到文化的層次，逯耀東分析自己飲饌文章的特色，認為就不該只是瑣碎地談吃，或是只就史料作解讀而已，還要與社會歷史文化合起來談：[10]

> 雖然現在已經有不少有關飲食文化的著作，但一部分還停留在掌故階段，另一部分，則是考古或文字資料的詮釋，很少將開門七件事油、鹽、柴、米、醬、醋、茶的瑣，碎細事，與實際生活和社會文化變遷銜接起來討論。

> ……我一直想將中國飲食文化的討論，從掌故提升到文化的層次。

飲食既然可以有這麼豐富的文化蘊藉，所以逯耀東筆下的食物，除了本身的特色之外，更充滿許多了社會變遷與時代感受，例如他寫〈肉頭羊肚爆汁豆〉，指出豆汁、爆肚、羊頭肉是北京人鍾愛的小吃。這類的日常小吃，往往隱藏在舊街、胡同深處，隨著小販的吆喝叫賣，賣的不止是食物，還有那份特有的環境氛圍，是充滿人情味、堅強勤苦。那些攤販，外在生活或許艱難，卻又那麼溫柔地、善良地、默默地努力，為求溫飽，就算無權無勢、就算微不足道，但卻不容忽視。[11]

---

10 逯耀東：《肚大能容——中國飲食文化散記》（臺北市：東大圖書公司，2001年），頁2。

11 「豆汁、爆肚、羊頭肉都是北京民間的吃食，沒想到初到北京都吃到了。而且是在這樣冷風吹緊的晚上，又在這條充滿往日情懷的舊街上。使我感到這麼接近北京，這麼接近北京人民。這些善良樸實的北京人，雖歷經劫難，卻然堅持著在這裡生存下來。就像我離去時，在街燈下，看到一位滿頭白髮的老大娘，靜靜地守著他那半筐還未售出的餑餑一樣。他們才是真正的北京人真正的中國人，雖然微不足道，卻是幾千年文化孕育而成的，自有其尊嚴！」逯耀東：〈肉頭羊肚爆汁豆〉，《肚大能容——中國飲食文化散記》（臺北市：東大圖書公司，2001年），頁5。

又或是在〈去來德興館〉中，藉由尋覓上海老館子德興館，來探討消逝的弄堂文化，「不論在臺北或在大陸行走，想探訪的就是這類的館子或飯店，看起來雖不起眼，卻有濃厚的人情味，而且更接近在地人民的生活，真正了解他吃些什麼。因為吃最能反映一個社會的實際生活。這種實際的社會生活才是真的，才是美的。」[12]逯耀東認為弄堂才代表了真正「老上海」的氣氛，那種熱鬧、吵雜、忙碌的場景，弄堂裡的人民早出晚歸，為生計、為家庭、為自己，掙錢過活，這才是上海人民真正的生活精神。當然這也與他們的親屬宗族模式有關：「居住在弄堂裡的居民是由大家拆出的小單元，完全失去傳統家族的蔽蔭和支援，他們只有單打獨鬥維持生計，所以弄堂居民學會了精明、能幹與發憤圖強，這才是真正上海人民的精神」[13]。話雖如此，隨著胡同、弄堂的改建與拆除，隨著社會風氣的改變，這些精神、生活卻已遠去，飲食變了，時代變了，人也變了。在〈祇剩下蛋炒飯〉一文中，逯耀東便感嘆，由生米煮成的飯一向是我們的主食。煮飯，更包括了背後一整套的生活文化模式，從土壤種殖到收割販賣，反映的淵源遠流的農業傳統，可是歐風美風並俱，相較之下，前者或漸去，後者卻方興未艾，正迅速改變我們的生活文化：[14]

> 君不見「某當奴」店中，我們的青少年充塞流連其間。今天的青少年可能就是明天的知識分子，他們在「某當奴」的餵養下

---

12 逯耀東：〈去來德興館〉，《肚大能容──中國飲食文化散記》（臺北市：東大圖書公司，2001年），頁16。

13 逯耀東：〈去來德興館〉，《肚大能容──中國飲食文化散記》（臺北市：東大圖書公司，2001年），頁26。

14 逯耀東：〈祇剩下蛋炒飯〉，收於氏著：《出門訪古早》（臺北市：東大圖書公司，2008年），頁138。

長大，漸漸變得急躁不安，口味單調起來，到時不但已不習慣
自己原有的吃，甚至連蛋炒飯也不屑一顧了。

如某當奴（麥當勞）、星巴客之類的跨國企業，是否如逯耀東所言，
真會使得原有在地文化消逝，這牽涉到「全球化」與「在地化」的問
題。跨國企業的影響，固然如 Anthony D. Smith、Ulf Hannerz 等人所
言，會產生文化過度集中、單一，出現排擠在地文化的可能，[15]但也
有不同意見者指出，全球化往往因應在地化而改變，例如麥當勞雖為
世界性企業，但隨著各地文化背景不同，產品也會因勢適地調整，不
可能千篇一律。[16]以上相關論述，已多有學者討論，因與本文主旨無
關，此處不擬多作檢討。若反觀逯耀東上述所言，他仍然是維持「飲
食可反映生活」的模式，但他這種思維，卻深刻切中當下探討全球化
影響時，所謂消費文化的問題。李有成依據 Grorge Ritzer 與 Joanne
Finkelstein 的說法，認為麥當勞的生產消費模式，其實就是一套精密
系統控制的理性化進程。在麥當勞，不止是用餐，更可以說是「體
驗」，體驗麥當勞所提供的消費模式與氛圍，是藉由發揮工具理性而
造成的效率、服務、衛生等型態，「當我們到這些地方消費時，我們
無意也被誘導去體驗麥當勞過程所塑造的單一性（uniformity）與同
質性（homogeneity）。」[17]除此之外，世界性的商品藉由強勢的行
銷，廣告的文化塑造，編織了四通八達的消費網路，讓消費者進入這

---

15 Anthony D. Smith, "Toward a Global Culture?" in Mike Featherstone (ed.), *Global Culture: Nationalism, Globalization and Modernity* (London: SAGE Publications, 1990). Ulf Hannerz, *Transnational Connections: Culture, People, Places* (London: Routledge, 1996).

16 相關說法請見李有成：《他者》（臺北市：允晨文化實業公司，2012年），頁128-132。

17 李有成：《他者》（臺北市：允晨文化實業公司，2012年），頁124。

種體系，就像昆蟲誤入蜘蛛網般，無所遁逃於天地之間。由此來理解
逯耀東的說法，他雖未言明全球化的問題，但他指出：「我們的青少
年充塞流連其間，……，他們在『某當奴』的餵養下長大，漸漸變得
急躁不安，口味單調起來」，為什麼在世界性跨國企業所提供的產品
中，孩子會流連其間？會變成口味單調、甚至急躁不安？此處涉及評
價性的優劣，尚且不論，但如果對照逯耀東念茲在茲，反覆陳述的人
情味、生活精神，他在世界連鎖式的企業商品中，看到的卻是截然不
同的文化基調與氛圍，是強調精確、迅速、單一、效率的速食文化，
是由工具理性所構成消費場所，這種飲食文化與傳統飲食大異其趣，
也是他最不能接受的地方：[18]

> 飲食習慣是文化結構重要的環節，代表美國口味的牛肉餅，就
> 是美國文化的結晶。這種食品的特色是品質標準劃一，取食迅
> 速而衛生。標準與迅速正是美國文化的特質。這種文化特質是
> 由科學文明提昇而成的。「某當奴」具體地表現了這種文化特
> 質。「某當奴」是美國典型的吃，這些年像美國的飲料可口可
> 樂一樣，隨著美國文化傳播到各個角落。

我們或許可以反問，麥當勞有單一性與同質性，難道北京胡同、上海
巷弄、臺灣中華商場與中華路[19]的老店家就沒有嗎？難道這些地方就
不強調品質標準？就不注重衛生？就沒有氛圍塑造？若再探究其中，

---

18 逯耀東：〈祇剩下蛋炒飯〉，《出門訪古早》（臺北市：東大圖書公司，2001年），頁
136。

19 一九六一年，位於中華路一段，北起忠孝西路，南至愛國西路的中華商場啟用，三
十年後拆除。關於中華路與中華商場的小吃，逯耀東曾作有〈再走一趟中華路〉，
收於《出門訪古早》（臺北市：東大圖書公司，2001年），頁105-111。

會發現逯耀東倒不是反對速食產品，他批評的只是速食文化，因為麥當勞這些地方，缺乏是文化的醞釀，歷史感的深度亦顯不足；跟胡同、市場等食物相比，缺少的是人情倫理與生活感受，沒有傳統的生活精神，就因如此，才會顯得單調、同質性高。在速食的飲食特質之下，人與人的交際寒暄，人與人的溫暖情誼，彼此生命的互動，所謂「吃」之「情」的可貴，似乎都顯得多餘、滿肚皮不合時宜了。就像逯耀東懷念的小吃，賣符離集燒雞的老師傅，那種飲食環境與人情氛圍，才是他心目中的飲饌地圖：「前些日子，路經仁愛路，想到路旁推車子賣符離集燒雞的老傅，不知還在那裡不。於是，彎過去看看他，他正低著頭為客人切滷菜，等他忙完了，我拍了拍他的肩膀……於是，他放下生意，端了張椅子讓我坐定，他蹲在地上說起家常來了。」[20]又例如他居港多時，最喜歡在厚福街裡的眾多餐館，特別是歇業已久的順德宮小酒家，論吃，則有缽仔雞；焗魚腸、焗禾蟲、韭菜豬紅、薑蔥焗鯉魚、小炒；論店裡環境，則最讓逯耀東難忘：「我常歡喜約朋友來此小酌。不僅價廉物美，而且甚有普羅氣氛。」[21]相較之下，所以逯耀東才對麥當勞等西方速食文化頗有微詞。同樣的道理，他也說南陽街的食物特色，雖是南北混同，中外不分，在蚵仔麵線的攤子上，也賣炸臭豆腐和水煎包。蚵仔麵線是臺灣本地小吃，炸臭豆腐是江南風味，水煎包是北方吃食，三者共處一攤。又或是在賣早點的早餐車裡，既有廣東的皮蛋瘦肉粥，也有閩南的米粉炒和油飯，同時還有小籠包、蒸餃、煎蛋三明治、牛奶咖啡等等。逯耀東認為這是一種自然的湊合，這樣的湊合，反映了社會變遷的色調，表現在人來人往、爭取時間的南陽街上，就成了：「不講求味道，要快，

---

20 逯耀東：〈吃的懷想〉，《出門訪古早》（臺北市：東大圖書公司，2001年），頁174。

21 逯耀東：〈飲茶及飲下午茶〉，《肚大能容——中國飲食文化散記》（臺北市：東大圖書公司，2001年），頁131。

拿了就吃，吃了就飽，也許就是南陽街吃喝的特色了。當然這不這種特色不僅限於南陽街，也是我們這個社會飲食轉變的趨勢，所以，我們這個時代的人，越來越沒有味道了。」[22]沒有味道，當然不是指食物的色相味等等，[23]而是氛圍、態度與人情世故。因此在香港九七之際，他才在「馬照跑，舞照跳」之外，大聲疾呼：「飲咗茶味？」（喝茶了沒？）因為飲食是香港傳統飲食，「雖然沏茶的水來自東江，但在香港茶樓飲茶，似乎格外水滾茶靚。普洱加菊花，其中還滲著濃厚的鄉情，在香港住久了，而不習慣上茶樓飲茶，不能算是真正的港人。」何況飲茶不止是單純的泡茶聊天而已，更有其社會意義與功能，不管是上茶樓嘆茶（發牢騷、抱怨），還是家庭慶典，借茶樓聚會，甚至悠然安坐，三五好友，聊天閒話，享受人生……，都是香港茶樓特殊氣氛，若然失去，「港然無茶可嘆，這個建築在一堆花崗岩上的城市，縱有霓虹千盞，也是非常寂寞的。」[24]

由此可知，現代與過去產生了落差，飲食固非舊時味，人情也早有不同。回首來時路，出門訪古早，竟也顯得珍貴了起來。這就是逯耀東的鄉愁，眷戀的是舊時人事物與環境氛圍，遺憾的是過去難再返，今味已非昔味。隨著時代變遷，過去的飲食文化與美味空間已漸

---

22 逯耀東：〈南陽街的口味〉，《出門訪古早》（臺北市：東大圖書公司，2001年），頁114-115。

23 對於飲食文化的融合，逯耀東自不反對。其實不但不反對，還了然於心，認為這是時代的趨勢，避無可避，應該要以開放的角度容納接受。例如他說香港飲食從八〇年代以後，開始出現大變化，中國大陸的開放，新移民的進入，當然促進了許多交流，外來的飲食，在經過改良之後，適合了港人口味，最後終究納入自身的飲食體系中，「已無南北之分，本土外來之別了。這是飲食文化傳播與交流過程中，經常出現的現象，似乎不必一定堅持自家的東西才最好吃！」逯耀東：〈港人食乜野〉，《出門訪古早》（臺北市：東大圖書公司，2001年），頁249-265。引文見頁265。

24 逯耀東：〈飲咗茶味〉，《出門訪古早》（臺北市：東大圖書公司，2001年），頁229-232。

流失，或擔憂即將逝去，於是在逯耀東的飲饌世界裡，就成了最永恆
的鄉愁。

關於「鄉愁」，並非只是地域上的出生成長意義而已，在逯耀東
的文字中，「鄉愁」往往是對某種傳統文化緬懷。這種懷念當然也有
著地理上的指涉，可是隨著他就業空間的轉移、居住時間的增長，他
的「鄉愁」範圍也愈見擴大，情感更是日增月累，並不固定在某時某
地，反而成為一種「原鄉意識」，[25]他曾說：「這裡（按：指臺灣）雖
然不是我的故鄉，卻是我的故國。因此，每當我離開此地到外地去，
一種飄零之感便油然而生，更能體會自己是生活在離散之中。」[26]臺
灣是故國，不是故鄉，或許「豐縣」、「蘇州」才是「地名」的故鄉，
[27]可是故國或是故鄉，不過就是成長地方的區別，故鄉與故國，在情
感的依戀之上，並無太大差異。畢竟，年深外境猶吾境，日久他鄉即
故鄉，此心安處，此身居處，日久生情，即是故鄉。逯耀東深明此
理，他知道在一個地方住久了，不是故鄉也變成了故鄉，依舊有著濃
厚依戀與懷念：[28]

> 親不親，故園情，臺北不是我的故鄉又是我的故鄉。在一個地
> 方住久了，不是故鄉也變成了故鄉，對那裡一草一木都非常熟

25 這種鄉愁，其實也就是現在所講的「原鄉意識」。原鄉並不僅是客觀間的位置，也
　不是單純地描寫某個空間，而如果說故鄉意味著作家理想價值的源頭，原鄉書寫則
　成為生活理念的一種依歸。可參陳伯軒：《文本多維：臺灣當代散文的空間意識及
　其書寫型態》（臺北市：秀威資訊科技公司，2010年），頁52。

26 逯耀東：〈外務之餘──代序〉，收於氏著：《異鄉人手記》（臺北市：皇冠文化出版
　有限公司，1977年），頁11。

27 張碧純：《逯耀東飲食散文研究》（中壢市：中央大學中國文學系碩士論文，2011
　年），頁53。

28 逯耀東：〈臺北滷菜的遐思〉，《出門訪古早》（臺北市：東大圖書公司，2001年），
　頁176。

稔。尤其一旦離開，不論暫時或者長久，都會有一種說不出的
依戀和懷念。

就文章中的脈絡來講，依戀與懷念的都是指食物，但其實更包括了食
物背後的情感，包括用餐的環境、空間，以及其中所引起人事世理、
時代感受，這種情感就是他所謂的鄉愁，是沒有太多地域之分的鄉
愁，他說唐魯孫：「唐魯孫寫饞人說饞，但最初其中還有載不動的鄉
愁，但這種鄉愁經時間的沖刷，漸漸淡去。已把他鄉當故鄉，再沒有
南北之分，本土與外來之別了。」[29]唐魯孫如此，逯耀東自己又何嘗
不是如此？地域性的鄉愁，亦已轉淡，轉化成為記憶與情感的文化鄉
愁。這種鄉愁，其實就是一種懷舊，鄉愁之情，是無法抵消，也無可
抵擋的。就像他在西安，西安是逯耀東妻子的童年成長之地，到了那
裡，吃了當地的食物「餄餎」，「餄餎」不一定好吃，卻是童年的食
物，混雜了過往記憶與懷舊的心態，於是吃便成了情感上的依戀：
「吃餄餎不過是懷舊罷了。」[30]另外，居住近二十年的香港，同樣也
是逯耀東「鄉愁」的範圍之一，他在〈走訪街坊〉裡，說自己在香港
時，喜歡走訪街坊，「街坊，就是左鄰右里，一個非常親切又有人情
味的名詞。」[31]為什麼會有人情味呢？原來逯耀東在乎還是飲食透露
出的生活文化，那種平民的、親切的、易俗卻非濫俗的氛圍：「夥計
是老夥計，客人也是些熟客人。往往沒有菜單，各類菜式不多，都寫
在牆上的掛板或玻璃鏡子上。進得店來還未坐定，夥計立即沏上一壺
濃濃的普洱。端上碟皮蛋薑或花生米的小菜，還會在你身邊嘀咕幾

29 逯耀東：〈饞人說饞〉，《肚大能容——中國飲食文化散記》（臺北市：東大圖書公司，2001年），頁148。
30 逯耀東：〈更上長安〉，《出門訪古早》（臺北市：東大圖書公司，2001年），頁21。
31 逯耀東：〈走訪街坊〉，《出門訪古早》（臺北市：東大圖書公司，2001年），頁246。

句，說今天什麼新鮮或不新鮮。給人賓至如歸的親切感覺。」[32]其中他最懷念的餐館叫天發，天發的煎煮黃花、涼瓜排骨熬黃豆、水瓜湯、芝麻灌麵，都讓他讚不絕口，只是後來歇業，每當舊地重遊，於是也成了他的鄉愁：「如今天發拆了，潮州巷也塌了，每次路過，看著一堆斷壁殘牆，真有此事成追憶的茫然。」[33]

可是，不論是鄉愁也好、人情味也罷，環繞這些情感而生的飲饌散文，其實都是生命存在的抒發。這個時候，生命情感與飲食是分不開的，情既蘊藏於吃，吃也表現了情，這種氛圍，正是鍾怡雯所講的生命情境：[34]

> 飲食散文的書寫，可以圍繞著嗅香、察色、看形、品味等四大要素來鋪敘，甚至考究器皿和用餐的環境。然而一篇成功的飲食散文，卻不能停留在羅列資料、列舉掌故、食材解說、烹飪分析的表層，作者必須藉由文字本身的魅力來營造一種令人垂涎的閱讀氛圍，或提升到更高的生命情境。

若然如此，懷舊、鄉愁、依戀、人情味、親切感，都是由生命情境所開展的情感表現。可是，感物造端，百般觸動，那些過往，那些難以再嚐的味道，那些人、那些事、那些食物，逯耀東飲饌散文的情感基礎，其生命情境的基調，竟是飄零不已。他從大陸到臺灣，再從臺灣

32　逯耀東：〈走訪街坊〉，《出門訪古早》（臺北市：東大圖書公司，2001年），頁246。

33　逯耀東：〈走訪街坊〉，《出門訪古早》（臺北市：東大圖書公司，2001年），頁248。因此，在逯耀東離開香港六年之後，總會抽出時間，回到香港住上幾個星期，港九通街走，探訪過去常去的的吃食店與大排檔。雖然總會發現許多地方不是收檔就是轉業，失落惆悵之感，不免油然而生。逯耀東：〈港人食乜嘢〉，《出門訪古早》（臺北市：東大圖書公司，2001年），頁260。

34　鍾怡雯編：〈序〉，《天下散文選》（臺北市：天下出版社，2002年）。

到香港，最後又回到臺灣，江湖浪跡，東遊西蕩，此間或應機涉俗，或聚散別離，師生往來或多，友朋對飲亦復不少，卻總不無寂寞之感。這種寂寞，倒非指具體情愛的對象，而是一種生命的悲輓，歌哭百端，其來有自，即便或明所已，卻又是無可奈何，難以挽回。本文所謂的「飄零」，即是指此。

三　味之飄零──那些年，那些事，那些味道

我們不妨先從〈桃花源記〉講起，逯耀東曾針對陳寅恪〈「桃花記」旁證〉，作有〈何處是桃源〉。他考證桃花源的地點，認為不必如陳寅恪所言，可能在弘農或上洛間，而是再往南移，移到淮泗邊境的邊荒地帶。就環境來講，那裡有桃又有竹；就政治來講，非南亦非北，不屬兩方政權，頗符合「不知有漢，無論魏晉」之說。[35]這篇論文考證雖有論有據，但逯耀東並不以為鐵證如山，因為就他的生命感受而言，桃花源其實就是知識分子安身立命之所：[36]

> 不過，我在這篇文章最後卻說，我們似乎不該將桃花源固定在
> 某一個地方。這樣可以留給生活在亂世，又無山林可遁的人，
> 一個遙望青山，仰觀白雲遐思的機會。是的，中國知識分子胸
> 中，都隱藏著一個桃花源，自有青山白雲，何必又另覓山林
> 呢。祇是沒有及早發現，才落得熙熙攘攘，惶惶慌慌。

---

35 逯耀東：〈何處是桃源〉，收於氏著：《魏晉史學及其他》（臺北市：東大圖書公司，1998年），頁165-180。

36 逯耀東：〈序：過客情懷〉，收於氏著：《窗外有顆相思》（臺北市：東大圖書公司，1998年），頁5。

但是，即便是內心精神境界有如桃花源又如何？在心靈上能尋得安身立命之所，那又如何？外在政治環境的不允許，依舊會造成悲劇，當政治權力過於強勢，同樣可能會摧毀桃花源。在逯耀東看來，最好的例子，就是一九四〇、五〇年代以後，國共易位，山河變色，多少知識分子投入新政權底下，他們以為找到了理想中的聖人、明主，戰亂終於結束，太平即將來臨，像是顧頡剛連作夢都會夢到偉大的毛主席，他對毛澤東的崇敬與崇拜，便反映在他的日記裡；[37]梁漱溟儘管在一九五三年，在中共全國政協常委擴大會議跟毛澤東發生爭執，但依舊無損他對毛的崇拜，至死不渝。[38]就在知識分子的尊敬與期盼中，誰知計不旋踵，三反、五反、雙反，文革相繼到來，在時代的巨流、政治的風暴之間，知識分子幾乎都被狂浪滔天的權勢怪物所吞噬、湮沒。這種時代風潮，逯耀東是深有所感的，在文革時期，他陸續寫了〈打不倒的孔家店——論中共史學的再塑造〉、〈大陸知識分子「方寸之地」對毛共迸發出的怒吼〉、〈中共史學的發展與形成〉、〈從「批孔揚秦」論毛共史學的發展〉等文章，後又出版《中共史學的發展與演變》、《史學危機的呼聲》二書，探討中共政權意識形態與史學的關係。史學受到意識形態的干擾，固然是史學的危機，但逯耀東更在乎的其實是知識分子的委屈，於是一九七九年又在香港創辦《中國人雜誌》，針對當時中國知識分子的處境，作出呼籲與反省：「我所關心的還是中國讀書人的訊息，因為中國讀書人除了歡喜多說自以為是的話外，實在犯不了什麼大過。他們不該遭受這麼大的折磨、污辱和損害的。但事實上他們不僅遭受了，而且是史無前例的。」[39]這類極

---

37 余英時：《未盡的才情：從《日記》看顧頡剛的內心世界》（臺北市：聯經出版事業公司，2007年），頁100-105。

38 劉芝慶：〈從《中國——理性之國》來看梁漱溟的內心世界〉，收入本書。

39 逯耀東：〈序：過客情懷〉，《窗外有顆相思》（臺北市：東大圖書公司，1998年），頁5。

富情感的文字，其實就是一種對苦難時代的擔當，既是憂世也是憂生，感嘆政治體系的巨大複雜，無孔不入，也哀感人們處在權力巨輪下的掙扎求存。身為讀書人，既不能無動於衷，卻又使不上力，所能做的、所該做的，往往又可能只是狗吠火車，無可奈何，於是躊躇不決，徘徊歧路：「生活在這個時代，不論有形或無形的山水，都被腐蝕殆盡，我們突然失去隱蔽，已經再也找不到一個藏身之所了。徘徊歧途，更無路可退，祇好曝露在外，任由評點」。[40]對政治社會現象的失落感，無能為力又不願袖手旁觀。這種感受，倒非逯耀東一人為然，而是當時知識分子共有的現象，是一九四九年以來，歷經中國的文革又或是臺灣的白色恐怖，經歷共產黨的改造侵犯、又或是國民黨的威逼利誘，已是許多知識分子所面臨的困境——那無處可躲的負擔、無處可走的飄泊：「忘了自己的籍貫，剩下的祇有飄泊。飄泊，本身就是沉重的負荷。即使窩在安靜溫暖的室內，也是個痛苦的經歷。」[41]尉天聰就很敏銳地發現，他認為逯耀東那代的人，不論是流浪外地或活在自己國土上，大多有異鄉人的感覺，異鄉人是失根的，失根不僅是故土的失落，也是生命的無所皈依。活在這種現實下的人，如不是徹底地麻木、出賣靈魂與身體，便是往往充滿寂寞之感，是朝夕不安、花果飄零，是無所事事、不知何去何從的無根遊蕩，「而這些就成了那一時代知識分子共有的、活生生卻又抓不住意義的『存在主義』。」[42]

這種時代感受，逯耀東深契於心，於是就出現他所謂的「閒

---

40 逯耀東：〈窗外有顆相思〉，《窗外有顆相思》（臺北市：東大圖書公司，1998年），頁33。

41 逯耀東：〈暫時忘了的籍貫〉，《窗外有顆相思》（臺北市：東大圖書公司，1998年），頁90。

42 尉天聰：〈江湖寥落那漢子〉，收入氏著：《回首我們的時代》（臺北市：印刻出版社，2011年），頁346。

愁」。閒愁，是無法以「萬事如等閒視之」的閒愁，也是常常「吹皺一池春水」的閒愁，[43]更是他自許「做一個知識分子，必然對自己所生存的時代，有難以割捨的感情」。[44]只是逯耀東有此自覺，卻是無力改變現狀，正如他在〈夜讀〉中所說：「自己寄跡於江湖之中，託身於風塵之上。雖然家事已不堪想，國事又不堪問，但祇為了胸中所留存的那一點孤憤，他仍一匹駿馬，兩尾瘦騾，馱著幾筐殘卷，東南西北穿梭往來，秋山悵望，春江醉臥，到如今，幾陣霜風，已吹染了項上一簀愁髮，……，踟躕前路，樓前簷下——他已聽慣了太多風聲雨聲。」[45]落拓江湖，只為了心中的一點理想，但東奔西走，流蕩四方，只是多添了歲月，多聽了雨聲風聲，世事人事的煩憂，政治社會的失序，剪不斷理還亂，他也只能似是閒愁，踟躕前路，欲走還休了。

就是這種摻雜著矛盾、蒼涼、寂寞，難以自拔，亦難以自解的情感，失根的漂泊，讓他追問到生命本質的問題。憂世與憂生，時代的困處與生命的自處，竟然緊緊纏繞的逯耀東的思緒情感，我們之所以在他的飲食文章裡，常常見到類似的感觸與追問，即是源於此。[46]他在〈再走一趟中華路〉中，談到寧波冬瓜，但餐館已歇，無法再嚐，旁聽學生告訴他中華路的三友飯店亦有販售，於是逯耀東和妻子一起過去用餐。一進店門，三友飯店帶給他的正是懷舊、傳統的感覺，這

---

43 逯耀東：〈也是閒愁〉，收於氏著：《似是閒雲》（臺北市：東大圖書公司，2000年），頁76。

44 逯耀東：〈外務之餘——代序〉，《異鄉人手記》（臺北市：皇冠文化出版公司，1977年），頁11。

45 逯耀東：〈夜讀〉，《窗外有顆相思》（臺北市：東大圖書公司，1998年），頁241-243。

46 吳鳴（彭明輝）便曾說過：「的確，這一代知識分子有太多心底的鬱結，解不開，化不去，『那漢子』正是此輩的縮影，寫出了知識分子歧路的悲涼，最後終不免『手落在微凸的肚皮上』賣滷牛肉，江湖老了，那漢子也老了。」吳鳴：〈漢子老了，江湖老了——試論「那漢子」的心靈世界〉，《文訊》第23期（1986年4月），頁186。

是他最熟悉、最喜歡的氛圍。照理講，這頓餐應該帶給他非常愉悅的心情，但卻是止不住的悲涼：[47]

> 舉箸四顧，座上的客人飲酒歡笑，跑堂夥計的吆喊，彷彿時光倒流了數十年，店外車輛往來如梭，燈火燦爛，店內卻像壁上停擺的時鐘，永遠靜止住了。

> 我懷著難仰的悲涼，出得店來，抬頭望去，對面中華商場今夜燈火黯暗，在四周燈光襯托下，像一艘停靠碼頭年久失修的船，這才想起這裡明天就要拆除了⋯⋯。

嚐到許久未嚐的菜餚，店內氣氛如舊，「彷彿時光倒流了數十年」。可是就是這種舊，讓他頓生感慨，喧嘩中早含悲涼，只覺樂趣已轉為疑慮與憂傷，哀嘆即將到來的失去，以及止不住的當下時光。又例如逯耀東在蘇州與少年時的戲劇社同好重聚，逯耀東少小離家，再回來時，已是少年弟子江湖老，聚會是那樣地溫馨、快樂，但感受卻又是那麼多離情與悲愴：「就在這個當口，我離開大夥遠去。一去就是半個世紀，現在我又回來，就像在我們聚會最後的午宴上，唱的那兩句戲詞：『弟兄們分別五十春，就是那鐵心人也淚漣⋯⋯』這是《四郎探母》兄弟相會時，楊四郎的唱詞，不過，我將「十五春」改成「五十春」，其間有更多難訴的離情與悲愴。」[48]舊夢重溫的會場，數十年不見的人事，歡與憂皆生，甚至可說是憂從歡中來，這種心情，並不

---

47 逯耀東：〈再走一趟中華路〉，《出門訪古早》（臺北市：東大圖書公司，2001年），頁111。

48 逯耀東：〈煙雨江南〉，《肚大能容——中國飲食文化散記》（臺北市：東大圖書公司，2001年），頁75。

為逯耀東獨有，錢鍾書曾遍引中西方文人，如李商隱、朱行中、拜倫（George Gordon Byron）作品，即是說明此意：「言前塵回首，悵觸萬端，顧當年行樂之時，即已覺世事無常，搏沙轉燭，黯然於好夢易醒，盛筵必散。登場而預有下場之感，熱鬧中早含蕭索矣。」[49]物極必反，永恆卻像剎那，記憶雖存，當下卻轉眼即逝，好夢易醒，熱鬧易散，究竟哪個才是實存？歲月到底是什麼？而似夢復非夢，此身雖在堪驚，亦只能四顧茫然，難仰悲涼而已，這類的感慨，其實正是逯耀東對生命本質的追問。

此景或在，逝去歲月的卻像脫籠而出的鳥兒，一去不會再返，更何況在時代變遷的洪流之下，這些舊事物，又能留得多久？逯耀東以蘇州為例，蘇州是千年古城，人民生活既平淡又平靜，可是革命的風雨來了，「所謂的革命就是突破現狀，創造另一個生活環境，簡單說就是毀滅與新生。但毀滅以後如何新生，卻是大家無法也無暇思考的問題，就被催促走上革命這條路。」[50]革命，革了又革了，毀滅之後真的帶來新生嗎？舊的拋棄了，新的若然降臨，那些舊的人與事、舊的感情，又該何去何往？逯耀東提到北京胡同，隨著大街的繁榮，胡同卻更顯蕭條，那是舊事物在新時代的尷尬處境：「胡同居民的生活空間，被改革的浪濤沖刷著，退縮到胡同的深處，像座浪濤裡的孤島。胡同的居民在孤島上無奈的生活著，這些隱藏在胡同深處的菜市，就是他們堅持的最後生活據點。」[51]雖然逯耀東一再強調，那裡才有未被現代文明吞沒的傳統小說、那裡才是傳統生活所在、那裡才

---

49 錢鍾書：《談藝錄》（臺北市：書林出版有限公司，1988年），頁438。

50 逯耀東：〈煙雨江南〉，《肚大能容──中國飲食文化散記》（臺北市：東大圖書公司，2001年），頁74-75。

51 逯耀東：〈肉頭羊肚爆汁豆〉，《肚大能容──中國飲食文化散記》（臺北市：東大圖書公司，2001年），頁9。

是中國文化的基礎精神，菜市的鬧市與喧嘩，才是真正人民的安身立命處，可是又如何呢？他們依舊是孤島，是被改革激流所帶，是身不由己、隨政權轉移而逐的胡同居民。不過明知如此？又能奈何？反過來講，在革命的浪潮之下，在政治的口號之下，這些小老百姓，不是應該安居樂業，可以「仰足以事父母，俯足以畜妻子；樂歲終身飽，凶年免於死亡」（《孟子・梁惠王》）嗎？但為何不是這個樣子，逯耀東看到的卻是：「革命真的遠去了，變成一個符號沉澱到歷史裡去了嗎？這是我無法了解的。……，為的是大廈門前豎立的三組塑像，一座是剃頭挖耳朵的，一座是彈三絃賣唱的小姑娘，一座是拉著車的祥子。這些在舊社會裡卑微可憐的小人物，不是在新社會裡早已翻身了嗎？怎麼還杵在那裡。」[52]文明的衝擊，所造成生活型態的改變，新的來了，就一定是好的嗎？舊的走了，又該走去哪兒？逯耀東從飲食中思考政治社會的問題，再從這些問題中反思生命的處境，他發現原來生命處在時代的巨輪之下，我們竟是這樣地荒涼、無助。

　　如果說吃是一種情的的理解與表現，食之有情，卻是處處有悲歌。也是本文一再提到的，這種悲歌，其實就是生命難以化解的閒愁，就是飄零。正如逯耀東在〈飄零之味〉裡評論徐國能的〈第九味〉，他認為第九味就是飄零之味，[53]是由苦衍生而來。這種苦，就像曾先生（〈第九味〉裡的曾先生）所講，要等眾味散盡，方才知覺，這就是苦。鹹最俗而苦最高，常人日不可無鹹，但苦卻不可兼日，鹹雖入口便覺，看似最為尋常，但鹹到極致反而是苦，因此尋常中，卻

52　逯耀東：〈肉頭羊肚爆汁豆〉，《肚大能容——中國飲食文化散記》（臺北市：東大圖書公司，2001年），頁14。

53　逯耀東：〈第九味〉，《肚大能容——中國飲食文化散記》（臺北市：東大圖書公司，2001年），頁292。逯耀東：〈有品味的吃〉，《肚大能容——中國飲食文化散記》（臺北市：東大圖書公司，2001年），頁296。

往往有不尋常之處；這種苦，就像徐國能說的，是逝去的流水，聚了又散的雲煙、宴席，沒有一樣可以永遠留住的。[54]

這是苦嗎？或許是吧，但這種苦，往往與情相生，正如有失才有得，有放才有收，情苦是相生相成的，因此食之有情，卻是飄零之味，都是生命本質性的感受。逯耀東在品嚐食物，也是在追問人生。生活的痛疾哀苦，亡失憂懼，生命的愛欲貪嗔，驅之不盡，生命生活如此，飲食菜餚又何嘗不是？就像原居於重慶南路的牛肉麵攤，後來或遷入店面，不再專賣牛肉麵；又或是搬遷他處，另尋不著，往日用餐的情趣、氣氛，皆已不存，其中最讓人懷念的老金麵攤：「後來路打通了，許多的牛肉麵攤子，都遷入店面，賣的東西也雜了，已失去往日的情趣。老金也不知搬到哪裡去了，我每次經過懷寧街，都向過去老金擺攤子的地方望望，心裡有失落的茫然。」[55]逯耀東念念不忘的固然是牛肉麵，其實也是老金這個人：「老金是個回回，矮胖胖的，臉上的鬍子老修不乾淨。站在他攤子上懸著清真的小紅紙燈籠背後，每當麵起鍋裡時，一陣熱氣上昇，在那叢水霧裡，他團團綴滿笑容的臉，眼睛擠成一條縫，親切地問：『肥瘦？』就從鍋裡撈起一塊熱騰騰的牛肉，俐落地切成小薄片排在麵上，然後再從鍋裡打匙油燒

---

54 徐國能：《第九味》（臺北市：聯合文學出版社，2003年），頁65。值得注意的是，焦桐在替《第九味》寫序時，提到徐國能的憂鬱氣質，常在行文中提早預知即將到來的淒涼，這種深沉的憂鬱、蒼老的靈魂，焦桐於是以「憂鬱的滋味」稱之。這似乎與逯耀東對生命的追問，或有類同，我們不否認這種生命感受的相似性，但因每個人具體的生命經歷、時代環境皆有不同，因此他們對於感受的進入方式，亦有差異，若深究這種差異，則往往成為本身的獨特之處。本文所要強調的，是逯耀東從憂生念亂產生的悲淒感，正是他饌書寫的特色、特殊之處。焦桐：〈CL憂鬱的滋味——序徐國能散文集《第九味》〉，《第九味》（臺北市：聯合文學出版社，2003年），頁9-12。

55 逯耀東：〈牛肉麵與其他〉，《出門訪古早》（臺北市：東大圖書公司，2001年），頁158。

在麵上。我每次上街總會到他那裡叫一碗，邊吃邊聊幾句。閒話家常，的確是一種享受。」[56]老金這個人，他那不乾淨的鬍子、綴滿笑容的臉、擠成一條縫的眼睛，就跟從鍋裡撈起現切牛肉麵一樣，在逯耀東的記憶中，人與食物、情感與麵食，已經分不開了。可是如今店已不存，人亦不在，此景只待成追憶，不能再得，如今故人何在，卻只剩煙水茫茫。從牛肉麵攤興起的感懷與悵然，原來只是一片塵落影謝，讓人徒呼無奈而已。就像他到上海德興館用餐，酒足飯飽之後，踏出門外，心境卻是如此荒涼與無奈：[57]

> 酒足飯飽以後，又到南京路上漫步。南京路是過去十里洋場的精華所在，現在變成行人漫步專區，卻看到一輛肯德基載送客人的專車，緩緩駛來，突然想到上海真的變了，而且變得非常快速。誰還記得那些興於弄堂，伴著上海都會從傳統過渡到現代的上海的本幫菜館呢。難道這就是轉變的上海，上海？上海！

上海真的變了，過去的隨著現代的，漸漸地被沖刷殆盡了，那些弄堂、市集、街坊，那些小吃、零嘴、大排檔，或逝或變，或人是非已，或氛圍不再，都跟以前不一樣了，逯耀東最在乎的，卻是已經、或是即將失去的了。可是癡戀眷念，總因情生，可是逯耀東的情愁，倒非有一固定的具體對象，不是上海、臺北、香港，就像他的鄉愁，不止某地，也不執於某方，而是根本就是自己的生命本身，身在情

---

56 逯耀東：〈牛肉麵與其他〉，《出門訪古早》（臺北市：東大圖書公司，2001年），頁157。

57 逯耀東：〈去來德興館〉，《肚大能容──中國飲食文化散記》（臺北市：東大圖書公司，2001年），頁37。

在，不能斷亦難以分。由此可知，情之所鍾，正在我輩，故飲食之道，不能只在於食，而必須食之有情，進入食的文化史，親觸食的歷史深度，以我親行自證，以謀情之實踐。但這種氛圍往往又存有蒼涼落寞之感，不免讓人恐悸慮嘆、鬱憂戚吝，原來食之有情，竟是味之飄零，在逯耀東的筆下，這種感懷表現在〈姑蘇城內〉「朱鴻興」餐館的麵食，褐色湯中浮著銀白色的麵條，覆上半肥半瘦的燜肉，可是旋不多時，店已關門，不再營業，留下的似乎只有記憶的滋味；[58]也表現在〈海星樓上〉「海星餐廳」裡對食的異鄉人，一老一少偶然同桌，就像兩片被微風吹聚的浮萍，暫坐一起，咀嚼著同樣的鄉愁，他們雖有緣相見，但這種緣分必然是短暫的，最後終究是獨自離去；[59]也像是〈船過水無痕〉裡，逯耀東與友人鄭德齡吃過的糖葫蘆、山楂、窩窩頭、芝麻醬燒餅、豆漿、白肉血腸酸菜火鍋、牛肉泡饃、鍋貼、拌麵、連鍋羊肉，食物的美味，朋友間的情感，都是那麼地真切真摯，但後來友人卻得腸癌而死，兩個曾經緊密的生命，卻像短暫的水花一樣，船過水無痕。[60]又例如〈便當〉，逯耀東上完退休前的最後一堂課，學生像平日一般，嬉鬧地走出教室，只剩逯耀東一人，擦完黑板，「再回轉頭，教室已經空了，一陣聚散的涼意剎那湧上心頭」，於是他獨自買了便當回到研究室，吃著便當，已被牽引的情感卻止不住了：「現在正是下班下課的時候，走廊靜悄悄的，但走廊的窗外卻大雨滂沱，在雷電交加裡，我聽見傅鐘又被敲響。但傅鐘旁兩株火紅似的鳳凰木，在雨中卻變得一片濛濛。」[61]當人們即將離開熟悉的環境，聚散的離合感總會湧上心頭，一正一反，就如靜悄悄的走廊與窗

58　逯耀東：〈姑蘇城內〉，《窗外有顆相思樹》，頁42。

59　逯耀東：〈海星樓上〉，《窗外有顆相思樹》，頁61-62。

60　逯耀東：〈船過水無痕〉，《窗外有顆相思樹》，頁75-81。

61　逯耀東：〈便當〉，《那年初一》（臺北市：東大圖書公司，2010年），頁67-69。

外的大雨滂沱；也像火紅似的鳳凰木與濛濛一片的鳳凰木，兩相對比
對照的極端，更顯得生命人事的無常、孤獨。

　　這種生命感受，無可奈何，又能怎辦？逯耀東無以自解，也只能
以「糊塗」帶過了：[62]

> 　　我做事一向孟浪，祇要差不多就算了。再說難得糊塗確是很高
> 的境界，正如板橋所說：「聰明難，糊塗難，由聰明轉入糊塗
> 更難。放一著，退一步，當下心安，非圖後來福報也。」我如
> 何配得！於是便說：「那麼，抹去難得，剩下糊塗如何？」「這
> 還差不多。」太太答道。

「糊塗」是為人處世之道，也是對生命的體認，無可奈何就只能安之
若命，以「糊塗」而不是「聰明」的心態，欣賞生命的閒愁。文章
中，逯耀東提到書架上懸掛的「醉酒鍾馗」畫像，一目怒睜，似訴世
間不平之事；另一目卻微閉含笑，「似說算了，算了。」[63]

　　算了、算了，可是，生命的愁緒真的這麼就這麼算了，這麼容易
算了？生命有多長，書寫就有多長，苦是躲不了的，吃卻是心甘情願
的，「吃」情之「苦」，原是充滿了重量：「就這樣，帶著滿腹臺北的
人情味，走了。回來，將蒙塵已久的磅秤，抹擦之後，一秤，重了，
而且不是『祇加多一點點』。」[64]原來，那無法排遣的生命感受，就像
吃下肚的食物、就像那增長的體重──「何以得瘦？」其實並非不

62　逯耀東：〈坐進「糊塗齋」〉，《魏晉史學及其他》（臺北市：東大圖書公司，1998
　　年），頁309。

63　逯耀東：〈坐進「糊塗齋」〉，《魏晉史學及其他》（臺北市：東大圖書公司，1998
　　年），頁309。

64　逯耀東：〈何以得瘦〉，《出門訪古早》（臺北市：東大圖書公司，2001年），頁237。

行，而是不願。畢竟，那些年，那些人，那些事，早在逯耀東的生命中，透過食物而將他們安放在重要的位置，即便思之已惘然，即便正如他講上海的海派菜：「但進出現在的上海菜館，更超越過去的海派菜，形成只有噱頭的超海派菜，往日的情懷似已無跡可尋了。」[65]往日情懷對照具體現實，或許無跡可尋，可是文字還在。記憶中的味道即便淡去，逯耀東也不放棄追尋過往，這種一廂情願的一往情深，其實早已深深地刻畫在他的生命中。唯有記得的，才是真實的；唯有寫下的，才是難忘的，錢穆說得好：[66]

> 故凡余所述，皆屬一麟片爪，而已費九牛二虎之力。但既到老不忘，則可確證其為余生命中之重要部分，務求敘述真實，亦屬余對生命之自惜。

細觀錢穆這段話，其實牽涉到自傳記憶的敘述模式，真實與想像的自傳問題，學者多有討論，本文並不處理這個問題。[67]只是要指出的是，正如錢穆所說，我們有太多的過去，卻只有記起的才真正擁有它的獨特質感，逯耀東筆下的食物，經由飲食直接與間接牽涉到的事件人情，都是他生命中的曾經，曾經是那樣的真實，淪肌浹髓，刻畫入心——雖然經歷的美好，再也回不去了。

---

65 逯耀東：〈海派菜與海派文化〉，《肚大能容——中國飲食文化散記》（臺北市：東大圖書公司，2001年），頁54。

66 錢穆：《八十憶雙親·師友雜憶合刊》（臺北市：東大圖書公司，1992年），頁29。

67 相關討論可參李有成：《在理論的年代》（臺北市：允晨文化實業公司，2006年），頁24-53。

四 結論

本文從逯耀東的生命感受為切入點，來探討逯耀東期許為「飲食工作者」的意義。正如他所言，他寫飲食，並非將食物作客觀描寫，只單就形容菜餚的新鮮、烹調的技藝與美味，他更要將飲食上升到文化的層次，當然這種層次往往與他個人的觀察、個人的存在感受有關。於是，他從食物中吃到了他的「情」，這種情是屬於用餐的環境、是屬於飲食的歷史感，這種情是人情味的、是百姓的、是傳統文化氛圍的、是他曾經親行親嚐，難以忘懷的。那些過往的種種回憶、那些逝去的種種經歷，都讓他對食物之情有了更深層的感受，食物不再只是食物，看似無情卻有情，飲食才是充滿情的載體——原來飲食就是生命，品嚐飲饌就是在體會人生、接觸生命。

當他追憶昔日，走過舊時的蹊徑，當然也有許多的歡笑與快樂。但在歲月沖刷過後，有念於今日，有感於昨日，或許悲嘆，或許遺憾，又或許會憤懣，原來人生閒愁，生命的孤寂感竟是無所不在。當年逯耀東在高雄榮總開刀，手術前一日他在花園閒步：[68]

> ……，正是黃昏時分。滿天的晚霞映著花園的草木，蒙上一層褐紅，轉頭看到花壇上幾株仙人掌，正開放著紅花，盛放的花朵飄搖在晚風裡，是那麼鮮豔。我默默獨坐，四周靜穆，突然感到是那麼孤寂無助，一陣風來，竟有些微的涼意。

年紀大了，身體難免出些問題。手術前一日，心情更可能會忐忑不安，在花園中看到花草綻開，可是花無百日紅，終將枯竭，似乎暗示

---

68 逯耀東：〈慷慨上路〉，《那年初一》（臺北市：東大圖書公司，2010年），頁78。

了生命的最後必然結局，生命總是如此，一路走來，經歷這麼多的事，但現刻的默默獨坐，竟然只剩下孤涼與寂寞，不禁讓人想起他在〈又是一個陌生的地方〉所言：「因為我祇只是寂寞的存在著」。[69]即便他走過街坊巷弄，吃遍大江南北，才發現昔日的「吃」與「情」，原來竟是寂寞的存在，是滄桑飄零的滋味，是孤寂無奈的悲涼。這樣的生命閒愁，讓他只好以糊塗處世，以使得生命負荷之重，變得稍微輕盈些，劉家和曾作詩贈予逯耀東，其中一首是：「糊塗人作糊塗吟，不辨糊塗淺與深，但覺糊塗滋味好，糊天糊地漫無心。」逯耀東的感想是：「劉先生所作的〈糊塗吟〉與〈糊塗詩〉所謂『一說糊塗難得，糊塗便出有心』，出於有心的糊塗，是假糊塗不是真糊塗。鄭板橋的難得糊塗，是體驗了人情冷暖，世態炎涼之後，由聰明轉入糊塗之後，才興起的難得糊塗。」[70]其實，糊塗是深是淺，是真是假，那又如何？假作真時真亦假，願意糊塗，也難得糊塗，而若能糊塗，就算是味之飄零，只要食之有情，吃得津津有味，也就夠了。

---

69 逯耀東：〈又是一個陌生的地方〉，《異鄉人手記》（臺北市：皇冠文化出版公司，1977年），頁186。

70 逯耀東：〈糊塗齋〉，《那年初一》（臺北市：東大圖書公司，2010年），頁71-72。

附錄一
人文化成的文學圖像
——當「文心」遇上「雕龍」

一　前言

　　世論《文心雕龍》者，為數極多，已累積豐富的研究成果，而從創作技巧、美感形式與文學思想性質等「文學論」[1]的角度入手，論文體、文術，談創作、風格、作者與讀者，又或是專論《文心雕龍》中的術語概念等等，皆是其中重要的一環，[2]可見《文心雕龍》已成為中國文學研究中的一塊重要基石。近年來新出版的簡良如《文心雕龍研究——個體智術之人文圖像》一書，則別出心裁，認為《文心雕龍》並非只是文學創作與鑒賞的理論研究，而是劉勰作出深刻的人文反省，包括對人之性情與存在價值、個體生命的完成，所以劉勰理想

1　此為王夢鷗語，他認為「這是一部中國人用中國的觀念及其思考方法寫成的文學論」，又認為此乃「空前絕後的『中國文學論』」，王夢鷗：《古典文學的奧秘——文心雕龍》（臺北市：時報文化出版公司，1998年），頁2、5。

2　王更生曾將臺灣學界從一九四九到一九九九年之間，對於「龍學」研究的成果分為四期（初期開拓的艱辛、中期發展的猛進、近期成果的輝煌、晚期趨於平緩），兩年後劉渼《臺灣近五十年來「《文心雕龍》學」研究》出版，則更增為五期（賡續與開創期、發展期、成熟期、高原期、轉型期）。其中或探討《文心雕龍》的文學思想、文章創作的技巧方法，或對專章討論，呈現劉勰的論述焦點；又或是討論對後世的影響，甚至是與西方理論比對，比較異同，乃至於著重劉勰生平行事、《文心》版本等等，都已有豐碩的研究成績。劉渼：《臺灣近五十年來「《文心雕龍》學」研究》（臺北市：萬卷樓圖書公司，2001年）。相關文獻回顧，特別是碩博士論文部分，可見黃承達：《文心雕龍創作論實際批評》（彰化縣：彰化師範大學國文學系碩士論文，2007年），頁1-4。

中的文章、文學，都是以個體（相較於整體）形式所獨立實現，且合乎真實之道而作的個體之文，這種人之文也才與天地萬品等自然世界共通、一同實現明雅之生命。[3]

　　本文的研究，正是希望在眾多成果之中，詳人所略，略人所詳，找出一個可能再深化的方向。其實不管是「文學論」又或是「人文反省」，都可能是劉勰的重要主張，劉勰雖然常將「人文之文」視為一種「文學」，是一種由文辭文章所顯露的「文化之學」，這是劉勰所繼承的先秦文學傳統，有其社會性目的，是一種社會文化的行為，[4]而非今日純以「辭章」為專業批評與創作的「文學」觀念。只是類似今日文學觀念的手法，諸如前述所提的技巧與鑑賞等文創問題，卻也確實存在劉勰文論中。若然如此，應該怎麼看待兩種層次的差異？換言之，劉勰一方面就文體與文術作出梳理，注重修辭結構、音韻文筆、結構形式、意象美感；一方面又屢言文章可以經緯區宇，發揮事業，而君子處世，樹德建言，文學之用，是可以人文化成、重建秩序的，兩種觀點俱存於《文心雕龍》，正如徐復觀所言：「中國文學傳統，不孤立地看文章的功用、價值，而常繫彌綸整個人生活動之所及以為言。」[5]只是兩相對照，也非矛盾，因為彼此都牽涉到一個最基本的核心，即是該如何寫，並且寫些什麼的問題，其中包括了書寫的技巧方法，也包括書寫的目的與作用——畢竟兩者皆源於「文心」。至於為文之心，或如簡良如所言，是個體智術的呈現，即文（章）為心體

3　簡良如：《文心雕龍研究——個體智術之人文圖像》（臺北市：臺灣大學出版中心，2008年），頁463-476。

4　關於先秦時代的文學觀念，可參顏崑陽：〈論先秦「詩」社會文化行為所展現的「詮釋範型」〉，《東華人文學報》第8期（2006年1月），頁56-58。

5　〔晉〕陸機著，張少康集釋：《文賦集釋》（北京市：人民文學出版社，2005年），頁267。

之用，智術製作又包括內自我情性之雕琢。[6]順著上述的研究脈絡，本文企圖更進一步證明，由心發而為文，正是由「個體」通向「群體」、改變「群體」的關鍵，劉勰之所以要拯救文弊，其因在此。他認為辭章文學是人文世界的中心，牽一髮而動全身，因此要重整秩序，就得先掌握文章，要掌握文章，就必須先知道書寫的相關問題，於是當「文心」遇到「雕龍」，才有了人文化成的可能。[7]

二　窺探文心——改變文風的關鍵

　　拯救文弊、改革文風，是《文心雕龍》明言的宗旨之一，正如曹丕所說：「觀古今文人，類不護細行，鮮能以名節自立。」[8]《顏氏家訓‧文章》也說：「然而自古文人，多陷輕薄，……，有盛名而免過患者，時復聞之，但其損敗居多耳。每嘗思之，原其所積，文章之體，標舉興會，發引性靈，使人矜伐，故忽於持操，果於進取。今世文士，此患彌切……。」[9]文人不護細行，陷於輕薄，復又自矜自傲，忽於道德名節等操守，乃當時弊病。劉勰在〈序志〉便說，他之所以論文，實乃當時「而去聖久遠，文體解散，辭人愛奇，言貴浮

6　簡良如：《文心雕龍研究——個體智術之人文圖像》（臺北市：臺灣大學出版中心，2008年），頁116-118。

7　「雕龍」是指什麼？一般多以裴駰注《史記》引劉向《別錄》之語作解：「騶奭脩衍之文，飾若雕鏤龍文，故曰『雕龍』。」騶即指騶衍，奭是指騶奭。飾若雕鏤龍文，後皆泛指文辭文章。張立齋：《文心雕龍注訂》（北京市：國家圖書出版社，2010年），頁1。這也是劉勰在〈序志〉所謂「古來文章，以雕縟成體，豈取騶奭之群言雕龍也」之意。當然劉勰並非只以論「雕龍」為滿足，他更要在其中尋求「文心」，進而以「文心／雕龍」改革文風。

8　〔晉〕陳壽：《三國志》（臺北市：宏業書局，1997年），頁602。

9　〔北齊〕顏之推《顏氏家訓》（臺北市：明文書局，1990年），頁221-222。

詭，飾羽尚畫，文繡鞶帨，離本彌甚，將遂訛濫」[10]，這種時代文風，當然為劉勰不滿，所以他「於是搦筆和墨，乃始論文」，所論之文，就是針對文壇風氣，呼籲眾人重新省視文章的意義與內涵。

關於文章的反省，他首先歸結到文心，〈序志〉已明言：「夫文心者，言為文之用心也」，[11]而最能展現文心之處，則在聖人製作典籍，〈原道〉就說：[12]

> 爰自風姓，暨於孔氏，玄聖創典，素王述訓，莫不原道心以敷章，研神理而設教。……觀天文以極變，察人文以成化；然後能經緯區宇，彌綸彝憲，發揮事業，彪炳辭義。

風姓就是指伏羲，《史記》記載伏羲氏以風為姓。從伏羲到孔子編修六經，不論是聖人創典，又或是素王（孔子）述而不作，都是聖哲體會天地之心的表現，周振甫就說：「道心，自然之道的精意，這個『心』，即『天地之心』，相當於『神理』，只有聖人才能體認。」[13]聖人們敷衍成文，精研幽讚神理而設教化，因此，不論是「取象乎《河》、《洛》，問數乎蓍龜」，又或是「觀天文以極變，察人文以成化」，這些人文之文，[14]因為掌握了天地自然之心，是道的呈現，所以

---

10 楊明照校注拾遺：《文心雕龍校注》（北京市：中華書局，2005年），頁601。

11 楊明照校注拾遺：《文心雕龍校注》（北京市：中華書局，2005年），頁609。

12 楊明照校注拾遺：《文心雕龍校注》（北京市：中華書局，2005年），頁2。

13 周振甫：《文心雕龍今釋》（北京市：中華書局，1995年），頁14。

14 劉勰在〈原道〉一開頭就說：「文之為德也大矣，與天地並生者」又說日月疊璧、山川煥綺、雲霞雕色、林籟結響等是「道之文」，皆屬自然景觀等而言，關於這段話的解釋，徐復觀的說法是：「所謂的文，皆係形而上性格的文，以及是廣義的文，皆是不通過語言文字來表現的文。」可是這種不是語言文字表現出來的文，並非劉勰論述重點，他真正關心的是「心生言立文明」的表現過程，並認為乃自然之道。可是，更進一步來看，如果有一個自然，是不是就有一個人文呢？劉勰在後來

可以治理世界、制定規範、發揚事業，然後文采煥發，成就顯著，所以劉勰接著就說：「故知道沿聖以垂文，聖因文以明道，旁通而無滯，日用而不匱。」由此可知，道並不會自己成為（人）文，必需藉由聖人探悟世界自然本真，道方得以藉由文而展現，所是道是沿聖以垂文。反過來講，聖人也利用文來明證道體，（聖）人／文／道的關係，就變成了連續性的關係，相輔相成。文也因為是道的體現，所以是可以改變世界的，是可以「經緯區宇，彌綸彝憲」、「寫天地之輝光，曉生民之耳目矣」。所以聖人體認天地之心，體道成文，[15] 故可得見天地造化，參贊化育，這就是劉勰所謂的為文之心，而文心則是參與世界，進而改變世界的關鍵。

　　若然如此，則聖人或作或述，典籍或佚或存，不可盡觀：「自鳥跡代繩，文字始炳，炎皞遺事，紀在三墳，而年世渺邈，聲采靡追。」[16] 聖人制作，年代久遠，不可追者甚多，可學而習時者，當為六經，故劉勰有〈宗經〉之作。〈宗經〉談文體之源起六經，諸如論說辭序起於《易》、詔策章奏發於《書》、紀傳銘檄溯於《春秋》、賦頌歌贊則本於《詩》……，[17] 經，雖為恆久之道，不刊鴻教，當然劉勰此處並非要人也去制作六經，而是要在「極文章之骨髓」的六經

確實說到了「人文」這兩個字，但此處並非現今人文與自然的對立對比，而是劉勰根本認為人文出於自然，都是道的一種表現，劉永濟就說：「舍人論文，首重自然。二字含義，貴能剖析，與近人所謂『自然主義』，未可混同。」是以劉勰接下來才從「人文之元」等談到典籍制作，最後又總結這些人文之文之所以能鼓動天下，流傳後世，實因「觀天文以極變，察人文以成化」、「鼓天下者，迺道之文也。」可參徐復觀：《中國文學精神》（上海市：上海書店，2006年），頁218。劉永濟：《文心雕龍校釋》（北京市：中華書局，2007年），頁4。

15　「……，惟人參之，性靈所鍾，是謂三才，為五行之秀，實天地之心。」楊明照校注拾遺：《文心雕龍校注》（北京市：中華書局，2005年），頁1。

16　楊明照校注拾遺：《文心雕龍校注》（北京市：中華書局，2005年），頁1-2。

17　楊明照校注拾遺：《文心雕龍校注》（北京市：中華書局，2005年），頁27。

中，就各種不同文體特性善學，融而用之，如〈通變〉所謂「夫設文之體有常，變文之數無方，何以明其然耶？凡詩賦書記，名理相因，此有常之體也；文辭氣力，通變則久，此無方之數也」[18]的意思。當然就文體來看，則後世許多文體皆可在六經中找到原型與母體，[19]又或是將六經視為理想文體，足為創作的模範；[20]另就表現形式與思想性質來說，六經帶給後代的模範作用，則是劉勰所說的體有六義：「情深而不詭，風清而不雜，事信而不誕，義直而不回，體約而不蕪，文麗而不淫」，這種文，是可以歸於雅正。[21]因此後世文體，或可宗於六經，卻又都各有特性殊勝，諸如《離騷》兼之國風與小雅，故依經立義，在其文辭麗雅，又可為辭賦之宗，與經書相比，更有四同四異可說。[22]再者，文本於經，中國本有此論述傳統，早從司馬遷開始，他已將司馬相如之賦與聯繫到《詩》之諷諫，其後班固也在《漢書》〈藝文志〉以五經統百家之書，像是尚書類就著錄奏議四十二篇，春秋類著錄議奏三十九篇、奏事二十篇等等。魏晉文體大興之後，文學、史學雖自經學中獨立，但若探究文體之源，仍然上推到六經，諸如摯虞、顏之推、陳騤、郝經、黃佐、譚浚、葉燮、章學誠諸人，都有就經來談文體的說法。他們在宗經的立場之下，各人論述角度與分類模式又有不同，例如摯虞是就五經的語言形式追尋文體淵

---

18 楊明照校注拾遺：《文心雕龍校注》（北京市：中華書局，2005年），頁397。

19 王夢鷗：《古典文學的奧秘——文心雕龍》（臺北市：時報文化出版公司，1998年），頁35。

20 顏崑陽：《六朝文學觀念叢論》（臺北市：正中書局，1993年），頁233。

21 羅宗強：《魏晉南北朝文學思想史》（北京市：中華書局，2004年），頁277-278。

22 究竟〈辨騷〉應該放在「樞紐論」還是「文體論」，一向是學界爭論不休的問題。因關注點的不同，所以本文並不處理這個問題，況且就歷史性的省察來講，騷固然可說是從六經變化而出，但就體式的規範效力來說，就文體的發展過程來看，騷與六經就有明顯的不同。顏崑陽：《六朝文學觀念叢論》（臺北市：正中書局，1993年），頁178-181。

源，在《詩經》裡找覓各種句法，以證明後世詩歌源於《詩》；在分類模式方面，像是郝經與黃佐雖都是將文體溯於六經，只是郝經把論、說歸於《易》，黃佐則是《春秋》。[23]劉勰雖也在此傳統之中，但他用意在於「矯訛翻淺，還宗經誥」，目的在於匡正當時文風，歸於雅正，這跟他在〈序志〉所言，是一致的，因此他並未就全部文體一一對應六經、強硬分類，他表現的只是一種宗經精神，認為經書內涵豐厚，後世許多文章的文體特徵皆已涵蓋其中。

　　如前所言，劉勰談宗經，並非要人真的去寫六經，也不是說各式各樣的文體都是經之支流；論徵聖，也不是要人學成聖人，既不以成聖為目的，因此就非儒家式成聖成德，養成「君子」、德性充滿、尊德性而道問學的路子，[24]而是學習聖人寫文章的內涵用意與形式技巧，最後則是技進於道，人文化成。劉勰強調的經、聖，都是針對兩者化成人文的「教化」功用，並且緊扣住聖人文章而論，所以〈徵聖〉才說「先王聖化，布在方冊，夫子風采，溢於格言」，又說孔子讚美唐堯，周代，春秋時代的鄭國、宋國，甚至是子產，說這是「政化貴文」、「事蹟貴文」、「修身貴文」之徵，[25]聖人之所以為聖人，在於其文辭典籍能影響後世，流風餘韻，恆久長遠，畢竟時移世易，聖人早已不在，可見者惟聖人所作之文而已，所以真正能夠感化人心者，是文章：「妙極生知，睿哲惟宰。精理為文，秀氣成采。鑒懸日月，辭富山海。百齡影徂，千載心載」[26]，是以欲用人之文合契於

23　對「文本於經」的文體學考察，可參吳承學：《中國古代文體學研究》（北京市：人民出版社，2011年），頁33-45。

24　關於儒家，特別是孔孟荀的修養工夫進程，論者甚多，但大體而言，皆是一種由「內」而「外」，從「治己」到「治人」的連續性展現，可參余英時：〈中國知識分子的古代傳統〉，收入氏著：《史學與傳統》（臺北市：聯經出版事業公司，1988年），頁71-92。

25　楊明照校注拾遺：《文心雕龍校注》（北京市：中華書局，2005年），頁17。

26　楊明照校注拾遺：《文心雕龍校注》（北京市：中華書局，2005年），頁18。

道，正是要透過學習聖人文章，徵聖而宗經，開學養正，「若稟經以制式，酌雅以富言」[27]，則文章可成，因此劉勰一再提醒我們應該要注意：「天道難聞，猶或鑽仰，文章可見，胡寧勿思？若徵聖立言，則文其庶矣！」[28]文章之重要，由此可見。

聖人為文，既是文心之大成，六經自然就是最好的學習典範，那麼要如何以心證心，遙契邈載，將己心通透聖人之心？這就成了劉勰必須要解決的問題。進一步來講，以六經為創作模範，受其影響的眾多文體，在劉勰看來，也是後代文士合乎自然之道，達成同等於聖人之文的文體，[29]對於這些文章，又要如何理解其心？關於這個問題，如果就〈知音〉「夫綴文者情動而辭發，觀文者披文以入情，沿波討源，雖幽必顯，世遠莫見其面，覘文輒見其心」來說，就是透過對方情動辭發之文章來見其心，因此就有所謂「六觀」的作法，具體地觀察作品之位體、置辭、通變、奇正，事義與宮商，是透過一種相對客觀的方式來理解文章肌理結構，進而探源作者之心；[30]另一方面，則是就讀者（同時自己也往往是作者，分析詳下節）而言，虛靜其心，擁有一種開放的心靈，充滿厚度的人文精神，即〈神思〉所謂「是以陶鈞文思，貴在虛靜，疏瀹五藏，澡雪精神」的意思，[31]且正如黃侃等諸多學者所言，〈神思〉往往又必須與〈養氣〉等篇合觀，是以如〈養氣〉所謂「是以吐納文藝，務在節宣，清和其心，調暢其氣，煩而即捨，勿使壅滯」，都是主張清心調氣，勿壅勿塞，[32]才能如王夢鷗

---

27 楊明照校注拾遺：《文心雕龍校注》（北京市：中華書局，2005年），頁27。
28 楊明照校注拾遺：《文心雕龍校注》（北京市：中華書局，2005年），頁18。
29 這些文體與六經一樣，充滿了人文意蘊，同樣有著化成人文的意義，例如劉勰在〈時序〉所建構的文學史脈絡，都是就這個層次來談的，詳見下節。
30 顏崑陽：《六朝文學觀念叢論》（臺北市：正中書局，1993年），頁226-241。蔡英俊：《語言與意義》（武漢市：華中師範大學，2011年），頁23-24。
31 楊明照校注拾遺：《文心雕龍校注》（北京市：中華書局，2005年），頁369。
32 黃侃：《文心雕龍劄記》（上海市：上海古籍出版社，2006年），頁81-82。

所言，可以將文章文辭所表達字義寓涵轉為內在心靈感受，不至於支離破碎[33]，此是就語文的接受層次來講；此外也有如張少康等學者，以儒釋道等哲學的層次，來對劉勰「虛靜」說作出梳理，強調當主體進入虛靜狀態時，就可以物我不分，與自然同化。[34]因為從「貴在虛靜，疏瀹五藏」的「清和其心，調暢其氣」來看，不論是劉勰取用莊子原意，又或只是融會其文，尚不能窮極精微，未必有深刻的哲理工夫意涵。但是不管如何，保持內心澄明，寂然凝慮，這是諸家都同意的基本見解，而養氣就是要使心情之動合，能收能放，優柔適會，如此才能不讓心志雍滯混亂，維持清和通暢的狀態，[35]以免阻礙對文章辭義的認知與轉化。

　　養氣，固然是清和其心的方式，可是氣是通貫的，存於宇宙天地萬物之中，心事實上也藉由氣動而感應萬物，〈物色〉：「是以詩人感物，聯類不窮。流連萬象之際，沉吟視聽之區；寫氣圖貌，既隨物以宛轉；屬采附聲，亦與心而徘徊」[36]，感於物色，以致詩人流連萬象，沉吟視聽，隨物宛轉，與心徘徊。如鄭毓瑜所言，這都說明了在氣化的世界中，人藉由氣通來「感物」（屬心的活動，即劉勰「沉吟視聽之區」的意思）與「連類」（聯繫相關物類，即劉勰所謂的「流連萬象之際」），[37]這就構成了「整體／個人」、「宇宙／身體」的聯繫

33　王夢鷗：《古典文學的奧秘——文心雕龍》（臺北市：時報文化出版公司，1998年），頁120-134。

34　張少康：《劉勰及其《文心雕龍》研究》（北京市：北京大學出版社，2010年），頁115-118、275-276。

35　養氣的重要性，簡如良所言甚是：「工夫的息止，對自身混亂鬱結或偏重失衡情況的疏解，對原本清和狀態的復返，才是養氣所為。」簡良如：《文心雕龍研究——個體智術之人文圖像》（臺北市：臺灣大學出版中心，2008年），頁273、頁512。

36　楊明照校注拾遺：《文心雕龍校注》（北京市：中華書局，2005年），566。

37　鄭毓瑜：《引譬連類：文學研究的關鍵詞》（臺北市：聯經出版事業公司，2012年），頁33-37。

互通：「人感應出世界，也身處世界之中；更重要的是，世界的整體
於是在人的個體上顯現，而出自個體身心的文學就是整體世界的舞
臺」。[38]在這樣的氣感聯繫之中，最重要的關鍵媒介，就是文章，前述
所言屬采附聲、寫氣圖貌都是表現在文章之上的。作者因其感物連類
發而為文，讀者又因此文而感同身受，若有所興，彼此產生聯繫，或
成知音，因而情遷萬古；或通其心，所以敷讚聖旨。[39]因為文章寫作
的流顯發露，是「情以物遷，辭以情發」的，之所以能「詩人感物，
聯類不窮」，仍在於本身心靜通明，才能深刻感應天地宇宙萬物的變
化，「蓋陽氣萌而玄駒步，陰律凝而丹鳥羞；微蟲猶或入感，四時之
動物深矣，若夫珪璋挺其惠心，英華秀其清氣；物色相召，人誰獲
安？」人之感受更勝於玄駒丹鳥，心更為靈徹慧聰，氣更為清明英
華，物感自召，當然更為深刻，可以參透宇宙自然陰陽，心隨之而
動，就更能深入其理，探究天地造化，〈原道〉「……，惟人參之，性
靈所鍾，是謂三才，為五行之秀，實天地之心」，亦是此意。而發諸
文辭，在吟詠情性之間，婉而成章，自能知雅正之風，則寫物附意，

---

38 葉舒憲與鄭毓瑜都認為這種引喻、譬類或是聯繫的感應等等，基本上共屬於一個世
界觀、宇宙觀，不論是天／人、時／事、物／我之間皆存在著以類應而相通，類固
相召，彼此穿通的聯繫性思維，他們將此種思維稱為「以譬喻類」。可參葉舒憲：
《詩可以興——神話思維與詩國文化》（武漢市：湖北人民出版社，1994），頁414-
415。鄭毓瑜：《文本風景——自我與空間的相互定義》（臺北市：麥田出版公司，
2005），頁298-299。引文見鄭毓瑜：《引譬連類：文學研究的關鍵詞》（臺北市：聯
經出版事業公司，2012年），頁35。這種氣論並非自劉勰才開始，早在先秦時期，
已經有了氣的觀念。而且氣不但是古代醫學的重要理論，人同時也藉由氣來解釋天
地宇宙，因此人與自然的溝通往往也是由氣而通感。關於氣的產生與影響，可見
〔日〕加納喜光：〈醫書中所見的氣論——中國傳統醫學中的疾病觀〉，收入小野澤
精一等編，《氣的思想——中國自然觀和人的觀念的發展》（上海市：上海人民出版
社，1992年），頁273-306。楊儒賓：〈導論〉，收入楊儒賓編，《中國古代思想史中的
氣論及身體觀》（臺北市：巨流圖書公司，1993年），頁3-59。

39 侯迺慧：〈由「氣」的意義與流程看文心雕龍的創作理論〉，收於中國古典研究會主
編：《文心雕龍綜論》（臺北市：臺灣學生書局，1988年），頁269-274。

颺言切事，或喻於聲、方於貌、擬於心、譬於事，這種文章，正如〈原道〉所說，是「心生而言立，言立而文明，自然之道也」，才真正可以感物連類、教化人文。

三　雕縟成文──重建秩序的載體

正如上節所引〈知音〉，一方面是藉由文體以知對方之心，另方面讀者往往也是作者，他的學習正是為了創作。所以宗經徵聖，並非是要再作六經、成聖成德，而是學習以聖人文章為模範，學習其內涵，用意仍是為了改變當時文風，如果說當時文壇風氣過於巧密靡麗、緣飾盛時，劉勰則是要人為文，歸於雅正，並主張以文章來人文化成，這正是劉勰〈序志〉「唯文章之用，實經典枝條，五禮資之以成，六典因之致用，君臣所以炳煥，軍國所以昭明，詳其本源，莫非經典」[40]之意。

就因為劉勰是以人文化成的角度來看待文章，所以看到他在〈時序〉裡，是以一種文學史的脈絡來談論各種文體與文章，並且緊緊扣住其政治社會之層面，充滿了歷史感。換言之，文體或文章不是抽出時代獨存的事物，而是密切關聯於當代，不論是「昔在陶唐，德盛化鈞」「有虞繼作，政阜繼作」「至大禹敷土，九序詠功」，又或是「春秋以後，角戰英雄，六經泥蟠，百家飆駭」、「爰至漢室，迄至成哀，雖世漸百齡，辭人九變」、「自獻帝播遷，文學蓬轉，建安之末，區宇方輯」、「逮及晉宣始基，景文克構，並跡儒雅，而務深方術」，諸如此類的說法，舉不勝舉，都強調文章的外緣性、外部性特質。故劉勰此處的「文學」，基本上都是就人文化成的文章來定義的，是「文變染

40　楊明照校注拾遺：《文心雕龍校注》（北京市：中華書局，2005年），頁610。

乎世情，興廢繫於時序」的文章之學，關聯到整個時代的文化氛圍。

《文心雕龍》的文學觀，正應該由此視野出發。這個面向，是說寫文章應該要有教化的理想，出自作者對人文社會的關懷，然後引發讀者的感同身受，人心的感通，窺探文心，才能諦聽文章的生命躍動，興起自我反省。有了這種觀照，自己也才能寫出「言立而文明」的文章，才能夠把文章文辭所表達字義寓涵與內在感受結合，雕縟為文，表現為自己的文章寫作，故虛心養氣，既是吸收，也是展現，所以〈養氣〉才說：「意得則舒懷以命筆，理伏則投筆以卷懷，逍遙以針勞，談笑以藥劬，常弄閑於才鋒，賈餘於文勇，使刃發如新，腠理無滯，雖非胎息之邁術，斯亦衛氣之一方也。」[41]不論是申寫鬱滯，還是舒懷以筆，最終仍是要展現於文章的。[42]如此循環反覆，從個人感通個人，到許多個體凝聚成群體，彼此興發感染，人文化成就有了明確的脈絡實踐，正如〈諸子〉所言：「身與時舛，志共道申，標心於萬古之上，而送懷於千載之下，金石靡矣，聲其銷乎！」[43]志共道申，在萬古亦或千載之時，皆有賴於文章，文章，正是人文蘊藉的載體。

若由此觀，則為文之心（文心）就開出兩個相輔相成的脈絡，一是虛心養氣以學習，深入經典文體，是「原始以表末，釋名以章義，選文以定篇，敷理以舉統」；一是寫作實踐，談論與書寫有關的技巧與方法，是「至於割情析采，籠圈條貫，摛神性，圖風勢，苞會通，

---

41 楊明照校注拾遺：《文心雕龍校注》（北京市：中華書局，2005年），頁512。

42 虛靜，事實上也牽涉到學的問題，虛靜其心，廣納百川，博覽積學，但同時也必須要消納融會，善用所知，將心意想法轉為文字，這也就是〈神思〉所講的「積學以儲寶，酌理以富才，研閱以窮照⋯⋯，獨照之匠，窺意氣以運斤，此蓋馭文之首術，謀篇之大端也。」〈養氣〉所謂「是以吐納文藝，務在節宣」，吐與納，展現與吸收，創作與學習，亦是如此。楊明照校注拾遺：《文心雕龍校注》（北京市：中華書局，2005年），頁369。可參劉若愚著，杜國清譯：《中國文學理論》（南京市：南京教育出版社，2005年），頁183-187。

43 楊明照校注拾遺：《文心雕龍校注》（北京市：中華書局，2005年），頁230。

閱聲字」，兩相合併，互倚不倒，則文之成矣，「文果載心，余心有寄」！[44]

　　因此，寫文章就必然會牽涉到技巧文術的使用，劉勰談聲律、章句、麗辭、比興、誇飾、練字、隱秀，便是著眼於此。[45]〈總術〉就說：「凡精慮造文，各競新麗，多欲練辭，莫肯研術」[46]，故探求「雕龍」之術，共相彌綸，對劉勰而言，就有其必要性。[47]當然，這些文章的修辭技巧、表現方法、結構布局，並非本文關心的重點，況諸家論述已多，[48]本文只在眾多學者的研究基礎之上，再提出一些反思：劉勰談文術，是否仍可歸諸於人文化成的一環？

---

44 楊明照校注拾遺：《文心雕龍校注》（北京市：中華書局，2005年），頁611。

45 張少康稱為「文術論」。張少康：《劉勰及其《文心雕龍》研究》（北京市：北京大學出版社，2010年），頁180。此外，黃侃曾將〈神思〉到〈附會〉等十八篇歸為「創作論」，可是後來許多研究者並不同意這樣分法。而〈物色〉是否該歸為創作論又或是文評論，也是學者們討論的重點之一，諸如范文瀾、李曰剛等人認為應為前者（創作論），但對篇章排列次序各有看法，至於劉大杰等人卻認為應放至文評論較為恰當。可參黃承達：《文心雕龍創作論實際批評》（彰化縣：彰化師範大學國文學系碩士論文，2007年），頁4-7。

　關於《文心雕龍》的分類爭議，言人人殊，因本文另有其他關懷方向，故與本宗旨無關，所以此處並不討論這樣的問題。

46 楊明照校注拾遺：《文心雕龍校注》（北京市：中華書局，2005年），頁529。

47 王夢鷗：《古典文學的奧秘——文心雕龍》（臺北市：時報文化出版公司，1998年），頁192-196。

48 關於書寫技巧等修辭的研究，可參張少康：《劉勰及其《文心雕龍》研究》（北京市：北京大學出版社，2010年），頁180-222。沈謙：《文心雕龍與現代修辭學》（臺北市：文史哲出版社，1992年），第二、三、四章。至於劉勰本身如何善用這些方法，融會至《文心雕龍》裡，王毓江亦已作出深入研究，他從劉勰本身話語出發，分析他的文章特性，用意在於指出，劉勰的駢文創作與文學批評是同步的，理論即是實踐。可參王毓江：《言者我也：《文心雕龍》批評話語分析》（北京市：商務印書館，2011年）。

　值得注意的是，王毓江這種說法，與本文中所描述的觀點可互為表裡。意即，「為文之心」，一方面是學習，一方面也是創作，讀者即是作者，劉勰本身自己就是最好的範本。

　　答案是可能的，這也是他提出形似之風的原因，講究外師造化，模寫自然，深入物貌，是他的重要主張，〈物色〉：[49]

> 自近代以來，文貴形似，窺情風景之上，鑽貌草木之中。吟詠所發，志惟深遠；體物為妙，功在密附。故巧言切狀，如印之印泥，不加雕削，而曲寫毫芥。故能瞻言而見貌，印字而知時也。

文貴形似，巧言切狀，一向是六朝文風主流，[50]但劉勰不止就物象論物象而已，而是要因此得物色之情，正如〈原道〉所謂日月疊璧、山川煥綺、龍鳳藻繪、草木賁華等物色，是「仰觀吐曜，俯察含章，高卑定位，故兩儀既生矣。惟人參之……」，人既為性靈所鍾五行之秀，就可以在這些自然萬物的「道之文」中，窺情風景之上，鑽貌草木之中。這種論述，是建立在萬物具有「同質」的基礎，黑格爾批評模仿，認為追求肖似自然，並非藝術，也不是藝術的目的，[51]劉勰顯然認為文字可以模仿自然，這樣的模仿，瞻言而見貌，正好就是原道的起點，藉由體悟，領會道的同質性，在「道之文」中，模仿形似。所以他指出須由作者心志而發，由內而外，從「吟詠所發，志惟深遠」，進而「體物為妙，功在密附」，感於物色，發言為文，文章的事義描繪與文辭運思，才能合一，這種的文章就如印與印泥一樣，可以「不加雕削，而曲寫毫芥」。諸如用灼灼以明桃花之鮮，用依依以盡

---

49 楊明照校注拾遺：《文心雕龍校注》（北京市：中華書局，2005年），頁567。

50 王文進：《論六朝詩中巧構形似之言》（臺北市：臺灣師範大學國文學系碩士論文，1976年），第一、二章。

51 〔德〕黑格爾著，朱光潛譯：《美學》（北京市：北京大學出版社，2017年），卷1，頁56-57。

楊柳之貌，用杲杲來形容出日之容，以瀌瀌比擬雨雪之狀，都是此意。[52]劉勰一再明言，形似的關鍵，在於作者之心感於物色，心是主，物是輔，感物體悟，物我之情理便能契合，但是另方面物與我仍有所分，物之相未泯，故能描繪眾形、筆補造化，正如錢鍾書所言：「要須流連光景，即物見我，如我寓物，體異性通。物我之相未泯，而物我之情已契。相未泯，故物仍在我身外，可對而賞觀；情已契，故物如同我衷懷，可與之融會。」[53]物在身外，可對而賞觀，更能密附為功，物我同衷，所以劉勰又說：「物有恆姿，而思無定檢」，以心思構物，重點在保持心靈的清明、開放，否則混濁紛亂，反而容易精思愈疏，因此適時地運用種種文字技巧，深入世間諸般物象，精研其形理，這才是有跡可循的操作方式。否則的話，反而容易「或率爾造極，或精思愈疏」，精思愈疏，事倍功半，已是劣義，即便是「率爾造極」，就算成果是好的，卻沒有標準可依據，亦非佳事，所以劉勰才要「莫不因方以借巧，即勢以會奇，善於適要，則雖舊彌新矣。」再者，講究「形似」，其出發點與上一節所談的氣感聯繫是相輔相成的，因為氣物連類而感受天地律動，印證道之文，故能深入物象肌理，以文術之筆，巧構形似，擬於天地之心，師法聖人之意，然後組

---

52 楊明照校注拾遺：《文心雕龍校注》（北京市：中華書局，2005年），頁566。關於劉勰使用《詩經》文句的解釋，周振甫所論甚善，引出如下，以供參照：「『灼灼』有明豔如火的意思，顯示桃花的鮮豔，同時寫出新娘火熱的心情。『依依』有柔弱的意思，既形容柳條的柔軟，也寫出出征戰士與家人依依不捨的感情。『杲杲』描寫日出的光耀，也寫出思婦望天下雨象徵出征的丈夫回來，卻看到太陽照耀的失望的心情。『瀌瀌』形容大雪紛飛，詩人認為雪看到陽光應該消掉，好比王聽到讒言應該不信，可是只看到大雪紛飛不消，有王聽信讒言不明的感嘆。『喈喈』是描摹黃鳥的叫聲，也寫出婦人聽見黃鳥叫聲想回家探望父母的迫切心情，『喓喓』描寫了草蟲的聲音，又寫出了思婦聽見草蟲鳴聲，感到時節變化，引起懷念丈夫的感情⋯⋯。」周振甫：《文心雕龍今釋》（北京市：中華書局，1995年），頁407。

53 錢鍾書：《談藝錄》（臺北市：書林出版公司，1988年），頁61。

織成文章。[54]

　　另外值得注意的是，一般多以為〈物色〉：「春秋代序，陰陽慘舒，物色之動，心亦搖焉」，是指心受外在景物影響，對此可再多作辨析，因為劉勰之後明明又說「若夫珪璋挺其惠心，英華秀其清氣；物色相召，人誰獲安？」人是最能深刻感受物色之變的生物，〈明詩〉說得好：「人稟七情，應物斯感，感物吟志，莫非自然」[55]，此處所謂之自然，與前述所引「不加雕削，而曲寫毫芥」，可彼此互為銓解，意謂這種人為製作的文章，是以一種模擬而至卻又混然天成，天機暢發的狀態呈現，如泉石激韻、如林籟結響。因此劉勰強調的是「詩人感物，聯類不窮」，物色之動，心亦搖焉，心隨物色而動，不是因為心受困於景物外在，而失去自身的主體。剛好相反，就是因為常保清和之心，所以才能感應物色變化，氣化靈通而探得其理，作出恰如其分的描述，就如〈知音〉所言：「夫志在山水，琴表其情，況形之筆端，理將焉匿？故心之照理，譬目之照形，目瞭則形無不分，心敏則理無不達」[56]，劉勰將此稱為「物無隱貌」。〈神思〉亦言：「故

54　這種「物色」，當然也包括了廣受研究者重視的山水。楊儒賓在研究晉宋詩歌的主題（山水詩）時，其所論頗值得參照。他認為這時的山水觀是種靈化虛通之山水，山水並不是觀者客觀陳述的對象，而是以自體的氣畫通靈之面貌出現，作者或讀者要進入這樣的山水，往往被預設要有氣化靈通的身心狀態，這種山水觀可稱為「玄化山水」：「簡言之，玄化山水也者，山水與觀者皆處在玄化狀的狀態。觀者要以玄心面對山水，山水也要以玄姿回應觀者。兩者同樣擺落塵思俗慮，同樣處在轉化過的非私人性之精緻之氣化狀態中，這是典型的晉宋時期之山水論述。」楊儒賓：〈「山水是怎麼發現的──「玄化山水」析論〉，《臺大中文學報》第30期（2009年6月），頁209-254，引文見頁242。

　　楊儒賓的說法，其實也代表了人與所觀對象的一種互動觀係。正如本文所欲指出的，基本上觀物並非只是物之客觀陳現而已，而是物與觀者同樣處在氣化靈通的世界中，彼此互通互感。

55　楊明照校注拾遺：《文心雕龍校注》（北京市：中華書局，2005年），頁64。

56　楊明照校注拾遺：《文心雕龍校注》（北京市：中華書局，2005年），頁592。

思理為妙，神與物遊，神居胸臆，而志氣統其關鍵；物沿耳目，而辭令管其樞機。樞機方通，則物無隱貌；關鍵將塞，則神有遯心」。[57]因為只有清明之心才能感受外在，若心已有所蔽，灰暗不明，則可能雕琢甚過，情辭不符，如此必不能析情采真、感通物色，不能「物無隱貌」「曲寫毫芥」，劉勰在〈情采〉批評某些作者：「采濫忽真，遠棄風雅，近師辭賦，故體情之制日疏，逐文之篇愈盛。故有志深軒冕，而汎詠皋壤，心纏幾務，而虛述人外，真宰弗存，翩其反矣」，[58]就指這種藻飾過甚，情與辭分、文勝於質的情況，[59]因此最好的情況，他就以賦為例，是「原夫登高之旨，蓋覩物興情。情以物興，故義必明雅；物以情觀，故詞必巧麗。麗詞雅義，符采相勝，如組織之品朱紫，畫繪之著玄黃，文雖新而有質，色雖糅而有本，此立賦之大體也」[60]，這才是劉勰讚歎不已的境地。

這種物，如果只就〈物色〉所言，或指自然景物。[61]但《文心雕龍》所談的形似巧構，當然不只是山水地理等景觀而已，而是包括天地萬事萬物，是〈原道〉所謂「傍及萬品，動值皆文」之物，也是〈定勢〉「（是以）繪事圖色，文辭盡情」之意，這些顯然都需要體物

---

57 楊明照校注拾遺：《文心雕龍校注》（北京市：中華書局，2005年），頁369。

58 楊明照校注拾遺，《文心雕龍校注》（北京市：中華書局，2005年），頁416。

59 類似劉勰這種講法，就後來人（如宋人）看來，末流之所及，難免會變成心逐物而動，競馳不已，反而造成心的流蕩不安。龔鵬程就認為當詩人應物斯感，與現實世界互依存感興時，有時不免容易淪入情癡理障，反而容易有所偏執，是以宋人才將詩學提升到轉識成智，由參悟而通道的哲學層次。龔鵬程：《詩史本色與妙悟》（臺北市：臺灣學生書局，1992年），頁165-166。

當然，可能產生的流弊是一回事，當初的理想又是一回事。劉勰感物的說法，可能形成的缺點，固然如後人所言，易成執障。但就劉勰看來，他認為物感才是得以深入其形相，師法天地之心，因而巧構形式、圖寫精神的重要關鍵。

60 楊明照校注拾遺：《文心雕龍校注》（北京市：中華書局，2005年），頁97。

61 張立齋：《文心雕龍注訂》（北京市：國家圖書出版社，2010年），頁393。周振甫：《文心雕龍今釋》（北京市：中華書局，1995年），頁407。

形構，所以〈明詩〉才說不論是孺子滄浪、邪徑童謠，又或是古詩佳麗、詠物孤竹等五言詩，都是「觀其結體散文，直而不野，婉轉附物，怊悵切情」[62]。至於物之泛指，〈諸子〉贊曰更是明白陳述此理：「大夫處世，懷寶挺秀。辨雕萬物，智周宇宙。立德何隱，含道必授。條流殊述，若有區囿」[63]，辨雕萬物，就是辨析可以刻畫的各種事物，然後分而論之，區囿異同，這才是懷寶挺秀者所欲行之事。

從此原則來看諸多文術，或可以看出劉勰用意所在。他講誇飾，固然是因為壯辭可喻其真，但也不能誇過其理，名實兩乖，所以他主張要誇而有節，飾而不誣；[64]談隱秀，不是要人雕削取巧，而是要自然會妙，要潤色取美，如此才能「使蘊藉者蓄隱而意愉，英銳者抱秀而心悅，譬諸裁雲製霞，不讓乎天工，斲卉刻葩，有同乎神匠矣。」[65]論鍊字，則是要避免詭異、聯邊、重出、單複等情況，而「聲畫昭精，墨采騰奮」才是劉勰的理想；[66]重麗辭，則是要「必使理圓事密，聯璧其章。迭用奇偶，節以雜佩，乃其貴耳。」[67]說附會，就批判「拙會者同音如胡越」，主張「凡大體文章，類多枝派，整派者依源，理枝者循幹，是以附辭會義，務總綱領，驅萬塗於同歸，貞百慮於一致，使眾理雖繁，而無倒置之乖，群言雖多，而無棼絲之亂；扶陽而出條，順陰而藏跡，首尾周密，表裏一體，此附會之術也。」[68]同理，在感物聯類的情況中，作者以心觀物，探源物理形貌，除了善用文辭技巧之外，還要比擬得倫，為文章增色，因而更顯精義，〈比

---

62 楊明照校注拾遺：《文心雕龍校注》（北京市：中華書局，2005年），頁65。

63 楊明照校注拾遺：《文心雕龍校注》（北京市：中華書局，2005年），頁230。

64 楊明照校注拾遺：《文心雕龍校注》（北京市：中華書局，2005年），頁465-466。

65 楊明照校注拾遺：《文心雕龍校注》（北京市：中華書局，2005年），頁495。

66 楊明照校注拾遺：《文心雕龍校注》（北京市：中華書局，2005年），頁485-486。

67 楊明照校注拾遺：《文心雕龍校注》（北京市：中華書局，2005年），頁448。

68 楊明照校注拾遺：《文心雕龍校注》（北京市：中華書局，2005年），頁520。

興〉:「故比類雖繁,以切至為貴,若刻鵠類鶩,則無所取焉」,是以「詩人比興,觸物圓覽,物雖胡越,合則肝膽。」[69]上述這些文辭技巧,都是為了要更貼近文貴形似,巧言切狀以得物情的境界,用意都是為了幫助文章寫作與事義運思,是為了讓「文心」與「雕龍」可以有更密切、更適當的結合,以避免時下文章濫寫之弊。

　　由此可知,「文貴形似」固然需要種種文辭技巧,同時也需要作者善學、宗經徵聖。除此之外,還要在氣化虛靈的己物對待中,敏於感受,觸類旁通,才得以與萬事萬物聯繫互通。因為劉勰體認到,當我們初筆為文時,苦於思緒紛亂,感受煩雜,這也是〈鎔裁〉所說的「凡思緒初發,辭采苦雜」。當創作對象事物矗然兀立於心,受其牽引,心神激盪,故須靜心,虛氣清和,進而利用文辭所提供的認知經驗,觀視比擬,構建形似,婉轉附物而怊悵切情,[70]才能寫出理圓事密的文章佳作。[71]這樣的文章,不管是敘事還是寫景,也不論是感於

69　楊明照校注拾遺:《文心雕龍校注》(北京市:中華書局,2005年),頁457。

70　此處所言,容易讓我們聯想到「緣情說」的抒情自我。正如顏崑陽所言,自魏晉以下,「抒情自我」成為詩歌的主流,諸如情景交融等物的描寫,都是緣情觀念的展現。話說如此,但依然無法掩蓋「社會文化行為」的「詩用」活動,此種活動的普遍現象,亦不遜於抒情傳統。詩用文化隨著時代風氣不同又有差異,因此魏晉個體意識的覺醒與價值的形成,事實上並非消解「詩用」傳統,而是將其轉化成另外一種形式。可參顏崑陽:〈論唐代「集體意識詩用」的社會文化行為現象——建構「中國詩用學」初論〉,《東華人文學報》第1期(1999年7月),頁44-47。蔡英俊:《比興物色與情景交融》(臺北市:大安出版社,1986年),頁30-55。

　　當然,顏崑陽所指的對象是詩歌,本文則採取「文章」為分析重點。畢竟就《文心雕龍》的內涵觀之,魏晉的緣情說與個體自覺,固然是當時文學觀念的主要因素,但這種因素與注重人文化成、社會文化行並不矛盾,所以劉勰雖然也談「情」,但也注重情表現在文體的社會性取向。

71　從學理上來說,這種近似之風,就是一種符號文字與外物的適性結合,力求兩者相輔相成,王夢鷗認為這種想像的努力、適應的活動,其實是一種內外交互的關係,一方面,我們不斷地聞聲見物,接納萬象,化為內在心聲心畫;另方面,同時又以心聲心畫再來認知外象,補充修正,兩者輾轉相因,孳生不已。王夢鷗:《文藝美

人文或自然事物，或是寫物圖貌，又或是見於人倫日用間，皆有所本，是感於物色、是感而遂通，都具有兼善天下、化成人文的功能，例如〈祝盟〉，本是祭祀的文章，卻可以「……必序危機，獎忠孝，共存亡，戮心力，祈幽靈以取鑒，指九天以為正，感激以立誠，切至以敷辭……」[72]；又如〈誄碑〉，本是紀念死者的德行功業，是「標序盛德，必見清風之華；昭紀鴻懿，必見峻偉之烈」，但卻可以「銘德慕行，文采允集；觀風似面，聽辭如泣」[73]，這種巧構形似的作法，是可以引發觀者之心，如泣如慕的。[74]至於〈諧隱〉亦有述及：「古之嘲隱，振危釋憊。雖有絲麻，無棄菅蒯。會義適時，頗益諷諫」[75]，「振危釋憊」、「會義適時」等句，皆可如是觀。

四　結論──人文化成的文學圖像

劉勰在〈序志〉曾說：「詳觀近代之論文者多矣」，他列舉了曹丕、曹植、陸機、應瑒等說，眾說雖各有其特色與價值，但就他看來，不免有偏，對於鏡別源流，溯其本理之處，未免不足。所以他才

學》（臺北市：里仁書局，2010年），頁137-139。

以此觀之，劉勰之所以提出虛心養氣、雕龍練字等說，正是企圖在內外交相輾轉中，提出一種有效的想像活動與技巧。

72 楊明照校注拾遺：《文心雕龍校注》（北京市：中華書局，2005年），頁124。

73 楊明照校注拾遺：《文心雕龍校注》（北京市：中華書局，2005年），頁155-156。

74 龔鵬程則是從另個角度指出，依氣類交會的宗教情趣觀之，當藉由氣感而呼應天地萬物之時，內心往往會洋溢著充實幸福與正直和平之感，這就是所謂的宗教體驗，此體驗可開顯道德與美感兩端，兩端往往又合而為一，故道德世界與藝術境界互相證入，以此開展人文關懷的視域。〈詩大序〉之所以抒情與王者政教的關懷互相輔成，《文心雕龍》則合宗經徵聖與感物吟志，並歸於原道，皆可如是觀之。龔鵬程：《文學批評的視野》（臺北市：大安出版社，1998年），頁70-75。

75 楊明照校注拾遺：《文心雕龍校注》（北京市：中華書局，2005年），頁195。

要講文心、論雕龍，可是在「雕龍」中尋找「文心」，為的是什麼？難道只是為了尋根溯源而已？或者該這麼說，「文心」到底有何重要性？以目前的研究來看，多是將《文心雕龍》視為是文學理論與文學鑑賞的著作，故「文心」常是就文學創作著手，這牽涉到了作者、觀者的問題，不論是重神思、講體性、論風骨、尋通變，甚至是從語言格式可以明情的角度來講，讀者從古今文辭中尋求文心，作者在己身才略程器與「振葉以尋根，觀瀾而索山」式的文論、在知音相合的鑑賞中學習，作者綴文情動而辭發，讀者觀文者披文以入情，在學習／觀文、創作／綴文的角度中，我們看到了自魏晉以來「文學自覺」的展現。[76] 只是在文學自覺之外，我們又看到當時有「立法」的風潮，提出文學創作與鑑賞的標準與規則。意即六朝緣情說的流行，展現個人情志心靈，不過創作者不能只依靠不穩定的偶合，而是必須藉助較具穩定的法式規律以待情會之湊泊，引控情源，這種規範，即劉勰所謂的「術」，而文學規範，正是創作的憑依理則，我們往往可藉以成文，《文心雕龍》之所以講求文體的「規範階段」，之所以要設情位體，即體成勢，即是在這個立場上來講的。[77] 此處所提的「規範階段」，乃取自顏崑陽的說法，顏崑陽認為劉勰的文體觀念是一個立體的架構，從概念上可分為「創造階段」與「規範階段」，兩階段是積蘊漸變的過程，不能用一時間定點斷然畫分。而劉勰文體論的精彩處，正在於從文體形成，至於文體確立之後，強調其規範效力，立文法以救文弊。當然文體的規範效力只是工具性，並不包含目的與動力，畢竟文體的根源仍在於為文之心，是主體自覺的存在。綜而言

---

76 關於魏晉時文學自覺的展現，以及這個術語提出的時代背景分析，可參黃偉倫：《魏晉文學自覺論題新探》（臺北市：臺灣學生書局，2006年）。

77 魏晉南北朝「立法」思潮的分析，可參龔鵬程：《詩史本色與妙悟》（臺北市：臺灣學生書局，1992年），頁265-301。

之，就文學創作的角度來講，文學自覺是生成，立法卻是約束，兩者
是一個辯證性的融合，「故文學創作，應是一種在規範中的自由活
動」。[78]

在這種辯證的規範／自由中，表現了各種精彩的文體與文論，學
界對此研究甚多，已累積豐富的研究成果，值得研究者多方參照，取
精用弘。但是我們也看到劉勰企圖為這樣的「文」找尋根據，於是他
發現的根據是文原於道，他又認為他的講法並非憑空而來，也非一己
之意、虛構故事，而是取於自然，源道成文。就他看來，不論是天邊
的雲霞，眼前的山水，還是龍鳳虎豹，又或是日月星辰，這些文都是
道的展現，而聖人體道立文，心生言立，言立而文明，則是人文之
始。故人文中最重要的就是語文字辭的排列組合、雕縟為文，就是文
章，於是從唐虞文章到文王憂患，再到孔子鎔鈞六經，都可以說是
「原道心以敷章」、「觀天文以極變，察人文以成化」的典範，他們都
是「創造階段」與「規範階段」互相辯證的集大成者，〈徵聖〉就形
容這是「鑒周日月，妙極機神，文成規矩，思合符契。」這樣的文
章，是可以教化天下，經緯區宇，發輝事業的。我們面對這種文，不
但要善學宗經徵聖，同時也要明曉於通變，不可拘執。因為就劉勰看
來，原道本之自然，宗經本之經，徵聖之以所成文，便在於要返歸雅
正，是「文能宗經，體有六義」、是「情深而不軌，風清而不雜，事
信而不誕，義直而不回，體約而不蕪，文麗而不淫」式的文。不過這
種文章，又非完全模仿六經，而是懂得以六經為法，敢於創作，在各
種文種中學習，又能新意自抒。之所以如此，源於作者虛靜清和其
心，在通感氣化的世界中，巧構形似，講究文術，故能物無隱貌而理

---

78 顏崑陽：《六朝文學觀念叢論》（臺北市：正中書局，1993年），頁94-187。引文見頁
181。

事圓密，是以文章來理解這個世界，最後又用文章來達成人文化成的結果，孫康宜說得好：[79]

> 因此，通過整本《文心雕龍》，劉勰一直企圖展現「文」的宇宙性意義（呈現於自然之形貌者）及「文的文學性意義」（反映於聖人之文章者）。
>
> 這樣的認知乃基於「文」起源於一原始的「道」，惟有聖人之心能悟「道」，並實踐「道」的真諦。由道而聖，由聖而文，其中隱然具備一種環環相扣的聯繫。循此，劉勰似乎辨明了「文」不只是觀乎文學的，也是觀乎文化的。引而申之，一個詩人或一個文藝批評家應不僅僅是一個純文學的提倡者，同時，由於宗法聖人之則，他也應是一個人文思想的孕育者。

就孫康宜看來，文不但是文學的，更是文化的，故作者不只是文學家而已，更應該是「人文思想的孕育者」，其所言甚是。不過劉勰的「文學」指的往往就是「文章之學」，文章之學本來就包括「怎麼寫」跟「寫什麼」的問題，寫文章既要講究內部的修辭技巧與結構形式，同時也要顧及對外緣外部的影響脈絡。由此而觀，劉勰論文章，當然有其鑑賞與美感價值。可是在此之外，同時也有著重整秩序的意義，這是政治社會的角度。當然這樣的分別，在劉勰文論中並不是判然二分的，這些基本上都屬人文化成的一環。人文化成，正如〈序志〉所言，是「君子處世，樹德建言」，是「君臣所以炳煥，軍國所以昭明」的「文章之用」；又或是如〈才略〉所說，是「富矣聖矣」的「辭令華采」，這些都是「文心」表現在「雕龍」的影響，是要拯

79　孫康宜：《文學的聲音》（臺北市：三民書局，2001年），頁172。

救當時文弊。所謂的文弊，並非只是文章不振而已，更包括了當時文壇風氣的失序，所以劉勰才要「搦筆和墨，乃始論文」，論文是為了要撥亂反正，審定文章或是鑑賞文章，畢竟文章是有益於世，可以力挽狂瀾於既倒、可以影響人心，極具感染力量。所以原始表末，釋名章義，甚而選文定篇，敷理舉統，於是《文心》乃成。而《文心》之初，發於〈原道〉，人文化成，又始於文心，「文章奧府，淵哉鑠乎！」

　　最後，劉勰針對當時文壇現象，提出檢討反思，進而提出文章的積極正面意義，話雖如此，我們要再追問的是，劉勰的提法與解決之道，是否合理？有哪些地方值得我們再深思反省？如上所言，如果說重整人文秩序、人文化成是《文心》的重要宗旨，文道合一，固然是最理想的狀況，可是聖人為文之道，並非只是清和其心、澡雪精神而已；徵聖而宗經，也不可能只是學習聖人創制文章典範。單講文章之術與文心，當然可以講得很精彩，但若缺乏本身生命身心的涵養與蘊藉，忽於工夫，不免仍舊形成蕭綱所謂「立身之道，與文章異，立身先須謹重，文章且須放蕩」的結果，[80]對於「自古文人，多陷輕薄」的情況，恐怕也只能流於口號式的呼籲，文與人仍不免二分。再者，文章之文，自然為人文的重要基礎，可是這種人文化成式的「經緯區宇，彌綸彝憲」、「寫天地之輝光，曉生民之耳目矣」之成效，劉勰已論之多矣，不過是否掌握了寫文觀文之術，就真能體會聖人之心，進而體道並發之於文呢？從表面看來，其間自有連續性，實際來看，有待縫合處仍多。畢竟，文章若為經國之大業，究竟「文章」該怎麼「經國」，以文章為教化的重要媒介，真的就能人文化成？聖人之道與聖人之文，真的能夠完全相符結合嗎？當「文心」表現在「雕龍」，「雕龍」會不會反過來操控「文心」？過度注重文章結構編排、

---

80 〔南朝梁〕蕭綱：〈誡當陽公大心書〉，收於〔清〕嚴可均編：《全梁文》（北京市：中華書局，1999年），頁113。

文字琢磨鍛鍊等技術，不免使心偏執，奔馳競技，反而容易造成心的流蕩不安……，如此種種，皆大可再論。可是《文心》的可貴，劉勰將「文章」提升到「教化」高度層次的意義，並不因為這些質疑而失去了重要性，如果「言貴浮詭，飾羽尚畫」已是文壇的普遍現象，如果說文章不該讓人玩物喪志，如果說這些就是劉勰所批判的「離本彌甚」，那麼，劉勰提出並試圖解決一個永恆的問題——該怎麼讀／寫文章，才能讓我們、讓世界變得更好？

附錄二

清代臺灣詩學的玉山書寫
——以陳夢林〈玉山歌〉、〈望玉山記〉為中心

一　前言

　　玉山，位於臺灣中部，橫貫南投、高雄、嘉義等地，為臺灣第一高峰。這座高山，其實早在清朝將臺灣納入版圖之後，已有許多文人雅士注意及此，他們可能驚嘆其直入天際，高不可攀；也可能聽聞傳說而深信山中藏有珍玉奇物，凡此種種，皆有許多相應的文學作品產生。關於玉山的記載，在清代方志與筆記中亦屢見不鮮，例如郁永河《裨海紀遊》便有對玉山的描寫，他對玉山的記載，也對後世造成了許多基礎認知與「誤讀」（詳第二節）。循此而下，不論是官方的方志圖書，或是文人的筆記隨劄，顯然都對玉山多有注意。不過在清代一朝，卻始終無漢人真正攀登其山，探究其秘，要直至日本統治時期，藉由探險隊的調查，才對玉山的地形高度，物種土壤等作出有系統的測量調查。

　　目前學界對於玉山書寫的研究，主要是針對玉山在明清與日治時期的形象，只是限於明代（包括明鄭）資料不足，[1]且多為清人追述，是以學者主要將焦點放在清代與日治時期。在與清代有關的論著範圍中，江寶釵、施懿琳、劉麗卿、宋南萱等人對臺灣山水詩、彰化

1　明人對玉山的認識，至今仍無專論，但已有學者對明代的臺灣形象作出研究，可參周婉窈：〈山在瑤波碧浪中——綜論明人的臺灣認識〉，《臺大歷史學報》第40期（2007年12月），頁93-148。

地區的文學創作，乃至於對臺灣八景的研究分析，都有傑出貢獻，玉山雖非其主要重點，但仍或有著墨，開啟後繼研究者的思考。[2]至於專門分析玉山的文學書寫，則有何晉勳與楊淑惠二人，前者為期刊論文，後者則是碩士論文，綜觀他們的成果，不論是清人對玉山的認知，又或是對清人歌詠玉山的詩作，皆有詳盡的整理與分析。[3]本文的研究，便是以上述論著為基礎，在前人的學術累積上，試圖再作出分析，指出在清代臺灣玉山的文學書寫中，許多關於玉山地理與傳說的記載，事實上都是騷人墨客創作的材料，陳夢林的〈玉山歌〉〈望玉山記〉就是其中最早的作品之一。[4]更進一步來講，當「玉山」成為一種詩學題目，清人相繼以此題型創作，他們或挪用其意象而推陳出新，或參考其詩文而詠嘆玉山之美，陳陳相因，順流而下，形成一種玉山書寫的文學史脈絡，而追本溯源，陳夢林的著作，無疑地就具有一種典型的示範作用。當然，陳夢林並非一單純文人而已，在私人對玉山的文學創作之外，他也有編撰官修方志的經驗，如《漳州府志》與《漳浦縣志》，亦曾在康熙五十五年（1716）受諸羅縣令周鍾瑄延攬，開始纂修《諸羅縣志》，其中對玉山也多有描寫。這種集官方／私人、歷史／文學一身的現象，提供了陳夢林創作的觀察角度與

---

2 施懿琳：《從沈光文到賴和——臺灣古典文學的發展與特色》（高雄市：春暉出版社，2000年），頁83-90。江寶釵：《臺灣古典詩面面觀》（臺北市：巨流圖書公司，1999年），頁107-109。江寶釵：《嘉義地區古典文學發展史》（嘉義市：嘉市文化，1998年），頁104-111。劉麗卿：《清代臺灣八景與八景詩》（臺北市：文津出版社，2002年）。宋南萱：《〈臺灣八景〉從清代到日劇時期的轉變》（中壢市：中央大學藝術史研究所碩士論文，2000年），第一章。

3 何晉勳：〈論清人對玉山的認知〉，《漢學研究》第22卷第1期（2004年6月），頁281-297。楊淑惠：《臺灣古典詩中的玉山書寫》（臺南市：成功大學臺灣文學研究所碩士論文，2008年），第二章。

4 江寶釵說：「陳夢林曾作〈望玉山記〉，刻繪精彩，他又作了〈玉山歌〉，為歌詠玉山奇景的先驅。」江寶釵：《嘉義地區古典文學發展史》（嘉義市：嘉市文化，1998年），頁104。

素材。更有甚者，清代文學有關玉山的描寫，許多都是脫胎於陳夢林之作，又或是受其啟發甚深，陳夢林的重要性，由此可見。本文的研究，就在於指出玉山在清代臺灣文學史中，陳夢林對清代詩人創作的重要性，並試圖分析其詩作的內涵與影響層面，究竟為何。

二　當史書出現玉山——清人對玉山的認識

康熙二十二年（1683），臺灣入清朝版圖，官方雖頒布禁山令，對漢人入山採禁止政策，但事實上並未嚴格執行，漢人入山與番人貿易，取材砍伐，甚至熬製樟腦亦在多有，官方更是防不勝防。[5]即便如此，玉山[6]在清代漢人心中，仍是難以進入攀登的地方，其原因恐怕並不在於官方禁令。事實上在諸多方志之中，我們亦不見任何關於玉山難登之因，是出自政府政策禁令的記載，因此玉山的難以親近，實在於高聳險峻的地勢，以及少與漢人接觸的番人盤踞其中，郁永河（？-？）就指出這種現象：[7]

> 玉山在萬山中，其山獨高，無遠不見；巉巖峭削，白色如銀，遠望如太白積雪。四面攢峰環繞，可望不可即，皆言此山渾然美玉。番人既不知寶，外人又畏野番，莫敢向邇。每遇晴霽，在郡城望之，不啻天上白雲也。

5　陳國棟：《臺灣的山海經驗》（臺北市：遠流出版事業公司，2005年），頁322-323。

6　玉山又被稱為雪山、白玉山、番玉山、毛里遜山、八通關山。可參楊淑惠：《臺灣古典詩中的玉山書寫》（臺南市：成功大學臺灣文學研究所碩士論文，2008年），頁17-18。

7　〔清〕郁永河著，許俊雅校釋：《裨海紀遊校釋》（臺北市：國立編譯館，2009年），頁268。

觀看郁永河的說法，「其山獨高」、「巉巖峭削」、「四面攢峰環繞」、「外人又畏野番」等等，都是漢人無法真正接近玉山的原因。也因為玉山的可望不可即，所以漢人只好以遠觀眺望的角度來形容這座山，不管是如太白積雪、渾然美玉、天上白雲等等，都說明了遠望瞭觀，再加以想像形容的描述。而玉山，則彷若存在於譬喻與形容之中，其具體情況，似無人能知。

限於人力與物力，郁永河無法更進一步地了解玉山。但在其後的陳夢林（1670-1745）所編纂的《諸羅縣志》裡，有了更多也更具體的描述，〈望玉山記〉就說：[8]

> 玉山之名，莫知於何始？不接人境，遠障諸羅邑治；去治莫知幾何裡？或曰：山之麓，有溫泉。或曰：山北與水沙連內山錯，山南之水達於八掌溪。然自有諸羅以來，未聞有躡屩而登之者。山之見恆於冬日，數刻而止。予自秋七月至邑，越半歲矣；問玉山？輒指大武巒山後撰雲以對。且曰：是不可以有意遇之。

〈望玉山記〉雖是散文式的文學作品，但一來此文既收在《諸羅縣志》，二來就引文內容來看，則多就地理的山勢地形而言，相較於郁永河只是以譬喻的文句，陳夢林則是以更細膩、更深入的文字來觀看玉山、書寫玉山。文章一開頭就說：「玉山之名，不知始於何始」，但就目前文獻可查者，當可追溯至康熙二十四年蔣毓英（？-？）修纂的《臺灣府志》與林謙光（？-？）的《臺灣紀略（附澎湖）》，他們

---

8 〔清〕周鍾瑄、陳夢林：《諸羅縣志》（南投市：臺灣省文獻委員會，1999年），頁259。

都認為之所以命名為玉山，是因遙望皆白石，或是其色晶瑩如玉之故，[9]陳夢林顯然也同意這種說法，所以他接著說玉山：[10]

> 如雪、如冰、如飛瀑、如鋪練、如截肪。顧昔之命名者，弗取玉韞於石，生而素質，美在其中而光輝發越於外？臺北少石，獨萃茲山；山海之精，醞釀而象玉，不欲使人狎而玩之，宜於韜光而自匿也。

「弗取玉韞於石，生而素質，美在其中而光輝發越於外？」以反問的語氣，指出玉山之名，正是因為玉山如雪如冰，又如剖開的脂肪一般，色澤白皙，因此玉山名字的由來，就好像山裡石塊蘊藏美玉，相互輝映，更顯瑩光。「韞」，即蘊含、蘊藏之意，陸機〈文賦〉：「石韞玉而山輝」，[11]陳夢林可能即是化用此典，意謂山海之精，涵蘊韜光，好像玉一樣，乍看之下就彷若玉韞於石，在石中透露其美，而石又因玉而閃耀，擴而大之，整座玉山更顯得光輝動人，故曰：「美在其中而光輝發越於外」。相較於臺北[12]少石，但玉山卻石多，可以說是得天獨厚。而玉山既遠在天邊，山石若似暗藏美玉，美在其中並光閃耀

9　楊淑惠：《臺灣古典詩中的玉山書寫》（臺南市：成功大學臺灣文學研究所碩士論文，2008年），頁11。

10　〔清〕周鍾瑄、陳夢林：《諸羅縣志》（南投市：臺灣省文獻委員會，1999年），頁259。

11　〔晉〕陸機著，張少康集釋：《文賦集釋》（北京市：人民文學出版社，2005年），頁145。

12　此處的「臺北」，當非指臺北盆地。就狹義來講，是指諸羅縣，如《諸羅縣志》就說：「諸羅僻在臺北」，〔清〕周鍾瑄、陳夢林：《諸羅縣志》（南投市：臺灣省文獻委員會，1999年），頁375。廣義來講，則是指「臺灣縣」之北，包括諸羅、彰化、淡水等地的地區，可參尹章義：《臺灣開史研究》（臺北市：聯經出版事業公司，1999年），頁427-431。

目，且此等美玉又是由山海之精醞釀養成，似是而相通，故曰：「醞釀而象玉」。更進一步來講，玉山也隱涵寓意，玉山之所以名為玉山，正如陳夢林所言，是「不欲使人狎而玩之，宜於韜光而自匿也」，顯然這是一種擬人化的手法，將玉山比喻為韜光養晦的隱士，君子守身如玉，韜光而自匿，良有以也。

值得注意的是，不論是郁永河、蔣毓英，還是陳夢林，據他們的說法，他們都沒有明確指出玉山藏有寶玉。他們或是用譬喻的手法，指出玉山「遙望皆白石，因名為玉山」（蔣毓英）；[13]又或是山石之美，彷若有玉深藏石中，晶瑩耀目，玉山之名，亦由此而來（陳夢林），但這也只是形容借喻而已；又或是如郁永河所說：「皆言此山渾然美玉。番人既不知寶……」，但所謂的「寶」，也不一定是指寶玉，也可能是指如太白積雪的玉山風景幽麗，渾然美玉，恍若天上白雲，可謂寶地，其所謂番人之不知「寶」，亦可能是指此。[14]

---

13 〔清〕蔣毓英：《臺灣府志》（南投市：臺灣省文獻委員會，1993年），頁229。

14 何晉勳與楊淑惠顯然都將郁永河的文句解為「藏有美玉」、「充滿美玉」等相關文意，是以將玉山有玉的傳聞，推溯至郁永河，但「皆言此山渾然美玉」是否只能作此解？恐又未必，「渾然」可以是不可分割的意思，「渾然寶玉」云云，可以說是遠看玉山，彷若太白積雪，白色如銀，就好像玉一樣（但不是真的相信山中有玉）。因此，「遠看似玉」與「實際的山」渾然一體，密不可分，這也正好說明清人對「玉」山的想像。而楊淑惠所言：「『皆言』二字肯定在清初有絕大多數的人相信寶玉之說」，亦有再商榷的餘地，「皆言」也可以是指當時人普遍認為玉山就好像寶玉一樣，「玉」、「山」一體，渾然天成。楊淑惠：《臺灣古典詩中的玉山書寫》（臺南市：成功大學臺灣文學研究所碩士論文，2008年），頁13-14。何晉勳：〈論清人對玉山的認知〉，《漢學研究》第22卷第1期（2004年6月），頁283-285。

另外，郁永河《裨海紀遊》下段屢言藏寶，如「銀山有礦，產銀」、「哆囉滿產金，淘沙出之，與雲南瓜子金相似，番人鎔成條，藏巨甕中，客至，每開覽自炫，然不知所用……」之類，以此推測，寫玉山部分可能是就具體寶藏來說。此說固然有理，但反過來講，此處郁永河講自然地理，多針對其地形特色、山水環境而言，如他說水沙廉「其地四面高山，中為大湖；湖中復起一山」，秉此筆法，對玉山外形地理亦有著重描寫，如本文所引「玉山在萬山中，其山獨高，無遠不見；巉巖峭

　　但是玉山有寶玉（或是水晶）的傳聞始終不斷，乾隆年間刊行的董天工（？-？）《臺海見聞錄》就說：「玉山在諸羅……。傳言此山渾然美玉，生番既不知，外人又莫敢向取。」[15]董天工此處是將「渾然美玉」解作「藏有美玉」、「充滿美玉」，或相關意涵，故一曰「傳聞」（但是「渾然美玉」並非只能如此解讀，尚有它解[16]），二曰「生番既不知，外人又莫敢向取」，知者為何？取者為何？自然就是指傳聞中的玉山之玉了。翟灝（？-？）在嘉慶年間出版的《臺陽筆記》更說：「鄭成功時，費金萬餘，始得拱璧。其取之難如此。」[17]牽合鄭成功到玉山取玉的傳說。後來方濬頤（1815-1889）〈臺灣地勢番情紀略〉又更進一進推衍這種說法，只是將鄭成功改成鄭克塽，說他率眾登玉山采玉，迷路不得出，於是向天祈禱，後來不但得到寶玉，亦因此順利下山。[18]《福建通志臺灣府》也說玉或是水晶是玉山所產：「玉，出嘉邑玉山，終歲如籠霧，冬日晴明乃見，取之最難。或云，此山皆水

削，白色如銀，遠望如太白積雪。四面攢峰環繞，可望不可即，皆言此山渾然美玉」，皆屬此種敘述，故他寫玉山，當然也可以就「外形」來描述。因此，本文企圖在學界所謂「藏寶」之說之外，另立一「名勝風景」的解釋。

15　〔清〕董天工：《臺海見聞錄》（南投市：臺灣省文獻委員會，1996），頁4。

16　「渾然美玉」顯然不只一種意思，在董元工的說法之外，亦有「好像美玉」、「渾然一體」的解釋，孫元衡詩云：「一片晴雲想玉山」自注：「言山是渾然美玉，天氣晴朗，郡城望見，然亦僅孤雲一片，狀若峰巒也」，即是此意。〔清〕孫元衡：《赤崁集》（南投市：臺灣省文獻委員會，1994），頁47。

17　〔清〕翟灝：《臺陽筆記》（臺北市：臺灣古籍出版社，2004），頁65。

18　「又有玉山，遙睇之，晶瑩滉漾；懸崖峭壁，人不能上。野史云：往者，有路可通。鄭克塽欲采玉為璽，率眾百餘入山求玉，不得；三日，死於瘴者過半，迷路不得出。禱於天曰：『鄭氏不絕，則請賜玉，得出山；否則，願與從者同死』。禱畢，旋得玉。一叟突至前，訶之曰：『仙山毋久留』！導引出山。回顧，則轟若雷琅，平地陷為深壑。土人能言之。」〔清〕方濬頤：〈臺灣地勢番情紀略〉，收於〔清〕羅大春：《臺灣海防並開山日記》（南投市：臺灣省文獻委員會，1997），頁74。

晶，故遠望如玉。」[19]同治十一年十月二十二日的上海《申報》，甚至
因此說玉是「臺灣中玉山之產」。[20]光緒時人黃逢昶（？-？）在《臺
灣生熟番記事》也說：「驅車走馬白雲灣，遊遍銀山又玉山，造物不
知何愛寶，教人莫掛杖頭還」，他又自注：「臺中有玉山銀山，人不敢
取」。[21]這些說法都認為玉山確實有玉與水晶，玉山之稱，亦因藏有這
些珍寶而得名。但上述畢竟都只是推測之辭，因為玉山究竟是否真藏
有奇玉或是水晶，始終言人人殊，例如乾隆時人朱景英（？-？）《海
東劄記》就反對玉山有玉之說，說「玉山在諸羅萬山之中，望之如太
白積雪，非有玉可採也。」[22]丁紹儀（？-？）《東瀛識略》更說他懷
疑只是積雪，[23]又或只是特別瑩潔的石頭而已，並非真玉。[24]

　　另外，玉山的難以接近，除了番人與山勢因素之外，陳夢林認為
還有水蛭飛蟲，讓人望而卻步：[25]

> 林箐深處多飛蟲，著人即肌肉發癢，爪之肉爛，淡水以北皆
> 然。行者或以皮包裹其頭項。或曰：近玉山最多此蟲；山之
> 麓，螞蟥（按：即水蛭）如蝟。故玉山人不能到。

---

19 《福建通志臺灣府》（南投市：臺灣省文獻委員會，1993），頁230。

20 《清季申報臺灣紀事輯錄》（南投市：臺灣省文獻委員會，1994年），頁21。

21 〔清〕黃逢昶：《臺灣生熟番記事》（南投市：臺灣省文獻委員會，1997年），頁17。

22 〔清〕朱景英：《海東劄記》（臺北市：臺灣省文獻委員會，1974年），頁7。

23 但是陳夢林並不認為玉山有積雪一事，「乃有妄指玉山為積雪者。」〔清〕周鍾瑄、
　　陳夢林：《諸羅縣志》（南投市：臺灣省文獻委員會，1999年），頁180。

24 「若淡水之玉山，在萬山中，疊白如銀，可望而不可即。竊謂未必真玉，玉皆韞存
　　在璞，斷無軒豁呈露如此者；或疑為積雪，亦不能終年如故，殆石之瑩潔者耳。」
　　〔清〕丁紹儀：《東瀛識略》（南投市：臺灣省文獻委員會，1996年），頁62。

25 〔清〕周鍾瑄、陳夢林：《諸羅縣志》（南投市：臺灣省文獻委員會，1999年），頁
　　289。

人類一旦被飛蟲觸著，皮膚往往因而發癢，甚至潰爛，而在玉山除了有很多飛蟲之外，在山腳下還到處遍布水蛭，這也是常人不能到達玉山的原因之一。

　　當然玉山不全是恐怖地域，在野番與惡蟲之外，玉山還藏有溫泉，這也是《諸羅縣志》的發現：「溫泉：一在玉山之下。有土番至者，雲於山最深處得之。」[26]只是雖有溫泉，但仍只有土番能至。光緒時候的倪元贊（？-？）在《雲林縣采訪冊》裡更說玉山溫泉（又稱「燒湯」）可以煮蛋食用。[27]此外玉山還被周鍾瑄、陳夢林定為諸羅六景之一，劉良璧將六景增為八景，玉山依然仍列屬其中，並皆以「玉山雲淨」稱之，到了倪元贊的時代則據此稱為「玉嶂流霞」：「前人以此為『玉嶂流霞』，列於八景」，[28]是雲林縣八景之一。[29]但不管是六景還是八景，既以「景」相稱，就代表著是有一定代表性的景色地點，載史者特地標而表之，就是希望能在歷史中記下一筆，留諸將來，希望能引領後世依循賞遊，以觀此佳景幽勝，《諸羅縣志》的按語就說：「以予觀玉山、檨圃、北香、水沙、龍目，皆標奇領異，足供幽人之賞、消旅客之憂；顧未有表而出之耳。然則大澤深山，佳景滅沒，可勝道哉？故合雞籠而並列之，庶幾後有問津者」[30]，即是此意。因此在清代漢人心中，玉山始終是可望而不可及，但「玉山雲

26　〔清〕周鍾瑄、陳夢林：《諸羅縣志》（南投市：臺灣省文獻委員會，1999年），頁285。

27　「……山前有溫池，俗名燒湯；聞有投以生卵，少頃即熟可食。是山四面皆雪，人跡罕到。」〔清〕倪元贊：《雲林縣采訪冊》（南投市：臺灣省文獻委員會，1993年），頁148。

28　〔清〕倪元贊：《雲林縣采訪冊》（南投市：臺灣省文獻委員會，1993年），頁149。

29　劉麗卿：《清代臺灣八景與八景詩》（臺北市：文津出版社，2002年），頁82-86、頁104-106。

30　〔清〕周鍾瑄、陳夢林：《諸羅縣志》（南投市：臺灣省文獻委員會，1999年），頁18。

淨」或是「玉嶂流霞」卻是諸羅縣與雲林縣名聞遐邇的山林名勝之一。以此而觀，玉山之美，早就聞名已久，因此與周鍾瑄、陳夢林約略同時的郁永河，他所謂「番人既不知寶」，此說既可能是指美玉之寶，亦可能是名勝景觀之寶，當然不管是哪種解釋，都可以說是以漢人的角度，來否定番人對「寶」的可能認知與發現。

三 當玉山進入文學——從陳夢林之作談起

陳夢林，字少林，福建漳浦人。在康熙五十五年（1716），諸羅縣令周鍾瑄曾聘請他編修《諸羅縣志》。前已言之，陳夢林身兼方志編纂／文學創作的角色於一身，於是不管是在周鍾瑄主修、陳夢林編纂的《諸羅縣志》，又或者是在陳夢林創作的〈玉山歌〉、〈望玉山記〉裡，他對玉山的觀察，既是以史家的角度，記其形勢地況，又能以文學的角度，加以想像渲染。換句話說，既是在文學裡展示了歷史的真實，而又在歷史中透露出了文學的美感，這就使得陳夢林的玉山書寫既有史著的特徵，也能有文學的素養，兩者互為表裡，這種文史互相交織的玉山描寫，亦文亦史，正是後人深受其影響的重大關鍵。[31]

由於陳夢林〈望玉山記〉與〈玉山歌〉是本文主要的分析文獻，開啟清人有關玉山的文學書寫，不論是宦遊還是本土文人，清代的許

---

31 與陳夢林相比，陳夢林的上司周鍾瑄，雖任《諸羅縣志》主修，亦有詠玉山詩作傳世，其中「大璞已教天地鑿」一句，雖也常被後人化用，如徐德欽〈玉山雲淨〉「太璞早完工詎琢」之類，但陳夢林亦有類似文句，技巧藝術更勝周鍾瑄。再者，兩相對照之下，清代詩人顯然更常使用的是陳夢林的作品，詳見第三節。周鍾瑄詩作為〈望玉山〉：「浮嵐高捲日初生，一片晴光照眼明。積雪不消三伏後，層冰常訝四時成。疑他匹練非吳市，遮莫胥濤向越城。大璞已教天地鑿，山靈穩臥不須驚。」〔清〕周鍾瑄、陳夢林：《諸羅縣志》（南投市：臺灣省文獻委員會，1999年），頁271。

多相關詩作皆是脫胎於此，諸如〈正月初二日望玉山〉、〈初旭時見玉山〉、〈玉山〉、〈望玉山歌〉、〈玉山積雪〉、〈望玉雲淨〉、〈玉山霽雪〉等詩題，不止如此，許多詩意與詩趣亦同理可觀。是以如將清人詩文與陳夢林作品兩相對照，當可發現陳夢林的影響力，由於這兩篇文獻相當重要，故文長俱錄，〈望玉山記〉：[32]

> 玉山之名，莫知於何始？不接人境，遠障諸羅邑治；去治莫知幾何里？或曰：山之麓，有溫泉。或曰：山北與水沙連內山錯，山南之水達於八掌溪。然自有諸羅以來，未聞有躡屩而登之者。山之見恆於冬日，數刻而止。予自秋七月至邑，越半歲矣；問玉山？輒指大武巒山後撲雲以對。且曰：是不可以有意遇之。

> 臘月既望，館人奔告玉山見矣！時旁午，風靜無塵，四宇清澈。日與山射，晶瑩耀目：如雪、如冰、如飛瀑、如鋪練、如截肪。顧昔之命名者，弗取玉韞於石，生而素質，美在其中而光輝發越於外？臺北少石，獨萃茲山；山海之精醞釀而象玉，不欲使人狎而玩之，宜於韜光而自匿也。山莊嚴瑰偉，三埒並列；大可盡護邑後諸山，而高出乎其半。中埒尤聳，旁二埒若翼乎其左右。二埒之凹，微間以青；注目瞪視，依然純白。俄而片雲飛墜中埒之頂，下垂及腰，橫斜入右，埒之三，頓失其二，游絲徐引諸左，自下而上，直與天接；雲薄於紙，三埒勾股摩盪，隱隱如紗籠香篆中。微風忽起，影散雲流，蕩歸烏

---

32 〔清〕周鍾瑄、陳夢林：《諸羅縣志》（南投市：臺灣省文獻委員會，1999年），頁259-260。

有；皎潔光鮮，軒豁呈露。蓋瞬息間而變幻不一，開閉者再焉。過午，乃盡封。以予所見聞，天下名山多矣！嵩、少、衡、華、天臺、鴈蕩、武夷之勝，微奇涉怪，極巍峨、窮幽渺，然人跡可到；泰山觸石、匡廬山帶皆緣雨生雲，黎母五峙晝見朝隱，不過疊翠排空，幻形朝暮，如此地之內山斂鍔乎雲端、壯觀乎海外而已。豈若茲之醇精凝結，磨涅不加；恥太璞之雕琢，謝草木之榮華。江上之青，無能方其色相；西山之白，莫得比其堅貞。阻絕乎人力舟車，縹緲乎重溟千嶺。同豹隱之遠害，擇霧以居；類龍德之正中，非時不見。大賢君子，欲從之而末由；羽客緇流，徒瞻言而生羨。是寰海內外，獨茲山之玉立乎天表，類有道知幾之士超異乎等倫，不予人以易窺，可望而不可即也。

陳夢林〈玉山歌〉：[33]

須彌山北水晶宮，天開圖畫自玲瓏，不知何年飛海東，幻成三箇玉芙蓉。

莊嚴色相儼三公，皓白鬚眉冰雪容；夾輔日月挂穹窿，俯視眾山皆群工。帝天不許俗塵通，四時長遣白雲封。偶然一見杳難逢，唯有霜寒月在冬；靈光片刻曜虛空，萬象清明曠發蒙。須臾雲起碧紗籠，依舊虛無縹緲中。山下螞蟥如蟻叢，蝮蛇如鬥捷如風；婆娑大樹老飛蟲，攢肌吮血斷人蹤。自古未有登其埒，於戲！雖欲從之將焉從？

---

33 〔清〕周鍾瑄、陳夢林：《諸羅縣志》（南投市：臺灣省文獻委員會，1999年），頁269。

〈望玉山記〉與〈玉山歌〉基本上都是在《諸羅縣志》相關記載的基礎上發揮，並加以作文學性的渲染描述。如前所言，是把歷史上玉山帶進了文學的世界。

　　〈望玉山記〉開頭先說玉山的坐落方位，平日不可見知，直到農曆十二月十五日左右才有人告知可見。時近中午，天朗氣清，陽光照射在山上，更顯晶瑩閃耀，陳夢林形容是「如雪、如冰、如飛瀑、如鋪練、如截肪」，玉山之白，既有固體的特徵（雪、冰、截肪），也有液態的動作（飛瀑），更有飄逸、一瀉如地的流動感（鋪練），這種描述，既融合了動與靜，也加入了視覺與觸覺，因此除了視覺上的白皙之外，也給人冷若冰雪，難以親近的感覺，這也符合下文「不欲使人狎而玩之」之意。在說完玉山的整體形象之後，陳夢林開始具體描述玉山的山勢特徵，其中三峰並列，左右二峰互翼中間高峰，二峰雖微帶有青色，但若注目直視，則並不影響玉山純白之美。緊接隨著時程嬗移，玉山的觀看視域也跟著轉動，首先是雲朵遮住中間與右邊的兩座山峰，當隨風飄散的雲絲，從右而左，自下而上，直入天際，三峰亦隨著雲彩流動而切摩變化，彷若蒙著紗籠，似現還明，又或是如燃香一般，煙縷不絕。此時微風忽起，吹散雲海，山峰不再若隱若現，而是皎潔光鮮，乍然呈露，至中午過後，則玉山隱沒，雲深不知處，不復再見。而以此玉山之奇，空靈縹緲，相較他處蹤跡可至的名勝，玉山之醇精凝結，不加琢磨的天然美色，則多有勝之。因此大賢君子也好、羽客緇流也罷，面對玉山之美，也只能望而生羨，卻無從攀登。是故玉山可謂立乎天表，寰海內外，就好像能見到事物端倪之幾的有道之士，他們超乎同儕之上，不易為人所知，卻又可望而不及，這也呼應了上一段「宜於韜光而自匿也」，至此玉山不再只是一個單純的物景，而是可以由物見人，把對人格的理想投射在玉山形象之中。

　　相較於〈望玉山記〉的散文體記述，〈玉山歌〉則是採歌行體。首句就以佛經的「須彌山」破題，[34]陳夢林認為玉山就好像須彌山裡的水晶宮，明麗潔白有如天然手筆的圖畫，而須彌山的水晶宮，不知何時飛往此地，化成了三朵玉芙蓉，此指玉山三峰。只是玉山雖美，卻莊嚴不可侵犯，有若輔佐朝政的三公，夾輔日月，當為眾臣萬民所仰，「俯視眾山皆群工」，描寫玉山俯視之姿，不與群山同列。那麼，為什麼玉山會如此高高在上，為眾山仰望？原因正是因為玉山為仙境所有，此山只應天上有，不落塵間，不為俗塵所能近觀褻玩，故一年四季終為雲霧繚繞，凡人莫視：「帝天不許俗塵通，四時長遣白雲封」。僅有得見的時刻，也只在寒冬嚴霜之際，即便乘此欲進此山，也是困難重重，因為山下布滿了飛蟲水蛭，吮人血、攢人膚，令人望之生畏，這與他在《諸羅縣志》的記載相符。但就算是因此遠觀瞭望，也只有短暫時間可供欣賞，因為旋不多時，玉山就將再度被雲氣遮掩，隱入虛無渺茫之中。綜觀〈玉山歌〉的描述手法，是先寫玉山不與俗觀的形象，再寫雲海變化，而玉山在雲深深處，或隱或顯。前四句只用景物，諸如水晶宮、玉芙蓉等鋪出一片畫境，不著一判斷語。接著四句說明玉山全貌不可得，始終縹緲虛幻難見，即便偶爾得觀，亦必須抓緊時限。最後才來點出玉山之險奇神秘，飛蟲出沒，無法接近，故凡人難登：「自古未有登其埒，於戲！雖欲從之將焉從？」[35]

　　陳夢林有關玉山的作品，雖不以多取勝，但就質來講，卻深刻影

---

34 如《長阿含經》、《中阿含經》、《雜阿含經》、《法句譬喻經》等佛經中皆可見，為梵語Sumeru的譯音，原為古印度神話中位於世界中心的山，後被佛教借用，有「妙高」「妙明」之意。

35 關於玉山人煙罕至的記載，除《裨海紀遊》與《諸羅縣志》之外，在許多方志筆記中皆多可見，如《重修臺灣縣志》、《續修臺灣府志》、《臺灣地輿全圖‧雲林縣圖》、《臺灣輿地彙鈔》、《臺遊日記》等。

響了清人對於玉山詩作的書寫。這種「影響」，頗類似於顏崑陽所謂的「鍊接作用」，意即在文學史的建構中，某種文體或體裁出現了以後，異代作家承體而作，即便是後出轉精，創意迭出，又或是「摹體型的模擬」，缺乏新解，但就文學史的傳統流變來看，都可說是一種歷時性的延續現象，前後間的連繫關聯，斑斑可考。[36]顏崑陽所提出的觀點，對於理解陳夢林在玉山文學創作的影響力，提供了有力的切入角度。因為不管是從詩題創作、敘述角度、詩境意象，又或是文字的轉化，典故的延用等等，都可出看章甫、屠文照、林豪、查元鼎、柯培元等後代文人的參照學習，這種歷時性延續書寫，鍊接作用，正是臺灣清代玉山文學書寫史的重要現象之一。

　　首先，就是陳夢林將玉山從歷史方志上的記載，變成文學的題材，或歌詠讚嘆，或以散文筆法述之說之，與他的上司周鍾瑄的〈望玉山〉，可以說是清代最早開始詠嘆玉山的人物，下開清人的玉山詩作題型。但相較於周鍾瑄之作，陳夢林的作品，不論是影響性還是文學性來講，顯然都更具有重要的地位。

　　影響之所及，又可以分成幾個層面。首先，就觀看的時間基點來看，陳夢林在〈望玉山記〉、〈玉山歌〉早就一再指出，平時的玉山是不可窺其全貌，只有在某些時候（臘月既望、唯有霜寒月在冬）才得可而觀，這就是一種立基於時間限制上的描述筆法，而這種限制又影響了觀看的空間視野，這是陳夢林對於玉山書寫的重要特徵之一，〈望玉山記〉所謂「非時不見」、「……蓋瞬息間而變幻不一，開閉者再焉……」，以及〈玉山歌〉「靈光片刻曜虛空，萬象清明曠發蒙。須臾雲起碧紗籠，依舊虛無縹緲中。」皆是此意。這種將時間與空間互

36　顏崑陽：〈論「典範學習」在文學史建構上的「連漪作用」和「鍊接作用」〉，收入輔仁大學中國文學系、中國古典文學研究會主編：《建構與反思：中國文學史的探索學術研討會論文集》（臺北市：臺灣學生書局，2002年），頁787-833。

為因果，交互穿插式的文學意境，時間影響了空間，視野又決定了寫
作角度。這樣的敘述特徵，顯然正是為後代清人常用的方式，如屠文
照（？-？）〈初旭時見玉山〉：「曉起望晴空，遙見白山列。照眼吐虹
光，明知不是雪。有意看此山，偏偏此峰失。相隔百里間，隱現總難
必。」即便是晴空萬里，但遙見玉山也只不過得觀其大概，更何況相
隔百里，有意看山，更未必得見。原因為何？既然「明知不是雪」，
那就很有可能是因距離相隔，再加上雲霧相繞所致。就第二點來看，
屠文照雖未描述此點，但就情理推測，既然天氣晴朗，卻為何看不清
玉山？這就不只是距離的緣故，而是因為有些事物遮蔽了玉山，此似
是指雲彩霧氣之類的自然現象，他的詩句：「曉起望晴空，遙見白山
列。照眼吐虹光，明知不是雪。有意看此山，偏偏此峰失。」其中詩
境，正是出自陳夢林所謂「注目瞪視，依然純白。俄而片雲飛墜中坪
之頂，下垂及腰，橫斜入右，坪之三，頓失其二」之意，「遙見白山
列」即化用「依然純白」等意，至於玉山山峰又如何「失」？就陳夢
林的觀察，則是片雲飛墜所致，這可能正是屠文照言及玉山「或隱或
顯」的潛臺詞，更有甚者，這也成了後人形容玉山的一種慣性說法。

　　除此之外，林豪（1831-1918）〈正月初二日望玉山〉：「山腰風忽
動，幻出碧嵐橫」，[37]玉山山腰風飄雲動，幻作出一片青白嵐氣，橫流
在玉山中間。值得注意的是，林豪雖使用「碧嵐」來形容山色，但究
其意象，仍是化用於陳夢林「微間以青」的觀察。[38]查元鼎（1804-
？）〈王雲卿司馬成瑞以香山道中觀玉山長歌見示步韻奉寄有序〉更

37 〔清〕林豪：〈正月初二日望玉山〉，收於施懿琳等編：《全臺詩》（臺南市：臺灣文
　　學館，2008年），冊9，頁337。
38 〔清〕夏之芳：〈臺灣巡紀詩〉：「諸峰攢集黛羅（螺）青」，同樣也是化自陳夢林詩
　　文。夏之芳：〈臺灣巡紀詩〉，收於施懿琳等編：《全臺詩》（臺南市：臺灣文學館，
　　2008年），冊2，頁101。

是說「奇峰錯落都在虛無際，陸離光怪霞搴萬丈淩空填。須臾月光相激射，海天一色浩無邊」，[39]海天一色、月光相激射之句，是查元鼎自用的意象，但此意象卻仍是在陳夢林「虛無」、「須臾」、「瞬息間而變化不一」的基礎上再鑄新意。李逢時（1829-1876）〈玉山〉：「一點濃雲蓋絕頂，陰晴變化在俄頃」，[40]以及周長庚（1847-1892）〈玉山〉：「玉山在天不在地，山半隤雲盡下墜」，同樣是出自陳夢林的詩意，都是描寫雲海飄動而影響玉山的纏繞變化。此外，以縹渺難見形容玉山的虛幻若真，即陳夢林所謂「偶然一見杳難逢」、「依舊虛無縹緲中」、「縹緲乎重溟千嶺」等句，除上述查元鼎之外，前文提及的屠文照：「隱現總難必」、[41]柯培元：「縹緲三峰削壁成」、[42]李祺生（？-？）：「玉峰縹緲見精神」、[43]李逢時：「西望三峰縹緲中」[44]等句，都是以若隱若現，似幻亦真的縹緲形象來描述玉山。反過來講，也有在天朗氣清時刻可見玉山的詩句，如夏之芳：「展拓晴雲千萬裡」、孫元衡（1661-？）：「一片晴雲想玉山」、[45]施鈺（1789-1850）：「尚有玲瓏號

39　〔清〕查元鼎：〈王雲卿司馬成瑞以香山道中觀玉山長歌見示步韻奉寄有序〉，收於施懿琳等編：《全臺詩》（臺南市：臺灣文學館，2008年），冊6，頁337。

40　〔清〕李逢時：〈玉山〉，收於施懿琳等編：《全臺詩》（臺南市：臺灣文學館，2008年），冊9，頁34。

41　〔清〕屠文照：〈初旭時見玉山〉，收於施懿琳等編：《全臺詩》（臺南市：臺灣文學館，2008年），冊4，頁322。

42　〔清〕柯培元：〈望玉山〉，收於氏著：《噶瑪蘭志略》（南投市：臺灣省文獻委員會，1993年），頁590。

43　〔清〕李祺生：〈玉山積雪〉，收於施懿琳等編：《全臺詩》（臺南市：臺灣文學館，2008年），冊5，頁109。

44　〔清〕李逢時：〈玉山〉，收於施懿琳等編：《全臺詩》（臺南市：臺灣文學館，2008年），冊9，頁34。

45　孫元衡：〈聽海客言寄嘲北莊友人〉，收於施懿琳等編：《全臺詩》（臺南市：臺灣文學館，2008年），冊1，頁306。

玉山，晴明可望不可即」、[46]黃文儀（？-？）：「玉嶺晴雲白似銀」、[47]
李逢時：「年年冬夏天晴明，玉山頂上生光彩」，[48]上述詩句說明冬夏
二季兼而有之[49]，由此而觀，雖然陳夢林記載可見玉山的時間點多為
嚴冬十二月之際：「山之見恆於冬日，數刻而止。」可是若據前引詩
文相對照，當未必僅此時限而已，但陳夢林也強調此刻必須是「萬象
清明」、「風靜無塵，四宇清澈」之時，方可得見。同治年間時人查元
鼎，他就抱持與陳夢林類同的看法，他說：「玉山在番界，時有雲霧
遮護，值天朗氣清，或一見之。問鄉之耆老，有終身未觀者，斯為奇
異。」[50]可見天氣晴朗的重要性。但即便是晴空氣候，也未必可以長
時間觀賞，畢竟等不多時，雲霧又將再度遮護玉山，故也只能「值天
朗氣清，或一見之」，用一「或」字，正說明了此種不確定性，而就
此說法溯其源頭，當出自於陳夢林。

　　但不論是晴朗得見，又或是縹緲難觀，玉山始終都是可望不可及
的，正如陳夢林所言：「不予人以易窺，可望而不可即也。」陳夢林
與郁永河的描述[51]，都使得後代詩人在歌詠玉山之時，不忘加上這一

---

46 〔清〕施鈺：〈火泉紀〉，收於施懿琳等編：《全臺詩》（臺南市：臺灣文學館，2008
年），冊5，頁20。

47 〔清〕黃文儀：〈玉山〉，收於施懿琳等編：《全臺詩》（臺南市：臺灣文學館，2008
年），冊5，頁130。

48 〔清〕李逢時：〈玉山〉，收於施懿琳等編：《全臺詩》（臺南市：臺灣文學館，2008
年），冊9，頁34。

49 事實在清人的詩作之中，亦有夏天可見玉山的描述。但不晚是冬天或夏季，晴朗的
天候，都是必要條件之一。楊淑惠：《臺灣古典詩中的玉山書寫》（臺南市：成功大
學臺灣文學研究所碩士論文，2008年），頁54-55。

50 〔清〕查元鼎：〈王雲卿司馬成瑞以香山道中觀玉山長歌見示步韻奉寄有序〉，收於
施懿琳等編：《全臺詩》（臺南市：臺灣文學館，2008年），冊6，頁337。

51 郁永河《裨海紀遊》亦有此句，當然《裨海紀遊》究竟成於何時，尚待考證，只是
仍稍早於《諸羅縣志》與陳夢林的〈望玉山記〉與〈玉山歌〉，陳夢林有可能是受
郁永河影響，亦未可知。但不管如何，陳夢林仍是第一個將類似文句與文意寫入文
學作品的人。

說明，柯培元〈玉山積雪〉：「可望不可及」、[52]李逢時：「此間可望不可及」、查元鼎：「晶山玉山火山崎爭尖圓。忽隱忽現，可望不可及」等，都是直接援引入詩，直截易懂。[53]陳學聖（？-？）〈玉山〉：「萬壑千峰繞玉山，插雲誰駕月梯攀」，萬壑千峰，繚繞玉山，雲彩穿插其中，但不管是插雲還是月梯攀，顯然都不是人所能到達，陳學聖雖並未直用陳夢文詩文，但他在形容形容玉山山勢纏繞，仍不忘說明玉山之難登，依舊可望不可及。類似的說法，還有周長庚：「幾人親插峯頭足」、[54]徐德欽（？-？）：「拄杖何人絕頂攀」、[55]劉少拔（？-？）：「無夏無冬人不到，任從歌詠任從猜」，[56]皆是化用此理，用不同的文句形塑類似的詩意與詩境。

　　因為可望不可及，使得玉山更增添了神秘感，這也是陳夢林所謂「帝天不許俗塵通，四時長遣白雲封」之意，這也讓玉山開始出現仙境意象，視為聖域。[57]最早的是陳夢林所使用的「須彌山」，其後新意迭起，化傳統中國典故為己用，出新解於陳編，諸如「崑崙」、「藐姑射山」的意蘊，即是出自《山海經》與《莊子》，而柯培元〈望玉山〉、李祺生〈玉山積雪〉、徐德欽〈玉山雲淨〉，便都是用崑崙或藐

52　〔清〕柯培元：〈玉山積雪〉，收於氏著：《噶瑪蘭志略》（南投市：臺灣省文獻委員會，1993年），頁192。

53　〔清〕查元鼎：〈王雲卿司馬成瑞以香山道中觀玉山長歌見示步韻奉寄有序〉，收於施懿琳等編：《全臺詩》（臺南市：臺灣文學館，2008年），冊6，頁337。

54　〔清〕周長庚：〈玉山〉，收於施懿琳等編：《全臺詩》（臺南市：臺灣文學館，2008年），冊10，頁125。

55　〔清〕徐德欽：〈玉山雲淨〉，收於施懿琳等編：《全臺詩》（臺南市：臺灣文學館，2008年），冊11，頁117。

56　〔清〕劉少拔：〈玉山霽雪〉，收於〔清〕沈茂蔭：《苗栗縣志》（南投市：臺灣省文獻委員會，1993年），頁243-244。

57　何晉勳：〈論清人對玉山的認知〉，《漢學研究》第22卷第1期（2004年6月），頁286。

姑射山之典。[58]

　　除此之外，尚有以「芙蓉」喻山以及引用「玉韞於石」之說，這也是清人屢屢化用陳夢林詩文的意象與觀點。就前者來說，柯培元：「天外玉芙蓉」、[59]黃文儀：「芙蓉漲起海之濱」、[60]林豪：「芙蓉開頃刻」、[61]李逢時：「雪花推簇青芙蓉」；[62]就後者來看，也有許多詩人引用，例如李逢時：「玉蘊石兮山增輝」、[63]王凱泰：「石韞山輝理最精」，[64]皆可見之。

　　值得一提的，黃逢昶〈重遊玉山〉：「天公不許人雕琢」、徐德欽「太璞早完工詎琢」，[65]太璞，即是未經雕琢的玉，典出《抱樸子》〈論仙〉：「執太璞於至醇之中，遺末務於流俗之外」，[66]周鍾瑄融典於詩，〈望玉山〉：「大璞已教天地鑿」，[67]用意是說明玉山天然之美，不

---

58 楊淑惠：《臺灣古典詩中的玉山書寫》（臺南市：成功大學臺灣文學研究所碩士論文，2008年），頁45-49。

59 〔清〕柯培元：〈玉山積雪〉，收於氏著：《噶瑪蘭志略》（南投市：臺灣省文獻委員會，1993年），頁192。

60 〔清〕黃文儀：〈玉山〉，收於施懿琳等編：《全臺詩》（臺南市：臺灣文學館，2008年），冊5，頁130。

61 〔清〕林豪：〈正月初二日望玉山〉，收於施懿琳等主編：《全臺詩》（臺南市：臺灣文學館，2008年），冊9，頁337。

62 〔清〕李逢時：〈玉山〉，收於施懿琳等編：《全臺詩》（臺南市：臺灣文學館，2008年），冊9，頁34。

63 〔清〕李逢時：〈玉山〉，收於施懿琳等編：《全臺詩》（臺南市：臺灣文學館，2008年），冊9，頁34。

64 〔清〕王凱泰：〈臺灣雜詠續詠〉，收於施懿琳等編：《全臺詩》（臺南市：臺灣文學館，2008年），冊8，頁357。

65 〔清〕徐德欽：〈玉山雲淨〉，收於施懿琳等編：《全臺詩》（臺南市：臺灣文學館，2008年），冊11，頁117。

66 〔晉〕葛洪著，王明校釋：《抱樸子內篇校釋》（北京市：中華書局，2002年），頁15。

67 〔清〕周鍾瑄、陳夢林：《諸羅縣志》（南投市：臺灣省文獻委員會，1999年），頁271。

經人工粉飾琢磨。但此非周鍾瑄最早使用，因為陳夢林同樣也有類似的詩句：「恥太璞之雕琢」，只是就此句而言，周陳二人詩作孰先孰後，恐亦難考。另外陳世烈（？-？）〈雲屬八景之玉嶂流霞〉：「圖畫天開千古秀」，[68] 就顯然是出自陳夢林「天開圖畫自瑽瓏」。

最後，我們以章甫（1755-？）〈望玉山歌〉為結語，此詩可謂受陳夢林影響最大的作品，許多文句皆出自陳夢林〈望玉山記〉。另外，章甫亦在詩序中引用乾隆年間的《重修臺灣府志》，[69] 也再度引用陳夢林〈望玉山記〉：「山北與水沙連內山錯」的記載。他之所注明兩者，是要簡短介紹玉山的地理區域。以讓讀者先了解歷史上的玉山地理，接著能較快進入他所描寫的文學玉山，全詩文下：[70]

　　天蒼蒼，海茫茫；武巒後，沙連旁；半空浮白，萬島開張；非冰非水，非雪非霜。

　　老翁認得真面目，雲是玉山發異光。山上寶光山下照，萬丈清高萬丈長；晴雲展拓三峰立，一峰獨聳鎮中央。須臾變幻千萬狀，晶瑩摩盪異尋常。四時多隱三冬見，如練、如瀑、如截肪；駭目驚人不一足，莫辨壁圓與圭方。我聞輝山知韞玉，又聞採玉出崑岡；可求猶是人間寶，爭似此山空瞻望。當時有客癡山鑿，自恃雄心豪力強；豈知愈入愈深處，歸於無何有之鄉。

68　陳世烈：〈雲屬八景之玉嶂流霞〉，〔清〕倪元贊：《雲林縣采訪冊》（南投市：臺灣省文獻委員會，1993年），頁170。

69　〔清〕章甫：〈望玉山歌〉，收於陳昭瑛選注：《臺灣詩選注》（臺北市：正中書局，1996年），頁72。

70　〔清〕章甫：〈望玉山歌〉，陳昭瑛選注：《臺灣詩選注》（臺北市：正中書局，1996年），頁72-73。

嗟乎！玉山願望幾曾見，我今何幸願為償！償来願望亦造化，多謝山靈不可忘。山靈歸去將誰說，依舊囊紗而篆香；大璞自然天地秘，未知韞匵何處藏！且將一片餘光好，袖来寶貴入詩囊。

就詩境與詩意來看，這首詩歌有新的理趣與文句，但同樣也有承襲的部分，其中受陳夢林〈望玉山記〉的影響尤大，詩中許多文句都可見到章甫化用的痕跡，為了論述方便，列表如下：

陳夢林〈望玉山記〉	章甫〈望玉山歌〉
如雪、如冰	非冰非水，非雪非霜
時旁午，風靜無塵，四宇清澈。日與山射，晶瑩耀目…… ……山莊嚴瑰偉，三峰並列；大可盡護邑後諸山，而高出乎其半。中峰尤聳，旁二峰若翼乎其左右〉	晴雲展拓三峰立，一峰獨聳鎮中央
……三峰勾股摩盪…… 蓋瞬息間而變幻不一……	須臾變幻千萬狀，晶瑩摩盪異尋常
山之見恆於冬日，數刻而止。 如飛瀑、如鋪練、如截肪	四時多隱三冬見，如練、如瀑、如截肪
顧昔之命名者，弗取玉韞於石，生而素質，美在其中而光輝發越於外？	我聞輝山知韞玉
隱隱如紗籠香篆中	依舊囊紗而篆香
恥太璞之雕琢 大璞已教天地鑿（周鍾瑄：望玉山）	大璞自然天地秘

　　章甫雖屢用陳夢林〈望玉山記〉，但許多類似的文意，章甫皆用不同文句表達，又或是簡化其文章脈絡，精簡文句。例如是「依舊囊

紗而篆香」，就是改用「隱隱如紗籠香篆中」，將「隱隱」改為「依舊」，「紗籠」改為「囊紗」，「香篆」則是倒過來成為「篆香」。但我們更進一步來看，「依舊」者何？為何使用「依舊」？兩相對照之下，從這兩句類同文意的詩句中，原來，「依舊」的是陳夢林所創用的「囊紗而篆香」一句，章甫依循援用，在不變其意的情況下，調整文句與文脈，舊酒裝新瓶，是為「依舊」；而在簡化部分，「晴雲展拓三峰立，一峰獨聳鎮中央」一句，就把陳夢林的文句濃縮許多，又例如「我聞輝山知韞玉」一句，同樣是濃縮其意而成，「須臾變幻千萬狀，晶瑩摩盪異尋常」亦是如此。再者，章甫也將〈望玉山記〉裡不同段落的文句合併為一句，如「四時多隱三冬見，如練、如瀑、如截肪」，就是出自陳夢林不同的兩句描寫。除此之外，章甫亦逆轉文意，如陳夢林形容玉山是：「如雪、如冰」，章甫就倒過來講，改成：「非冰非水，非雪非霜」，是反用陳夢林的詩意。

　　當然，與許多清代詩人類似，章甫並非完全襲用陳夢林的詩作，他也有許多自用的文句與意象，像是「又聞採玉出崑岡」「歸於無何有之鄉」雖也是援用典故（《山海經》、《莊子》），但就與陳夢林不同。而章甫以天地比喻收藏玉山的自然匵櫃，雖也是立基於玉山「渾然美玉」說法的再發揮，但就隱喻來看，也是很有新意的用法。特別是最後兩句更是進一步指出，雖然玉山難登，正如陳夢林所言因為「自古未有登其埒」「欲從之而末由」，徒呼負負，只好「徒瞻言而生羨」。但章甫不止於此，他筆鋒一轉，既然無法親登，於是便以寫詩來替代，這就突破了陳夢林將玉山限於人力無法攀越的描寫，並且急轉直下，認為無法登山是一定的，但文字卻可以超越這種困境。正如陳昭瑛所言：「末二句更表現了詩的昇華，詩人因為只能空瞻望，而不能登臨，不免喟嘆，於是用兩袖收拾起玉的餘光，並收藏於詩中，

以詩的歌詠彌補了煙雲鎖玉山的惆悵」，[71]這就表現了與陳夢林不同的詩理與詩境，新意迭出。

綜合本節的分析可知，陳夢林的〈望玉山記〉與〈玉山歌〉，再加上由他修纂的《諸羅縣志》，其實已成為臺灣詩學裡題詠玉山的重要參考。當然，中國詩歌淵源流長，詩歌傳統也供給了陳夢林創作的資源，所以陳夢林在描寫玉山時，亦化用了許多典故或語碼，如以芙蓉、截肪比喻高山；又或是「玉韞於石」（源自陸機《文賦》：「石韞玉而山暉」）等等，皆非陳夢林所創，但不管如何，融會這些典故並用諸於玉山者，陳夢林仍是第一人，其重要性正可由此得見。因此不論是本土或是遊宦的後代詩人，他們或感慨登臨玉山之難之險，又或是想像玉山的神秘仙境；也或者是清代詩人對意象與典故的運用，他們對詩句的脫胎改寫，陳夢林關於玉山的作品，顯然都具有指標性的「鍊接」作用。是以當陳夢林以玉山為題創作，於是玉山就從歷史上的記載，一轉而成為文學上的題材，後人依循相繼而作，詩歌並陳。從這個角度來看，許多清代詩人的玉山詩作，都可以看出受陳夢林影響之處。

四　結論

在清代文人的眼裡，玉山的形象，是歷史上一種具體的存在，她既是高山，是「全臺之望」，[72]但也是名山，是「玉山雲淨」，這從許多方志地理的記載皆可得知。但就另一方面來看，畢竟玉山始終是漢

---

71 〔清〕章甫：〈望玉山歌〉，陳昭瑛選注：《臺灣詩選注》（臺北市：正中書局，1996年），頁76-75。

72 〔清〕周鍾瑄、陳夢林：《諸羅縣志》（南投市：臺灣省文獻委員會，1999年），頁17。

人難以逾越的險峰，所以總也是傳聞不斷，即便是方志地理書的記載，也未必完全可信，像是玉山是否真的產玉、產水晶等等，就引起許多爭論。而玉山的真實情況雖不易為漢人所知，故漢人或遠觀之，或想像之，又或聽聞傳說加以描述，這些記載，就容易成為文學渲染的素材，陳夢林的〈望玉山記〉〈玉山歌〉就是一個很好的代表。因此就「歷史」的角度來講，在陳夢林詩文提到的情況，有其《諸羅縣志》可證，像是玉山山腳下的飛蟲等等；但就「文學」的視野來看，陳夢林的作品也反映了他（或是當時人）對玉山的想像，想像未必完全是虛構，也能有具體的依據，更有甚者，想像也可是一種「想像的真實」，就像陳夢林說冬季可見玉山，而隨著時間變遷，玉山也在煙雲迷彩間乍現乍滅，可以說是一種想像性的描寫，但事實上也非止寒冬可見而已，甚至雲海如何遮掩玉山，各人說法亦有不同。但是陳夢林又說這是親見親聞，並非捏造，可見得「事實」與「想像」皆各有之，而這種想像的真實，就在文學與歷史之間，也是文學歷史的互通處，[73]這種文史互涉的情況，明顯反映在陳夢林的創作，更進一步來講，陳夢林的說法又影響了清代詩人關於玉山的書寫，包括意境、敘述角度、文字典故等等，都可看出脫胎自陳夢林的詩文，是以歌詠玉山成為臺灣文學史裡的一環，又或是引用陳夢林對玉山特徵的描寫，就成了清代玉山文學書寫的一個重要特質。

　　只是即便是化用陳夢林詩文，但並非意謂著清代詩人的創作就一成不變。前引章甫的〈望玉山歌〉、查元鼎〈王雲卿司馬成瑞以香山

73　此即汪榮祖所謂的詩具史筆與史蘊詩心之意，汪榮祖雖以詠史述史詩為例，但就本文所引的玉山諸詩來講，舉凡玉山特徵的描述，方位的敘述等等，實亦具有歷史的性質。由此而觀，文史實可互通互用，當然兩者雖可相輔相成，但仍不該混淆不分，畢竟詩可興到，史當求實，此中分際亦應注意。汪榮祖：《史學九章》（臺北市：麥田出版公司，2002年），頁284-294。

道中觀玉山長歌見示步韻奉寄有序〉、林豪〈正月初二日望玉山〉等詩，又或是崑崙、藐姑射山典故的使用，就是例證。另外王凱泰雖也有「石韞山輝理最精」的援用，但他也有著「雲霧天開榛莽闢，珍珠薏苡自分明」[74]的新意，以說明玉跟石雖兩相合一，但當雲開霧散，得以近觀之時，石是石，玉是玉，就好像珍珠薏苡不同一樣，王凱泰的說法，就是在玉山文學書寫史中不曾出現的事物意象。

當然，以上是就「異」或是「新」的角度來看詩作。但詩人創作，往往是在前人的積累之中前進，既是化故為新，或是奪胎換骨，因此就「同」或是「類似」的脈絡來看，不管是文意還是文句，不論是詩作還是方志，又或是以玉山為題的創作線索，清人對於玉山的文學書寫，大多脫胎於陳夢林，陳夢林的作品顯然是他們的重要參考，而承其體繼作，則顯現了一種歷時性的延續。更進一步來講，陳夢林不止是提供玉山的資訊而已，他對於玉山的描寫與譬喻，他提供的視角，他聯想的意象，都給了清人很大的啟發。順著這樣的脈絡來看，清人玉山詩作雖非一成不變，對於陳夢林提供的玉山創作，也多有推陳出新。但不管如何，他們多是在其基礎上再添新意，又或是舊酒裝新瓶，用不同的文字訴說著類似的文意。正因此故，在臺灣詩學史上的玉山書寫歷程中，陳夢林的重要性與影響力，斑斑可考，由來可見。

---

74 〔清〕王凱泰：〈臺灣雜詠續詠〉，收於施懿琳等主編：《全臺詩》（臺南市：臺灣文學館，2008年），冊8，頁357。

索引

漢學研究叢書·文史新視界叢刊 0402006

從指南山到湯遜湖：中國的知識、思想與宗教研究

作　　　者	劉芝慶
封面題字	吳孟謙
責任編輯	廖宜家
特約校稿	林秋芬
發 行 人	陳滿銘
總 經 理	梁錦興
總 編 輯	陳滿銘
副總編輯	張晏瑞
編 輯 所	萬卷樓圖書股份有限公司
排　　　版	林曉敏
印　　　刷	百通科技股份有限公司
封面設計	斐類設計工作室

發　　　行　萬卷樓圖書股份有限公司

臺北市羅斯福路二段 41 號 6 樓之 3

電話 (02)23216565

傳真 (02)23218698

電郵 SERVICE@WANJUAN.COM.TW

香港經銷　香港聯合書刊物流有限公司

電話 (852)21502100

傳真 (852)23560735

ISBN 978-986-478-237-6

2019 年 3 月初版一刷

定價：新臺幣 620 元

如何購買本書：

1. 劃撥購書，請透過以下郵政劃撥帳號：

帳號：15624015

戶名：萬卷樓圖書股份有限公司

2. 轉帳購書，請透過以下帳戶

合作金庫銀行 古亭分行

戶名：萬卷樓圖書股份有限公司

帳號：0877717092596

3. 網路購書，請透過萬卷樓網站

網址 WWW.WANJUAN.COM.TW

大量購書，請直接聯繫我們，將有專人為

您服務。客服：(02)23216565 分機 610

如有缺頁、破損或裝訂錯誤，請寄回更換

國家圖書館出版品預行編目資料

從指南山到湯遜湖 ：中國的知識、思想與

宗教研究 / 劉芝慶著.-- 初版.-- 臺北市 ：

萬卷樓, 2019.03　　面 ；　　公分.-- (漢學研

究叢書 ；0402006)

ISBN 978-986-478-237-6(平裝)

1.思想史　2.宗教史　3.中國哲學史

112　　　　　　　　　　　　107020579